Heimatkunde

VERLAG
des Kantons Basel-Landschaft

2008

Zeichnung von Jacques Mader (im Besitz von Bethli u. Hans Weitnauer-Berner)

Heimatkunde Oltingen

Heimatkundekommission Oltingen   v.l.n.r. Christoph Gerber, Präsident, Paul Lüthy-Schaffner, Stefan Eschbach, Hans Lüthy-Schaub, Verena Burri-Gysin, Sekretariat, Ewald Gysin, Hans Weitnauer-Berner, Lydia Gysin Rumpf
nicht auf dem Bild: Annemarie Spiess und Ursi Meili

Arbeitsgemeinschaft zur Herausgabe von Baselbieter Heimatkunden	Prof. Heiner Joray, Ramlinsburg, Präsident Theres Bitterlin, Gelterkinden Anja Burri, Muttenz Andreas Cueni, Nenzlingen Pascal Favre, Allschwil Jürg Gohl, Basel Dr. Daniel Hagmann, Basel Peter Plattner, Ormalingen, Verlagsleiter Dr. Regula Waldner Hilfiker, Wenslingen
Sekretariat, Redaktion, Koordination	Verena Burri-Gysin, Wenslingen
Lektorat, Redaktion	Ruth Herzog, Oltingen
Konzeption und Gestaltung	Andreas Glauser, Rünenberg
Digitale Bildbearbeitung	Dr. Urs M. Weber, Oltingen
Beratung in geschichtlichen Belangen und Mundartschreibweise	Jürg Lüthy, Anwil
Fotoseiten	Dr. Urs M. Weber, Ruth Herzog, Peter Lüthy, Willy Engel, Hans Lüthy-Schaub, Lorenz Degen, Emil Weitnauer
Umschlaginnenseiten, Vor- und Nachsatz Fotos von Oltingen im Jahreslauf	Christoph Gerber, Oltingen
Flurnamenkarte	Ulrich Wyss, Zunzgen
Umschlagbild Frontseite	Dr. Urs M. Weber, Oltingen
Satz und Druck	Druckerei Schaub Medien AG, Sissach
Ausrüstung	Buchbinderei Grollimund AG, Reinach
Herausgeber	Einwohnergemeinde Oltingen, 2008 Verlag des Kantons Basel-Landschaft, Liestal ISBN 3-85673-548-8 ISBN neu 978-3-85673-548-7 EAN 9783856735487

Diese Publikation wurde mit Mitteln aus dem Lotteriefonds ermöglicht.

Bisher erschienene Heimatkunden

Gemeinde	Jahr	Gemeinde	Jahr
Eptingen	1967	Füllinsdorf	1993
Muttenz	1968	Oberdorf	1993
Maisprach	1968	Schönenbuch	1994
Pratteln	1968	Seltisberg	1994
Rünenberg	1971	Münchenstein	1995
Buus	1972	Diegten	1996
Ziefen	1973	Wintersingen	1996
Reinach	1975	Bottmingen	1996
Birsfelden	1976	Lausen	1997
Binningen	1978	Hölstein	1998
Bretzwil	1980	Sissach	1984/1998
Ormalingen	1980	Wenslingen	1998
Allschwil	1981	Therwil	1999
Augst	1983	Grellingen	1999
Zeglingen	1983	Anwil	1967/2000
Aesch	1985	Zunzgen	2000
Lupsingen	1985	Rothenfluh	2001
Frenkendorf	1986	Itingen	2002
Tecknau	1987	Röschenz	2002
Reigoldswil	1987	Tenniken	2002
Hemmiken	1989	Titterten	2002
Oberwil	1989	Gelterkinden	1966/2003
Pfeffingen	1966/1971/1989	Pratteln	2003
Känerkinden	1991	Thürnen	2003
Langenbruck	1992	Liestal	1970/2004
Arlesheim	1993	Dittingen	2005
Biel-Benken	1993	Aesch	2005
Ettingen	1993	Reinach	2006

© 2008 Einwohnergemeinde Oltingen
Alle Rechte der Verbreitung und des Nachdrucks sind vorbehalten.

Inhaltsverzeichnis

Vorwort

Präsident der Heimatkundekommission	Christoph Gerber	IX

Euses Dorf und syni Lüt	Autor/in	Seite
Mys Dörfli	Hans Gysin	4
Wie sehen Schulkinder ihr Dorf?	Fredy Schaub	6
Typisches für Oltingen und die Oltinger	Heimatkundekommission u. a.	7
DorfbewohnerInnen stehen Red und Antwort	Lydia Gysin Rumpf	15

Geschichte	Autor/in	Seite
Wappen	Hans Lüthy-Schaub	28
Gemeindebann	Hans Lüthy-Schaub	30
Flurnamen	Hans Lüthy-Schaub	33
Dorfgeschichte	Peter Lüthy Jürg Lüthy	34
Passort Oltingen	Eneas Domeniconi	44
Militärische Einquartierungen	Paul Lüthy-Schaffner	53
Mythen und Sagen	Heimatkundekommission	56

Landwirtschaft	Autor/in	Seite
Landwirtschaft einst, jetzt und in der Zukunft	Hans Lüthy-Schaub Hans Weitnauer-Berner Hannes Gass-Burri	62
Selbstversorgung im 2. Weltkrieg	Hans Weitnauer-Berner	74
Milchannahme	Ueli Gass-Bürgin	76
Milchgenossenschaft	Hannes Gass-Burri	77
Viehversicherung	Christoph Gerber	79
Felderregulierungen	Hans Lüthy-Schaub Ruedi Lüthy-Gerber Hans Weitnauer-Berner	81
Erdgasleitungen	Hans Lüthy-Schaub	88

Natur	Autor/in	Seite
Lebensraum	Franz Herzog Urs M. Weber	92
Exkursionen	Franz Herzog Urs M. Weber	109
Gallislochquelle und Wasserversorgung	Ruth Herzog Franz Herzog	127
Wald	Markus Lüdin	134
Naturschutzgebiete	Paul Imbeck-Löffler	140

Gewerbe	Autor/in	Seite
Gewerbe und Handwerksbetriebe	Paul Lüthy-Schaffner	150
Posamenterei	Hans Lüthy-Schaub	152
Mühlen und Säge	Paul Lüthy-Schaffner Urs M. Weber	155
Wirtshäuser, Restaurants	Paul Lüthy-Schaffner	159
Dorfläden	Hermann Rumpf	164
Das Oltinger Gewerbe stellt sich vor	Diverse	171

Bevölkerung	Autor/in	Seite
Bekannte Persönlichkeiten: Hans Gysin	Verena Burri-Gysin	210
Bekannte Persönlichkeiten: Emil Weitnauer	Emil Weitnauer	220
Ein Oltinger Original	Verena Burri-Gysin	225
Bürgergeschlechter	Verena Burri-Gysin Hans Lüthy-Schaub	229
Dorfnamen	Hans Weitnauer-Berner	234
Oltigerdütsch	Markus B. Christ-Weber	238

Siedlung und Haus	Autor/in	Seite
Baugeschichte	Paul Lüthy-Schaffner	182
Öffentliche Werke	Paul Lüthy-Schaffner	192
Zonenplanung	Edith Binggeli-Strub	201
Öffentlicher Verkehr	Ewald Gysin Hans Lüthy-Schaub	204

Kultur und Freizeit	Autor/in	Seite
Bräuche	Stefanie Gass Bethli Weitnauer-Berner Peter Lüthy u. a.	242
Das legendäre Dorffest	Verena Burri-Gysin	250
Kreativität und Kunst	Stefanie Gass	253
Vereine: Turnverein	Michael Ruckstuhl	260
Vereine: Damenriege	Stefanie Gass	263
Vereine: Jugendriege	Mark Rickenbacher	266
Vereine: Mädchenriege	Irina Gysin	267
Vereine: Kinderturnen	Fränzi Gysin-Spiess	269
Vereine: Männerriege	Heinz Mangold-Schaub	270

Vereine: Frauenturnverein	Rosmarie Waldmeier-Gysin Margrith Mangold-Schaub	271
Vereine: Skiriege	Walter Gass-Schaffner	273
Vereine: Altersturnen	Bethli Gloor-Lüthi	275
Vereine: Gemischter Chor	Ruedi Waldmeier	277
Vereine: Heimatmuseum	Jürg Lüthy	279
Vereine: Fasnachtsgesellschaft	Martin Eschbach	280
Vereine: Zig Open-Air Verein	Reto Rickenbacher	281
Vereine: Feldschützengesellschaft	Patrick Gysin Men Schmidt-Gysin	284
Vereine: Jagdgesellschaft	Christian Lüthy	286
Vereine: Frauenverein	Jacqueline Schaub-Dietschi	289
Vereine: Sparverein	Verena Burri-Gysin	291

Schule und Kindergarten	Autor/in	Seite
Schule im Wandel	Magdalena Schaub-Reichert Lydia Gysin Rumpf Dieter Bertschin Ueli Bieder	294
Schule heute	Fredy Schaub	313
Kindergarten	Magdalena Schaub-Reichert Claudia Pfister-Bianchi	317
Jugendmusikschule	Regina Dunkel	319

Kirche	Autor/in	Seite
Kirchliche Bauten	Paul Lüthy-Schaffner	322
Glocken	Paul Lüthy-Schaffner	328
Kirchliches Leben	Yvonne Buess-Roppel Roland Baumann-von der Crone	331

Politische Gemeinde	Autor/in	Seite
Einwohnergemeinde	Ursi Meili	338
Bürgergemeinde	Christoph Gerber	342
Gemeindepräsidium	Ursi Meili	344
Gemeinderat	Ursi Meili	348
Gemeindeverwaltung	Christoph Gerber	350
Feuerwehr	Ursi Meili	352
Zivilschutz	Ueli Weitnauer	359

Bildernachweis		364

Vorwort des Präsidenten der Heimatkundekommission

Liebe Leserin, lieber Leser

Vor Ihnen liegt die neue Heimatkunde von Oltingen. Zu ihrer Entstehung einige Gedanken:

Die letzte Heimatkunde wurde 1863 von unserem Dorflehrer Samuel Schilling verfasst. Sie beschrieb, ergänzt durch Statistiken, das Leben der Gemeinde in der damaligen Zeit.

Seither sind viele Jahre vergangen, und es wurde der Ruf nach einer aktualisierten Ausgabe laut. Nach etlichen erfolglosen Anläufen bestellte der Gemeinderat im Jahre 2003 eine Heimatkundekommission und legte damit den Grundstein für die Erarbeitung einer neuen Heimatkunde.

Als Mitglieder wählte er Stefan Eschbach, Ewald Gysin, Lydia Gysin, Hans Lüthy, Paul Lüthy, Ursi Meili (später abgelöst durch Annemarie Spiess), Hans Weitnauer und Christoph Gerber. Die erste Kommissionssitzung fand am 23. Februar 2004 statt. Nach Bestimmung von Präsident und Vizepräsident (Stefan Eschbach) legte die Kommission die Marschroute für das weitere Vorgehen fest.

An der Gemeindeversammlung vom 14. Juni 2004 wurde ein Kredit von Fr. 120000.– bewilligt. Danach konnten die Vorarbeiten zügig an die Hand genommen werden. Dabei durfte die Kommission auf die ausgezeichnete Mitarbeit von Verena Burri-Gysin (Sekretariat, Redaktion, Koordination) und Ruth Herzog (Lektorat) zählen. Schon bald zeigte sich die Notwendigkeit des Beizugs eines Grafikers. Mit dem Büro Glauser aus Rünenberg wurde die richtige Wahl getroffen.

Ein besonderer Dank geht an die Autorinnen und Autoren, die viele zeitaufwendige Nachforschungen betrieben und Bilder gesammelt haben. So sind lebendige Beiträge entstanden, die das Buch zu einem interessanten Zeitdokument haben werden lassen. Für einige der Beiträge waren die Manuskripte von Emil Weitnauer, die zur Verfassung einer Heimatkunde hätten dienen sollen, von grossem Nutzen. Wir sind der Familie Weitnauer sehr dankbar, dass sie uns diese Unterlagen zur Verfügung gestellt hat.

Allen, die zur Entstehung des neuen Heimatkundebuchs beigetragen haben, sei an dieser Stelle ganz herzlich gedankt.

Wir danken dem Lotteriefonds für den Beitrag, der Einwohnerschaft für die Gewährung des Krédites. Ein besonderer Dank geht an die Heimatkundekommission, an Verena Burri-Gysin sowie Ruth Herzog für die mit grösster Sorgfalt verrichtete Arbeit, aber auch an Grafiker Andreas Glauser und Fotograf Urs Weber (Aufnahmen und digitale Bildbearbeitung).

Der Präsident der Heimatkundekommission
Christoph Gerber

Euses Dorf und syni Lüt

EUSES DORF UND SYNI LÜT

Mys Dörfli

So sah Hans Gysin, der Oltinger Bauerndichter, sein Dorf.

Mys Dörfli lydt im Grüene
We ime linde Bett.
Dr findet keis meh, niene,
Wo s eso luschtig het.

Het z Chopfete zwee Wächter,
Si wache bedi guet!
Möntsch es gäb do ain, ächter,
Wo ihm no öppis tuet?

Am Tag tuets d Sunn aschyne,
Znacht traits e Stärnechranz
Und wenn au d Wulche gryne
Hets doch sy aigne Glanz.

Nei, uf dr ganze-n-Aerde
Isch nüt mym Dörfli glych;
S chönnt keis my Heimet wärde
Bis, einisch, s Himmelrych.

1953 veröffentlicht im Buch «Wägwarte», Gedichte und Prosa, im Kapitel «Heimet».

Hans Gysin

EUSES DORF UND SYNI LÜT

Wie sehen Schulkinder ihr Dorf?

Es gefällt mir in Oltingen, weil es:

- so klein und ruhig ist und es wenig Verkehr hat.
- eine kleine Schule hat mit einem Sportplatz.
- die Gallislochquelle hat, die viel Wasser spendet.
- schöne und grosse Häuser gibt.
- eine schöne und berühmte Kirche hat.
- eine schöne Umgebung hat und man nachts die Sterne sieht.
- einen Skilift hat.
- ein Dorf ist und keine Stadt.
- schön gelegen ist und man von der Höhe eine grossartige Aussicht hat.

Es gefällt mir in Oltingen, weil ich:

- draussen spielen kann und nicht viele Autos fahren.
- einen kurzen Schulweg habe.
- meine Freunde und Kollegen in der Nähe habe.
- alle Leute kenne.
- nette Nachbarn und LehrerInnen habe.

> In Oltingen ist es sehr ruhig. Hier hat es wenig Verkehr, man kann manchmal sogar auf der Strasse spielen. Mir gefällt es in der Schule, wir lernen viel und manchmal machen wir auch Ausflüge. Hier hat es viele Hügel und so kann man im Winter gut schlitteln. Im Sommer können wir in den Brunnen baden gehen oder Velotouren machen. Hinter unserem Haus fliesst die Ergolz, dort kann man auch toll spielen. Ich finde Oltingen super.

Es gefällt mir in Oltingen, weil man hier:

- die alten Häuser nicht einfach abreisst und neue hinbaut.
- viel Platz hat und genug Wald.

Das gefällt mir in Oltingen nicht:

- dass die Post geschlossen wurde.
- dass der Volgladen am Mittwochnachmittag geschlossen ist.
- dass manchmal Hunde frei herumlaufen.
- dass es immer weniger Bauern gibt.
- dass es keine Badi hat.

Fredy Schaub

EUSES DORF UND SYNI LÜT

Typisches für Oltingen und die Oltinger

Was ist typisch für Oltingen und die Oltinger?

Wie sehen Aussenstehende die Oltinger und das Dorf?

Was halten die politischen Nachbargemeinden von der Gemeinde Oltingen?

Oltingen ist ein Dorf, in dem Tradition und Beständigkeit hochgehalten werden. Gegen aussen treten die Oltinger als eine verschworene Dorfgemeinschaft mit eigener Identität auf. Die schöne Kirche, das Heimatmuseum, die Sagi und der Markt sind weit herum bekannt und zeugen vom gut verankerten Dorfleben. Die Oltinger sind bodenständige, stolze Oberbaselbieter, wenn auch manchmal etwas eigenwillig. Die Vorgaben der Obrigkeit wissen sie zu interpretieren, um ihre eigenen Wertvorstellungen nicht zu gefährden.

Gemeindepräsidenten Kilchberg, Andreas Imhof
Rünenberg, Hansueli Lüthi
Zeglingen, Hansjürg Dolder

Eine Befragung in den umliegenden Dörfern ergab folgendes:

Die OltingerInnen...

- sind freundlich und offen.
- sind etwas unorganisiert.
- sind phantasievoll und ideenreich.
- sind spontan und reden, wie ihnen der Schnabel gewachsen ist.
- sind stolz auf ihr Dorf.
- sind kreativ.
- haben einen speziellen Dialekt.
- sind aufgestellt und initiativ.
- halten sich an keine Regeln.

Ein Beispiel für die spontane und unkomplizierte Art der Oltinger:

Das Pfarrerehepaar Baumann war erst kürzlich nach Oltingen gezogen. Eines Morgens läutete es an der Pfarrhaustüre, Frau Baumann öffnete und draussen stand der Briefträger. Der meinte nun ganz trocken: «Ich bi der Poscht-Chrigel, und wie heissisch Du?»

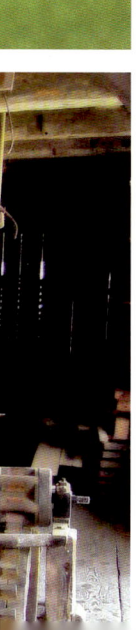

EUSES DORF UND SYNI LÜT

«Heue, wie i dr guete olte Zyt, so öppis chunnt nume de Oltiger z Sinn.»
(14. Juli 1996)

Die OltingerInnen...

- halten sich an das Motto «Chumm i hüt nid, chumm i morn».
- organisieren in letzter Minute, aber am Schluss gelingt es doch.
- sind sofort zur Hilfe bereit, wenn Not am Manne ist.
- sind schlimme Säufer und fröhliche Festbrüder.
- sind in manchem ihrer Zeit voraus, z. B. noch bevor man in den umliegenden Dörfern wusste, was eine WG ist, wurde in Oltingen die erste Wohngemeinschaft gegründet.
- nehmen Zuzüger offen auf.

EUSES DORF UND SYNI LÜT

Oltingen...

- hat eine eindrückliche Kirchenanlage.
- hat eine schöne «Hochzeitskirche» mit Fresken.
- hat eine sehr ergiebige Wasserquelle.
- hat zwei alte Mühlen im Dorf.
- hat einen gut erhaltenen Dorfkern.
- liegt in einer Senke, nicht sehr gute Wohnlage.
- ist eines der schönsten Dörfer im Baselbiet.
- ist ein zweites Ballenberg.
- hat ein intaktes Dorfleben.
- ist ein sehr aktives Dorf mit vielen verschiedenen und auch immer wieder neuen Anlässen.

wir in den letzten Jahren im Durchschnitt 45 000 m³ Wasser pro Jahr aus Oltingen bezogen. Wir hoffen, dass dies weiterhin so bleibt, und die Gallislochquelle auch in Zukunft so viel Wasser an den Tag bringt. Es ist schön, einen Nachbarn zu haben, auf den man sich verlassen kann.

Gemeindepräsident Anwil, Martin Niklaus

In Oltingen ...

- scheint die Zeit stehen geblieben zu sein.
- sagen alle einander Du.
- werden die Kirchenglocken noch von Hand geläutet.
- werden Fremde gut aufgenommen, ihnen wird auch von älteren Oltingern das Du angeboten.

Anwil bildet die nördliche Grenze zum Gemeindebann von Oltingen. Wenn wir Ammeler nach Süden schauen, dann sehen wir ein lieblich gelegenes Baselbieterdorf, welches in eine kleine Mulde unterhalb der Schafmatt eingebettet ist. Zuerst fällt einem das grösste Gebäude auf, die Kirche. Diese ist es auch, welche uns seit vielen Jahren verbindet. Oltingen, Wenslingen und Anwil bilden zusammen eine Kirchgemeinde. Auch das Heimatmuseum, welches sich ebenfalls in Oltingen befindet, steht unter der Trägerschaft dieser drei Gemeinden. Anwil grenzt an 5 Nachbardörfer, doch mit Oltingen verbindet uns am meisten, und dies, obwohl keine Postautoverbindung zwischen unseren beiden Dörfern besteht. Wir Ammeler sind täglich auf die Oltinger angewiesen, und dies deshalb, weil wir rund ¾ unseres Wasserbedarfs von der Gallislochquelle aus Oltingen beziehen. Man kann sagen, dass Oltingen für uns lebenswichtig ist. Da der Quellerguss unserer eigenen Quelle zurückgegangen ist und wir eine stetige Zunahme der Bevölkerung verzeichnen, haben

Wir empfinden Oltingen als ein sympathisches, herziges Dorf jenseits des Juras. Etwas neidisch sind wir auf die vielen sonnigen Tage. Alle bisherigen, eher spärlichen Kontakte waren immer sehr erfreulich. Wir schätzen solche Nachbarn.

Gemeindepräsident Rohr, Max Ernst

Die Gemeinde Oltingen, an die ein Grossteil unseres Bannes grenzt, sehen wir als tollen Nachbarn an. In einer Urkunde vom 17. November 1337 wird erwähnt, dass die Hälfte des Niedergerichtes zu Oltingen den Herren von Kienberg gehört hat. Leider sind die Beziehungen der beiden Dörfer infolge der Kantonszugehörigkeit nicht sehr nahe, dafür die Treffen auf Behördenebene umso herzlicher.

Gemeindepräsident Kienberg, Christian Schneider

Tatort Schafmatt

Auch im Jahr 1941 durchquerten Schäfer mit ihren Herden den Oltinger Bann. Da die Witterung gut war, weideten sie ihre Schafe längere Zeit auf der Schafmatt. Allzu lange, fanden die Bauern im Dorf, die um ihre Heuwiesen bangten. Diesem Treiben musste ein Ende gesetzt werden. Den Schäfern sollte ein Denkzettel verpasst werden.

Vier Oltinger Burschen beschlossen kurzerhand, in der Nacht ein paar Tiere zu stehlen. Dieses tollkühne Unternehmen gelang tatsächlich. Mit Stricken und Stöcken ausgerüstet machten sie sich auf den Weg und konnten unter lautem Gebell der Hunde und «porcodio»-Geschrei der Hirten fünf Schafe entwenden. Die lebende Beute wurde im leeren Stall der Post untergebracht, und der Raubzug wurde danach in der Küche von Marianne und Ruth Gerber kräftig gefeiert. Umso grösser war die Ernüchterung, als bei einem Kontrollgang keine Schafe mehr im Stall standen. Die Schäfer hatten mit ihren Hunden die Räuber verfolgt und das Diebesgut wieder zu ihrer Herde auf die Schafmatt gebracht.

Doch ein richtiger Oltinger gibt nicht so schnell auf. Es wurden kurzerhand auf dieselbe Weise noch einmal fünf Tiere geholt und eingeschlossen. Nachdem man sich vom Viehinspektor nicht ganz legal Gesundheitspapiere beschafft hatte, stand einem Verkauf der Schafe nichts mehr im Weg. Der Dölfihans spannte «sy Eidgenoss» vor das «Rytwägeli», die Tiere wurden aufgeladen, nach Liestal gebracht und dort auf dem Hof Wanne verkauft. Eine fröhliche Gesellschaft trabte danach mit dem «Choli» wieder ins Oberbaselbiet. In Gelterkinden wurden Heferinge gekauft, welche man kurzerhand an den «Geislestäcke» hängte. Alle waren zufrieden – die Schafe war man los, das Geld hatte man im Sack. Ein schöner, erfolgreicher Tag ging zu Ende.

Doch die Oltinger hatten die Rechnung ohne die Schäfer gemacht, denn kurze Zeit später brachte die Post den Übeltätern Strafbefehle ins Haus. Nun brauchte es einen guten Verteidiger, der nicht viel kostete. Ein Bursche, der bei Hanselijoggis (Walter Gass-Rickenbacher) etwas Geld verdiente, um sein Studium als Advokat zu finanzieren, wurde als Schreiber und Verteidiger engagiert. Dieser erstellte nun eine Gegenklage und erledigte die Formalitäten. Der Gerichtstermin rückte näher, und schliesslich kam der Tag, an dem sich die Räuber vor Gericht zu verantworten hatten. Wieder wurde der «Choli» angespannt, doch diesmal fuhr man nach Sissach, wo die Gerichtsverhandlung stattfand. Ruedi Lüthy wurde als Redner bestimmt. Er versuchte dem Richter plausibel zu machen, dass sie um ihre Heuernte gebangt und deshalb aus purer Not gehandelt hätten.

Diese Rede und die Verteidigungsstrategie von Hanselijoggis Advokat trugen Früchte. Die Oltinger Burschen wurden in allen Teilen freigesprochen.

Die vier Räuber: Paul Gysin (Dölfipaul) 1917 – 1998
Hans Gysin (Dölfihans) 1920 – 1990
Jakob Gysin (Hermischaggi) 1913 – 1965
Rudolf Lüthy (Poschtruedi) 1915 –
Der Viehinspektor: Fritz Lüthy (Junkerfritz) 1895 – 1961

Christian Lüthy

EUSES DORF UND SYNI LÜT

DorfbewohnerInnen stehen Red und Antwort

Aus 10 Fragen sind die folgenden Interviews entstanden (2006).

Beantwortet haben sie EinwohnerInnen im Alter von 17 – 93 Jahren.

1. Wo und wann bist du geboren?

2. Wo bist du zur Schule gegangen?

3. Welchen Beruf hast du erlernt oder willst du erlernen?

4. Was war für dich die grösste technische Errungenschaft deiner Zeit?

Ernst Rickenbacher (Ernst R.)
25.11.1913, Hausgeburt im «Grosse Huus» in Oltingen

Die ersten sechs Jahre ging ich in die Primarschule in Oltingen zu Lehrer Müller und Lehrer Grauwiller. Weil ich ein guter Schüler war, wurde ich von Lehrer Grauwiller gefördert und konnte anschliessend drei Jahre an die Bezirksschule in Böckten.

Nach einem Vorkurs, in dem die Eignung abgeklärt wurde, konnte ich Vermessungstechniker lernen. Dazu musste ich in Zürich an die Fachschule, meine Lehrstelle hatte ich in Olten. In diesem Betrieb konnte ich nach meiner Lehre auch weiterarbeiten und blieb dort bis zu meiner Pensionierung.

Das Radio,

die grösste technische Errungenschaft meiner Zeit.

Elsbeth Gysin-Gysin (Elsbeth G.)
23.09.1929, Hausgeburt mit Hebamme Emilie Gysin

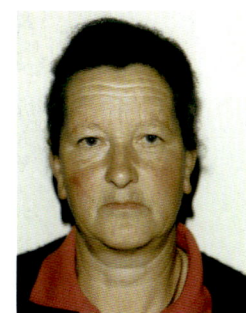

Ich ging von der ersten bis zur achten Klasse in Oltingen zur Schule.

Ich konnte keine Berufslehre machen. Bis zu meiner Heirat ging ich in die Seifenfabrik in Sissach und später in die Ronda in Lausen arbeiten. Anschliessend arbeitete ich als Mutter, Hausfrau und Bäuerin auf unserem Betrieb in Oltingen.

Die Waschmaschine und der Ladewagen,

die grössten technischen Errungenschaften meiner Zeit.

EUSES DORF UND SYNI LÜT

Ruedi Waldmeier (Ruedi W.)
28.10.1948, Spitalgeburt in Liestal

Das Organisieren der Spitalgeburt war nicht einfach, da es noch kaum ein Auto gab im Dorf.

Von der ersten bis zur sechsten Klasse ging ich in die Primarschule in Oltingen, anschliessend, nach bestandener Aufnahmeprüfung, drei Jahre nach Gelterkinden in die Realschule. Als Kind hatte ich wohl auch die üblichen Berufsträume wie Lokführer oder Elektriker. Aber meine Eltern hatten für mich bei meinem Schwager eine Lehre als Schreiner abgemacht, und da ich auf jeden Fall einen handwerklichen Beruf erlernen wollte, kam diese Ausbildung meinen Neigungen entgegen. Nach einem zweijährigen Abstecher nach Pontresina und drei Jahren in einer Schreinerei in Läufelfingen kehrte ich in den Betrieb meines Schwagers zurück, wo ich heute noch auf meinem Beruf arbeite.

Die Möglichkeit der Raumfahrt und die Mondlandungen,

die grössten technischen Errungenschaften meiner Zeit.

Fränzi Gysin-Spiess (Fränzi G.)
07.04.1966, Spitalgeburt in Liestal

Zuerst war ich dreieinhalb Jahre an der Primarschule in Tecknau, bis meine Eltern wieder nach Oltingen zogen, wo ich die vierte Klasse besuchte. Das fünfte bis achte Schuljahr und die BWK konnte ich in Wenslingen abschliessen. Ich machte eine dreijährige Lehre als Malerin und Tapeziererin in Gelterkinden. Ein Welschlandjahr und acht Jahre Berufsarbeit leistete ich, bevor ich heiratete. Jetzt arbeite ich Teilzeit im Volg Oltingen, nebst meiner Beschäftigung als Familienfrau.

Die Geschirrwaschmaschine,

die grösste technische Errungenschaft meiner Zeit.

Daniel Weitnauer (Daniel W.)
12.09.1989, Spitalgeburt in Basel

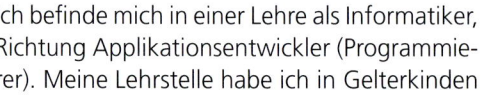

Zwei Jahre Kindergarten und fünf Jahre Schule konnte ich in Oltingen besuchen. Anschliessend ging ich für vier Jahre nach Gelterkinden in die Sekundarschule (PG).

Ich befinde mich in einer Lehre als Informatiker, Richtung Applikationsentwickler (Programmierer). Meine Lehrstelle habe ich in Gelterkinden gefunden, die Gewerbeschule besuche ich in Pratteln und die Berufsmittelschule in Muttenz.

Der Computer und vor allem das Internet,

die grössten technischen Errungenschaften meiner Zeit.

EUSES DORF UND SYNI LÜT

5. Wie gross war oder ist deine Familie?

6. Wie verbrachtest du früher und verbringst du heute deine Freizeit?

Ernst R.
In meiner Herkunftsfamilie waren meine Eltern und drei Kinder. Zu dieser Zeit lebten im «Grosse Huus» drei Familien, total 22 Personen.

Zusammen mit meiner Frau hatte ich sechs Kinder, drei Mädchen und drei Buben. Jetzt wohne ich allein im Haus.

Ich hatte bis zu meiner Pensionierung kaum Freizeit. Als Kind musste ich nebst der Schule auf dem Bauernbetrieb helfen. Ich heiratete früh, und wir hatten bald Kinder. Die Zeit nach der Berufsarbeit verbrachte ich im Garten und auf dem Pflanzblätz oder beim Ausfüllen von Steuererklärungen im Auftrag. Bei der Gemeinde und in verschiedenen Vereinen hatte ich das Amt des Rechnungsrevisors inne. Ausser im Schützenverein war ich nicht aktiv in Vereinen. Wenn ich Zeit fand und finde, jasse ich sehr gerne. Seit langen Jahren schreibe ich jeden Tag ein paar Zeilen Tagebuch. Nach meiner Pensionierung gingen meine Frau und ich auch ab und zu auf eine Reise.

Elsbeth G.
In meiner Herkunftsfamilie waren meine Eltern, wobei ich meine Mutter als Neunjährige verlor, und drei Kinder.

Mit meinem Mann habe ich auch drei Kinder. Dazu lebten in unserer Familie noch der Vater meines Mannes und sein lediger Bruder bis zu ihrem Tod. Jetzt bewohnen wir das Haus zu zweit.

Als Kind musste ich viel helfen zuhause, über den Mittag musste ich die Mutter beim Posamenten ablösen. In der nicht so reichlichen Freizeit spielte ich mit anderen Kindern «Versteckis», oder wir machten im Winter «Ruundääfeli» in der Küche. An Sonntagen traf ich mich mit Kamerädli in einem Baumgarten zum Spielen und Reden. Nach der Konfirmation war es üblich, dass die Mädchen zusammen einen Sonntagsspaziergang machten auf «Egg» und zurück. Geld hatten wir ja kaum, um ausgehen zu können, höchstens einmal nach Kienberg ins Theater – zu Fuss, wohlverstanden. Das Singen im Gemischten Chor, mit dem man auch jedes Jahr eine Reise unternahm, und Vorstandsarbeit im Frauenverein gehörten während vieler Jahre zu meinem Freizeitprogramm. Jetzt machen wir ab und zu eine Reise, haben oder machen einen Besuch, und ich jasse regelmässig mit anderen Frauen.

«Elsbeths Ruundääfeli»

Zutaten:

1 Tasse Rahm
1 Tasse Zucker
1 KL Honig

– Alle Zutaten zusammen aufkochen, köcheln bis es Blasen wirft und die gewünschte Bräune erreicht ist.
– Die Masse auf einer mit Blechreinpapier belegten Blechrückseite auskühlen lassen.
– Etwas erkalten lassen und mit einem Messer in kleine Quadrate teilen.

Elsbeth Gysin-Gysin, Oltingen

EUSES DORF UND SYNI LÜT

Ruedi W.
Meine Herkunftsfamilie bestand aus meinen Eltern, einer Grossmutter und fünf Kindern in derselben Haushaltung. Eng verbunden waren wir auch mit der Familie meines Onkels, häufig waren wir alle zusammen an einem Tisch zum Essen.

Mit meiner Frau habe ich zwei Kinder. Nach der Scheidung blieb mein Sohn bei mir wohnen, und meine Mutter kochte uns regelmässig.
Jetzt lebe ich mit meiner Partnerin in einem Zweipersonenhaushalt.

Als Kind verbrachte ich meine Freizeit, unzertrennlich zusammen mit meinem Cousin Paul, vor allem im Freien. Wald, Feld, Scheune und Schopf waren unsere Spielplätze. Wir bastelten uns Steckenpferde aus Holz und spielten mit ihnen Indianer oder Kavallerie. Velofahren rund ums Dorf mit Geschicklichkeitsparcours auf allen damals noch vorhandenen Fusswegen in und ums Dorf war ebenfalls eine Leidenschaft. Im Winter spielten wir Stockies oder mit dem Spielstall und den Holztieren.

Als junger Mann engagierte ich mich sehr im Turnverein und war zehn Jahre Oberturner, ebenfalls Mitglied war ich im Schützenverein. An den Wochenenden traf man mich meist an einem Fest oder einem Tanzanlass in der Umgebung. Ausserdem war ich ein leidenschaftlicher Schifahrer.

Später, als ich zu alt war zum Turnen, entdeckte ich meine Liebe zum Singen und bin aktiv im Gemischten Chor, den ich seit einigen Jahren präsidiere. Ausserdem geniesse ich inzwischen das gemütliche zu Hause sein, mit Bekannten zu jassen oder sonst ein Spiel zu machen oder auch ab und zu fernzusehen.

Fränzi G.
Meine Herkunftsfamilie bestand aus den Eltern und zwei Kindern.

Mit meinem Mann habe ich drei Kinder.

Im selben Haus, aber in getrennten Wohnungen, leben die Eltern meines Mannes und die Familie seiner Schwester.

Als Kind spielte ich viel mit Freundinnen: Ballspiele, «Räuber und Poli», «Versteckis». Im Winter spielten wir im Haus oder gingen auf die Schafmatt Schi fahren.

Heute unternehme ich viel mit den Kindern, spiele mit ihnen oder mache einen Ausflug. Ich bin in der Damenriege und jasse auch gerne. Ab und zu lese ich ein Buch oder schaue mir im Fernsehen etwas an. Ferien verbringen wir vor allem in Italien oder im Winter Schiferien in der Schweiz.

Daniel W.
Ich habe einen Vater, eine Mutter und eine Schwester.

Früher sah ich mir gerne Bücher an und schaute fern. Mit Kollegen baute ich im Wald eine Hütte und spielte dort. Während der Schule ging ich in die Jugendriege, sonst war das Freizeitprogramm ähnlich, ausser den PC-Spielen, die noch dazukamen. Jetzt gehe ich gerne an Partys mit Kollegen, vor allem in der Region, und bin häufig am «Chatten».

7. Welches Verkehrsmittel hast du früher benutzt und benutzt du heute?

Ernst R.
Als Kind ging ich zu Fuss in die Schule und auch aufs Feld zum Helfen. Nach Böckten in die Bezirksschule fuhr ich mit dem Velo, Sommer und Winter auf den damals noch ungeteerten Strassen. Später benutzte ich die öffentlichen Verkehrsmittel, um zur Arbeit zu gelangen, und nach der Pensionierung auch ab und zu einen Reisecar für Ferien und Ausflüge. Autofahren habe ich nie gelernt.

EUSES DORF UND SYNI LÜT

Elsbeth G.
Früher bewegte ich mich vor allem mit dem Velo, zur Arbeit nach Sissach und Lausen mit Postauto und Zug. Heute fahre ich im Auto mit und auf dem Traktor, lange habe ich ein Moped benutzt für den Nahverkehr und nach wie vor das Velo. Reisen machen wir ab und zu mit öffentlichen Verkehrsmitteln und mit Reisecars.

Ruedi W.
Als Kind benutzte ich das Velo, im Winter für die Schule das Postauto. Nach der RS lernte ich Auto fahren und benutze seither das Auto als bevorzugtes Verkehrsmittel.

Fränzi G.
Als Kind hatte ich ein Velo, später ein Töffli (Moped). Heute haben wir ein Auto, fahren aber sehr viel Zug.

Daniel W.
Früher und heute benütze ich Postauto und Zug, mit den Eltern auch das Auto. Jetzt fahre ich Roller.

8. Wo kaufst du ein?

Ernst R.
Heute wie früher in der Regel im Konsum (Volg) Oltingen, früher abwechslungsweise auch bei Elvira, aber immer im Dorf.

Elsbeth G.
Hauptsächlich im Dorfladen, manchmal für etwas Spezielles in der Migros. Das Fleisch kaufen wir beim Metzger in Oltingen.

Ruedi W.
Unsere Einkäufe tätigen wir alle im Volg Oltingen und beim Metzger in Oltingen – aus Prinzip!

Fränzi G.
Was im Dorf erhältlich ist, kaufen wir hier.

Daniel W.
Lebensmittel kaufen wir im Dorf ein, im Volg, direkt beim Bauern und beim Metzger. PC-Zubehör und Kleider sind hier halt nicht erhältlich.

9. Warum wohnst du in Oltingen?
10. Was sollte sich im Dorf in den nächsten 15 Jahren ändern?

Ernst R.
Ich bin hier aufgewachsen, wäre aber gerne nach Trimbach gezogen, näher an meinen Arbeitsplatz. Meine Frau wollte aber nicht von Oltingen weg, und als wir hier ein Haus bauten, war es klar, dass wir hier bleiben.

Oltingen dürfte mehr Einwohner haben, Bauland sollte zur Verfügung stehen. Ich wünsche mir eine bessere Durchmischung von Jung und Alt im Dorf.

EUSES DORF UND SYNI LÜT

Elsbeth G.
Weil ich hier geheiratet habe. Als junge Frau wäre ich gerne an eine Arbeitsstelle weg vom Dorf, aber weil ich immer zu Hause helfen musste, konnte ich das nie machen.

Das Dorf ist recht so, wie es ist. Es könnte etwas mehr Zuzüger haben (Steuerzahler), aber lieber solche, die sich am Dorfleben auch beteiligen wollen, nicht dass es ein Schlafdorf wird.

Ruedi W.
Meine Wurzeln sind sehr tief verankert in diesem Dorf, hier ist meine Heimat. Das Teilhaben am Dorfleben, das Kennen der Leute und mein eigenes Haus sind mir sehr wichtig.

Ändern sollte sich nach meiner Meinung in den nächsten 15 Jahren die Bevölkerungsdurchmischung. Es würde etwas mehr Einwohner vertragen und ein paar gute Steuerzahler. Wichtig finde ich auch, dass mindestens die bestehenden Arbeitsplätze erhalten bleiben mit Bauern und Handwerkern.

Fränzi G.
Weil ich hier verheiratet bin, ein Haus habe und gerne hier wohne.

Das Dorf braucht keine Veränderung. Wünschenswert ist, dass möglichst alle Einwohner im Dorfladen einkaufen, damit er bestehen bleibt. Und es wäre schön, wenn die Leute etwas zufriedener wären.

Daniel W.
Ich bin hier geboren, es ist heimelig hier. Ich denke auch, dass ich nach einer «Auszeit» wieder hierherziehen werde.

Wir Jungen hätten gerne einen tollen Jugendraum als Treffpunkt… und dass auch nach 01 Uhr noch ein Bus fährt.

Lydia Gysin Rumpf

Original Oltingerschnitten

Für ein Backblech von 30 x 33 cm

Zutaten:

Teig
5 Eigelb
250 g Zucker
1 P Vanillezucker
1 T Rahm
230 – 250 g Mehl
½ P Backpulver

Belag
5 Eiweiss
1 Pr. Salz
200 – 250 g Zucker
200 g gem. Haselnüsse

– Für den Teig Eigelb und Zucker schaumig rühren, Vanillezucker, Rahm, Mehl und Backpulver zugeben und alles gut vermengen.
– Etwas ruhen lassen und dann auf einem gut gefetteten Backblech verstreichen.
– Für den Belag Eiweiss mit etwas Salz zu Schnee schlagen, Zucker und Haselnüsse darunterziehen und die Masse gleichmässig auf dem Teig verteilen.
– Im vorgeheizten Ofen bei 180° 20 – 25 Minuten backen, erkalten lassen und in Stücke schneiden.

*Marianne Gysin-Handschin, Oltingen,
Baselbieter Bäuerinnen kochen, 2004*

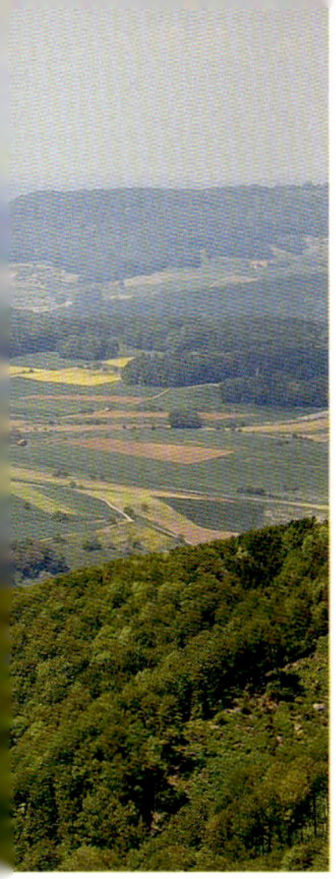
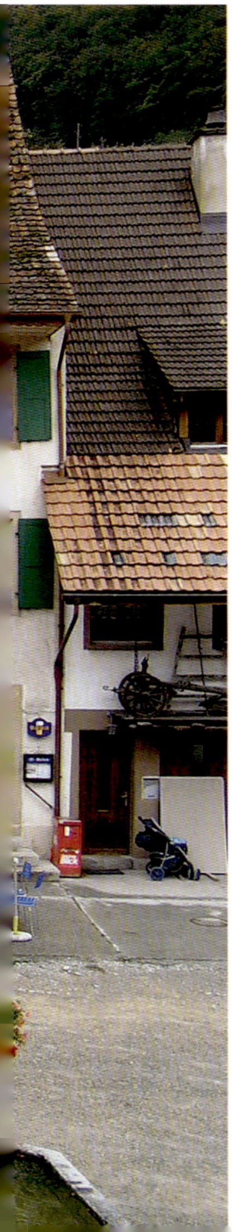
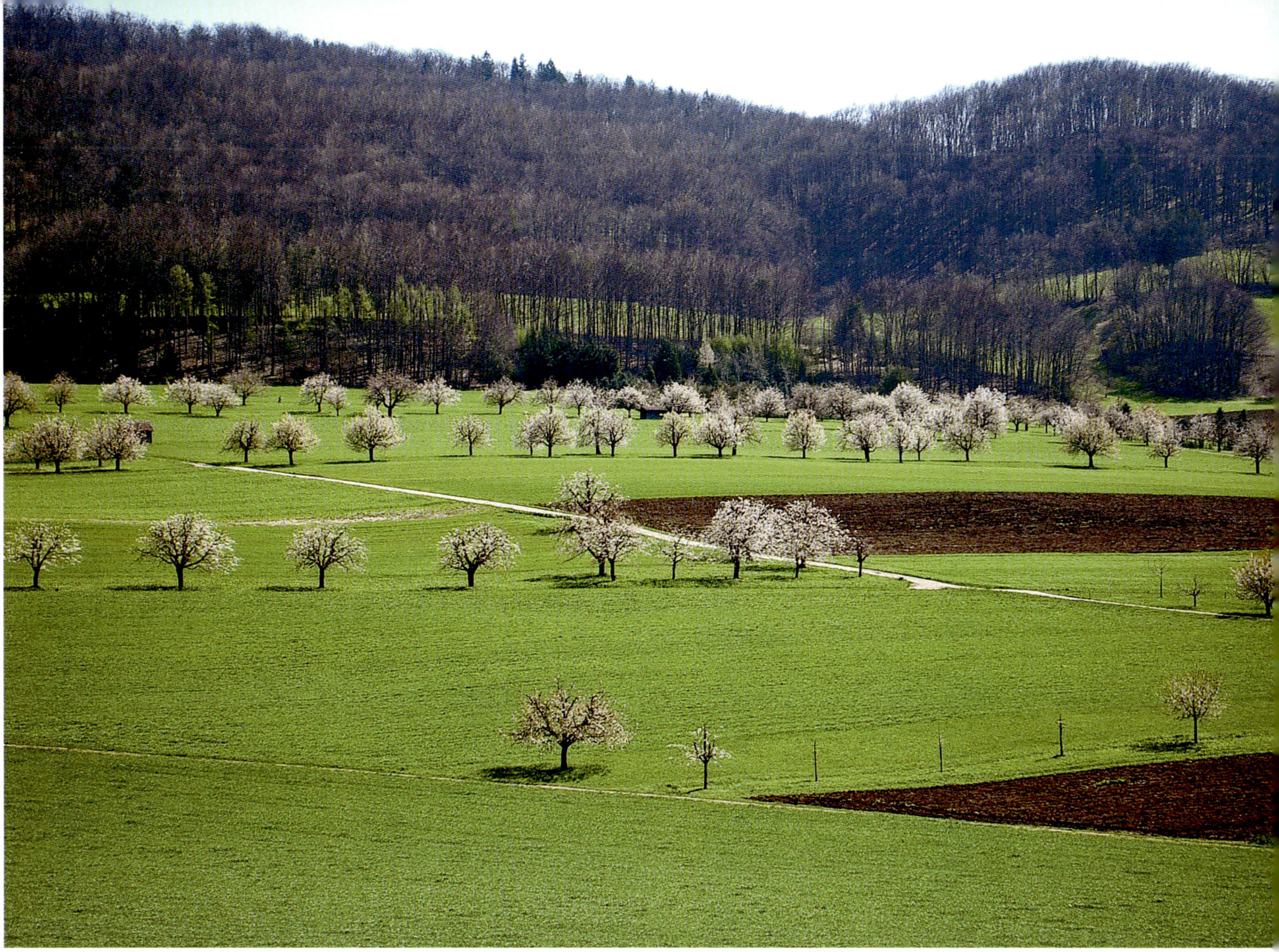
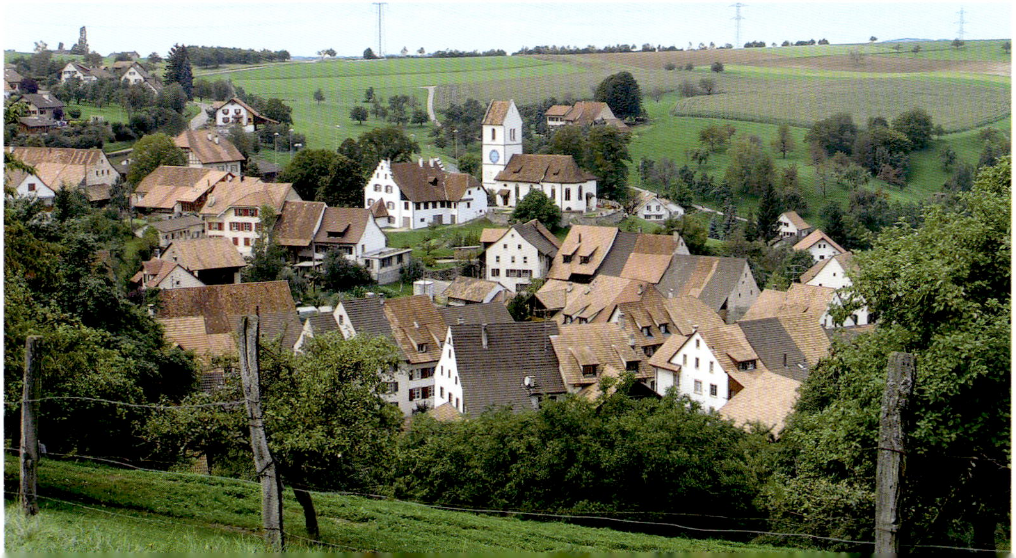
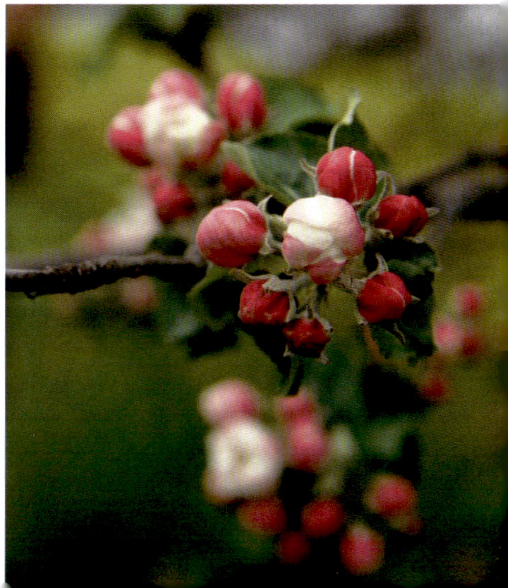

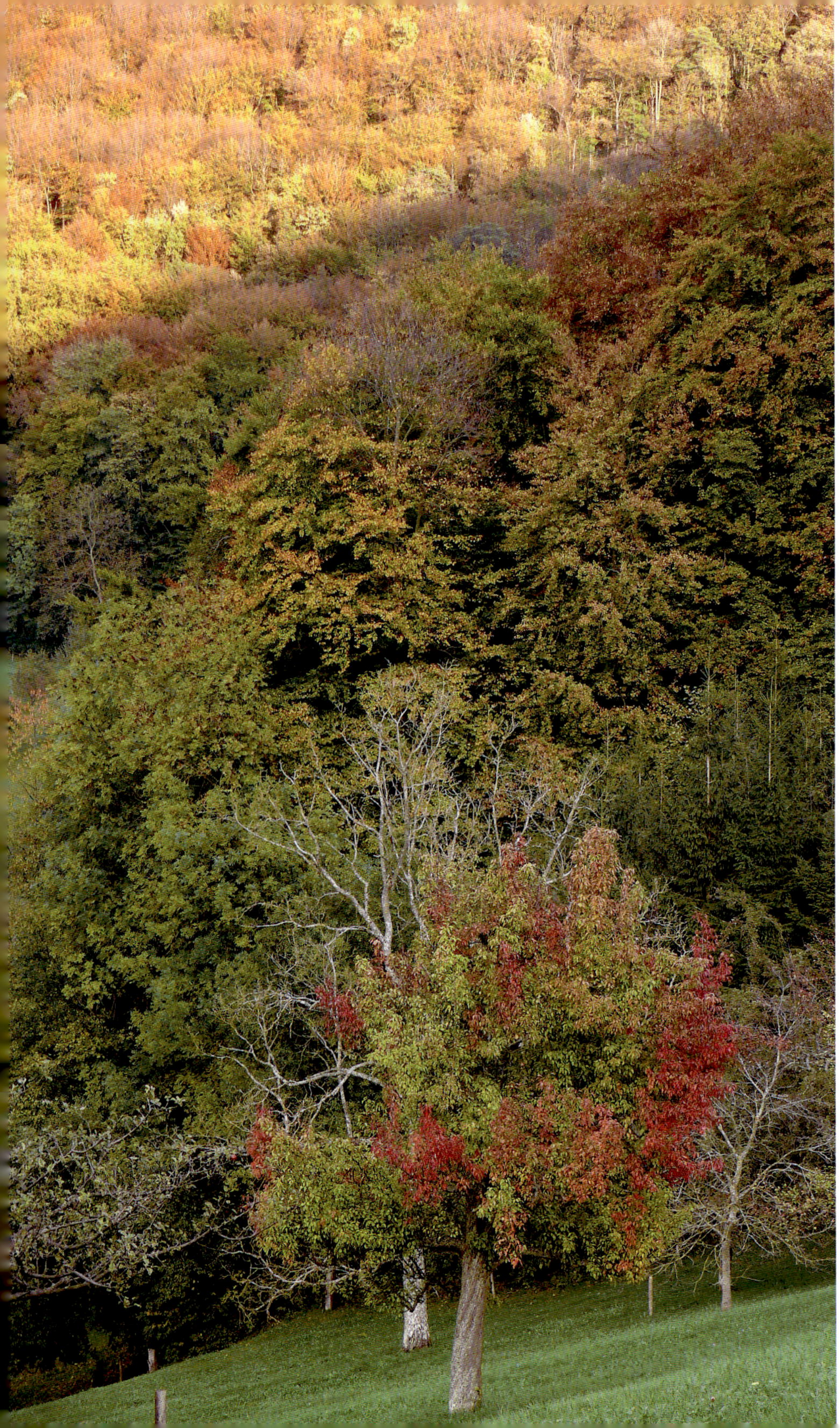
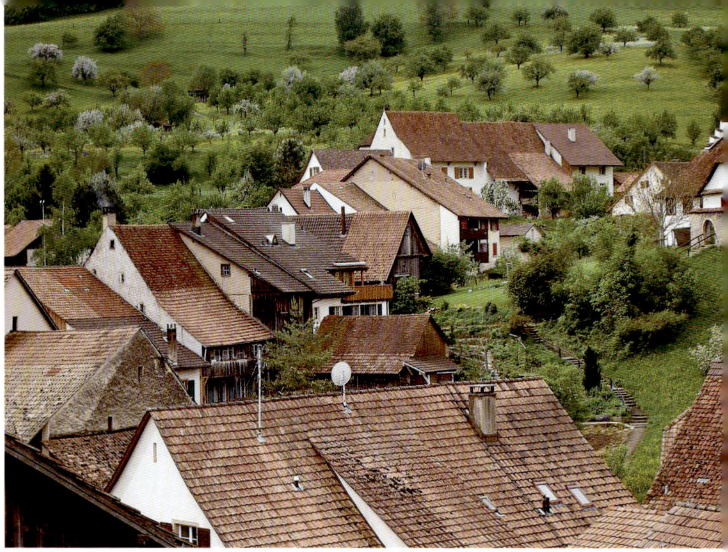
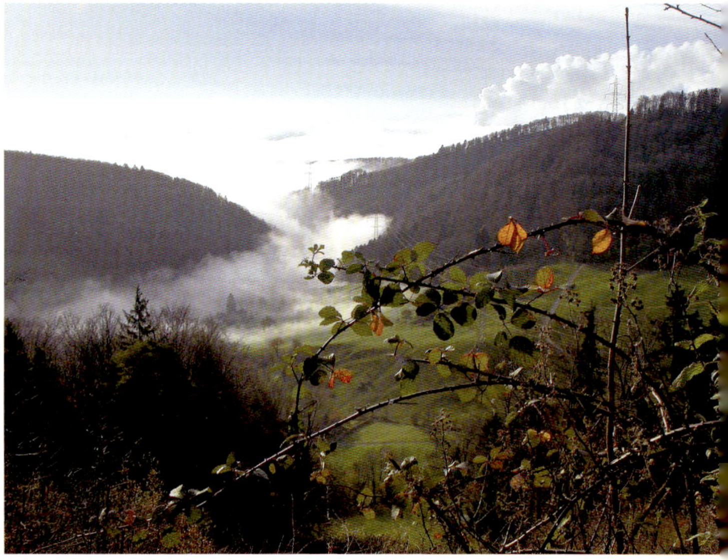
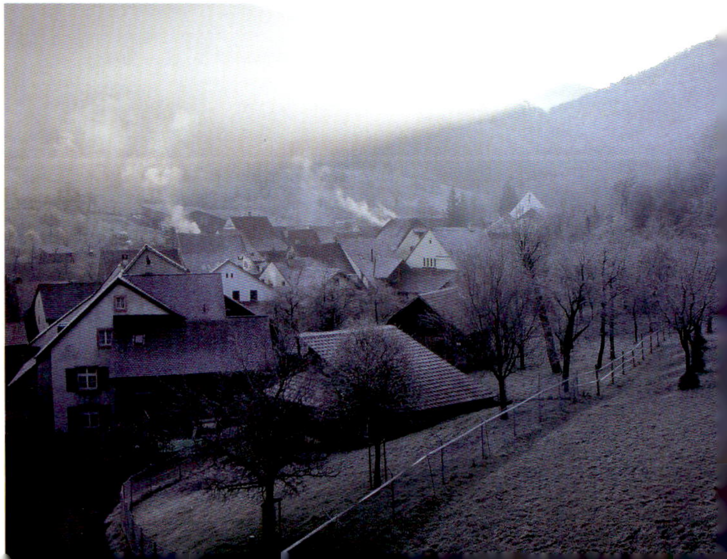

Geschichte

Wappen

Bis anfangs der Vierzigerjahre hatten nur 29 Gemeinden des Kantons ein offizielles Gemeindewappen. Diese waren auch an der legendären Landi 1939 vertreten. Eine kantonale Subkommission unterstützte danach die anderen Gemeinden bei der Gestaltung ihres Wappens. Als Gemeindevertreter wirkte der damalige Lehrer Dr. h. c. E. Weitnauer in diesem Gremium mit.

Das etwas undeutlich erhaltene Siegel einer Liestaler Familie Oltinger befriedigte die Kommission nicht. Auch ein von Pfarrer Simon Stöcklin (1657 – 1726) gezeichnetes Signet, das im Vordergrund den Chlapfen und die Winterholde und in der Mitte die Geissfluh mit der Hochwacht zeigt, wurde nicht verwendet.

Abb. 1: Redendes Wappen von Oltingen, gezeichnet von Pfr. Simon Stöcklin (Pfarrer in Oltingen von 1695 – 1708)

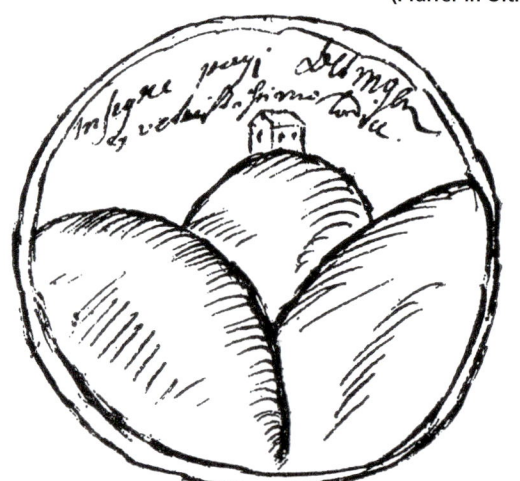

Als ehemals wichtiger Passfussort erhielt Oltingen dann das heutige Wappen:

Im goldenen Wappenschild ein schwarzer Schrägrechtsbalken, belegt mit drei silbernen Hufeisen mit schwarzen Nägeln.

Abb. 2: Wappen von Oltingen

Die Farben erinnern an die Zugehörigkeit des halben Dorfes (bis 1684) zur Herrschaft Kienberg. Durch Gemeinderatsbeschluss vom 12. August 1943 wurde das neue Hoheitszeichen gutgeheissen. Die Gemeindefahne nähte die damalige Strickschullehrerin Lina Gysin (Hermi Lini). Diese historische Fahne kommt – nebst der neuen Fahne – auch heute noch zu Ehren.

GESCHICHTE

Anlässlich der Einweihung der «Gotthard-Lokomotive» mit dem Wappen Basel-Landschaft, am 20. September 1956, durften die Schülerinnen und Schüler mit Jahrgang 1942 an der Einweihungsfahrt nach Biasca teilnehmen. Mit stolz geschwellter Brust trug Hans Lüthy (Junkerhans) die Oltingerfahne vom Bahnhof Biasca zu einem typischen Tessiner Grotto.

Abb. 4: Stempel von Oltingen

Abb. 3: Als am 12. Juli 1951 die beiden Basel den Beitritt zur Eidgenossenschaft im Jahre 1501 feierten, bildeten die neuen Gemeindefahnen das Kernstück des Festumzugs. Auch die Oltingerfahne, getragen von Walter Weitnauer, begleitet von Ruth Weitnauer und Vreni Burri, wehte stolz im Wind.

Hans Lüthy-Schaub

Quellennachweis

Gemeindewappen von Baselland, Paul Suter

GESCHICHTE

Gemeindebann

Grösse

Der Gemeindebann hat eine Fläche von 718 Hektaren, davon sind 248 ha Wald (inkl. Feldgehölze), 424 ha landwirtschaftliche Nutzfläche, 44 ha Siedlungsgebiet und 2 ha unproduktive Fläche. Unser Dorf liegt 582 m über Meer. Der höchste Punkt (Geissfluh) ist 963 m ü. M. und der tiefste (Breusch) 539 m ü. M.

Gemeindegrenze

Oltingen ist mit seinen sieben Nachbargemeinden, drei davon sind im Kanton Solothurn, mit ganz unterschiedlichen Grenzlängen verbunden. Rothenfluh grenzt nur an einem Punkt, im Barmen, wo vier Gemeinden zusammenstossen, an Oltingen.

Rohr / SO	1771 m
Obererlinsbach / SO	574 m
Kienberg / SO	2831 m
Anwil / BL	2920 m
Rothenfluh / BL	0 m
Wenslingen / BL	4508 m
Zeglingen / BL	2849 m
Totale Grenzlänge	**15453 m**

Abb.1: Gemeindebann
Reproduziert mit Bewilligung von swisstopo (BA067770)

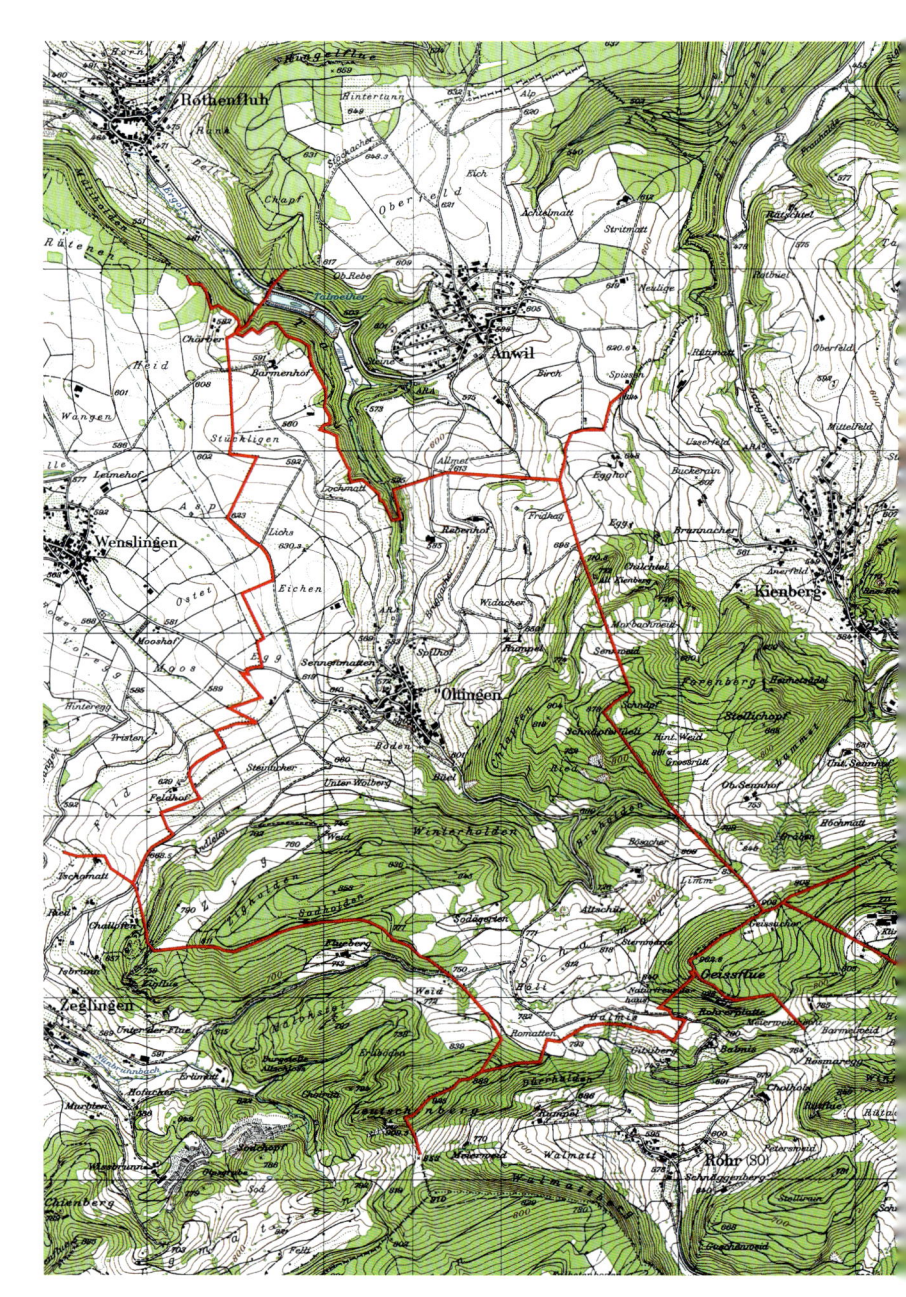

GESCHICHTE

Grenzverlauf

Unseren Rundgang beginnen wir beim Kantonsgrenzstein Nr. 229 mit der Jahrzahl 1682 am Leutschenberg. Hier grenzen die Gemeinden Rohr, Zeglingen und Oltingen aneinander. Auf dem Grat zieht sich die Grenze hinunter bis zur Romatt. Die Kantonsgrenze zu Rohr gab bis Ende des 17. Jahrhunderts immer wieder Anlass zu Auseinandersetzungen. Doch drang Basel mit seinem Begehren durch, so dass im Gebiet Romatt – Balmis der Bannhag jenseits der Wasserscheide als Kantonsgrenze von Solothurn akzeptiert wurde (Vertrag zwischen Basel und Solothurn vom 16. September 1682). Die Grenzsteine in diesem Gebiet tragen die Jahrzahlen 1687 und 1834. Vom Balmis steigt die Grenze auf die Geissfluh, zum höchsten Punkt in Oltingen. Von hier hat man einen wunderbaren Ausblick über das Baselbiet bis in die Vogesen und den Schwarzwald. In der Nähe des Geissheiriloches erreichen wir die Grenze zu Obererlinsbach. Beim letzen Stein auf der Geissfluh stösst dann Oltingen an Kienberg. Dieser dreieckige Stein mit der Jahrzahl 1682 ist der östlichste Punkt des Kantons. Hier zweigt die Grenze rechtwinklig, dem alten Bannhag entlang, Richtung Hangenmatt – Höchenrüti – Schnäpfenflüehli ab.

> Vom Grenzstein Nr. 245 rechts der Ergolz, in der Hangenmatt, wird berichtet, er sei bei einer Grenzbereinigung dem Fuhrmann vom Wagen gefallen und den Abhang hinuntergerollt. Die Gescheidsleute setzten den Stein dann einfach da, wo er liegengeblieben war, mit der Bemerkung, das spiele ja keine Rolle. So ist der Oltingerbann dort halt ein wenig kleiner geworden.

Abb. 2: Grenzstein am östlichsten Punkt des Kantons BL (Oltingen/Obererlinsbach/Kienberg)

GESCHICHTE

der Kantons- und der Oltingergrenze ist. Es gab Grundstücke, die weder zu Kienberg noch zu Oltingen gehörten. Am 16. Dezember 1980 einigten sich die Beteiligten, die Gemeindegrenze Kienberg zwischen den Grenzpunkten Nr. 243 – 247 auf die Kantonsgrenze zu verlegen und die Kantonsgrenze zwischen den Punkten Nr. 247 – 248 auf die Gemeindegrenze Kienberg zu verschieben. Dadurch entspricht die Kantons- und Gemeindegrenze wieder dem «Atlas über den Grenzzug zwischen den Kantonen Solothurn und Basel-Landschaft» aus dem Jahre 1836.

Im Friedhag endet die Kantonsgrenze, es geht dem Anwilerbann entlang Richtung Allmet und dann ins Tal hinab. Oberhalb des Wasserfalls «Breusch» durchquert die Grenze das Tal und zieht sich dem Wald entlang, um den Barmenhof herum, zum einzigen Vierbännerstein.

Hier stossen die Gemeinden Oltingen, Anwil, Rothenfluh und Wenslingen zusammen. Im Mai 2001 wurde da ein neuer Stein mit den 4 eingemeisselten Gemeindewappen gesetzt. Die Grenze zu Wenslingen wurde 1949, bei der 1. Felderregulierung, flächengleich reguliert, so dass sie den Parzellen- oder Weggrenzen entlang verläuft. Der frühere Grenzverlauf hatte viel weniger Ecken, durchschnitt aber viele Grundstücke. Im Challofen stösst Oltingen an Zeglingen, nach dem Überqueren der Kantonsstrasse zieht sich die Grenze in gerader Linie zur Zigfluh, weiter dem Waldrand entlang, die Zigholden hinauf zur Sodholden. Die Grenze verläuft nun immer mehr oder weniger unterhalb des Sodholdenwegs bis Hintertannen. Von da geht es hinunter zum Wassermattbächli und den Chriegacher hinauf wieder zur Kantonsgrenze am Leutschenberg. Damit ist unser Bannumgang beendet.

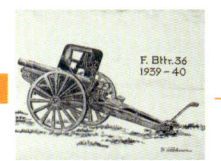

Abb. 3: Vierbännerstein (Oltingen/Wenslingen/Anwil/Rothenfluh)

Hans Lüthy-Schaub

Vom Schnäpfenflüehli verläuft die Grenze auf dem Grat bis zum Waldweg oberhalb der oberen Sennenweid und im rechten Winkel in einer fast geraden Linie bis zum Friedhag.

Im Zusammenhang mit der Felderregulierung wurde festgestellt, dass die Gemeindegrenze Kienberg in der Sennenweid nicht identisch mit

Quellennachweis

Grenzen und Grenzzeichen der Kantone Basel-Stadt und Baselland

Unterlagen der Felderregulierung Oltingen

Protokolle Gemeinderat Oltingen

Karte: Vermessungs- und Meliorationsamt Kanton Basel-Landschaft

GESCHICHTE

Flurnamen

Flurnamen sind ein Stück schützenswertes Kulturgut. Sie geben dem betreffenden Stück Land einen Namen, eine eigene Identität. Wir sollten zu ihnen Sorge tragen, wie zu einem alten Gebäude. Ihr Ursprung ist unterschiedlich, und die Deutung der Namen ist aufwendig und braucht viel Erfahrung. Durch die beiden Felderregulierungen sind viele kleinräumige Flurnamen verloren gegangen.

In der Reihe «Namenbuch der Gemeinden des Kantons Basel-Landschaft» ist im Herbst 2006 das Büchlein von Oltingen erschienen. In diesem Werk werden der Ursprung und die Bedeutung der rund 190 Flur- und Strassennamen, die heute noch mehr oder weniger in Gebrauch sind, erklärt. Das Forscherteam rund um Dr. Markus Ramseier hat gegen 700 Oltinger Flurnamen gefunden, die mindestens einmal schriftlich bezeugt sind. Die sehr interessante Schrift ist empfehlenswert und kann bei der Gemeinde für Fr. 15.– gekauft werden.

Hier einige Müsterli zum «gluschtig» machen:

Eichen Äiche
Kulturland auf der Hochebene nordwestlich von Oltingen.
‹Das Land bei den Eichen›
Die Eiche galt als Königin aller Bäume. Ihre Kennzeichen waren Stärke, Höhe und Langlebigkeit. Unter Eichen tagten Gerichte. Eichenwälder wurden geschätzt, weil Eicheln der Schweinemast dienten. *Unter den Eichen wachsen die besten Schinken*, pflegte man zu sagen.
Der berühmte Oltinger Eichenwald befand sich bis in die 1830er-Jahre an dieser Stelle. Mit dem Holz der Eichen wurde unter anderem der Kirchturm gebaut.

Hätschenacher Hätschenacher
Mattland mit Feldgehölzen auf einem Sockel im Grossraum Schafmatt, nahe der südöstlichen Gemeindegrenze von Oltingen.
‹Der Acker des Hazo, Hezo› o. ä.
    nach 1501 *hätzenacker*
    Vermutlich handelt es sich bei *Hätschen-* um einen alten Besitzernamen. *Hazo* ist eine althochdeutsche Koseform. Ein Anschluss an *Hätzeln* ‹Eichelhäher, Elster› oder an *Hatsch* ‹unordentlich gekleidetes, schlampiges Weib› beziehungsweise hatschen ‹träge, schleppend gehen, herumvagieren› ist nicht anzunehmen.

Himmelsrank Himmelsrank
Markante Wegkurve und nächstes Umgelände südwestlich von Oltingen.
‹Die Kurve, die wie der Himmelsrank am Sustenpass aussieht›.
    Der Weg wurde während der ersten Felderregulierung Ende der 1940er-Jahre im Stundenlohn erbaut. Kurz zuvor hatte die Milchgenossenschaft einen Ausflug auf den Sustenpass gemacht.
    Dort wird eine Strassenkehre *Himmelsrank* genannt. Dieser sinnliche Name wurde auf den neuen Feldweg übertragen.

Holenstei Hoolestäi
Waldpartie in der Plattenrüti südlich von Oltingen.
‹Das Gebiet beim ausgehöhlten Fels›
    Von Gelterkinden her über die Hochebene und über die Schafmatt soll eine römische Strasse geführt haben. Auf dem Berggrat ist noch das Karrengeleise sichtbar. Es wird *Holenstei* genannt.
    Ob der alte Karrenweg wirklich auf eine römische Heerstrasse zurückgeht, ist allerdings nicht erwiesen.

«Mir Oltiger glaube aber dra. Vilicht findet me jo no einisch e wüsseschaftlige Bewys.»

Zilacher Zyylacher
Kulturland nordöstlich von Oltingen.
‹Der Acker an der Grenze›
    1782 *in dem Zyl-aker*
    Zil bedeutet ‹Grenze, abgegrenzter Raum, Ende, Ziel›,
    auch ‹Grenzzeichen›.
    Der *Zilacher* liegt an der Grenze der früheren Zelg gegen Kienberg, SO.

Hans Lüthy-Schaub

Quellennachweis

Namenbuch der Gemeinde Oltingen der Stiftung für Orts- und Flurnamenforschung Baselland, 2006

GESCHICHTE

Dorfgeschichte

Urgeschichte

Während der Mittelsteinzeit (Mesolithikum) befand sich auf dem Zig eine Jagdstation. Der Entdecker Dr. Erich Roost, Gelterkinden, schreibt dazu: *«Das Zig ist eine geschützte Hochterrasse hinter der nördlichsten Jurafalte über der Juratafel, südwestlich von Oltingen, 780 m ü. M. Es war wohl ein uralter Wildwechsel an Juraübergängen und das Grenzgebiet zwischen endeiszeitlicher Steppe in der Höhe und aufkommender Waldregion in der Tiefe. 1964 erste Steinwerkzeugfunde aus Silex (Feuerstein). Grabungen 1966 und 1967 je 100 m² im Bereich des Terrassensattels. Tausende von Steinwerkzeugen, das Mehrfache an Abfallstücken aus der Übergangszeit vom Magdalénien ins Mesolithikum (Mittelsteinzeit).»*

Abb. 1: Das Zig ist die schneebedeckte Waldwiese rechts oben (Blick vom Wisenberg nach Osten)

Dr. E. Roost vermutet, dass in jener Zeit Jägergruppen jeweils im Sommer auf dem Zig ihr Lager aufschlugen.

Bei Drainagearbeiten während der ersten Felderregulierung wurden auf Egg Siedlungsspuren aus keltischer Zeit entdeckt. Fritz Pümpin, Gelterkinden, unternahm daraufhin eine Ausgrabung. Das Keltendörflein war von schützenden Wäldern umgeben, die heute allerdings nur noch in Flurnamen weiterleben: Vogelholde, Asp, Eiche, Hinter Holz, Rütenen.

Römerzeit

Auf «Stücklige» und «Unter Wolperg» wurden einzelne römische Münzen gefunden, u. a. ein 80 n. Chr. geprägtes As. Im «Barmen» und im «Heid» (Bann Wenslingen) standen wohl römische Gutshöfe, wie die Funde von grossen Mengen römischer Ziegel glaubhaft machen. Während des Baus der Gasleitung wurde 1973 in der gleichen Gegend ein Brandgräberfeld entdeckt. Dr. E. Roost fand am östlichen Rand der Hochebene im Barmen römische Ziegel. Zur Römerstrasse über den «Hoolestäi» vgl. das Unterkapitel «Passort Oltingen».

Mittelalter

Im 7. Jahrhundert sickerten die Alemannen in unser Gebiet ein und erbauten ihre Bauernhöfe bei Quellen in geschützter Lage. Die Flurnamen «Stücklingen», «Schwärzlingen», «Bilisingen» und «Oltingen» verweisen auf eine alemannische Besiedlung. In der Nähe der Fluren «Stücklingen» und «Bilisingen» stehen heute die Höfe «Barmen» und «Reben». Der Hof «Oltingen» (möglicherweise Hof des Olto) wurde zum Dorf. Laut dem Flurnamenbuch von Oltingen (erschienen 2006) bedeutet der Dorfname «am Ort der zu Aduald, Audovald gehörenden Siedler».

Seit dem frühen Mittelalter war unsere Gegend Teil des riesigen Frankenreiches. Um das Jahr 1000 gehörten wir zum Königreich Burgund,

GESCHICHTE

das sich bis zum Mittelmeer erstreckte. Im Jahre 1032 kam das ganze Gebiet der heutigen Schweiz zum «Teutschen Reich».

Der Name «Gallisloch» für die ergiebige Quelle am südlichen Dorfausgang stammt aus der Zeit, als die Mönche des Klosters St. Gallen in unsere Gegend kamen und die Quelle dem heiligen Gallus weihten.

In einem Dokument von 1241 wird ein Junker Peter von Oltingen als Dienstmann der Froburger bezeichnet. Lange Zeit galt dieses Datum als Ersterwähnung des Dorfes. Doch kürzlich fand sich im aargauischen Staatsarchiv in Aarau eine Urkunde, die einen Rechtshandel in Oltingen im Jahre 1209 erwähnt.

Wie lebte man im mittelalterlichen Oltingen?

Vor etwa 1000 Jahren waren alle Siedlungen sehr viel kleiner als heute. In den kleineren und mittleren Dörfern wie Wenslingen, Zeglingen, Rothenfluh und wohl auch in Oltingen lebten bis ins 15. Jahrhundert lediglich 60 – 70 Einwohner in 10 – 20 Haushaltungen. Nur grössere Dörfer wie Sissach und Gelterkinden hatten mehr als 100 Einwohner.

Das Leben der meisten Landleute war für unsere Begriffe recht armselig: eintönige Nahrung wie Haferbrei, Hirsebrei, kaum Fleisch. Die Kartoffel gab es ja in Europa noch nicht. Viele Seuchen, Krankheiten und Kriege plagten die Menschen – der Tod war allgegenwärtig. Die wenigsten Kinder erreichten das Erwachsenenalter. «Arme lutt» war denn auch in amtlichen Dokumenten die gängige Bezeichnung für alle nichtadligen Landleute, ungeachtet ihres Vermögensstandes.

Unsere Vorfahren hatten auch nicht die Freiheit, wie wir sie heute als selbstverständlich ansehen. Sie waren ja Leibeigene oder Hörige, das heisst, sie konnten von ihrem Herrn samt ihrem Besitz und dem ganzen Dorf verkauft oder verpfändet werden. Gefragt wurden sie nie.

In eine andere Herrschaft zu ziehen war fast unmöglich, und strikte verboten gar war die sogenannte ungenossame Ehe, eine Heirat über die Grenze. Erwies sich aber die Liebe stärker als das Gesetz, war die Folge die Beschlagnahme des gesamten Vermögens beider «Missetäter», was in jenen Zeiten fast unweigerlich den Bettelstab bedeutete. Deshalb befolgte man mit Vorteil das Gebot: «Hyrot übere Mischt...»

Die Besitzverhältnisse waren recht verwickelt

Ein Dorf hatte nicht eine eindeutige und absolute Zugehörigkeit zu einem Land oder Kanton wie heute. Vielmehr hatten da oft verschiedene Herren – Grafen, Ritter, Klöster, Privatleute – ihre Finger drin. Einer oder auch mehrere konnten Grundbesitzer sein, erhielten also den Bodenzins, ein Zweiter zog den Zehnten ein, und die Gerichtsbarkeit, auch ein einträgliches Geschäft, konnte ohne weiteres nochmals einem anderen gehören. Es war also recht kompliziert.

Das Frankenreich, das den grösseren Teil Europas umfasste, war unter Kaiser Karl dem Grossen in Gaue eingeteilt worden. Aargau, Thurgau, Klettgau sind heute noch lebendig. Die ganze heutige Nordwestschweiz bildete den Augstgau. Bei dessen Aufspaltung in Sisgau, Frickgau und Buchsgau zu Beginn des 9. Jahrhunderts wurde der Oberlauf der Ergolz bis zur heutigen Säge Rothenfluh als Grenze zwischen Sisgau und Frickgau bestimmt, so dass Oltingen mitten entzweigeschnitten wurde. Diese Grenze sollte jahrhundertelang bestehen.

> Dass die Grenze auch heute noch im Bewusstsein der Leute lebt, bezeugt ein Ausspruch vo s Becke Ruedi (Jahrgang 1938): «Me het abe gseit: ‹Woone düeie mer im Sisgau, aber d Hüener hei mer im Frickgau›.»

GESCHICHTE

Abb. 2: Ruine Alt-Kienberg mit restauriertem Rundturm (Blick gegen Oltingen)

Das linksufrige (Sisgauer) Oltingen

Dieser Dorfteil kam mit dem Sisgau schon Mitte des 11. Jahrhunderts an den Bischof von Basel, Theoderich II. Die Bischöfe hatten sich ja im Lauf der Jahrhunderte von rein geistlichen Herren zu Grossgrundbesitzern und durchaus weltlichen Fürsten gemausert, die auch nicht davor zurückschreckten, begehrtes Land ganz unchristlich mit Waffengewalt zu erobern. Viele Gebiete erhielten sie aber von reichen Adligen und auch Bürgern geschenkt, die sich damit ihren Platz im Himmel sichern wollten.

Der Bischof von Basel vergab dann die Herrschaft als Lehen (entspricht ungefähr einer Pacht) nacheinander an die Grafen von Froburg, Habsburg, Nidau und Thierstein. Die Letztgenannten errichteten im 14. Jahrhundert die Farnsburg. Als Graf Otto, der letzte Thiersteiner dieser Linie, 1418 starb, ging die Farnsburg mit der ganzen Herrschaft an seinen Schwiegersohn Hans von Falkenstein und dessen Vater über. Die nächste Generation, Thomas und Hans – unrühmlich bekannt als die «Mordbrenner von Brugg» im Jakoberkrieg von 1444 – trat die Herrschaft schon hoch verschuldet an. Schliesslich wurde sie 1461 «umb zehentusent gulden Rinischer» an die Stadt Basel verkauft:

«Ich Toman von Valckenstein, frye, herre zu Varnsperg und landtgrafe im Sissgowe, als der verkouffer und wir Hanns von Berenfels, ritter, burgermeister... zu Basel als die kouffere... myn schlosz Varensperg und ouch die herschafft zu demselben schlosz gehorende ...»

Es heisst, als Dreingabe habe der Graf noch ein rotes Samtkleid für die Gräfin ausgehandelt.

So hatte Basel sein Gebiet kräftig erweitert, und fortan sassen Basler Landvögte auf der Farnsburg. Der Erste einer langen Reihe war Peter Offenburg.

Das rechtsufrige (Frickgauer) Oltingen

Seine Geschichte verlief ganz anders. Um das Jahr 1000 gehörte es Rudolf von Rheinfelden, Herzog zu Schwaben, danach etwa 300 Jahre dem Kloster Einsiedeln, das den Besitz den Edlen von Kienberg als Lehen

GESCHICHTE

anvertraute. Die Ruine Alt-Kienberg westlich von Kienberg (früher Heidegg genannt) war wohl ihr ursprünglicher Sitz. Professor Werner Meyer vermutet, Alt-Kienberg sei vor 1200 verlassen worden, und die Kienberger Herren hätten eine neue Burg südöstlich von Kienberg errichtet. Diese wird 1391 von Petermann von Heidegg übernommen. 1404 tritt Hans IV von Habsburg-Laufenburg – eine Nebenlinie der grossen Habsburger – als Lehensträger auf. Als Graf Hans als Letzter seiner Linie 1408 stirbt, fällt die Herrschaft an Habsburg-Österreich. Damit gehörte das Frickgauer Oltingen zu Österreich.

Immer wieder erscheinen die Herren von Kienberg als Lehensträger. Sie verkaufen dann im 14. Jahrhundert ihre Herrschaft, die auf Umwegen 1378 an den aargauischen Edelmann Petermann von Heidegg kommt. 1440 bestätigt Markgraf Wilhelm von Hochburg, Herr zu Rötteln, als österreichischer Landvogt dem Hans von Heidegg das Lehen, das genau bis an die Ergolz reichte. Oltingen war also nach wie vor zweigeteilt – hie Österreich, hie Deutsches Reich, denn Basel war ja noch immer eine deutsche Reichsstadt.

Ende des 15. Jahrhunderts kam dann die erste grosse Änderung: Die Heidegger lebten, wie viele Adlige, über ihre Verhältnisse. Turniere, Spielleute, Burgfräulein kosten eben Geld... Die Stadt Solothurn hatte Herrn Henman von Heidegg (1391 – 1454) seinerzeit 700 Gulden ausgeliehen; sein Sohn Laurenz, ein Leichtfuss, starb jung und hinterliess sieben unmündige Kinder. Von diesen verlangte nun Solothurn die Rückzahlung des Darlehens. Ihre Tante Barbara brach kurzerhand das rechtsufrige Oltingen aus der Herrschaft heraus und verkaufte es für exakt 700 Gulden an Solothurn, womit Grossvater Henmans Schuld getilgt war.

Der Ratsschreiber der Stadt Solothurn hält im Ratsmanual fest:

«Memoria
Item uoff Montag p Judica anno ic LXXXX (= 29. März 1490) hand min Heren von min frow Barbaran von Heidegg und Heinrich Trouchsess von Wollhusen koufft den halbanteil hocher und niederer Gerichten byss an das plut mit zins und güllt und der Taverne zu Oltinge so den kinder von heidegg gewesen sind umb VII^c (=700) guldin, so die Kind der Statt Soloturn schuldig sind gewesen ...»

Der (ältesten?) Tochter «Bärbelin» wird ein Rückkaufsrecht «umb CCC (=300) guldin» eingeräumt, von welchem sie jedoch keinen Gebrauch machte, da sie ins Kloster eintrat.

Solothurn war 1481 eidgenössisch geworden. Nachdem Basel 1501 den gleichen Schritt getan hatte, war der Dorfbach zwar immer noch eine Grenze, aber zumindest war jetzt auf beiden Seiten gut eidgenössischer Boden.

Ob unsere Altvordern von dieser jahrhundertelang bestehenden Grenze mitten durch das Dorf viel gespürt haben, ist fraglich. Sie zinsten und steuerten zwar verschiedenen Herren, waren ja aber alle miteinander versippt und verschwägert. Auch Basel und Solothurn regierten, wie aus verschiedenen Urkunden hervorgeht, während ihrer fast zweihundertjährigen gemeinsamen Herrschaft das Dorf immer als Ganzes. So waren für das Hohe oder Blutgericht (Diebstahl, Mord, blutige Händel usw.) immer die beiden Obervögte von der Farnsburg und von Gösgen gemeinsam zuständig. Auch das Niedere Gericht (Erbschaften, Handänderungen, mindere Vergehen, unblutige Händel usw.) wurde von beiden Seiten besetzt: «...und der stab (= Vorsitz) durch ihren undervogt zu Küenberg mit dem Basslischen undervogt zu Oltingen abwechselsweise geführt...»

Der Untervogt war auch eine Art Dorfvorsteher und als Vertrauter seines Vorgesetzten, des Obervogts auf der Farnsburg, ein mächtiger Mann im Dorf. Er hatte die Strafgewalt und konnte die verhängten Bussen – bis zu einer gewissen Höhe – gleich selber einstecken. Auch zog er die Steuern ein, genoss aber selber Steuerfreiheit. Bei einer Vakanz unterbreitete der Obervogt dem Rat zu Basel einen Dreiervorschlag. Die Kandidaten sollten wenn möglich des Lesens und Schreibens kundig sein. Nicht selten ging das Amt vom Vater auf den Sohn über. So stellte in Oltingen über Jahrhunderte meist die Müllerfamilie Gysin den Untervogt. Ihm zur Seite stand eine Art Gemeinderat, meist aus vier Mitgliedern bestehend, deshalb «Vierer» oder «Geschworene» genannt.

Im Zuge eines grösseren Tauschhandels im Jahre 1534 zwischen Basel und Österreich (Anwil, Rothenfluh, Giebenach und Baselaugst an Basel gegen Rechte im Fricktal) erhielt die Stadt von der «künigklichen maiestat», Ferdinand I., auch den «winkel oder spyz ertrich zwüschenn dem dorff Oltingenn unnd dem bann Kienberg unnd inn Oltiger bann glegen ist unnd ann den bann Anwyler anwanndet».

Es muss sich bei diesem «spyz ertrich» um den ‹Rüchlig› und vielleicht auch den ‹Fridhag› handeln, denn dort ist die einzige Stelle, wo die drei Gemeinden zusammentreffen.

Interessant ist, dass das Landstück – obwohl im rechtsufrigen Oltingen gelegen – an Basel und nicht an Solothurn ging.

Gegen Ende des 17. Jahrhunderts führte die Beilegung eines alten Rechtsstreits zwischen Solothurn und Basel zu einer für Oltingen entscheidenden Änderung. Basel besass «von ohnfürdenckhlichen jahren zugehörig» im längst solothurnisch gewordenen Nunningen immer noch das Blutgericht. Nachdem es hauptsächlich deswegen immer wieder zu Streitigkeiten gekommen war, trafen sich Abgeordnete der beiden Städte am 9. Oktober 1684 in Nunningen und vereinbarten einen Tausch: Solothurn sollte das Blutgericht in Nunningen erhalten, dafür trat es Basel seine Rechte in Oltingen ab. Verbrieft und gesiegelt wurde dieser Handel mit Urkunde vom 17. Jänner 1685. Der solothurnische Obervogt zu Gösgen, Urs Peter Sury, begab sich «in dem Brachmonat des 1685. Jahres naher Oltingen» und entliess seine Untertanen offiziell aus dem Eide.

So hatte Basel endlich ganz Oltingen zu eigen, und das Dorf war – nach knapp einem Jahrtausend der Trennung – endlich in einer Hand vereint. Die Ergolz war nun schlicht und einfach der Dorfbach und nicht mehr die Gau-, Landes- oder Kantonsgrenze. Dass die Eintracht mit Basel dann nicht einmal 150 Jahre halten würde, konnte man damals ja nicht wissen.

Reformation

K. Gauss weist ein reges geistliches Leben der Gemeinde am Ende des 15. Jahrhunderts nach, hauptsächlich als Folge des Grossen Konzils von Basel. Dazu zählten die Erweiterung der Kirche und ihre reiche Ausstattung mit Wandgemälden, fromme Stiftungen, die Abhaltung von Jahrzeiten und Bittgängen. Die Reformationsbewegung, die von den deutschen Bauern ausging, griff auch auf das Baselbiet über. So erreichten die Oltinger, dass 1526 der offenbar altkirchlich gesinnte Priester Johann Rudolf Ulrich das Feld räumte und Pfarrer Matthäus Hiltbrand von Brugg angestellt wurde. Dieser war ein Anhänger der Reformation und hatte deshalb Brugg verlassen müssen. Er stand mit den Reformatoren Oekolampad (Basel) und Haller (Bern) in Kontakt und nahm 1528 an der Berner Disputation teil, die in Bern der Reformation zum Durchbruch verhalf. Da er mit seiner Meinung so offen hervortrat, berief ihn das Basler Domkapitel ab. Er lebte offenbar einige Jahre in Bern. 1536 wurde er ins mittlerweile reformiert gewordene Brugg berufen.

Nach Oltingen bestimmte das Domkapitel als Hiltbrands Nachfolger einen altgläubigen Priester, doch die Gemeinde setzte mit kräftiger Schützenhilfe des Basler Rates durch, dass sie den evangelisch gesinnten Peter Beck erhielt.

Im Februar 1529 vollzog sich in Basel der vollständige Umschwung hin zur Reformation. Damit wurde der «Neue Glaube» für alle Untertanen verbindlich. Glaubensfreiheit war ja damals noch ein unbekanntes Wort. Bald darauf wurden in der Kirche die Wandgemälde übertüncht. Zwei vergoldete Kelche und eine silberne Monstranz wurden nach Basel zum Einschmelzen abgeliefert.

Erst 1556 wurde dann, durch Vermittlung von Bischof Melchior, der Streit um den Kirchenzehnten in Oltingen beigelegt. Das Domkapitel verpfändete dieses Recht gegen «achthundertt guldin bar» an Basel. Es wurde ein Rückkaufsrecht für die dreifache Summe festgelegt, das dann aber nie ausgeübt wurde.

1600 – 1798

Während des Dreissigjährigen Krieges hatte das Fricktal bis nach Kienberg hinauf wiederholt unter den Einfällen beider Kriegsparteien zu leiden. Oltingen blieb zum Glück verschont, erlebte aber den Durchmarsch von eidgenössischen Truppen.

GESCHICHTE

Am 18. September 1632 machte der Landvogt von Gösgen, Urs Rudolf, den Grossen Rat auf die grosse Unsicherheit auf der Schafmatt aufmerksam. Von jeher war sie ein Aufenthaltsort lichtscheuen Gesindels gewesen. Nun zog auffallend viel Volk von Basel her unter Umgehung des Fricktales den Schweden zu. Andere zogen nach Mülhausen. Diese Stadt, bald von kaiserlichen, bald von schwedischen Heeren bedrängt, sollte durch Zürich, Schaffhausen und Bern mit Truppen unterstützt werden. Da jedoch nach einem Überfall in der Klus der Hauenstein für die Berner gesperrt war, nahmen auch sie, wie die Zürcher, den Weg über die Schafmatt.

Im November 1634 überfielen eines Nachts «Keyserliche Musquetiere» Anwil. Ein Drittel der Männer lag pestkrank darnieder. Die Soldaten schossen durch die Fenster in die Häuser. Sie stahlen 12 Pferde. Man rief Oltinger zu Hilfe. Gemeinsam verfolgte man die Diebe und konnte ihnen bei Wallbach einige Pferde wieder abnehmen.

Pestepidemien, wie sie Anwil betrafen, traten in jener Zeit immer wieder auf. In den Jahren 1349, 1564, 1610, 1611, 1628, 1629 und 1634 raffte diese schreckliche Seuche viele Dorfbewohner dahin.

Abb. 3: Auf Emanuel Büchels Zeichnung erkennt man auf der Geissflue (Nr. 3) einen Holzstoss und eine Hütte (Stich Emanuel Büchel, Oltingen 1762).

GESCHICHTE

Die Hochwacht

In jenen kriegerischen Zeiten plante und organisierte Basel das Alarmsystem der Hochwachten auf der Schauenburgflue, Sissacherflue, Geissflue, dem Wisenberg und der Wasserfallen. Der Plan ging von der Annahme aus, es seien gegen einen Angriff aus der Rheingegend die zu den südlichen Juraübergängen ansteigenden Täler zu sichern. Die wichtigsten Pässe waren dort die Schafmatt und der Obere Hauenstein. Die Nachrichtenübermittlung sollte bewerkstelligt werden mit Feuern bei Nacht und Rauch bei Tag, den sogenannten Lermenfeuern. Auch akustische Zeichen waren vorgesehen: Kanonen-, Böller- oder Musketenschüsse. Ein Schuss bedeutete Warnung, drei hintereinander Feindesnot.

Der Rat von Basel konnte die Verbindung mit den höheren Beamten auf der Landschaft nur durch Boten pflegen. So erhielten die Obervögte und der Schultheiss zu Liestal durch Boten – Läufer oder Reiter – die Befehle, die Hochwachten zu bemannen und die Wachen später wieder abzuziehen. Vom Obervogt wurden die Weisungen an die Dörfer weitergeleitet. Der Obervogt auf der Farnsburg hatte über Oltingen auch den Berner Landvogt in Aarau und den Solothurner Vogt in Gösgen zu benachrichtigen.

Wenn die Gefahr vonseiten fremder Heere wuchs, wurden auf den Hochwachten die Holzstösse mit Holz und Reisig aufgerichtet. Das war die Arbeit eines Tages. Sie wurde nicht fronweise ausgeführt, vielmehr wurde die Mahlzeit der an der Arbeit Beteiligten von Basel übernommen.

Nur bei Feindesnot, durch die drei Losungsschüsse angekündigt, sollten die Feuer der Hochwachten sofort nach der Wiederholung der Schüsse angezündet werden. Das bedeutete: Aufgebot aller Wehrfähigen. Auf ihren Lermenplätzen (Sammelplätzen) hatten sie sich bewaffnet und marschbereit einzufinden.

Während des Dreissigjährigen Krieges waren die Hochwachten mehrmals besetzt. Wie den genauen Aufzeichnungen zu entnehmen ist, dauerte eine Besetzung jeweils 14 Tage bis anderthalb Monate. Die Wachtmannschaft wurde vom Dorf aus verpflegt und wahrscheinlich alle zwei Tage abgelöst.

1743 wurde das Wachthäuslein auf der Geissflue repariert. 1796 trafen bei Hüningen französische und österreichische Truppen aufeinander. 2400 Mann eidgenössische Truppen wurden an der Grenze stationiert, unter anderem auch in Oltingen. Im gleichen Jahr kam es zu einem Waffenstillstand, und die Hochwachten wurden eingestellt.

Der Ausdruck «uf dr Hohwacht» statt Geissflue war laut E. Weitnauer bei älteren Leuten noch am Anfang des 20. Jahrhunderts geläufig.

> Am 21. Januar 1798 wurde die Farnsburg niedergebrannt und geplündert. Auch Oltinger waren dabei. Einer brachte seiner Frau ein Beutestück mit nach Hause. Sie soll ihm gedankt haben mit den Worten: «Jetz bisch mer noo so lieb!»
>
> *(mitgeteilt von E. Weitnauer)*

1798 – 1900

1798 marschierten die Franzosen in die Schweiz ein und riefen die Helvetische Republik aus. Im Baselbiet wurden sie begeistert empfangen. In Basel wurde eine neue Regierung eingesetzt, der auch der Oltinger Hans Jakob Gass angehörte. Basel entliess seine Untertanen aus der Leibeigenschaft, doch änderte sich im Zusammenleben gar nichts.

Die Begeisterung für Napoleon flaute ab, als jedes Dorf Soldaten für seine Kriegszüge stellen musste. Nochmals sehr unruhig wurde es 1814 – 1815, als die Alliierten oder Kaiserlichen die Franzosen besiegten und durch unsere Dörfer zogen, zum Beispiel Kosaken, «auch Weiber und Kinder auf Rossen». Die Dorfleute mussten sie verköstigen. Die Soldaten liessen auch manches mitlaufen.

GESCHICHTE

Die Trennungswirren

Die meisten Oltinger waren für die Trennung von Basel. Sie nannten sich die Patrioten. Die Baseltreuen gehörten zum «Club der Auferweckten», einer pietistischen Gruppe, und standen damit auf der Seite von Pfarrer Le Grand. Dieser, ein Basler, war Pietist und ein kompromissloser Gegner der Trennung.

Die provisorische Regierung der abgetrennten 46 Gemeinden hatte den Läufelfinger Pfarrer Lutz beauftragt, für den Bettag 1832 Gebet und Predigttext auszuwählen. Doch Pfarrer Le Grand hielt sich nicht an die Vorgabe der Regierung, sondern predigte an diesem 16. September über den Text: «Jedermann sei der Obrigkeit untertan!» Es soll eine eigentliche Kapuzinerpredigt gewesen sein. Von der Kanzel schallten geharnischte Anschuldigungen gegen die «Aufständischen». Der Pfarrer forderte sie auf, sie sollten Busse tun und umkehren, dann würden sie auch Vergebung erlangen.

Das brachte bei den Oltinger Patrioten das Fass zum Überlaufen. Sie jagten den Pfarrer fort. Es wird erzählt, man habe seinen Pferdewagen hinter der Pfarrscheune den Kirchenhügel hinunterrollen lassen. Jedenfalls flüchtete Le Grand nach Anwil und quartierte sich im Schulhaus ein. Die Anwiler waren baseltreu, sei es, weil sie um ihre Posamenteraufträge bangten, sei es, weil ihnen die Basler als Entgelt für ihre Treue eine Kirche versprochen hatten.

Auch der baseltreue Lehrer, Wilhelm Schaffner aus Anwil, wurde entlassen. Er wurde bald darauf in Zeglingen angestellt. Die Oltinger fanden noch im gleichen Herbst einen neuen Geistlichen, nämlich Pfarrer Hans Konrad Koller aus Winterthur. Als Lehrer wurde Ulrich Grunholzer aus dem Appenzellerland gewählt. Beide waren Patrioten und offenbar deswegen ins Baselbiet gekommen.

Pfarrer Le Grand spann mit Hilfe seiner ihm ergebenen «Auferweckten» von Anwil aus Intrigen gegen die beiden.

Am 3. August 1833, als ein Basler Heer gegen die Landschäftler marschierte, wurde in Oltingen um drei Uhr früh Sturm geläutet.

Lehrer Grunholzer beschrieb diesen Tag in seinen Lebenserinnerungen: «*Sogleich wurde alles lebend im Dorfe. Man lief hin und her, lärmte, fluchte und betete. Die Anhänger der Stadt lächelten, einige derselben schlichen mit ihren Sicheln auf ihre Ackerfelder (es war zur Erntezeit), um nicht mit den Patrioten gegen ihre Stockbrüder zu ziehen. (...) Die Patrioten eilten auf die Schulstube, wo der Landrat Gysin Pulver austeilte und diejenigen aufzeichnete, welche von demselben in Empfang genommen hatten. Mein Sohn Heinrich holte den Stutzer, und die Mutter goss während dem Kaffeemachen 70 Kugeln. Auch Pfarrer Koller stand mit seiner Flinte bei den Patrioten. Beim Abmarschieren sangen sie mit Kraft und Überzeugung ‹Wo Kraft und Mut in Schweizerseelen flammen...›. Die Oltinger und die sich anschliessenden Wenslinger hatten die Aufgabe, die Gelterkinder in Schach zu halten, dass diese nicht ausziehen und etwa den Baselbietern in den Rücken fallen könnten.*»

Lehrer Grunholzer marschierte ins Reigoldswilertal, um zu sehen, was dort los sei. Er wurde als Spion verhaftet. Doch sein Appenzellerdialekt und der schnelle Entscheid an der Hülftenschanze verhalfen ihm zur Entlassung am Abend des gleichen Tages.

Zwei Tage später begaben sich einige Oltinger, unter ihnen Pfarrer Koller und die Gemeindevorsteher, nach Anwil, um die Hinterlassenschaft Pfarrer Le Grands zu untersuchen. Darunter waren Schriften, welche der Kirchgemeinde gehörten. Er selber befand sich nicht mehr in Anwil. Die Oltinger scheinen im Anwiler Schulhaus eine ziemliche Unordnung angerichtet zu haben.

In Ulrich Grunholzers Worten: «*Es ging aber nicht gar säuberlich zu, so dass am Abend nichts mehr auf der Stelle lag, wo es am Morgen gelegen hatte. (...) Der grössere Teil derjenigen Bürger, die mit nach Anwil gezogen waren, amüsierten sich mehr mit den Essens- und Getränkevorräten, die dieser geistliche Herr zurückgelassen hatte. Erst in der Nacht verlief sich die benebelte Menge. Ausser hinlänglichen Sticheleien ist während diesem nachbarlichen Besuche nichts Unangenehmes vorgefallen.*

Einen wichtigen Fund machten die Oltinger an dem so genannten Familienbuch, welches Pfarrer Le Grand für sich gemacht hatte, in welchem er alle erwachsenen Personen verzeichnete und besonders über alle Verheuratheten, Wittwer und Wittwen, ihren Lebenswandel, Glauben, Unglauben oder Lauheit ein genaues Register führte. (...) Dieses Buch war vielen Oltingern ein Dorn in den Augen, was sie daher auf dem Striche hatten, so dass sie nicht ruheten, bis dasselbe eines Abends auf Beschluss des Patriotenvereins in Gegenwart desselben im Schulstubenofen verbrannt wurde. Herr Landrat Gysin zum Ochsen und ich waren die einzigen, die dagegen stimmten und darauf antrugen, dasselbe zu versiegeln und in das Gemeindearchiv zu legen, umso mehr, da Pfr. Le Grand im nämlichen Bande auch die Baseler Wirren, wiewohl einseitig, beschrieben, somit einigen geschichtlichen Wert hatte.»

Grunholzers Tochter heiratete im gleichen Jahr Pfarrer Koller. Grunholzer blieb als Lehrer bis 1852 in Oltingen.

In Samuel Schillings Heimatkunde (1863) wird die Kantonstrennung nur mit einem Satz erwähnt, die Episode mit Pfarrer Le Grand hingegen scheint dreissig Jahre später noch in lebendiger Erinnerung geblieben zu sein: «Der Herr Pfarrer Le Grand hatte ein interessantes Tagebuch geschrieben, in dem die meisten Familien des Orts kurz charakterisiert waren. Als er nun bei der Basler Revolution flüchtig werden musste, kam dieses Buch in die Hände seines Nachfolgers und Feindes. Dieser las der Gemeinde daraus vor. Diese, erbittert über die unverblümte Sprache des Buches, forderte sofortige Verbrennung desselben, nur der alte Ochsenwirt sprach für dessen Erhaltung, obgleich darin stehe, er habe ein uneheliches Kind gezeugt.»

Bruckner berichtet 1762: «*Die Einwohner dieses Dorfs (gemeint ist Oltingen) haben sich selbst durcheinander vermehret, massen bey 200 Jahren nicht 10 neue Bürger darein gekommen.*» Hundert Jahre später (1863) urteilt Samuel Schilling in seiner Heimatkunde: «*Die merkwürdige Erscheinung hat sich bis auf unsere Tage fort erhalten. In Folge dieser endlosen Verkettung der Bürger durch Verwandtschaft ist ein Zustand eingetreten, wo die Gemeinde gleichsam eine grosse Familie bildet, in welcher sich jeder Einzelne aus Verwandtschaftsrücksicht für die ganze Bürgerschaft, und diese aus gleicher Ursache sich wieder für den Einzelnen interessiert. Einer für alle und alle für einen.*»

Bis zum Beginn des Ersten Weltkrieges waren die einsamen Wälder und engen Schluchten des Juras die Zuflucht der Fahrenden, der Zigeuner, wie man damals sagte. Von den Landjägern wurden sie immer wieder aufgestöbert und in einen Nachbarkanton abgeschoben. Deshalb fühlten sie sich auf der Schafmatt, im nahen Bereich dreier Kantone, besonders wohl.

E. Bangerter berichtet: «*Beim Massholderbaum, vielleicht dort, wo jetzt die Aarauer Naturfreundehütte steht, schlugen sie jeweilen ihre Zelte auf. Als Geschirr- und Schirmflicker, als Scherenschleifer oder Korbflicker hantierten die Männer, während die Frauen wahrsagend, bettelnd und stehlend die umliegenden Dörfer besuchten. In der Nacht zündeten ihre Lagerfeuer weit ins Land hinein. Dort hingen Kessel, denen verlockende Düfte entschwebten. Mehl, Butter, Eier und Milch waren im Überfluss vorhanden, woraus die Frauen mancherlei Küchlein buken. Während des Schmauses kreiste die Schnapsflasche. Rascher drehten sich die Paare zu den aufpeitschenden Takten einer Geige. In ihrem Übermut bogen Burschen und Mädchen frischbelaubte Zweige in den übrig gebliebenen dickflüssigen Küchliteig, tauchten sie hierauf in heisse Butter und liessen sie nachher wieder in die Höhe schnellen. Die knusperigen Blätterküchlein offerierten sie anderntags den Bauern, die aus Neugier über den nächtlichen Spektakel die Bettlerküche besuchten. Meistens erschienen dann auch die Landjäger...*»

Solche Blätterküchlein wurden von Fahrenden auch auf dem Anwiler «Heimetloseplätz» gebacken.

GESCHICHTE

An der alten Schafmattstrasse stehen auf der Waldwiese «Wägestett» zwei grosse Tannen, welche «Betteltannen» genannt werden. Dort sollen früher Bettler gehaust haben.

Miszellen aus dem 20. Jahrhundert

1902 hielt die Elektrizität im Dorf Einzug.

1913 fand eine Frauengemeindeversammlung statt, an welcher als neue Hebamme Emilie Gysin (*1892) gewählt wurde. Sie sollte ihren Dienst volle fünfzig Jahre ausüben.

1924 erhielt das Dorf einen Telephonanschluss. Diese «Gemeindesprechstation» wurde aufgrund eines Vertrages zwischen der Gemeinde und der Schweizerischen Obertelegraphendirektion im «Ochsen» eingerichtet. Als Telephonist amtete der Ochsenwirt Arnold Rickenbacher.

Peter Lüthy †
Jürg Lüthy

Quellennachweis

Unterlagen von Emil Weitnauer, darin auch Zitate aus «Erlebnisse eines aufgebrauchten Schulmeisters, einzig für seine Söhne niedergeschrieben im Winter 1857/58» von Ulrich Grunholzer

Heimatkunde von Oltingen 1863, Samuel Schilling

«Die nacheiszeitliche Jägerstation auf dem Zig», Notiz von Dr. E. Roost, 10. Okt. 1971

«Burgen von A bis Z», Werner Meyer, 1981

«Kienberg in Kriegsnöten zur Zeit des Dreissigjährigen Krieges», Aufsatz von Louis Jäggi, Lüterkofen

«Geschichtliches über den Schafmattweg», Aufsatz von H. Bangerter in «Aarauer Neujahrsblätter» 1948 (Kantonsbibliothek AG)

«Am Mühlibach», Erzählungen und Gedichte von Hans Gysin, 1969

Heimatkunde von Anwil, Hans Schaffner, 1966/1976

«Hochwachten und Nachrichtenübermittlung im 17. Jahrhundert», Aufsatz von August Burckhardt in «Baselbieter Heimatblätter», Sept. 1971

Aufsätze von Emil Weitnauer und Max Banholzer in «Jurablätter», Mai 1976

Flurnamenbuch der Gemeinde Oltingen, 2006

M. Othenin-Girard: Ländliche Lebensweise und Lebensformen im Spätmittelalter, Liestal 1994

Markus Schaub: Die Farnsburg, Ormalingen, 1998

Robert Schläpfer: Die Mundart des Kantons Basselland, Liestal 1955

Ratsprotokolle der Stadt Solothurn von 1490, Staatsarchiv SO, cop. rot 20

H. Boos: Urkundenbuch der Landschaft Basel, Basel 1881/1883

Urkundenbuch der Stadt Basel, Bände 10 und 13, Basel 1890 – 1910

Louis Rippstein: Kienberg: Die Geschichte einer Juragemeinde, Kienberg 1991

Westermann: Grosser Atlas zur Weltgeschichte, Braunschweig 1997

Daniel Bruckner: Versuch einer Beschreibung historischer und natürlicher Merkwürdigkeiten der Landschaft Basel, 21. Stück, Basel 1762

K. Gauss: Die Reformation in Oltingen, in «Basellandschaftliche Zeitung», 1917, 5 Folgen

GESCHICHTE

Passort Oltingen

«... desselben Fuss geht in Oltingen...»[1]

Ein Blick in Oltingens Verkehrsgeschichte

Wir können es mit Daniel Bruckner halten, dass Oltingen «eines der ältesten Dörfer unserer Landschaft» ist: «gross und ansehnlich» obendrein[2]. Die Funktion als Passfussort und die Grenzlage am östlichsten Zipfel des Kantons Basel hat dem Dorf immer eine gewisse Bedeutung gegeben, was Bruckner auch zu dieser Aussage bewogen haben kann. Damit wird auch deutlich, dass in Oltingens Verkehrsgeschichte der Schafmattpass eine dominante Stellung einnimmt. Neben der eine Art Rückgrat bildenden Route soll auch das lokale Verkehrsnetz näher betrachtet werden.

Die Schafmatt, der östlichste Jurapass auf Basler Boden

In den zwischen 1536 und 1547 erschienenen Landtafeln von Johann Stump[3] wird erstmals die «Schaffmat» in derselben Signatur wie der «Bötzberg», «Ruchen Eptinge», der «Howenstein» und die «Wasserfall» vermerkt (Abb. 1). Diese Pässe sind – wie auch die Dörfer – in der Karte durch Dorfsignaturen markiert resp. damit durch Wege miteinander verbunden. Auf dieser für jene Zeit weit verbreiteten Reisekarte waren für Händler und Pilger nützliche Angaben wie zum Beispiel Herbergen für das Vorwärtskommen von grosser Wichtigkeit. Der Weg liess sich zudem durch Berichte von Heimkehrern oder vor Ort jeweils finden.

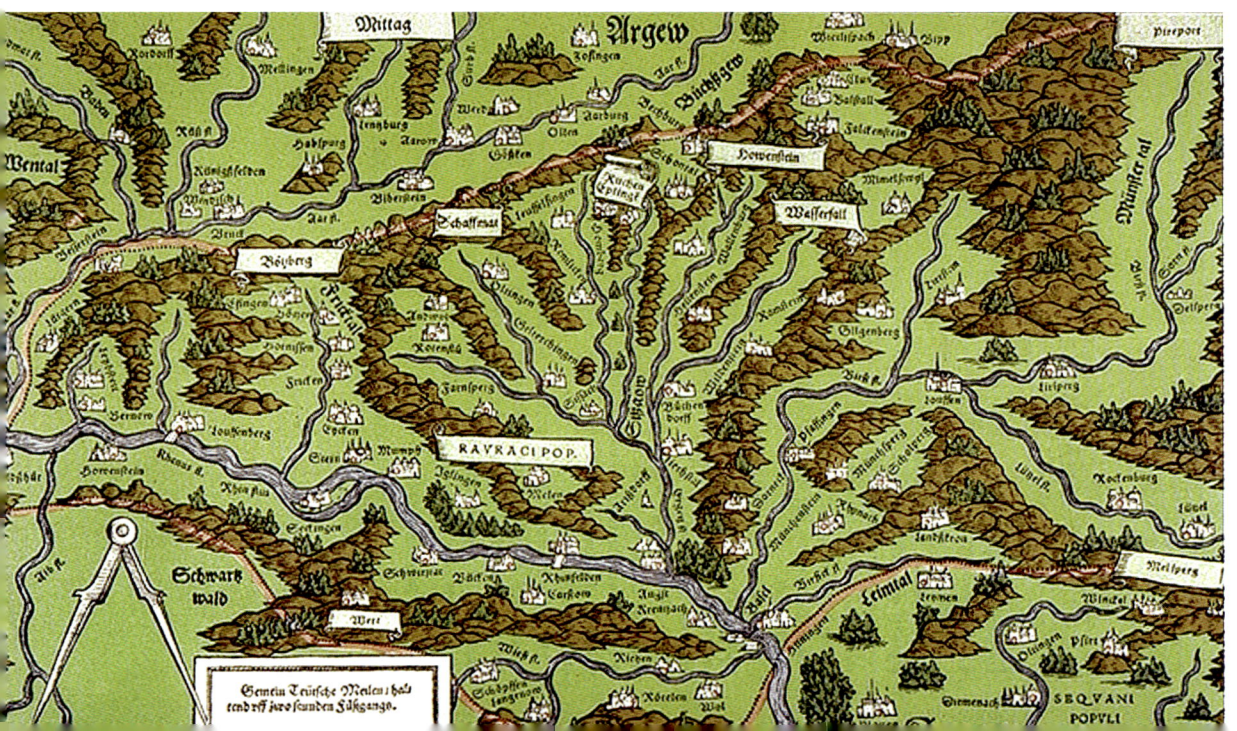

Abb. 1: Ausschnitt aus der Landtafel XII. «Die Rauracher/Basler gelegenheit» von Johann Stump (1538 – 1547). Die «Schaffmat» ist auf einer Linie von Dörfern genannt; die Strasse wird somit durch die Ortsangaben definiert.

GESCHICHTE

Funde und Siedlungsspuren belegen allerdings eine Begehung des Übergangs bereits in der Latènezeit (um 400 – 100 v. Chr.). In einer eher siedlungsarmen und damit verkehrsgeographisch unbedeutenden Zone befindet sich die Gegend spätestens zur Römerzeit[4]. Die Hauptrouten für den damaligen Verkehr befanden sich im Bereich des Unteren und Oberen Hauensteins sowie dem Rhein entlang mit Ausgangspunkt Augusta Raurica.

Wiederum ins Blickfeld der Geschichte gelangte die Schafmatt gegen das Ende des 15. Jahrhunderts als strategisch wichtiger Übergang. Im Schwabenkrieg von 1499 konnten eidgenössische Truppen über die Schafmatt von Aarau nach Dornach marschieren, ohne österreichischen Boden betreten zu müssen. Dazu kommt eine gewisse Bedeutung des Passes seit der Eroberung des Aargaus durch die Eidgenossen (1415) und Solothurns Erwerb von Gösgen (1458) und Kienberg (1523). Erst mit der 1802 erfolgten Zuteilung des Fricktals an die Schweiz verschwand der Schafmatt-Übergang etwas von der Bildfläche. Als eher schwer begehbar eingeschätzter Pass war er aber immer noch präsent, denn schon 1500 einigten sich Basel und Solothurn, den «übelzytigen Weg» entgegen dem Protest Kaiser Maximilians, der sich um die Zolleinkünfte Sorgen machte, auszubauen[5].

Für die Region des Oberbaselbiets hatte er auch einige Bedeutung als regionaler Handelsweg. Zu Aarau standen die Oberbaselbieter Dörfer – und damit auch Oltingen – in enger wirtschaftlicher Beziehung, denn die hiesigen Bauern belieferten den Aarauer Wochenmarkt mit ihren Erzeugnissen und waren deswegen vom Aarauer Brückenzoll befreit. Die Beziehung zu Aarau hat somit eine lange Tradition, die erst mit der Anbindung ans Postauto- und Eisenbahnnetz mit dem Knotenpunkt Gelterkinden zumindest bei der jüngeren Generation aufgelöst worden ist.

In die Geschichte Eingang gefunden hat auch der sogenannte «Schafmatthandel»[6], in welchem von Konflikten um den Passübergang zwischen dem reformierten Basel und dem katholischen Solothurn die Rede ist. Von Basler Seite war der Übergang gegen das Ende des 17. Jahrhunderts mit der Verbesserung der Zugangswege ausgebaut worden, um auf dem Weg in den damals bernischen und damit reformierten Aargau und nach Zürich nicht solothurnisches resp. katholisches Hoheitsgebiet betreten zu müssen. Die baslerischen Sanierungen liessen die Solothurner um die Zollerträge auf ihrem Territorium – namentlich um jene an den beiden Hauensteinen – fürchten, was dazu führte, dass von den Solothurnern die Strasse mehrmals unpassierbar gemacht wurde. Der Streit liess sich schliesslich dadurch lösen, dass mit dem Ausbau des Bänkerjochs der überregionale Verkehr auf diese Route wechselte. Im 19. Jahrhundert wurde der Fernverkehr Basels mit Zürich mit dem Ausbau der Staffelegg abermals verbessert, die Schafmatt dagegen sank in lokale Bedeutung ab, die erst im Zusammenhang mit dem Projekt der Schafmattbahn etwas aufgeweckt wurde. Heute ist ihre relative Abgeschiedenheit ein Vorteil zugunsten des Langsamverkehrs.

Die historischen Linienführungen

Aufgrund der Angaben des 1794 von Johann Jakob Schäfer erstellten Grenzplans (Abb. 2)[7] haben unterschiedliche Verkehrsmittel zu räumlich voneinander getrennten Linienführungen geführt, die sich damals in der Landschaft auch ablesen liessen. So zweigt der «Arauer Fuss und Reith Weg» vom «Fahrweg von Oltingen» bei der Flur Altschür[8] ab und führt durch den als bestockten Graben erkennbaren Weg in Richtung heutiger Sternwarte und weiter via den Standort des Naturfreundehauses gegen die Kantonsgrenze oberhalb Balmis (Abb. 3).

GESCHICHTE

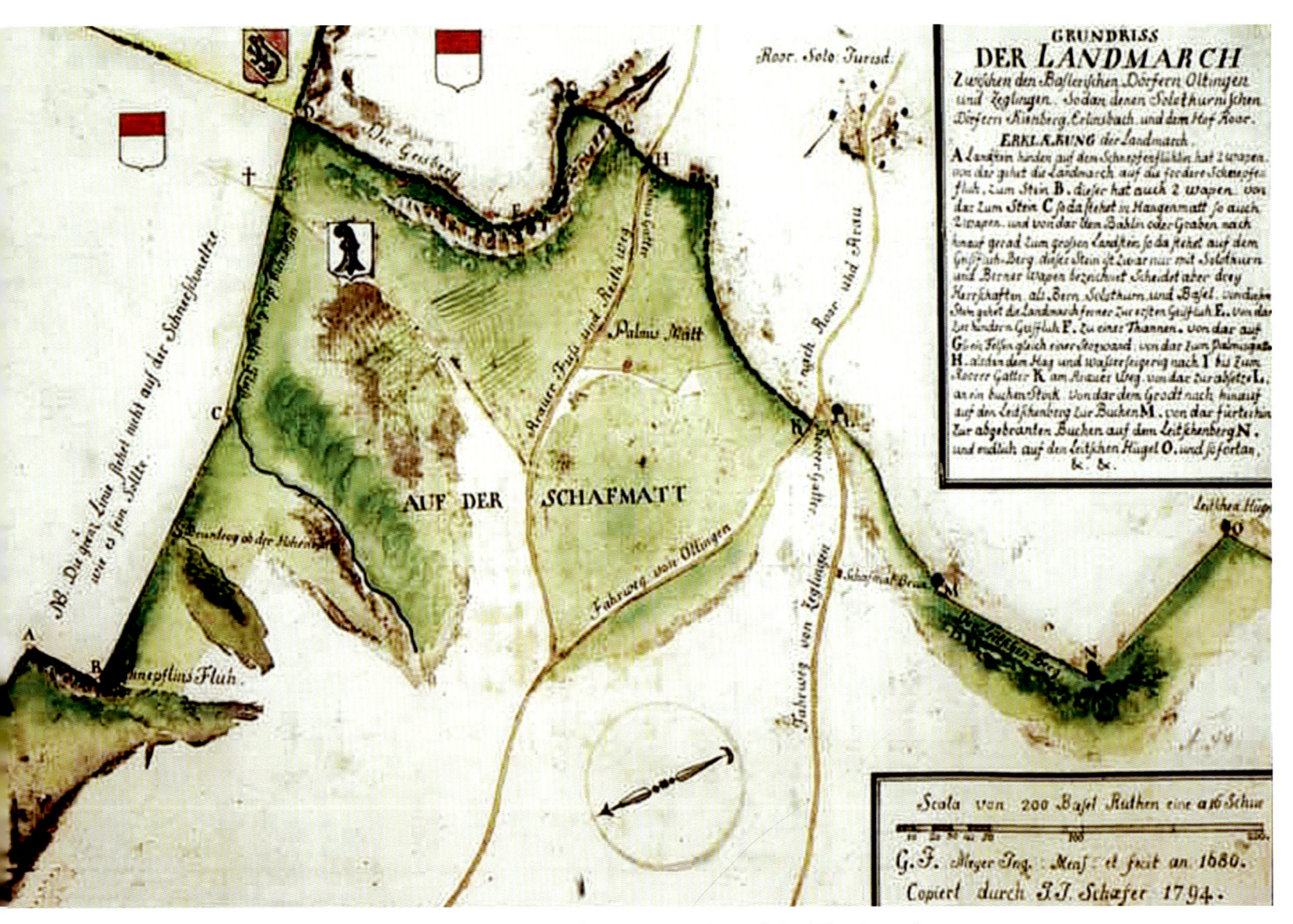

Abb. 2: 1794 erstellte der Orismüller und nachmalige Landkommissar und Regierungsrat Johann Jakob Schäfer eine Kopie des Planes Georg Friedrich Meyers als Grenzplan für die an Oltingen angrenzenden Gemeinden im Bereich der Schafmatt.[9] Seit der Entstehung des Meyer-Plans (1680) hatte sich bis zum Ende des 18. Jahrhunderts am Verkehrsregime auf der Schafmatt offenbar nichts verändert.

GESCHICHTE

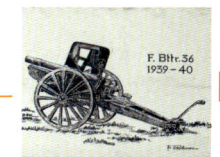

Abb. 3: Blick von Norden in den Hohlweg in Richtung Sternwarte. Der Verlauf des Weges entspricht dem in der Karte von Schäfer (1794) erwähnten «Arauer Fuss und Reith Weg».

Der «Fahrweg von Oltingen» vereinigt sich im Schäfer-Plan an der Kantonsgrenze mit dem «Fahrweg von Zeglingen». Letzterer führt nördlich Höli in die heutige Strasse am «Schafmat Brun.» vorbei, wo sich der heutige Brunnen befindet (Abb. 4). Beim «Roorer Gatter» wurde die Kantonsgrenze überschritten. Westlich des Weges stehen zwei markante Grenzsteine aus dem Jahre 1834, die in den Grenzplänen von Franz Schwaller und Heinrich Hofer aus dem Jahre 1837 als Nummern 231 und 232 vermerkt sind[10].

Die Querverbindung zwischen dem «Arauer Fuss und Reith Weg» und dem «Fahrweg von Oltingen» ist als «Weg von Olten nach Kienberg» in historischen Kartenquellen vermerkt. Auf diesem Weg zogen einst die Kienberger am St. Ulrichstag in einer Prozession zur St. Ulrichs-Kapelle nach Rohr. Im 17. Jahrhundert wurde dieser Bittgang ersatzlos gestrichen, nachdem sich die Teilnehmer anstatt der «inneren Erbauung und Frömmigkeit» mehr der «Üppigkeit und Schwelgerei» ergeben hatten[11].

Abb. 4: Der «Fahrweg von Zeglingen» im Bereich der Flur Höli in der aktuellen Ausprägung. Im Bild findet sich der «Schafmatt Brunnen», lokal unter den Namen «Engelbrünnlein» und «Hölibründli» bekannt, der wohl manch einem Durchreisenden den Durst gestillt hat (12.09.2001).

GESCHICHTE

Die heutigen Linienführungen

Heute nachvollziehbare Linienführungen sind die durch Winterholden führenden Aufstiege mit den parallel verlaufenden Spuren im Wald im südlichen Teil, die sich bei Altschür trennen: Während die eine den direkten Verlauf gegen die Sternwarte zeigt, führt die andere auf der Linie der heutigen Fahrstrasse zur Kantonsgrenze und danach als Fussweg nach Rohr. Im Bereich Höli sind alte Wegtrassen als Hangwege sichtbar. Vom Weg, den die Kienberger nach Rohr unter die Füsse nahmen, kann lediglich ein solitär stehender Baum oberhalb Limm als Wegbegleiter ausgemacht werden.

Ein Fusswegaufstieg zum Wachtfeuer auf der Geissfluh[12], wo sich Grenzsteine verschiedener Zeiten befinden, hat wohl schon im 16. Jahrhundert bestanden.

Abb. 5: Der «Kilchweg von Oltingen nach Wensligen»[15] ist ein Beispiel für einen Weg, dem zur Zeit der Dreifelderwirtschaft eine eindeutige Funktion zugewiesen worden war. Dementsprechend war der Verlauf auch ganzjährig offen, was bei den übrigen Bewirtschaftungswegen keineswegs der Fall war. Den Skizzen Meyers ist ebenfalls die in der Dreizelgenwirtschaft angewandte Nutzung der Dorfumgebung zu entnehmen, wie dies die «Kornzelg» unten im Bild darstellt.

Oltingens Dorf-Wege in der Karte von Georg Friedrich Meyer[13]

Ein Blick auf Georg Friedrich Meyers Karte des Farnsburgeramts aus dem Jahre 1680 zeigt die damals bestehenden Hauptrouten. In den von Meyer einige Jahre vorher erstellten Entwürfen zur Farnsburger-Karte[14] werden die Verkehrsbeziehungen detailliert dargestellt (Abb. 5).

Dem Prinzip der Dreizelgenwirtschaft entsprechend finden wir im Bereich des Dorfes die offenen Verkehrsverbindungen zu den Nachbardörfern Zeglingen, Wenslingen, Anwil und Rothenfluh sowie die Strasse nach Kienberg. Man folgte lange Zeit bei der Anlage von Wegen dem Prinzip des geringsten Schadens für die Dorfbevölkerung – im Gegensatz zu heute, da das Prinzip des grössten Nutzens für den Benutzer im Vordergrund steht – und baute das Flurwegnetz damals noch nicht in dem Masse aus, wie wir es heute kennen. Die Ackerfluren und die oft über die ganze Zelg verstreuten Grundstücke hatten in der Regel keinen Weganschluss. Viele Wege anzulegen wäre teuer und eine reine Platzverschwendung gewesen. Die genossenschaftliche Nutzungsform des bebaubaren Landes enthielt zudem zahlreiche Beschränkungen in Bezug auf die Begehung der Felder. Der einzelne Dorfgenosse war dem Flurzwang unterworfen, bei dem sich jeder in der Dorfgenossenschaft dem für alle geltenden Anbau- und Ernterhythmus einzuordnen hatte[16].

Das heutige Flurwegnetz basiert auf einem alten Wegnetz, wie wir es aus den Entwürfen und Plänen Meyers kennen, sofern nicht Güterzusammenlegungen das Netz anders gliederten. Der oben erwähnte Flurzwang wurde vielerorts erst in der ersten Hälfte des 19. Jahrhunderts aufgehoben, viele Wege haben erst danach ihren Wegkörper und den dazugehörenden Namen erhalten, die sich oft im Zusammenhang mit Flurnamen lesen lassen.

Die Verbindungen zu den Nachbardörfern

Die Verbindungen nach Zeglingen, Wenslingen und Anwil sind alte Anlagen, die im Verlaufe der Zeit punktuelle Veränderungen erfahren

GESCHICHTE

haben. Dabei fallen Verbreiterungen und die Asphaltierung am meisten auf. In besonderem Masse ein Hinweis auf ein hohes Alter sind die geringen Wegbreiten und geschickte, den topographischen Begebenheiten angepasste Linienführungen, die allerdings für die sich verändernden Mobilitätsgewohnheiten zunehmend von Verbreiterungen bedroht werden und somit ihren besonderen Reiz verlieren könnten.

Die Wege nach Rothenfluh

Etwas anders gelagert ist die Verbindung nach Rothenfluh, die heute durch das ehemals versumpfte Tal der «Ammeler Weiher» führt und bei Spaziergängern sehr beliebt ist. Entlang der Ergolz hat nie ein für den Verkehr relevanter Weg existiert. Historische Karten, so auch diejenige Meyers aus den 80er-Jahren des 17. Jahrhunderts, zeigen ab der Abzweigung nach Anwil meist einen Fussweg[17]. Als Weg nach Rothenfluh bezeichnete Georg Friedrich Meyer hingegen jenen über das Wenslinger Feld bei Asp und weiter über Rütenen zur Müliholden. Bei der Mühle Rothenfluh stiess diese Route auf die Landstrasse, die im Dorfbereich den Namen Rössligasse trägt.

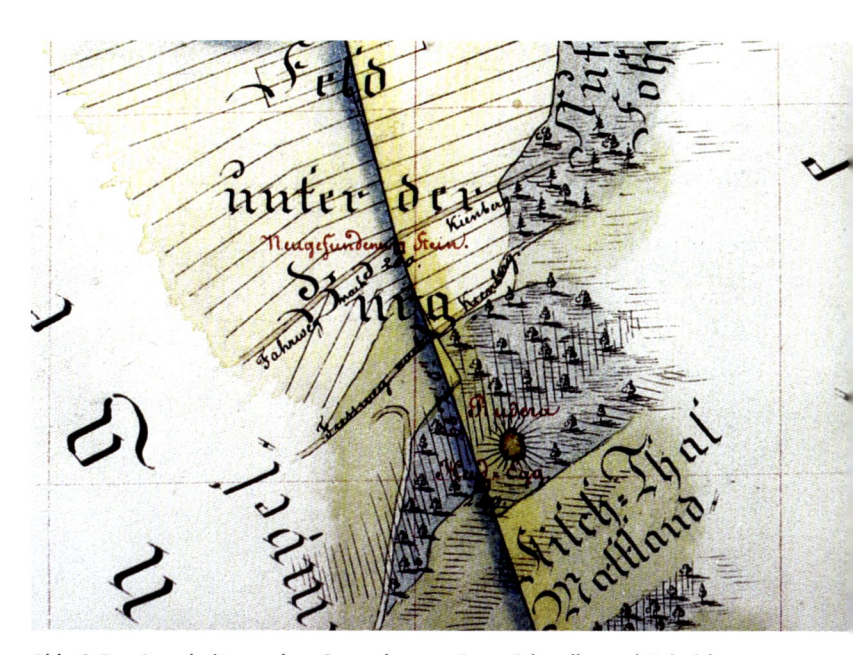

Abb. 6: Der Ausschnitt aus dem Grenzplan von Franz Schwaller und Heinrich Hofer aus dem Jahr 1837[19] zeigt, dass für Fussgänger und Wagen verschiedene Trassen parallel verliefen. Die für Wagen schwierige Topographie dürfte hier der Grund gewesen sein. Unten im Bild befindet sich die Burgstelle Heidegg.

Die Strasse nach Kienberg

Georg Friedrich Meyer war wohl in Eile, als er im Zuge seiner Aufnahmen um 1679 die «Stras nach Kienbg.» in sein Skizzenbuch eintrug. Auf jeden Fall wissen wir, welchen Weg er meinte. Es handelte sich um denjenigen, der bei der unteren Mühle durch die heutige Mühlegasse gegen den Hof Rumpel führte. Zwischen Rumpel und der Kantonsgrenze zeigen zwei kleine Gehölze den ehemaligen Wegverlauf, der in einem Grenzplan von Franz Schwaller und Heinrich Hofer aus dem Jahre 1837 dem «Fussweg nach Kienberg»[18] entspricht. Als ursprünglicher Weg zum Standort der Burg Heidegg, die in neueren Karten als «Alt Kienberg» erwähnt wird, könnte diesem ein hohes Alter zugesprochen werden (Abb. 6).

Der «Fahrweg nach Kienberg»[20] wählte hingegen nicht den direkten Aufstieg, sondern bog etwas ausserhalb des Dorfes von der Anwilerstrasse ab und führte nördlich von Widacher zur Kantonsgrenze, die hier etwas westlich unterhalb der Wasserscheide verläuft. Etwas oberhalb des Weges steht ein Grenzstein aus dem Jahre 1825.

Die «Römerstrasse» übers Zig

Vielerorts sind sogenannte «Römerstrassen» aufgrund ihrer Erscheinung, eines vermuteten hohen Alters und im Besonderen wegen vorhandener Karrgeleise zu diesem Namen gekommen. Bei genauerer Betrachtung sind diese «Fakten» kaum breit abgestützt. Mitunter hat sich der «Römerweg» zu einem wohlbekannten lokalen Begriff entwickelt, wie dies auch für Oltingen zutrifft.

GESCHICHTE

Die Karrgeleisefunde auf Zig haben viele Autoren dazu bewogen, die Strasse in römische oder sogar vorgeschichtliche Zeit zu datieren, obwohl nirgends der zwingende Beweis existiert. Als Belege für diese Annahme dienen «antike» Hufeisen- und nicht näher bekannte Münzfunde[21], die allerdings nicht lokalisiert werden können[22]. Die Römer kannten den Pferdebeschlag mit Hufeisen nicht. Allfällige Münzfunde müssen als Zufallsfunde betrachtet werden, weil diese Zahlungsmittel über einen grossen Zeitraum wegen ihres Metallwerts Verwendung gefunden haben.

Wenden wir für diese Route das bereits Gesagte bezüglich der noch im 18. Jahrhundert feststellbaren mittelalterlichen Dorfstrukturen mit der dem Flurzwang unterworfenen Dreifelderwirtschaft an, so erkennen wir, dass in den Skizzen Meyers der Weg übers Zig in gleicher Art und Weise interpretiert werden muss, wie die übrigen Flurwege (Abb. 7).

Wir müssen davon ausgehen, dass der Weg der Wald- und Weidebewirtschaftung gedient hat. Die Flurnamen «Plattenreute»[23] oder «Plattenrüti»[24] heissen dasselbe und weisen auf eine Nutzung für den Ackerbau in Rodungsinseln hin, während das als minderwertig betrachtete Kulturland in «Sodägerten» und «Sodholden» zusätzlich auf Wasservorkommen hindeutet. Mit den etwas weiter südlich liegenden Fluren «Wasseracher» und «Wassermatt» wird dieser Befund bestätigt.

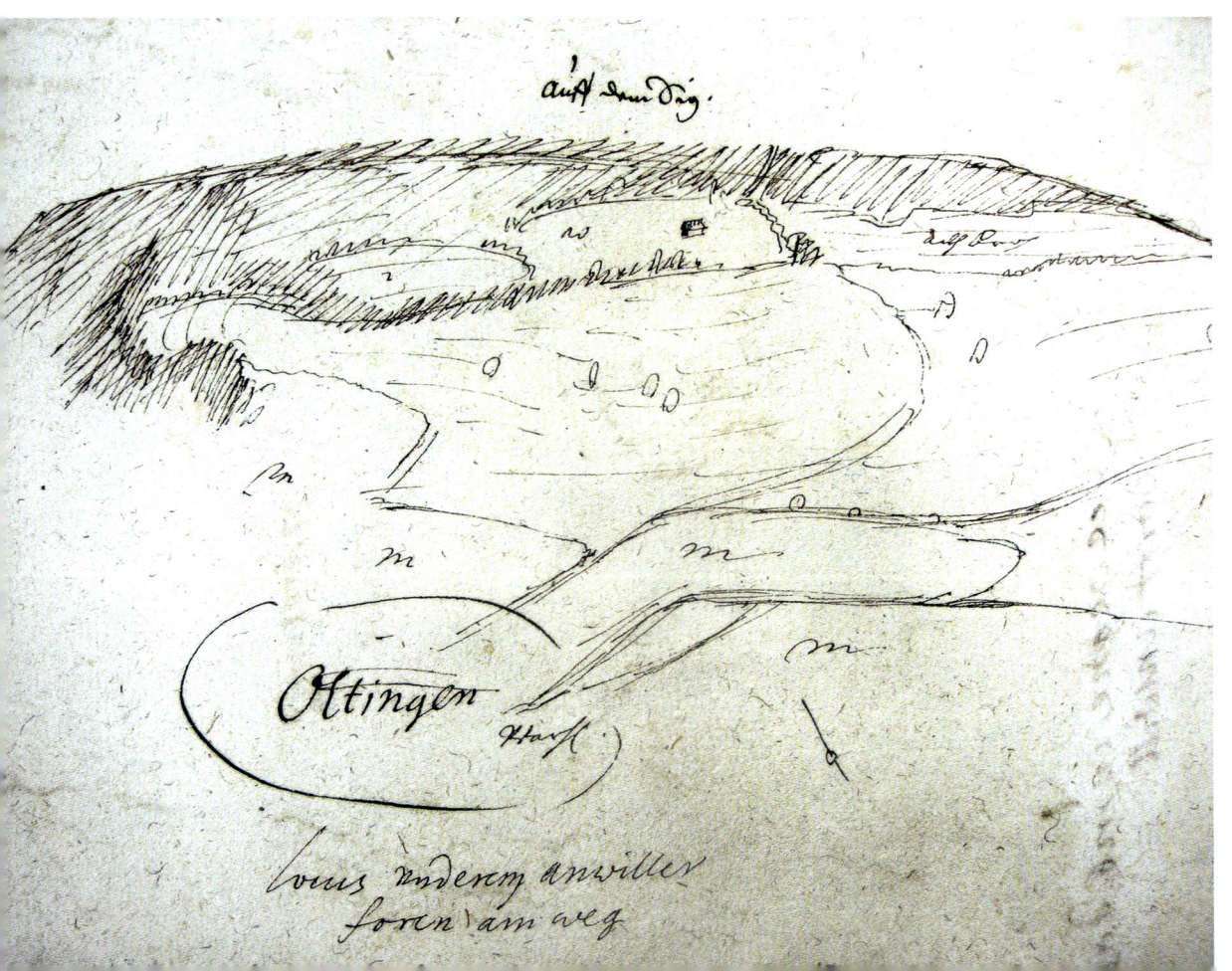

Abb. 7:
Meyers Blick von Norden zum Zig[25]**:** Im Vordergrund wird Oltingen schematisch angegeben, dazu mit den beiden «m» zwischen den Strassen nach Wenslingen resp. Zeglingen liegende Matten sowie der nach Westen ausholende Weg zum Zig. Dieser Flurname wird hier «auff dem Sig.» angegeben. Teile des Bergrückens sind nicht bewaldet. Zusammen mit dem einzelnen Haus könnte es sich bei diesen Arealen um Heumatten gehandelt haben, wie wir sie im Bereich der Zeglinger Bergmatten etwas weiter südwestlich antreffen.

GESCHICHTE

Als Römerstrasse kommt der Weg übers Zig kaum in Frage. Gegen diese Route spricht einerseits die zu bewältigende Gegensteigung von fast 200 Metern auf dem Weg zur Schafmatt und andererseits die Spurweite, die mit jener im Chräiegg-Durchstich am Oberen Hauenstein übereinstimmt[26].

Was wir dort als sogenannte «Römerstrasse» sehen und begehen entspricht der Strasse aus der Mitte des 18. Jahrhunderts und ist das Resultat mehrerer Korrekturen und Anpassungen, denn oberhalb der heute sichtbaren Geleise sind im Chräiegg-Durchstich noch mindestens sechs weitere Strassenniveaus nachgewiesen worden[27], die sich in der zeitlichen Abfolge von oben (alt) nach unten (jung) entwickelt haben. Wie beim Oberen Hauenstein sind auch im Zig lediglich zweirädrige Karren für die Passage geeignet gewesen.

Dieser Befund passt in die Zeit des frühen 18. Jahrhunderts, als vielerorts Strassenverbesserungen vorgenommen wurden. Für diese Projekte war Bern die treibende Kraft, das in einer Konferenz von 1709 bei Basel, Zürich und Schaffhausen die Neuerstellung von Strassen mit dem «weiten Geleise» anregte[28]. Dieser Wechsel bedeutete eine Änderung der Achslängen bei Fahrzeugen, was mit höheren Ladegewichten aufgrund zunehmender Frachtmengen verbunden war. Über Spurweiten wird zwar nichts gesagt, es dürfte sich indessen um einen Wechsel von 110 cm zu jener um 140 cm gehandelt haben. Dieser Veränderung fiel um 1740 der Chräiegg-Durchstich zum Opfer, als die unterhalb der heutigen verlaufende Strasse errichtet wurde. Anders waren die Verhältnisse für das Zig gelagert, denn Handlungsbedarf bestand nicht, weil der Schafmattweg für den damaligen Frachtverkehr unbedeutend war und die Route sowieso nicht übers Zig führte. So gehen wir davon aus, dass der Weg aufs Zig noch länger mit Karren für den Holz- und Heutransport befahren worden ist (Abb. 8).

Der Begriff «Römerstrasse» hält sich indessen hartnäckig. Er wird auch im Flurnamenbuch der Gemeinde Oltingen[29] unter «Holenstei (Hoolestäi)» erwähnt, womit eine Waldpartie in der Plattenrüti südlich von Oltingen definiert wird. Werden nun die Oltinger nach einer Charakterisierung dieser Örtlichkeit befragt, fallen die Meinungen eindeutig aus:

Ruedi Lüthy-Gerber, Jahrgang 1915, erinnert sich noch gut, dass 1943 beim Pflügen im Sempacher das Steinbett einer alten Strasse gefunden wurde. Er habe sich damals gewundert, wie exakt das Steinbett gemacht war und wie gut erhalten es zum Vorschein kam.

Erinnerungen von Hans Lüthy (Junkers), Jahrgang 1942: «Seit Generationen wird dieser Übergang als römische Strasse genannt. Lehrer Emil Weitnauer lehrte uns in der Schule, der Weg habe von Augusta Raurica ins Mittelland geführt. Bei den sichtbaren Spuren auf dem Berggrat, eben dem «Hoolestäi», handle es sich um das Karrengeleise der römischen Wagen. Auf dem Weg seien auch immer wieder römische Münzen gefunden worden.»

Abb. 8: Die Karrgeleise auf der Höhe bei Zig. Die Spurweite eines Karrens ist im weggewischten Laub ersichtlich (13.11.2001).

Eneas Domeniconi

51

GESCHICHTE

Quellennachweis

[1] Daniel Bruckner: Versuch einer Beschreibung historischer und natürlicher Merkwürdigkeiten der Landschaft Basel, XXI. Stück. Basel, 1762.

[2] ebenda: Seite 2453 ff.

[3] Leo Weisz (Hg.): Die Landkarten des Johann Stump 1538 – 1547. Bern, 1942, Blatt XII «Die Rauracher/Basler gelegenheit».

[4] Reto Marti: Zwischen Römerzeit und Mittelalter. Forschungen zur frühmittelalterlichen Siedlungsgeschichte der Nordwestschweiz (4. – 10. Jahrhundert), Band A. Liestal, 2000: 288.

[5] Traugott Meyer et al.: Heimatkundliches von der Schafmatt. BHBl, Nr. 4, 1943 und Nr. 1, 1944.

[6] Urs Wiesli: Der Schafmatthandel um 1700. In: Jurablätter 15, 1951.

[7] Johann Jakob Schäfer: Grundriss der Landmarch zwischen den baslerischen Dörfern Oltingen, Zeglingen; sodann denen sollothurnischen Dörfern Kienberg, Erlinsbach und dem Hofe Roor. 1794. [StABL: KP 5001 0044]

[8] Landeskarte der Schweiz 1:25 000, Blatt 1089 Aarau, 2003.

[9] siehe 8.

[10] Franz Schwaller, Heinrich Hofer: Atlas über den Grenzzug zwischen den Kantonen Solothurn und Basel Landschaft. 1837. [StASO: A 34, Plan XIV]

[11] Louis Rippstein: Kienberg: Geschichte einer Juragemeinde, Kienberg 1991.

[12] August Burckhardt: Hochwachten und Nachrichtenübermittlung im 17. Jahrhundert. In: Baselbieter Heimatblätter 2/1971.

[13] Georg Friedrich Meyer: Karte des Farnsburger Amtes, 1680. [StABL: KP 5002 0076]

[14] Georg Friedrich Meyer: Entwürfe. 1678 – 1681. [StABL: Altes Archiv, 2 F Allgemeines, Bände 1–3]

[15] Ausschnitt aus den Meyer-Skizzen 1678 – 1681, Nr. 11.

[16] Karl Siegfried Bader: Studien zur Rechtsgeschichte des mittelalterlichen Dorfes. Wien, Köln, Graz, 1962 ff. Zum Flurzwang: Mittelalterliches Bewirtschaftungssystem im Ackerbau, in dem sich jeder Dorfangehörige dem für alle geltenden Anbau- und Ernterhythmus einzuordnen hatte. (nach Martin Furter: Die Bauernhäuser der Kantone Basel-Landschaft und Basel-Stadt. Basel 1999). Mit der selben Problematik der Zufahrtswege befasste sich auch Samuel Huggel: Die Einschlagsbewegung in der Basler Landschaft. 1979: 29 f.

[17] so auch Georg Friedrich Meyer: Skizzen 1678 – 1681, Blatt 11.

[18] Franz Schwaller, Heinrich Hofer, 1837. [StASO: A 34, Plan XV]

[19] ebenda.

[20] ebenda.

[21] Urs Wiesli: Entwicklung und Bedeutung der solothurnischen Juraübergänge. In: Monatsbeilage zum Oltner Tagblatt Nr. 10, Oktober 1953.

[22] Reto Marti: Zwischen Römerzeit und Mittelalter. Forschungen zur frühmittelalterlichen Siedlungsgeschichte der Nordwestschweiz (4. – 10. Jahrhundert). Band B. Liestal, 2000.

[23] Friedrich Baader: Kanton Basel Landschaft IIItes Blatt, 1843 – 1844.

[24] Topographischer Atlas der Schweiz, Blatt 147 Läufelfingen, 1884 ff.

[25] Georg Friedrich Meyer. Skizzen 1678 – 1681, Blatt 38v. [StABL: Altes Archiv, 2F Allgemeines]

[26] Urs Wiesli 1953.

[27] Guy Schneider: Mythos Karrgeleise. Untersuchung zu Alter und Entstehung von Geleisestrassen in der Schweiz, im Elsass und im Aostatal. Typoskript Bern, 2001.

[28] Rolf Tanner: Geopolitische Dynamik und Verkehr im Fürstbistum Basel von der Antike bis zum Eisenbahnbau. Diss. phil. nat., Universität Bern. 2007. Er zitiert darin die Abschiede (1882: Nr. 701).

[29] Flurnamenbuch der Gemeinde Oltingen, 2006.

GESCHICHTE

Militärische Einquartierungen

Wie aus alten Schriften hervorgeht, war Oltingen durch den Schafmattübergang immer wieder Durchgangsort von militärischen Feldzügen, sicher wurde auch immer wieder im Dorf Halt gemacht. Bei der Schlacht von Sankt Jakob, im Dreissigjährigen Krieg, im Bauernkrieg und während der Französischen Revolution zur Zeit der Helvetik, als Aarau die schweizerische Hauptstadt wurde, zogen Truppen über die Schafmatt. Die Oltinger zeigten mehrheitlich zur rebellischen Seite Sympathie und waren nie sehr obrigkeitstreu eingestellt.

Bei der Kantonsteilung 1833 waren die Oltinger geschlossen für die Trennung von Basel, was den damaligen baseltreuen Pfarrer zur Flucht ins baseltreue Anwil veranlasst hat. In der Zeit des Deutsch-Französischen Krieges 1870/71 waren in Oltingen Franzosen interniert. Aus dieser Zeit blieben einige französische Ausdrücke in unserer Sprache hängen, die aber unterdessen der jüngeren Dorfbevölkerung nicht mehr bekannt sind. Davon einige Muster wie «toujours», «Kunzini geh» von conseiller und «Puntenöri» von point d'honneur.

Ob im 1. Weltkrieg im Dorf Militär einquartiert war, ist nicht bekannt. Ältere Leute im Dorf erinnern sich jedoch, dass es zwischen den beiden Weltkriegen hie und da militärische Einquartierungen gab. Die noch am besten in Erinnerung gebliebene Einquartierung war jene im ersten Jahr des 2. Weltkrieges von September 1939 bis im Sommer 1940 der Feldbatterie 36. Nach der Mobilmachung wurde das Dorf sehr bald richtig überschwemmt von ca. 200 Mann mit ihren ca. 140 Pferden.

Abb. 1: Soldaten der Batterie 36

Abb. 2: Pferdestall der Feldbatterie 36, Restaurant Traube

Der grösste Teil der Scheunen und Schöpfe wurde zum Einstellen der Pferde eingerichtet. Im Stall standen meistens noch 2 bis 3 Kühe und ebenso viele Rinder der Bauernfamilie, und im Scheunentenn waren die Militär-Pferde untergebracht. Die Soldaten hausten ebenfalls zum Teil in den Scheunen, auf dem Heuboden und ein Teil von ihnen sowie die

GESCHICHTE

Unteroffiziere und Offiziere fanden in leeren Zimmern und Kammern des ganzen Dorfes Unterkunft. Auch im Schulhaus und in den Wirtschaften wurden Unterkünfte eingerichtet. Beide Schulzimmer und der Gemeindesaal waren vom Militär belegt. Die Lehrerwohnungen, das Gemeinderatszimmer usw. wurden während dieser Zeit als Schulzimmer benutzt. Weil der grösste Teil der Oltinger Männer irgendwo aktiv ihren Dienst am Vaterland ausüben musste, waren die einquartierten Soldaten auch immer bereit, den männerlosen Familien bei den Stall- und Feldarbeiten behilflich zu sein.

Abb. 3: Wandbild der Feldbatterie 36 am Haus Nr. 69

Die Bauern des Dorfes waren verpflichtet, Heu und Stroh an das Militär abzuliefern.

Der gewaltige Tross von Männern und Pferden war für den Betrieb der 4 Feldkanonen angerückt. Es wurden Artilleriestellungen auf dem «Ammelerberg» und Flabstellungen im Gebiet «Gmeinacher und Äiche», unmittelbar nördlich des heutigen Vogelholdenhofes, ausgehoben und ausgebaut. Durch die Munitionskolonne, die zu dieser Einheit gehörte, wurde auch ein Munitionslagerhaus gebaut, die «Pulverhütte» ausserhalb der Risi, im «Grütsch», dort, wo die neue Schafmattstrasse über den Bach führt.

Als diese Bau- und Einrichtungsarbeiten abgeschlossen waren, blieb den Soldaten jedoch hie und da Zeit, der Dorfbevölkerung in dieser schwierigen Zeit unter die Arme zu greifen. Es entstanden auch ein paar Bekanntschaften zu Oltinger Mädchen, die die Gründung einer Familie zur Folge hatten.

In den weiteren Kriegsjahren gab es nur noch vereinzelte kurze Einquartierungen im Dorf. Nach dem Krieg, bis in die 70er-Jahre hinein, quartierte sich immer wieder Militär im Dorf ein. Die Infanterierekrutenschule Aarau kam jedes Jahr mit einer Kompanie nach Oltingen in die Verlegung für 3 Wochen und auch WK-Soldaten waren regelmässig fast jährlich im Dorf stationiert. Oft war bis zu dreimal im Jahr Militär einquartiert, eine willkommene Einnahmequelle für die Läden und Wirtschaften. Auch die Gemeinde und diejenigen, die Zimmer und andere Räumlichkeiten zur Verfügung stellten, hatten dadurch eine willkommene, wenn auch kleine Nebeneinnahme. Die Soldaten waren in den Sälen von Hirschen und Ochsen und in der Gemeindescheune untergebracht, die Offiziere und Unteroffiziere in Zimmern von Privaten. Gekocht wurde jeweils, wie schon zur Zeit der Batterie 36, in der Waschküche bei Stöffibaschis, und gegessen wurde in allen drei Wirtschaften.

GESCHICHTE

Das Wacht- und das Arrestlokal waren jahrelang im «Schuemacherhüüsli», ein nicht mehr existierender Anbau an Beuggers Haus, und später im Schulhauskeller untergebracht.

Die frühen Siebzigerjahre brachten dann das Ende dieser Ära. Die wachsenden Ansprüche der Truppe stiessen auf eine immer geringere Bereitschaft der Leute im Dorf, die Unannehmlichkeiten einer Einquartierung auf sich zu nehmen. Dazu kam noch das allmähliche Verschwinden geeigneter Räume, namentlich die Schliessung des Restaurants Hirschen im Jahre 1962.

> Die Flabkanoniere der Feldbatterie 36 vom Gmeinacher glaubten einmal, einen Flügel eines überfliegenden fremden Militärflugzeuges getroffen zu haben. Daraufhin begaben sich ein paar von ihnen mit einem Leiterwägeli auf die Schafmatt hinauf, um nach abgeschossenen Teilen zu suchen. Gefunden wurde aber nichts.
>
> *Paul Lüthy-Schaffner*

Quellennachweis

Interviews mit der Dorfbevölkerung

Abb. 4: Soldatenbild

GESCHICHTE

Mythen und Sagen

'S Geissheiriloch

Ganz z'oberscht uf der Geissflue, uf der Hochwacht, isch es arigs, halbverfallnigs Loch, ebe 's Geissheiriloch. Das isch der Ygang zumene underirdische Gang, wo bis uf d'Farnsburg abe goht. I däm Loch het vor Zyte der Geissheiri ghuset. Das isch en Art «Raubritter» gsi. Nit grad ein vo de Schlimmschte. Wol het er die ganzi Umgeged unsicher gmacht; nüt «Ässigs» isch vorem sicher gsi, aber umbrocht het er süscht niem, weder hie und do ne Geiss; die sy-n-em ebe eso grad rächt schwer gnueg gsi zum Träge, das gech Wägli uf, und Geissefleisch het er ums Läbe gärn gha.

D'Landjeger hei-n-em ufpasst, aber verwütscht het en keine und i sy Wohnig yne het si keine gitrout. Womit er si eigetli verfehlt gha het, ass er si het müese verstecke im Geissheiriloch, weiss niem. Au weiss niem, wenn er es Änd gnoh het, oder öb er emänd jetz no dört huset. Wenn d'Bure wei go heue z'Oltige, luege si öppe am Morge a d'Geissflue ue und wenn dört es Näbeli ufstygt, seit öppe der eint oder der ander: «Lueg, der Geissheiri het wieder e Geiss verwütscht, es räuchnet noh!» Und dernoh weiss me, ass' vorläufig no kei Heuwätter git.

Die Teufelsküche

Ein kleiner verschütteter Platz am Klapfen bei Oltingen wird Teufelsküche genannt. Nachforschungen an Ort und Stelle haben ergeben, dass an jener Stelle sehr wahrscheinlich einmal ein Kalkofen gebrannt hat. Wer von fern den Ofen rauchen sah, der konnte leicht glauben, der Rauch steige aus der Erde auf und zu der Namensbildung war es nur noch ein kleiner Schritt.

Der Glockenguss zu Oltingen

«osana / heis / ich / die / gemeinne / von / oltinen / macht / mich / meister / hans / meiger / von / wissen / borg / gos / mich / in / er / maria / s / niclause + anno / domini / mccccolxxxxiii».

Diese Inschrift ziert mit ihren schönen gotischen Kleinbuchstaben die grösste Glocke der Niklauskirche von Oltingen. Von dieser Glocke geht die Sage, dass sie Silber enthalte und auf dem Spielhof zu Oltingen gegossen worden sei.

My Grossmueter, da'sch die, wo fascht hunderti worde n-isch, – und si het noh-n-es guets Gedächtnis gha – het abe gseit, die Glogge syg z'Oltige gosse worde. Do syg eini derzue cho, e Rychi, e Burgfräulein syg si gsi uf im Zig obe: es Hus heig si gha dört obe, und Zusanni heig si gheisse. Dernoh heig 's nit glängt (das Glockenmetall). Und do syg die noh mit eme Schurz voll Brawänder (Brabantertaler) cho und heig se dry gschüttet. Dernoh heig's glängt, und me heig die Glogge wäge däm Zusanni tauft. Dernoh het d'Grossmueter abe gseit drüberabe: «Ich weiss jo nit, öb das wohr gsi isch. Aber es het's gheisse.»

Das Geisterzimmer

Im Pfarrhus Oltige uf der Syte gegem Chilhof zue isch 's Geischterzimmer.

Der «Chapiziner» geht dort um. Wenn ein Gast im Zimmer schläft, so nimmt ihm der arme, nackte Geist, der immer frieren muss, die Bettdecke weg und zwar immer nachts um 12 Uhr.

Das Lyrum

Der Grossätti het emol verzellt: Der wüsset doch, wo's Lyrum isch, dört halbwägs Weislige, wo d'Stross fascht e-n-Egge macht, bim Chüehbirbaum. Jo, also dört isch mer einischt öppis passiert, i dänke myner Läbtig

GESCHICHTE

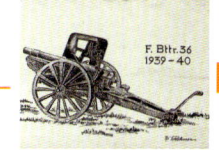

Abb. 1: Das Dorf Oltingen, Aquarell von Max Schneider

dra! I bi go öle uf Magde-n-abe. Der Chilchmeyer het mer der Chohli ge, ass i d'Nusschärne und der Lewat nit ha müese träge; 's Güfiwägeli ha-n-i gnoh. Es isch alls guet gange, d'Frau isch noh mitcho, umme isch's e chly spot worde; es isch scho Nacht gsi, womer z'Weislige usem Rössli cho sy, womer no ne Schoppe gnoh hei.

Aber der Wäg hät i jo wölle finde mit verbundene Auge. Womer ebe do zum Chüehbirbaum cho sy, lauft e Ma vor is ane und i dänke: So, jetz fahrsch eifacht däm noh, dä goht au uf Oltige und i ha 's Ross lo trampe. Z'letschtemänd seit aber d'Frau: «Das goht au lang, bis me d'Liechter gseht vo Oltige!» Mir het's au wölle sy und i ha der Chopf e chly gstreckt, aber alsfurt isch keis Liechtli erschiene, es isch mer e chly unheimlig worde-n-und i bi ab, ha umenandergluegt. Es isch niene kei Ma meh gsi und aber au kei Wäg meh. Der Chohli het jetz au d'Ohre gstellt, as we wenn's nit ganz ghür wer, i ha-n-en müese füehre. Ändlig gseh-n-i doch es Liecht, wyt ewägg; es isch vom Rumpel gsi und ganz amene andere-n-Ort sy mer z'letscht doch is Dorf cho und es het is gwohlet, eus und im Chohli.

'S grau Männli

Ein früherer Oltinger Jäger erzählte: «I bi einischt ufem Astand gsi i der Sennweid obe, grad i der Nöchi vom Bahnstei. Lang isch nüt cho, aber do undereinischt pürzle zweu Tier überenander übere, vor mer zue. I ha se für Hase agluegt, nimme d'Flinte und tätsch! Wo si der Rauch e chly verzoge gha het und i will luege, öb wenigschtens ein vo dene Kärlene ligg, gsehni niene kei Has meh, derfür stoht es graus Männli vor mer zue, we der Tüfel het's usgseh. En Augeblick ha-n-is agluegt und es isch mer i Sinn cho, ass mer einischt eine gseit het: die Graue sy vill schlimmer as die Schwarze. Item, i ha my Flinte-n-aghänkt, bi d'Eimet ab und heizue so gschwind as i ha chönne. Und jetz wüsset-er, worum ass i nümme uf d'Jagd goh. I will nit noh einischt eso öppis erläbe.»

Der Bachpfattli

Aus dem Ergolztal herauf nähert sich manchmal ein grosser Hund den ersten Häusern des Dorfes Oltingen, Bachpfattli geheissen. Wer ihn sah, bekam einen geschwollenen Kopf «as wie-n-es Viertel» (Kornmass).

Die bannte Buebe

Die Junge glaube hüttigstags nüt meh. Aber es git halt doch noh Lüt, wo meh chönne weder numme Brot ässe! Loset umme: Drei Oltiger Buebe sy emol z'nacht a d'Pflume. Wo der erscht gnue gha het und abe will goh, gseht er e-n-olte Ma mit ganz oltmödische Chleidere underim Baum stoh. Dä Bueb goht wieder ue und seit nüt zu de-n-andere. Im zweute gohts ganz glych und ebeso im dritte. All drei sy z'letschtemänd wieder i de oberschte Neschte ghocket, aber Pflume hei si keini meh gässe.

Ändlig, ändlig gohts gege Morge und es tuet Bättzyt lüte, do isch die Gstalt underim Baum plötzlig verschwunde. Jetz hei die Nachtbuebe wieder e chly Härz übercho und der eint het's gwogt und isch süferlig abe, fascht hät er noh d'Hose verrisse. Öppe-n-i Chnühöchi sy drei Rossnegel i Baumstamm ynegschlage gsi! Vom Grossätti noche het er gwüsst, was das bedütet: die Rossnegel het dä Bur dünnglet gha im Weihwasser und het se-n-ynegschlage in de drei höchschte Näme für d'Schelme z'banne. Die drei sy ihrer Läbtig nimme-n-an d'Pflume, si hei deismol gnueg verwütscht.

Das Engelbrünnlein

Auf der Schafmatt steht neben dem Saumpfad ein Brünnlein. An der Stelle des Zementtrögleins lag einst ein ausgehöhlter Baumstamm. Wer über den Namen Engelbrünnlein nachsinnt, wird kaum das Richtige finden. «Er hätt ringer Tüüfel gheisse, dä, as Ängel, hai si albe gsait!» Gemeint ist der Bursche Engel, der an einem Neujahrstag mit einem Mädchen in der Barmelwirtschaft getanzt hatte. Auf dem Heimweg brachte er dort oben «das arme Möntsch» auf grässliche Weise ums Leben und versteckte die Leiche zwischen den Spältern einer Holzbeige. Erst als Fuhrleute diese auf einen Wagen laden wollten, entdeckten sie das Mädchen. Da der Mord in der Nähe des Brünnleins geschehen war, erhielt es den Namen des Mörders.

E-n-Oltiger Dorfhäx

Die olti……isch e rächti Häx gsi! Einischt hei's Chilchmeyers z'nacht es Füli übercho. Wär am Morge scho vor im Stall stoht, isch die gsi und seit: «Der heit schynt's es Füli übercho, darf is cho luege?» Si hei se dummerwys yneglo, si fahrt däm Tierli e paar mol übere Rügge, wie wenn s'em wet flattiere und goht wieder use. Mönderisch cha das Füli nümm ufstoh. Lahm im Rügge! Verhäxt!

Einischt aber isch si an Lätze cho. Im Dorf isch e-n-olte Chnächt gsi, dä het by-n-ere lo stricke. Si het däm Manno 's Mäss gnoh um 's Bei umme. Wär mönderisch es Bei het wie ne Ankechübel, isch dä Chnächt. Er het alli Zeiche gfluecht und het gseit: «Die Mätz sell umme warte, i will ere fürs Häxe tue!» Er isch furt usem Dorf und drei Tag druf heisst's, die und die isch gstorbe und wie? 'S lingg Bei het si übere Bettrand use gstreckt, es isch schwarz gsi as wie ne Chohlesack! Eso het si es Änd gnoh.

Zusammengestellt von Verena Burri-Gysin

Abb. 2: Zeichnung von Fritz Pümpin (aus «Am Mühlibach», 1969)

Quellennachweis

Sagen aus Baselland, herausgegeben vom Lehrerverein Baselland, bearbeitet von Gustav Müller und Dr. Paul Suter, illustriert von Walter Eglin, Landschäftler AG, 1937

Baselbieter Sagen v. Paul Suter und Eduard Strübin, Verlag des Kantons Basel-Landschaft 4. Auflage 1992

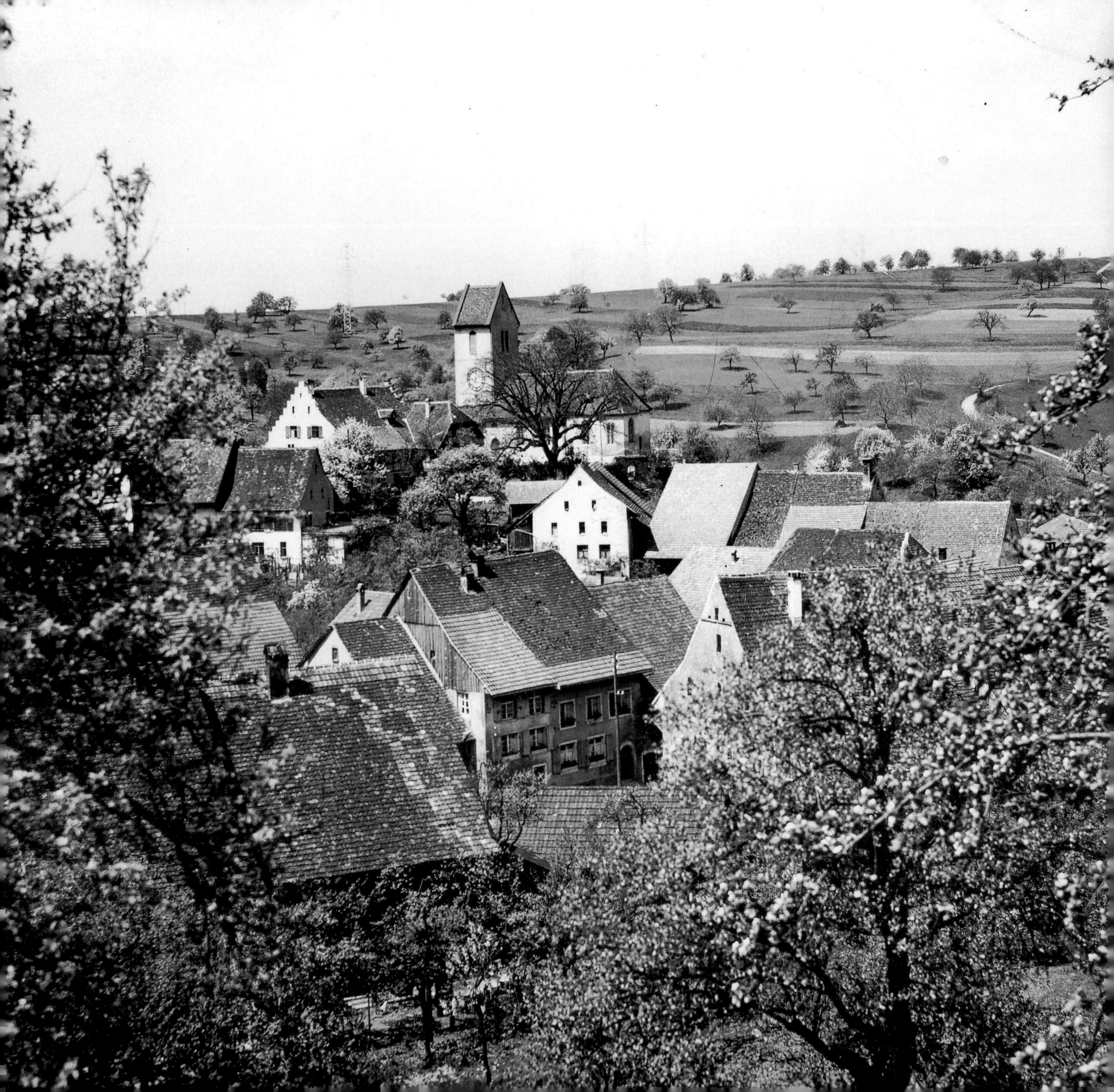

Landwirtschaft

LANDWIRTSCHAFT

Landwirtschaft einst, jetzt und in der Zukunft

Abb. 1: Heinrich Rickenbacher (Glasers) beim Säen von Hand

Nüt schööners

Es git nüt schööners uf der Wält,
As wandere – duur s äigni Fäld!

Im Früelig – so is eerschte Bluescht.
Vorby isch s Winters Wee und Wuescht.

Im Summer – s guldig Eerifäld,
Meer wäärt, ass s Guld vo aller Wält.

Im Heerbscht – wenn alli Früeligsdröim
Erfüllt sy a den äigne Böim.

Im Winter – blüejt e Wunderbaum,
Vil schööner as dr schönschti Draum.

Hans Gysin

Bis in die 30er-Jahre des letzten Jahrhunderts kamen bei uns in der Landwirtschaft noch keine motorisierten Maschinen zum Einsatz. Zum Ziehen der Wagen, Pflüge, Mähmaschinen usw. wurden Pferde, Ochsen und Kühe eingespannt. Im «Gassacher» wurde z. B. noch anfangs der 50er-Jahre von «Junkers» vierspännig, mit 3 Kühen und einem Stier, «Waase gfaare» (Wiese umgepflügt).

1956 waren noch 53 Pferde im Einsatz, gleich viele wie 1936. Das Gras für das tägliche Futter und die steileren Wiesen wurden von Hand gemäht. Für die Arbeiten auf dem Feld ging man vielfach zu Fuss. Die damaligen Fusswege rund ums Dorf und aufs Land hinaus sind alle verschwunden. Die tägliche Arbeitszeit war, besonders im Sommer, sehr lang. Während des Heuens, Emdens und der Getreideernte mussten nach dem Füttern am Abend oft noch bis zu 3 Wagen von Hand abgeladen werden. Trotz oder gerade wegen der langen und zum Teil harten Arbeit nahm man sich Zeit zum «Znüni» und zum «Zoobe».

LANDWIRTSCHAFT

Abb. 2: «Zimbers bim Waase faare»

Bauernregeln

Kommt die Esche vor der Eiche, gibt es eine Bleiche. Kommt die Eiche vor der Esche hat der Sommer Wäsche.

Hat es im Sommer Nebel, kommt er in drei Tagen wieder als Regen.

So wie der erste Dienstag ist, wird das Wetter im Monat.

«Wenn dr Wind goot vor de Nüüne, rägnets vor de Drüüne.»

«E Heuerdaag vo s Junkers im Bärg» (Schafmatt)

Hans Lüthy erinnert sich:

Nach dem Morgenessen fahren Vater, Mutter und Dorli mit dem Jrus (Motormäher) auf den Berg. Die hintere Geissfluh muss noch gemäht werden. Vater mäht mit dem Motormäher, und die Frauen «warbe» (verteilen) das frisch gemähte Gras. So um halb zehn wird das verdiente Znüni genossen. Nachdem der Morgentau abgetrocknet ist, werden auf der vorderen Geissfluh die gestern Abend aufgesetzten «Schöchli» (kleine Grashaufen) «zettet» (verteilt). Ruth und ich haben unterdessen zu Hause die Stallarbeiten erledigt. Nach dem Kochen wird das gut verpackte Mittagessen auf den Leiterwagen gepackt, Bindbaum, Wagenseil und «Windebrittli» sind schon aufgeladen. Stärni und Fleck werden angespannt, wir sitzen auf den Wagen und los geht die Fahrt.

Das Einkommen in der Landwirtschaft stammte in dieser Zeit hauptsächlich aus dem Verkauf der erzeugten Produkte. Direktzahlungen gab es nur in Form von Anbauprämien für Futtergetreide und Mahlprämien für Brotgetreide, das für den Eigenbedarf gemahlen wurde. Vom Bund massiv subventioniert wurde auch der Erlös für das verkaufte Brotgetreide. Die Produzentenpreise für die landwirtschaftlichen Erzeugnisse waren vergleichsweise hoch. Eine durchschnittliche Familie musste 1950 für Nahrungsmittel 33.1 % ihres Einkommens aufwenden, 1970 waren es 11.15 %, heute sind es noch 8.31 %.

Die Lebensweise war dementsprechend natürlich auch bescheidener, Ferien kannte man kaum. Höhepunkte im Jahr waren die Reise mit der Milchgenossenschaft oder eine Vereinsreise.

LANDWIRTSCHAFT

Abb. 3: «Junkers Läiterwaage isch baraad zum Abfaare»

Abb. 4: «Gablers bim Heue im Wasseracher»

Abb. 5: An steilen Hängen wurde zum Bremsen hinten an den Heuwagen eine Konstruktion («Schläik») aus Ästen gebunden und diese wurde auch mit Heu beladen (Zimberkarlis im Bärenacher).

Beim Bunker, ausserhalb der Risi, müssen wir absteigen, damit es die Kühe leichter haben. Nach zwei, drei Halten sind wir endlich im Weidli. Die Kühe sind langsam müde, den Schlattacher hinauf geht es recht mühsam. Schon von weitem sieht uns Vater kommen. Er ruft uns zu: «Chömmet, chömmet!» Als Stärni seine Stimme hört, werden ihre Schritte wieder schneller, und bald sind wir am Ziel. Die Kühe werden nun im «Lättloch» schön im Schatten angebunden und bekommen frisches Gras zu fressen. Jetzt ist es Zeit zum Mittagessen, eine dicke Reissuppe mit Fleisch, dazu gibt es Brot, zum Dessert Kaffee und Kuchen. Nachher muss zuerst das gestern, bald dürre, und danach das heute gemähte Gras gewendet werden. Das «Zoobe», Brot, Speck und Most, schmeckt herrlich. Jetzt wird das schön dürr gewordene Heu «zääme gmacht» (auf grosse Maden geschichtet) und der erste Wagen geladen. Mutter ist auf dem Wagen, Vater gibt Gabel um Gabel hinauf, Dorli und Ruth rechen, und ich muss den Kühen die «Brämen» abwehren.

LANDWIRTSCHAFT

Mit dem vollgeladenen Wagen fährt Vater bis ins Weidli, ich darf mitfahren. Gestern Abend hat uns «Zimberwilli» mit dem Traktor einen Leiterwagen bis dort hinauf geführt. Mit diesem fahren wir wieder zu den andern. Auch das zweite Fuder wird noch geladen. Im Weidli werden dann die beiden Wagen aneinandergehängt. Vater und Mutter fahren den Berg hinunter nach Hause. Wir andern müssen noch das heute gemähte Stück «schöcheln», bevor wir heimgehen. Nach dem Füttern werden die zwei Heuwagen auf den Heustock abgeladen. Dann ist endlich Feierabend.

Abb. 6: Viel Heu wurde auch in «Heuschüürli» gelagert und erst im Winter heimgeführt (Bärenacher, Schafmatt).

«Stüssliger Heuet»

Am Ende des vorletzten und Anfang des letzten Jahrhunderts zogen viele junge Burschen anfangs Sommer nach Stüsslingen, um dort den Bauern beim Heuen zu helfen.

Ruedi Lüthy-Gerber erinnert sich:

Der Heuet begann bei uns damals erst nach Mitte Juni, vorher hatten wir Zeit, bei den Stüsslinger Bauern auszuhelfen. Wir waren Ende der 30er-Jahre die letzten Burschen, die diese Tradition pflegten. Ich half ein paar Jahre beim gleichen Bauern. Normalerweise blieben wir 10 – 14 Tage dort. Es war eine strenge Zeit. Da viel Heugras noch mit der Sense gemäht werden musste, begann die Arbeit manchmal schon vor dem Morgenessen. Trotz der langen Arbeitszeit trafen wir uns hie und da am Abend noch im «Chrüz» oder in der «Krone», wir waren ja noch jung und festeten auch gerne. Natürlich lernten wir dabei auch Mädchen kennen, aber zu einer näheren Bekanntschaft oder gar Heirat ist es nie gekommen, die Mütter hüteten ihre katholischen Töchter zu gut. Ich denke aber gerne an diese Zeit zurück.

Mechanisierung

1933	Zimbers kaufen den ersten Motormäher, ein dreirädriger Grunder mit Seitenbalken, Kosten: stolze Fr. 3000.–.
1939	Erster Bindemäher, im Rebenhof, er wurde von 3 Pferden gezogen.
ca. 1942	Ernst Burri bekommt den ersten Traktor, ein dreirädriger «Loki», gebaut von der Schweiz. Lokomotiv- und Maschinenfabrik Winterthur (SLM).
ab 1946	Die Motormäher (Bucher, Fahr, Jrus, Rapid) lösen die Sense ab.

LANDWIRTSCHAFT

Ende 1950 Der erste Ladewagen kommt ins Dorf. Ein stolzer Besitzer ist der Meinung: «*Dr Ladewaage isch für mi die glychi Erlychterig wie für d Frau dr Wäschautomat!*»

ab 1955 Immer mehr Traktoren (Bührer, Hürlimann, Meili, Vevey) ersetzen die Zugtiere.

1957 Hans Gysin (Metzgerhans) erhält die erste Melkmaschine, eine Surge-Melote.

1963 Zum ersten Mal mäht Walter Weitnauer, Barmenhof, mit seinem Mähdrescher Getreide in Oltingen.

Abb. 8: Michael Buess, Wenslingen, beim Weizen dreschen im Moos, 2007

Abb. 7: Erster Traktor in Oltingen von Ernst Burri

Obstbau und Gemüsebau

Der Obstbau spielte bei uns lange Zeit eine grosse Rolle. In vielen Betrieben war er ein wesentlicher Bestandteil des Einkommens. Während Jahrzehnten übernahm der Obstbauverein Oltingen (Aufkäufer für den Verein war Hans Weitnauer-Gysin, Zimberkarlis) und Ernst Burri, Obst- und Gemüsehandel, den grössten Teil der Kirschen-, Zwetschgen- und Apfelernte. Dank der beiden Abnehmer entstand auch ein gesunder Wettbewerb. Besonders «Wätschger» (Zwetschgen) wurden während der Haupternte in grossen Mengen angeliefert. Allein bei «Zimberkarlis» wurden an einem Tag bis zu 13 000 kg abgegeben.

LANDWIRTSCHAFT

Der Obstbauverein wurde 1931 als Vogelschutzverein gegründet. Sein Zweck war die Vermarktung des einheimischen Obstes und der Vogelschutz. 1932 wurden deshalb 104 Nistkästen gekauft und montiert.

Der erste Vorstand:
Arthur Börlin, Heinrich Weitnauer, Hans Weitnauer (Aufkäufer), Fritz Gerber, Walter Gysin (Spilhof).

Einige Zahlen des Obstverkaufes (in Fr.) aus dem Kassabuch des Obstbauvereins:

Jahr	Kirschen	Zwetschgen	Jahr	Kirschen	Zwetschgen
1931	7 789.80	–	1961	29 755.40	15 401.50
1946	10 948.05	16 791.45	1976	29 016.10	10 565.25

Abb. 9: Zwetschgenannahme bei «Zimberkarlis»

Der Obstbauverein vermarktete etwa die Hälfte der jeweiligen Ernte. Von 1931 – 1976 amtete Hans Weitnauer-Gysin als Aufkäufer. Weil kein Nachfolger gefunden wurde, musste der Handel Ende 1976 aufgegeben werden. 1998 stellte auch Ernst Burri den Obsthandel ein. Seither müssen die Früchte nach Gelterkinden in die Landi gebracht werden. Ein kleiner Teil wird auch direkt ab Hof verkauft.

Die Bedeutung des Obstbaues verdeutlichen auch die Obstbaumzählungen aus verschiedenen Jahren:

Jahr	Apfel	Birnen	Kirschen	Zwetschgen	Quitten	Nussbäume
1951	2121	560	7273	140		
1961	1845	371	6997	130		
1981	1017	148	2278	4288	5	90
2001	486	78	1170	2083	9	67

In den letzten 25 Jahren sind über 50 % der Hochstammbäume verschwunden.

Wo dr Junkerfritz einisch im Pfaargaarte e Wätschgerbaum umdoo het, isch grad dr Pfaarer Steiger häichoo. Er het em grüezt: «Herr Pfaarer, chömme Si einisch cho luege, do gseie Si öppis, wo no kei Mönsch gsee het.» Der Pfaarer luegt umme und seit: «Ich gsee nüüt Bsunderigs». Do zeigt dr Junkerfritz uf d Schnittflechi vom früsch abgsaagete Baumstamm und seit: «Die Flechi het doch vorhäär no niem gsee!» Dr Pfaarer lacht: «Jo, das isch scho eso.»

LANDWIRTSCHAFT

Der Gemüsebau hatte bei uns nie eine so grosse Bedeutung wie in Wenslingen oder Anwil. Am meisten wurden Randen, Kartoffeln und Zwiebeln angebaut. Anfangs der 50er-Jahre bis ca. 1965 pflanzten einige Familien auch Digitalis an, eine Giftpflanze zur Herstellung von Herzmitteln.

Milchwirtschaft

Von der Topographie her ist Oltingen ja sehr geeignet für die Milchwirtschaft. Sie war daher schon immer ein bedeutender Zweig unserer Landwirtschaft. Ende der Fünfzigerjahre gab es bei den ca. 60 Milchlieferanten drei Kategorien: «Channe-, Bränte- und Chesselibuure». Die wenigen grossen Milchlieferanten brachten die Milch in 40-l-Kannen zur Sammelstelle. Vom Rebenhof half ein grosser, rotbrauner Bernhardiner, das Milchwägeli zu ziehen. Wer mit einer Brente am Rücken zur «Cheesi» schritt, zählte zu den mittleren Lieferanten. Manchmal hätte die Milch allerdings auch in einem Kessel Platz gefunden, aber man hatte ja auch einen gewissen Stolz. Bei den Restlichen hatte die angelieferte Milch in einem, oder wenn gerade eine Kuh frisch gekalbt hatte, in zwei Kesseln Platz.

Abb. 10: Hochstammbäume rund ums Dorf, ca. 1950 (Blick vom «Rumpelflüeli»)

Abb. 11: Hochstammbäume rund ums Dorf, 2007 (Blick vom «Rumpelflüeli»)

Jahr	1955	1985	2005
Milchlieferanten	56	16	5
Kühe	241	242	151
abgelieferte Milch	406 231	907 315	827 685
Preis, Rp. pro kg	38	91	67

LANDWIRTSCHAFT

Acker- und Getreidebau

Natürlich wurde auf den dafür geeigneten Flächen auch gepflügt und Getreide angebaut, vor allem Weizen, Gerste und Hafer. Weizen und Hafer wurden nach dem Mähen mit einem Büschel Halme zu «Gärbli» gebunden und immer je 4 «Gärbli» zu einer Puppe zusammengestellt.

So konnten die Ähren an der Sonne gut trocknen. Nach dem extrem nassen Sommer 1956, mit viel ausgewachsenen Körnern, wurden auch bei uns die Puppen mit einer fünften Garbe zugedeckt. Nach ein paar Tagen konnte das Getreide heimgeführt werden.

Abb. 12: «Metzgers bim Achere im Wasseracher»

Abb. 13: «Sämis bim Garbe lade im Zig»

LANDWIRTSCHAFT

Abb. 14: Puppenfeld im Boden

Ende Herbst begann dann die Drescherei. Die Dreschmaschine kam der Reihe nach von Scheune zu Scheune. Das Getreide ratterte durch die Maschine, hinten konnten die Körner in Säcke abgefüllt werden, und vorne wurden die gebundenen Strohwellen aufgeschichtet. – Wie gerne gruben Buben in diese Strohhaufen Gänge zum Hindurchkriechen! – Am Abend musste dann alles Stroh in die Scheune gebracht werden. Diese Arbeit funktionierte natürlich nur mit nachbarlicher Hilfe.

LANDWIRTSCHAFT

Abb. 15: Mit dem Bindemäher geschnittenes Getreide musste nicht mehr von Hand gebunden werden. (Hans Gysin, Stöffibaschis, ca. 1955)

Es wird erzählt: Ein Fuhrmann, müde vom langen Sitzen und Reden, musste fest schlafend auf seinen Wagen getragen werden. Zur Sicherheit wurde er noch ordentlich festgebunden, ein «Hü» zu den Pferden und diese trabten allein nach Hause. Man kann sich den Schrecken seiner Frau vorstellen, als das Fuhrwerk mit dem immer noch schlafenden Mann plötzlich daheim auf dem Hausplatz stand. Der weitere Verlauf des Abends ist nicht näher bekannt.

Das Getreide, das für die Selbstversorgung oder als Viehfutter gebraucht wurde, musste Sack um Sack auf den Estrich getragen werden und während des Jahres zum Mahlen wieder hinunter. Den Verkaufsweizen füllte man in 100-kg-Säcke der Eidg. Getreideverwaltung ab. Diese Bundessäcke wurden vom «Schrynerkarli» (Getreidesammelstelle) abgegeben. An einem zum Voraus bekannten Datum verluden alle Bauern ihre Säcke, zwischen 5 und 100, auf Anhänger und Brückenwagen und brachten diesen Erntesegen nach Tecknau. Auf der Station wurden die Säcke, natürlich von Hand, in Eisenbahnwagen verladen. Auf dem Heimweg machten dann alle noch einen mehr oder weniger langen «Zoobehalt» im Rössli oder in der Eintracht in Wenslingen.

Produzentenpreise für Weizen:

1941	1961	1981	2005
Fr. 44.30	Fr. 67.30	Fr. 101.50	Fr. 61.00

LANDWIRTSCHAFT

> **D**r Junkerfritz het einisch mit zwoone Chüe Mischt gfüert. Er isch mit em Bännewaage gmüetlig Richtig Egg gfaare, villicht nid ganz uf dr rächte Syte, het öppe mit dr Gäisle gchlöpft und gar nid gmerkt, as dr Dokter Thomme hindedry chunnt. Wo dä äntlig het chönne überhoole, het er s Fänschter abegmacht und het grüeft: «Chlöpfe chausch, sötsch numme no leere faare!»

Vill, vill het si gänderet sithär, a vill Sache cha me si hüt gar nümm bsinne.

Hans Lüthy-Schaub
Hans Weitnauer-Berner

Abb. 16: Milchstand, Hof Fohren, 2007

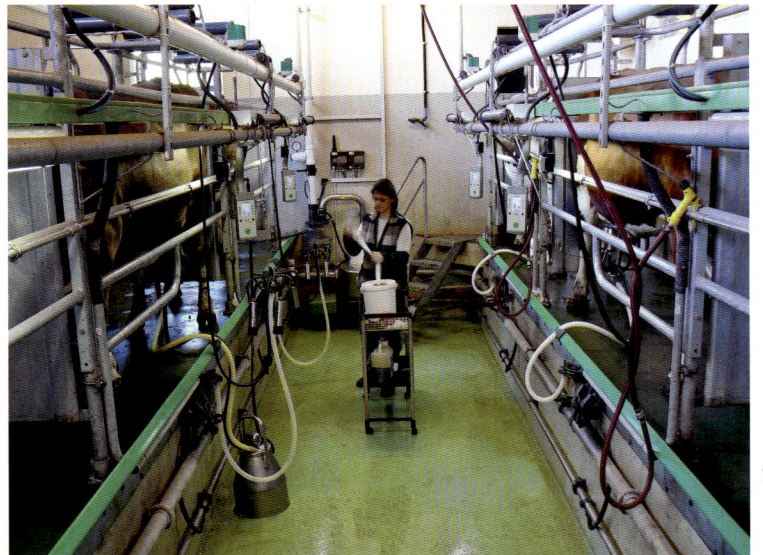

Die Oltinger Bauern von morgen

Die Neunzigerjahre werden in der Landwirtschaft als die Jahre des Wandels in die Geschichte eingehen. Die alte Agrarpolitik, formuliert nach dem Zweiten Weltkrieg, wurde in den vergangenen Jahren schrittweise durch eine markt- und umweltorientierte neue Agrarpolitik abgelöst. Diese verändert die Landwirtschaft und der damit eingeleitete Strukturwandel macht auch vor den Oltinger Bauern nicht Halt. Von den 22 beim Kanton registrierten Betrieben (1956 waren es noch über 60) sind zurzeit noch 11 Vollerwerbsbetriebe. Die meisten Landwirte haben ausgesiedelt, und man findet im Dorf kaum mehr einen Miststock vor einem Bauernhaus. Viele dieser 11 Betriebe haben in den vergangenen Jahren stark investiert, auch um ihre Ställe den schärferen Vorschriften anzupassen.

Je nach Lage, Grösse und persönlichen Fähigkeiten der Betriebsleiter haben sich die Höfe verändert. Wer in der Landwirtschaft überleben will, muss innovativ sein und nach neuen Wegen suchen. Diese sind bei den Oltinger Bauern vielfältig: Mutterkuhhaltung, Intensivierung der Milchwirtschaft, Spezialisierung im Obstbau, Bio-Landbau, Pensionspferdehaltung, Angebot von geschützten Arbeitsplätzen, Direktvermarktung, Schulklassen auf dem Bauernhof oder Nebenerwerb. Rund die Hälfte der Betriebe hat die Milchproduktion wegen der sinkenden Milchpreise aufgegeben und auf Mutterkuhhaltung umgestellt. Genau wie jene, die an der Milchproduktion festhielten und diese ausbauten, glauben auch sie an ihre Zukunft in der Landwirtschaft.

Die traditionellen gemischten Bauernhöfe mit Milchwirtschaft, Ackerbau und Obstbau werden wahrscheinlich weiter zurückgehen und spezialisierten Betrieben Platz machen. Dadurch wird sich auch das Landschaftsbild verändern. Die Anzahl Hochstammbäume wird stark zurückgehen, die Parzellen werden grösser, es gibt weniger Ackerbau, Ökoflächen werden möglicherweise ausgedehnt und intensive Obstanlagen, im Sommer abgedeckt, werden vermehrt entstehen.

War für die Landwirtschaft früher die Versorgung des Landes mit Nahrungsmitteln die wichtigste Aufgabe, so sind es in der heutigen Zeit des liberalisierten Marktes und der offenen Grenzen eher Leistungen, welche die Bauern für die Allgemeinheit erbringen, so etwa die Pflege

LANDWIRTSCHAFT

Abb. 17: Maschinenpark, Hof Fohren, 2007

und Gestaltung der Landschaft oder umwelt- und tiergerechte Produktionsformen. Die Produzentenpreise (Milch, Fleisch, Getreide etc.) werden vom Bund nicht mehr gestützt, und die Landwirtschaft wird dem freien Markt ausgesetzt. Mit Produkten von sehr hoher Qualität, die nach den Richtlinien der integrierten Produktion oder des biologischen Landbaues produziert werden, müssen die Bauern versuchen, die Marktanteile zu halten. Vermehrt regionale Qualitätsprodukte anzubieten, wäre hier eine weitere Chance. Die Direktzahlungen von Bund und Kantonen, die an ökologische Leistungen gebunden sind, müssen beibehalten werden, damit künftig eine produzierende Landwirtschaft erhalten bleibt. Es ist zu hoffen, dass der starke Strukturwandel, der auch in Oltingen stattgefunden hat, gestoppt wird und mindestens die Vollerwerbsbetriebe, die noch bestehen, eine Zukunft haben.

Hannes Gass-Burri

Quellennachweis

Protokolle der Milchgenossenschaft, des Obstbauvereins, der Viehversicherung

Staatsarchiv Basel-Landschaft

Bundesamt für Statistik

Landwirtschaftlicher Informationsdienst (LID)

Selbstversorgung im 2. Weltkrieg

Die Anbaupflicht wurde Ende der Dreissigerjahre eingeführt. Bundesrat Traugott Wahlen arbeitete ein System aus, den sogenannten «Plan Wahlen», zur Vergrösserung der Ackerfläche. Jede Gemeinde erhielt ein Ackerbaukataster. Oltingen sollte 36 ha mehr an Ackerfläche bereitstellen. Es war Pflicht, mehr Brotgetreide und Kartoffeln zu pflanzen. Die vergrösserte Ackerfläche war eine grosse Belastung. Die Frauen und Kinder mussten hart arbeiten, da alle Wehrpflichtigen bis 60-jährig an der Grenze waren. Auch viele Pferde waren im Dienst.

AVIB Anbaugenossenschaft des Verbandes der Industriellen von Baselland

Diese Männer betrieben auch in Oltingen Ackerbau. Die Bürgergemeinde stellte Sodägerten und Sennenweid zur Verfügung. Diese Felder wurden mit einem Raupentraktor gepflügt. Es wurden Weizen und Zuckerrüben angesät und im Herbst geerntet. «Der Pflug war fast so viel in der Schmiede wie auf dem Feld.»

Die Getreideverwaltung des Bundes garantierte die Abnahme des Getreides und setzte den Preis fest. Getreideproduzenten, welche dem Bund Getreide ablieferten, mussten zur Selbstversorgung Getreide zurückbehalten.

1. Wer weniger als 500 kg Getreide abliefert, ist von der Selbstversorgung entbunden.
2. Wer 500 – 1000 kg abliefert, hat 100 kg zu behalten.
3. Wer über 1000 kg Getreide dem Bund abgibt, hat wenigstens 150 kg Getreide für jede im Haushalt verpflegte Person zurück zu behalten und die Verarbeitung durch die Mahlkarte nachzuweisen.

Um den Selbstversorgern einen Gegenwert zu bieten für den Überpreis des dem Bund abgelieferten Getreides, richtete der Bund eine Mahlprämie aus. Sie betrug Fr. 7.50 per 100 kg. Dieser Zuschuss kam vor allem den kleinen Produzenten zugute, die den grössten Teil ihrer Ernte für die Selbstversorgung benötigten und somit von dem Vorzugspreis der Bundesfrucht wenig oder gar nicht profitierten.

Auf den Bauerntisch gehört Bauernbrot

Es gab in jeder Gemeinde eine Ortsgetreidestelle. Diese wurden 1986 aufgehoben. In Oltingen führte diese Emil Gysin-Lüthy, «Schryners», später dessen Sohn Karl Gysin-Steiner. Die Abgabe des Brotgetreides erfolgte in 100-kg-Jutesäcken, die «Bundessäcke». Die Säcke mussten nach Tecknau zum Bahnhof geführt werden.

Der Weizen wurde von einem Experten «Müller» klassiert. Es gab 3 Preisklassen nach hl Korngewicht. Der höchste Preis 1. Klasse pro 100 kg betrug Fr. 104.–. Anschliessend wurden die Säcke in Bahnwagen verladen und von Hand gestapelt. Nach ca. 10 Tagen wurde der Weizen von der Ortsgetreidestelle bar ausbezahlt.

Eine Besonderheit waren die Rationierungskarten. Alle Lebensmittel waren nach einem System rationiert. Damit wurden Hamsterkäufe gestoppt. Für alles brauchten die Konsumenten Marken, auch für Kleider. Eine Karte war für einen Monat bestimmt, dann musste man eine neue beziehen. Sogar für die eigene Hausschlachtung brauchte man eine Bewilligung. Bei Kriegsende wurden die Karten abgeschafft. Die Selbstversorgungspflicht war Vergangenheit.

Hans Weitnauer-Berner

Quellennachweis

Bundesarchiv

Gespräch mit älteren Einwohnern

SCHWEIZERISCHE EIDGENOSSENSCHAFT
Mahlzeitenkarte
gültig ab 1. Dezember 1942 bis auf weiteres
37106
MAHLZEITENCOUPON 1 Mc
MAHLZEITENCOUPON ½ Mc

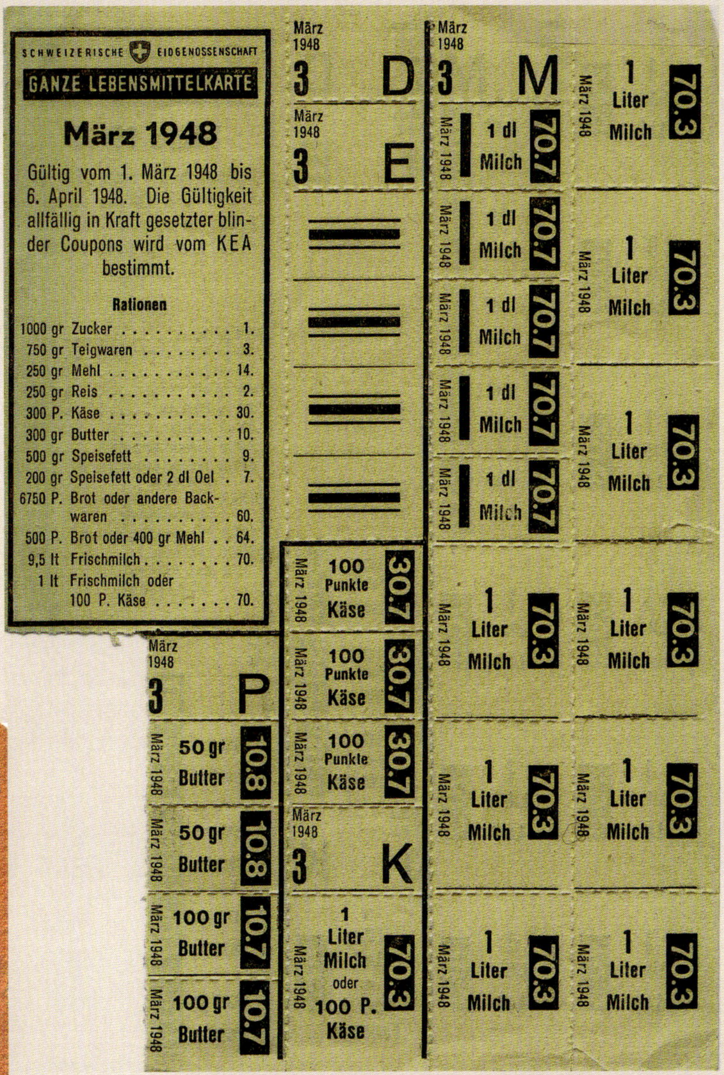
SCHWEIZERISCHE EIDGENOSSENSCHAFT
GANZE LEBENSMITTELKARTE
März 1948
Gültig vom 1. März 1948 bis 6. April 1948. Die Gültigkeit allfällig in Kraft gesetzter blinder Coupons wird vom KEA bestimmt.

Rationen

1000 gr	Zucker	1.
750 gr	Teigwaren	3.
250 gr	Mehl	14.
250 gr	Reis	2.
300 P.	Käse	30.
300 gr	Butter	10.
500 gr	Speisefett	9.
200 gr	Speisefett oder 2 dl Oel	7.
6750 P.	Brot oder andere Backwaren	60.
500 P.	Brot oder 400 gr Mehl	64.
9,5 lt	Frischmilch	70.
1 lt	Frischmilch oder 100 P. Käse	70.

März 1948 3 D
März 1948 3 E
März 1948 3 M
März 1948 3 P
März 1948 3 K
März 1948 1 dl Milch 70.7
März 1948 1 Liter Milch 70.3
März 1948 100 Punkte Käse 30.7
März 1948 50 gr Butter 10.8
März 1948 100 gr Butter 10.7
März 1948 1 Liter Milch oder 100 P. Käse 70.3

SCHWEIZERISCHE EIDGENOSSENSCHAFT
TEXTIL-KARTE
GÜLTIG BIS 31. DEZEMBER 1945
Name und Adresse des Inhabers:
Die Coupons dieser Karte berechtigen zum Bezuge von rationierten Textilien gemäss der festgesetzten Bewertungsliste.
Rationierte Textilien dürfen nur gegen gleichzeitige Übergabe von Textilcoupons abgegeben und bezogen werden.
Jeder Missbrauch der Coupons und die Abgabe an Handelsbetriebe, ohne gleichzeitigen Bezug der entsprechenden Waren, sowie der Handel mit Coupons sind strafbar.
1 blinder TEXTIL-COUPON A
1 blinder TEXTIL-COUPON B
1 blinder TEXTIL-COUPON C
1 blinder TEXTIL-COUPON D
½ TEXTIL-COUPON
1 TEXTIL-COUPON

60.4 Brot 500 P. Pane
60.7 Brot 100 P. Pane
60.9 Brot 25 P. Pane

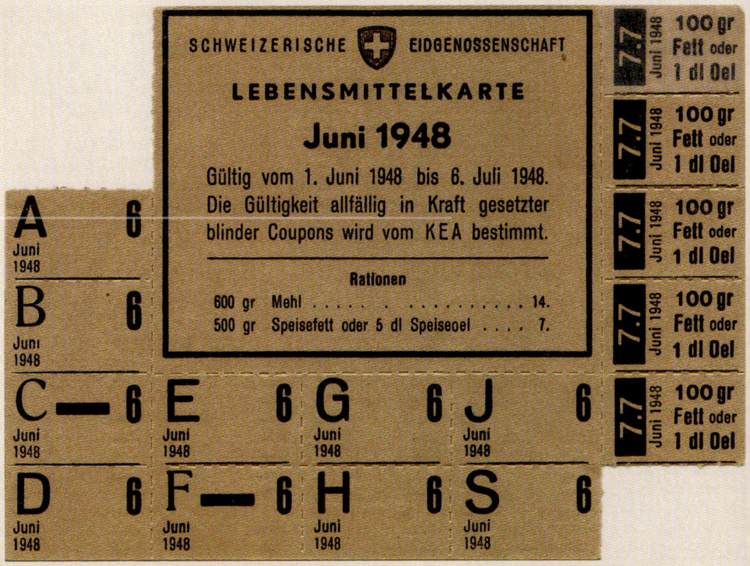
SCHWEIZERISCHE EIDGENOSSENSCHAFT
LEBENSMITTELKARTE
Juni 1948
Gültig vom 1. Juni 1948 bis 6. Juli 1948. Die Gültigkeit allfällig in Kraft gesetzter blinder Coupons wird vom KEA bestimmt.

Rationen

600 gr	Mehl	14.
500 gr	Speisefett oder 5 dl Speiseoel	7.

7.7 Juni 1948 100 gr Fett oder 1 dl Oel
A 6 Juni 1948
B 6 Juni 1948
C 6 Juni 1948
D 6 Juni 1948
E 6 Juni 1948
F 6 Juni 1948
G 6 Juni 1948
H 6 Juni 1948
J 6 Juni 1948
S 6 Juni 1948

LANDWIRTSCHAFT

Milchannahme

Ab 1. Mai 1953 übernahm Hans Gass-Lüthy das Amt des Milchannehmers. Sein Vorgänger war Ernst Gloor-Pümpin. Damals wurde die Milch noch am Morgen und am Abend abgeliefert. In den ersten Jahren waren es ca. 60 Milchlieferanten. Die meisten Bauern brachten ihre Milch in Kesseln, einige wenige in einer «Bränte» und nur etwa einer in einer Kanne zur Milchannahmestelle. Die Milch wurde in den Waagkessel umgeschüttet und gewogen. Der Milchannehmer schrieb das Gewicht an eine grosse Tafel zu der jeweiligen Nummer des Milchlieferanten. Danach wurde der Milchkessel (ca. 60 l Fassungsvermögen) von Hand auf den Rundkühler gehoben und ausgeschüttet. Die Milch lief über die Rippen des Kühlers hinunter und wurde in 40-l-Milchkannen abgefüllt. Auf der Innenseite der Kühlrippen zirkulierte Brunnenwasser, so wurde die Milch gekühlt. Die abgefüllten Kannen wurden auf die Rampe gerollt und dort vom Milchfuhrmann, vom «Schrynerhans» (Hans Gysin-Baumann), auf den Lastwagen geladen und nach Tecknau transportiert. Mit der Bahn gelangte die Oltinger Milch in die Verbandsmolkerei nach Basel.

Milchannahme

1924 – 1927	Otto Börlin
1927 – 1953	Ernst Gloor
1953 – 1978	Hans Gass-Lüthy
1978 – 1987	Martha Gass-Bürgin
1987 –	Ueli Gass-Bürgin

Die Milchannahme wurde modernisiert. Abgeliefert wird nur noch am Morgen und abgeholt nur noch alle zwei Tage. Ein Tankwagen führt die Milch direkt in eine Molkerei. 2006 liefern noch 4 Oltinger und 2 Wenslinger Bauern ihre Milch in der Milchannahme Oltingen ab. Diese 6 Bauern liefern jedoch mehr Milch, als die 60 Milchlieferanten vor 50 Jahren. Auch mit Kesseln kommt keiner mehr. Die Milch wird in Tanks geliefert und mit einer Absaugpumpe ins Waagbecken gepumpt.

Ueli Gass-Bürgin

Abb. 1: Milchannahme, Martha Gass-Bürgin, Hansruedi Gass-Brodbeck

Quellennachweis

Arbeitsvertrag von Hans Gass-Lüthy

LANDWIRTSCHAFT

Milchgenossenschaft

Vom Milchbräntli zum Tankanhänger

Die mehr als hundertjährige Geschichte der Milchgenossenschaft Oltingen zeigt den Strukturwandel in der Landwirtschaft auf eindrückliche Weise auf. Nach den ältesten Aufzeichnungen muss es bereits vor 1900 eine Milchgesellschaft Oltingen gegeben haben. Es wurde gemeinsam Dünger, später auch Kartoffeln eingekauft und die Milch an Cheesmeiers nach Sissach verkauft. Aus dieser Zeit ist überliefert, dass der Milchfuhrmann ab und zu noch eine oder mehrere leere Kannen auf den Wagen stellte, damit die Leute glaubten, die Oltinger Bauern hätten so viel Milch. Er machte auch für die anderen Leute Kommissionen, so soll er die halbe Gemeinde mit Knöpfen versorgt haben.

1905, im Jahr der Gründung des Nordwestschweizer Milchverbandes, wurde die Milchgenossenschaft Oltingen (MG) gegründet – und für 1905.25 Franken (!) ein neues Milchhaus gebaut. Der Milchfuhrmann transportierte die Milch von der Sammelstelle in Kannen mit Ross und Wagen zur Bahnstation nach Tecknau. Per Bahn ging sie von dort nach Basel. Das Milchführen wurde an der Generalversammlung jeweils für zwei Jahre an Interessierte vergeben. Diese mussten ein Angebot machen, zu welchem Preis sie die Milch täglich nach Tecknau bringen würden (1907: 5.30 Franken pro Fahrt). Ab 1933 wurden die Kannen mit Lastwagen transportiert.

Im selben Jahr wurde auch die Reisekasse, in die jedes Mitglied pro Monat 50 Rappen einbezahlte, gegründet. Regelmässig, ungefähr alle 5 Jahre, gingen die Milchbauern dann auf Reisen. Die erste Reise führte mit dem «Roten Pfeil» ins Tessin (Abfahrt in Tecknau um 4.30 Uhr). Zwei der damals Mitgereisten kehrten erst am anderen Tag nach Oltingen zurück, da sie trotz Hinterherrennen den Zug in Bellinzona verpasst hatten. Auch heute führt die MG noch alle zwei Jahre eine Reise durch.

Als weitere Tätigkeit schaffte die MG Maschinen an und vermietete sie weiter. Waren es früher zum Teil noch Ackergeräte, so sind es 2006 noch zwei Viehwagen und ein Klauenstand, die den Bauern zur Verfügung stehen.

Anfangs der Fünfzigerjahre stieg die Milchproduktion stark an. Die Milchproduzenten wurden verpflichtet, zwei Prozent ihres Milchgeldes in Form von Milchprodukten zurückzunehmen. Dieses «Cheesverteile» führte die Genossenschaft einmal im Monat durch. Die Vorstandsmitglieder teilten die von der MIBA gelieferten Käselaibe, und jeder Produzent

Die Reise der Milchgenossenschaft war früher immer ein Höhepunkt im Jahr. Daran nahmen ausschliesslich die Männer teil. Gereist wurde aber nicht nur mit Car und Zug, auch mit dem Flugzeug war man unterwegs. Ab Kloten hatten die Genossenschafter einen Rundflug gebucht. Da ein Flugzeug nicht ausreichte, mussten ein paar der Reiselustigen in einem kleinen Flieger Platz nehmen.

Doch nicht nur für die Oltinger Mannen war das Ganze ein Ereignis, nein, auch zu Hause standen die Leute vor den Türen und suchten den Himmel nach Flugobjekten ab. Der Jubel war gross, als die beiden Flugmaschinen am Himmel auftauchten.

Die Erinnerung an diesen Rundflug blieb noch lange im Gedächtnis der Genossenschafter haften. «Dr Schnyderheini» (Heinrich Weitnauer-Schaffner) sagte ein übers andere Mal: «Dr Rohrer uf sy mr gfloge», und die Passagiere im kleinen Flieger konnten nicht nur Gutes, sondern auch Schlechtes berichten, denn so schlecht oder hundeübel sei ihnen schon lange nicht mehr gewesen.

LANDWIRTSCHAFT

musste seinen Anteil abholen. Im Jahr 1956 wurde so zum Beispiel an die Oltinger Bauern 1015 Kilogramm Käse und 321 Kilogramm Butter verteilt.

Weil die Lagerkapazität für die Milch nicht mehr ausreichte, genehmigte eine ausserordentliche Generalversammlung 1962 den Bau eines neuen Milchhauses mit Tiefgefrieranlage. Diese Sammelstelle sowie die «Chüeli» sind heute noch in Betrieb.

Die «Cheesi», wie die Sammelstelle im Dorf genannt wird, war jahrelang der eigentliche Treffpunkt im Dorf: Man tauschte Neuigkeiten aus, unterhielt sich übers Wetter, und sämtliche Publikationen der Gemeinde und der Dorfvereine wurden dort angeschlagen. Am Morgen und am Abend wurde die Milch angeliefert und abends konnte von den Einwohnern Milch geholt werden. Weil die Zahl der Milchproduzenten stark zurückging und um Kosten zu sparen, wurde 1997 auf einmalige Ablieferung umgestellt. Der Offenmilchverkauf am Abend konnte bis heute beibehalten werden. Er erfreut sich in jüngster Zeit wieder steigender Beliebtheit.

Schon 1966 hatte die MIBA den Milchtransport übernommen, neu organisiert und von der Bahn auf die Strasse verlegt. Wegen der Überproduktion von Milch wurde 1977 in der ganzen Schweiz die Milchkontingentierung eingeführt. Jeder Produzent erhielt anhand der in den Jahren 1975/76 eingelieferten Milch ein Grundkontingent zugeteilt. Die durchschnittliche Milchmenge pro Produzent und Jahr betrug damals in Oltingen zwischen 30 000 und 40 000 Kilogramm; diese steigerte sich bis Ende der Neunzigerjahre auf fast 100 000 Kilogramm und zwischen 2000 und 2005 auf ca. 160 000 Kilogramm. Möglich wurde dies, weil Produzenten, welche die Milchproduktion aufgaben, ihre Milchkontingente auf andere Produzenten übertragen konnten.

Betrachtet man die Zahlen der Entwicklung der Milchgenossenschaft, fällt Folgendes auf: Die Anzahl der Milchproduzenten war Mitte der Dreissigerjahre mit fast 60 Lieferanten am höchsten, wobei damals einige Bauern nicht das ganze Jahr Milch bringen konnten, da sie nur eine oder zwei Kühe im Stall hatten. Die gesamte Milchmenge stieg ab 1920 stark an. Der Zweite Weltkrieg liess die Produktion jedoch einbrechen, da viele Bauern einrücken mussten und im Zuge der «Anbauschlacht» auf den Feldern Getreide und Kartoffeln angepflanzt wurden.

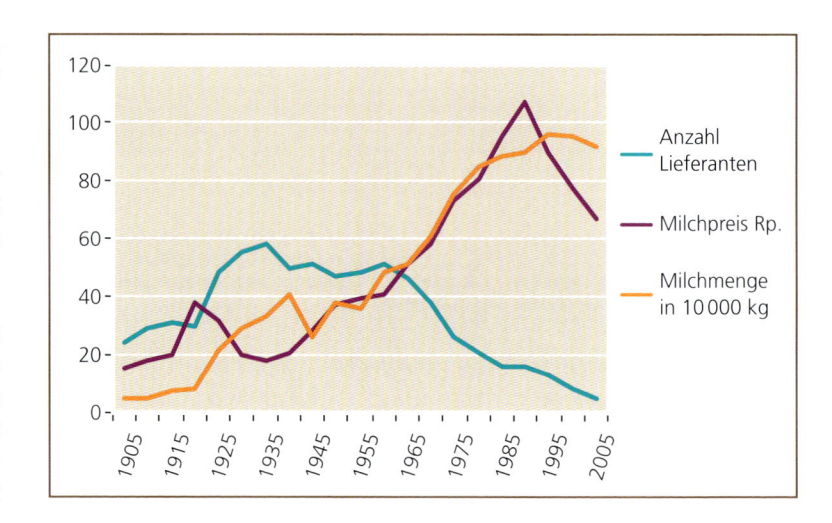

Anfangs der Sechzigerjahre hielten die ersten Melkmaschinen Einzug in die Oltinger Ställe, und die Milchmenge begann, trotz einem starken Rückgang bei den Produzenten, zu steigen. Einen weiteren starken Anstieg der Milchmenge stellt man 1975 fest. Im Zuge der Felderregulierung wurde zum Teil ausgesiedelt, und es wurden grosse Ställe gebaut. Durch züchterische Fortschritte steigerte sich auch die Milchleistung pro Kuh.

Die Kurve des an die Bauern ausbezahlten Milchpreises hat zwei grosse Einbrüche, den ersten in den Krisenjahren nach dem Ersten Weltkrieg und den zweiten Mitte der Neunzigerjahre als Folge der neuen Agrarpolitik. Der Bund begann, die Bauern nicht mehr mit gestützten Produzentenpreisen, sondern über Direktzahlungen zu unterstützen.

Hannes Gass-Burri

Quellennachweis

alte Protokollbücher der Milchgenossenschaft
Anekdote v. Christian Lüthy, verfasst von Verena Burri-Gysin

LANDWIRTSCHAFT

Viehversicherung

Die Viehversicherung Oltingen

Die Viehversicherung Oltingen besteht seit 1921. Sie versichert Rindvieh ab dem 6. Lebensmonat. Jede/r Rindviehhalter/in kann Mitglied werden. Der jährliche Mitgliederbeitrag wird nach Grossvieheinheiten erhoben (1 Kuh = 1 Grossvieheinheit).

Oberstes Organ der Viehversicherung ist die Generalversammlung. Diese wird einmal jährlich einberufen. Die Generalversammlung wählt den Vorstand, den Präsidenten/die Präsidentin und die Rechnungsrevisoren bzw. -revisorinnen. Im Weiteren legt die Generalversammlung die Mitgliederbeiträge und die Entschädigungen an die Versicherungsorgane fest. Die Statuten regeln die übrigen Aufgaben.

Um den administrativen Aufwand möglichst gering zu halten, finden jährlich nur zwei Vorstandssitzungen statt. An diesen werden unter anderem die Leistungen der Viehversicherung für die verendeten Tiere bestimmt.

Die Mitglieder sind verpflichtet, ihre Tiere artgerecht zu halten. Erkrankungen und Unfälle von Tieren, die Versicherungsleistungen auslösen könnten, sind sofort dem Präsidenten/der Präsidentin zu melden.

Bei der Viehversicherung hat sich im Laufe der Zeit vieles verändert. Der Strukturwandel in der Landwirtschaft hat auch hier seine Spuren hinterlassen. Viele Landwirte haben die Tierhaltung aufgegeben, andere wiederum haben neue, grössere Ställe gebaut. Eines aber ist über all die Jahre gleich geblieben: jeweils am 2. Januar zählt der Vorstand die versicherten Tiere.

Rückblick

von Christian Gerber-Fuhrer
(42 Jahre im Vorstand, davon 25 Jahre als Präsident;
von 1952 – 1994)

Die Viehversicherung war bekannt dafür, dass ihre Vorstandsmitglieder lange Jahre oder sogar Jahrzehnte im Amt verbleiben. Aber was gehörte zu ihren Aufgaben? Zunächst einmal wurde das versicherte Vieh gezählt. Bei den vielen kleinen Betrieben dauerte dies damals einen ganzen Tag. Eine weitere Haupttätigkeit war die Verwertung des Fleisches eines notgeschlachteten Tieres. War das Fleisch «bankwürdig», konnte es an einen Metzger verkauft werden. War es «bedingt bankwürdig», wurde das Fleisch ausgewogen, das heisst, die Mitglieder mussten das Fleisch zu einem festgelegten Preis gemäss Anzahl Vieh von der Viehversicherung kaufen. Mit dem Erlös wurde der Halter des geschlachteten Tieres entschädigt. Es verstand sich von selbst, dass nicht immer Freude herrschte, wenn wieder einmal eine Kuh ausgewogen und verteilt werden musste. Es gab auch noch eine dritte Kategorie, nämlich «ungeniessbar». Das Fleisch dieser Tiere wurde entweder entsorgt oder als Tierfutter verwendet. In diesem Fall musste der Tierhalter 20 % der Versicherungsleistung selber tragen. Eine heikle Aufgabe war auch die Festlegung des Schlachtpreises. Einerseits musste der Marktpreis berücksichtigt werden, andererseits durfte der Preis nicht zu hoch sein, damit es nicht «interessant» war, das Vieh über die Viehversicherung zu verkaufen.

Nach der Vorstandssitzung, dem geschäftlichen Teil, sass der Vorstand gerne noch gemütlich zusammen, um über Dorfpolitik und Sonstiges zu diskutieren. Die zwei Jäger im Vorstand (Gassschnyderruedi und Schmittskarli) sorgten im Herbst, wenn die Jagd eröffnet und das erste Tier erlegt worden war, für einen weiteren geselligen Anlass. Der ganze Vorstand der Viehversicherung wurde zu einem Hasen- oder Rehpfeffer in den Ochsen oder in die Traube eingeladen.

LANDWIRTSCHAFT

Kaum verändert haben sich dagegen die Schlachtpreise, wie das nachfolgende Beispiel zeigt: Im Gründungsjahr 1921 musste eine Kuh wegen des Rauschbrandes (fieberhafte Erkrankung mit schmerzhafter Entzündung und Gasbildung in der Muskulatur) notgeschlachtet werden. Weil das Fleisch nicht verwertet werden konnte, wurde der Lohn des Metzgers von Fr. 15.– auf Fr. 10.– herabgesetzt. Dem Bauern sind für die Kuh Fr. 1400.– ausbezahlt worden, was einem Schlachtgewichtspreis von Fr. 4.65/kg entspricht. Heute (30.11.2006), 85 Jahre später, liegt dieser Preis bei Fr. 6.–/kg bzw. Fr. 1800.– für ein gleich schweres Tier!

Abb. 2: Vorstand der Viehversicherung 2006 (v. l. n. r. Peter Pfaff, Christoph Gerber, Ueli Gass-Bürgin, Thomas Rickenbacher, Ueli Gass)

Ausblick

Es ist nicht vorauszusehen, wie sich die Landwirtschaft und damit die Viehversicherung entwickeln werden. Vieles hängt von den agrarpolitischen Massnahmen des Bundes ab sowie von der weltpolitischen und klimatischen Lage. Nicht zuletzt tragen die Tierhalter/innen mit ihrer täglichen Arbeit zur Erhaltung einer leistungsfähigen Landwirtschaft bei. Aber auch das Konsumverhalten der Bevölkerung ist hierfür von Bedeutung.

Christoph Gerber

Abb. 1: Unser Metzger Thomas Rickenbacher beim Schlachten im «Schlachthüusli» Wenslingen, 2007

Quellennachweis

Statuten der Viehversicherung

LANDWIRTSCHAFT

Felderregulierungen

1. Regulierung Wenslingen – Oltingen 1941 – 1954

Schon in den 20er-Jahren des letzten Jahrhunderts wurde der Wunsch nach einer Felderregulierung wach. Am 3. Oktober 1928 fand in Oltingen und Wenslingen gleichzeitig eine Abstimmung statt. An beiden Orten überwogen die Neinstimmen aber deutlich. Gegen eine Landzusammenlegung war ein grosses Misstrauen vorhanden, eine intensive Aufklärung war nötig.

Trotz des Krieges wurde 1941 ein zweiter Anlauf genommen. Die Gemeindeversammlung vom 20. März beschloss mit 46 Ja gegen 17 Nein, die Regulierung durchzuführen. Am 23. September 1941 erteilten die Landbesitzer (auch Auswärtige waren stimmberechtigt) in Oltingen und Wenslingen dem Werk die Zustimmung. Für die damalige Zeit war dieser Entscheid ein grosses und mutiges Vorhaben, denn die Verbundenheit mit der eigenen Scholle war durch die viele Handarbeit auf dem Feld damals sicher viel grösser als heute. Auch die mit viel Liebe gepflegten Obstbäume hatten noch einen enormen Stellenwert.

Vollzugkommission der 1. Regulierung

Präsident: Ernst Buess-Gerber, Landrat, Wenslingen
Beisitzer aus Oltingen: Rudolf Gerber-Schneider (Sennchrischtes)
Fritz Gerber-Gysin (Sämis)
Fritz Lüthy-Weitnauer (Junkers)

Drainagen und Wegbau

In Oltingen wurde das Land links der Ergolz, ohne Dorf und Schafmatt, einbezogen, im ganzen 240 ha, in Wenslingen 400 ha. Von diesen 640 ha mussten 173 ha drainiert (entwässert) werden. Bei den Grabarbeiten halfen auch bis zu 40 russische Soldaten mit, die in Zeglingen interniert waren. Die meisten dieser Drainagen funktionieren auch heute noch.

Im ganzen Gebiet wurden 40 km neue Wege gebaut und 15 km bestehende ausgebaut. Das Wegbaumaterial für Oltingen konnte im Steinbruch «Risi» gebrochen werden. Der Wegbau wurde vor allem in den Jahren nach dem Krieg ausgeführt, als die Männer und Pferde wieder zu Hause waren. Der Bau der Wege war harte Handarbeit, es standen damals noch keine Maschinen zur Verfügung. Das Material wurde mit «Ross und Bännewaage» zugeführt. Mit diesen Arbeits- und Fuhrleistungen konnten die eigenen Beiträge von den meisten Eigentümern abgegolten werden.

Abb. 1: «Bännewaage»

LANDWIRTSCHAFT

Als die Zigstrasse im heissen, trockenen Sommer 1947 gebaut wurde, reiste die Milchgenossenschaft über den Sustenpass. Eine der vielen Kurven hiess «Himmelsrank». Als Andenken an diese interessante Reise wurde die erste scharfe Kurve der neuen Zigstrasse «Himmelsrank» genannt.

Abb. 2: Als Symbol für eine Aussöhnung wurde 1948 im «Sennacher», bei der Abzweigung der Zigstrasse, die «Friedenslinde» gepflanzt. Unter dem Wurzelstock ist eine Messingbüchse mit damals aktuellen Berichten und den Wünschen für eine gute Zukunft der damals bald fertigen Regulierung vergraben.

Die Regulierung wurde vom kantonalen Vermessungsamt und dem Ingenieurbüro Dettwiler, Gelterkinden, begleitet. Ein erster Entwurf der Neuzuteilung wurde vom Kanton abgelehnt, die neuen Parzellen waren noch zu klein. In der Zeitung stand darauf: «Bis alles unter Dach, gibt's wohl noch manchen Krach». Und wirklich war die Stimmung emotionsgeladen. Die Kommissionsmitglieder brauchten eine ganz dicke Haut, um all die Anschuldigungen und Beleidigungen zu ertragen. Bis alle Wunden verheilt waren, dauerte es eine ganze Generation.

Um die Bewirtschaftungswege möglichst klein zu halten, wurde die Aussiedlung von Bauernbetrieben an die Perimetergrenzen versucht. Nur die Familie Walter Weitnauer konnte sich zu diesem Schritt entscheiden. So entstand der Barmenhof. Eine Siedlung im Zig konnte, aus verschiedenen Gründen, nicht verwirklicht werden.

Am 3. April 1954 wurde im Gemeindesaal Wenslingen der Abschluss des grossen Werkes gefeiert.

Im ersten Sommer nach dem Neuantritt pflückte Hans Lüthy (Junkers) an einem Kirschbaum die ersten Kirschen. Plötzlich rüttelte ein älterer Mann heftig an seiner Leiter: «Du Luuschäib, chumm sofort ab eusem Baum, süscht schüttle di abe!» Hans konnte ihm nicht begreiflich machen, dass das jetzt das Land seiner Eltern war, und musste unter weiteren Beschimpfungen den Baum fluchtartig verlassen.

LANDWIRTSCHAFT

Die 1. Regulierung Wenslingen – Oltingen in Zahlen:

	alter Bestand	neuer Bestand
Parzellen	2333	550
Mittlere Parzellengrösse	27,4 a	114,5 a

Gesamtkosten:	Fr. 1 464 292.28
Kosten pro a:	Fr. 2.30

Subventionen:

Bund	50 %
Kanton	35 %
Gemeinde	5 %
Grundeigentümer und Abgeltung durch Arbeits- und Fuhrleistungen	10 %

2. Regulierung 1961 – 1984

Bereits am 11. März 1955 fand eine Orientierung über eine eventuelle Felderregulierung II. Teil (Anwil – Oltingen inkl. Schafmatt) statt. Die Vorteile, die eine Zusammenlegung bringt, wurden im bereits regulierten Teil deutlich vor Augen geführt. Die fortschreitende Mechanisierung zeigte immer mehr, dass eine Arrondierung und ein gutes Wegnetz für eine rationelle Landwirtschaft unerlässlich sind.

1958 hat sich deshalb der Gemeinderat beim Vermessungsamt über die Bedingungen für eine 2. Felderregulierung erkundigt.

Am 6. Oktober 1960 orientierte Kantonsgeometer Walter Spiess über das Vorgehen und den Verlauf einer Felderregulierung. Aufgrund der positiven Einstellung wurden die Vorarbeiten für eine Schlussabstimmung an die Hand genommen. Das Vermessungsamt erstellte die Besitzstandtabellen nach den damaligen, oft sehr ungenauen Flächenmassen.

An der Gemeindeversammlung vom 14. Januar 1961 wurde, auf Antrag des Gemeinderates, die Einleitung einer Regulierung über den rechts der Ergolz liegenden Teil des Bannes und der Schafmatt beschlossen. Auch die «Ammeler» entschieden sich für eine Regulierung. Die beiden Werke wurden aber getrennt durchgeführt.

Auf Samstag, 14. Januar 1961, 15.00 Uhr, waren 155 Landeigentümer zur definitiven Beschlussfassung eingeladen. Von den 75 Anwesenden stimmten 61 Ja und 14 Nein. Nach dem Felderregulierungsgesetz vom 2. September 1895 zählten die 80 nicht anwesenden Eigentümer als zustimmend. So wurde mit grossem Mehr, sowohl der Eigentümer wie auch der Grundstücksflächen, die Durchführung beschlossen.

Vollzugskommission der 2. Regulierung

Am 14. September 1961 wurden 7 Mitglieder in die Vollzugskommission gewählt. In der Kommission waren:

Rudolf Lüthy-Gerber, Präsident	23 Jahre
Rudolf Gysin-Gysin	9 Jahre
Paul Lüthy-Gysin, Aktuar	23 Jahre
Hans Gysin-Gerber Nr. 4	14 Jahre
Walter Gysin-Waldmeier	8 Jahre
Willhelm Thommen-Frei	12 Jahre
Willi Weitnauer-Schlienger	23 Jahre
Hans Gysin-Bürgin	14 Jahre
Ernst Gysin-Gysin	9 Jahre
Ueli Gass-Sutter	15 Jahre
Christian Gerber-Fuhrer	11 Jahre

Kassiere von 1961 – 1984:

René Rickenbacher	2 Jahre
Hans Gysin-Bürgin	21 Jahre

LANDWIRTSCHAFT

Abb. 3: Vollzugskommission, 1975

An der ersten Generalversammlung wurde ein Kredit von Fr. 100 000.– für den Ankauf von Grundstücken bewilligt. Für den m² wurden Fr. –.20 bis Fr. 1.00 offeriert. Ungefähr 20 ha konnten so gekauft werden. Das erworbene Land konnte für die neuen Flurwege eingesetzt werden, damit verringerte sich der prozentuale Abzug der Grundeigentümer für diese Flächen. Auch Naturschutzflächen und Parzellen in Gebieten, die bei einer Neuzuteilung nicht so begehrt waren, konnten damit ausgeschieden werden.

Das Geometerbüro Rohner aus Arlesheim übernahm die technische Leitung für das Feld. Herr Paul Mory war der kompetente Ansprechpartner. Für den Wald war Herr Werner Eggli vom Kantonsforstamt zuständig.

Da die genauen Flächen der Parzellen nicht bekannt waren, musste zuerst eine provisorische Vermessung durchgeführt werden. Die Grenzen wurden mit Holzpfählen markiert und auf diese wurde ein weisser Karton genagelt. Bei dieser Arbeit halfen auch die älteren Schüler aus Oltingen, Anwil und Arlesheim mit. Anschliessend konnten die Flächen mittels Flugaufnahmen vermessen werden.

Um die Zinskosten während der Regulierung möglichst tief zu halten, wurden pro Are Grundbesitz jährlich Fr. –.50, ab 1965 Fr. 1.–, eingezogen. Auch für die Eigentümer war diese Regelung vorteilhaft, so mussten die eigenen Beiträge nicht am Schluss auf einmal bezahlt werden.

Einige Opposition löste die Bekanntmachung aus, dass der schon regulierte Teil wieder in die Regulierung einbezogen werden musste. Die Zusicherung der Subventionen von Bund und Kanton wurde aber von dieser Massnahme abhängig gemacht. Gleichzeitig mit der Regulierung musste die Ortsplanung mit der Ausscheidung des künftigen Baugebietes durchgeführt werden. Diese wurde an der Gemeindeversammlung vom 30. Oktober 1969 genehmigt.

1970 konnte mit den Wegbau- und Entwässerungsarbeiten begonnen werden. Im Gegensatz zur ersten Regulierung wurden jetzt Baumaschinen eingesetzt. Auch die Aufbereitung des Wegbaumaterials in der Risigrube übernahm eine Spezialfirma mit einer riesigen Brecheranlage. Unser nostalgischer Steinbrecher, Jahrgang 1931, wurde liquidiert. Mergel wurde in der Riedgrube hergestellt. Aus dem Ertrag der beiden Gruben konnte die Bürgergemeinde den grössten Teil ihrer Kosten für die Waldregulierung abgelten. Auch im Wegbau konnten dank des günstigen einheimischen Materials Kosten eingespart werden. Durch die kurzen Transportwege wurde auch die Umwelt geschont.

Abb. 4: Schüler helfen bei der Vermessung

LANDWIRTSCHAFT

Siedlungen entstehen

Die Ideen einer Gemeinschaftsweide auf der Schafmatt und einer Gemeinschaftsbaumanlage stiessen auf wenig bis gar kein Interesse. Auch mit dem Gedanken der Aussiedlung konnte sich vorerst kein Landwirt anfreunden.

Für eine Aussiedlung entschlossen sich dann aber doch noch 3 Familien:

– Gebrüder Paul und Willi Weitnauer, Bärenacher
– Hansruedi Gass-Brodbeck, Eimatt
– Fritz Pfaff-Lüthy, Fohrenhof

Durch diese 3 Neusiedlungen am Rande des Gemeindebannes konnten die Wege für die Bewirtschaftung des Landes für die im Dorf verbliebenen Betriebe wesentlich verkürzt werden.

Zwei weitere Siedlungen entstanden kurz nach der Regulierung:

– Christian Gerber-Fuhrer, Vogelholde
– Heinz Gerber-Hofer, Egghof

Die Neuzuteilung berücksichtigte diese Vorhaben aber schon.

Abb. 5: Hof Vogelhalde

Neuzuteilung

Vom 8. – 22. Oktober 1973 fand die mit grosser Spannung erwartete Auflage der Neuzuteilung statt. Für die Vollzugskommission und die technische Leitung war es sicher keine leichte Aufgabe, alle angemeldeten Wünsche so gut es ging zu berücksichtigen. Doch diesmal war die Stimmung nicht gar so emotional wie bei der 1. Regulierung. Trotzdem gingen 59 Einsprachen ein, 52 konnten in zähen Verhandlungen von der Vollzugskommission erledigt werden, in 6 Fällen gelang das der 2. Instanz, der kantonalen Expertenkommission, und 1 Einsprache wurde an das Bundesgericht weitergezogen. Der Neuantritt konnte auf den 1. Oktober 1974 angesetzt werden.

Mit der Neuzuteilung entstanden auch verschiedene Naturschutzgebiete. Diese werden im Kapitel «Natur» ausführlich behandelt.

Als letzte Wegbauarbeit wurde der Breuschweg gemeinsam mit der Gemeinde Anwil ausgeführt, die Fussgängerverbindung ins Tal konnte damit verbessert werden.

Die Auflage der Waldzuteilung fand vom 10. – 24. Januar 1977 statt. Die 22 Einsprachen konnten alle durch die Vollzugskommission zum Abschluss gebracht werden. Ab 1978 konnten die 44 verbliebenen Massenlandparzellen (Land, das der Felderregulierung gehörte) verkauft werden.

Die Festlegung der Restkosten für jeden einzelnen Landeigentümer war für die Kommission und die technische Leitung eine harte Knacknuss, mussten doch neben der Mehr- oder Minderfläche auch die Vor- und Nachteile der Neuzuteilung berücksichtigt werden. Die 26 Einsprachen konnten vom 14. Juni – 21. September 1983 in zähen Verhandlungen gütlich geregelt werden.

Am 7. September 1984 fand in der Mehrzweckhalle die Schlussversammlung statt. Nach mehr als 23 Jahren und rund 100 Sitzungen der Vollzugskommission wurde die 2. Felderregulierung abgeschlossen. Paul Lüthy schrieb in seinem Schlusswort: «Kaum einer wird den Zustand, wie er vor der Regulierung war, wieder zurückwünschen. Mit Genugtuung dürfen wir auf ein Werk zurückblicken, das auch späteren Generationen nützlich ist.»

LANDWIRTSCHAFT

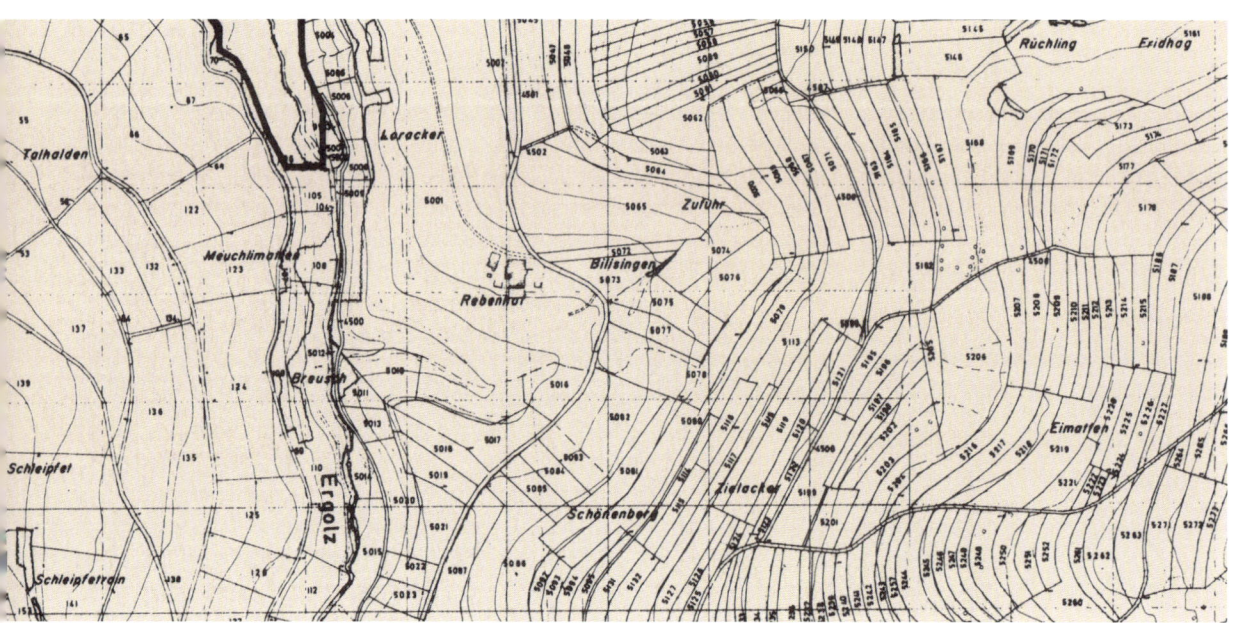

Abb. 6: Planausschnitt: Felderregulierung Oltingen, alter Bestand

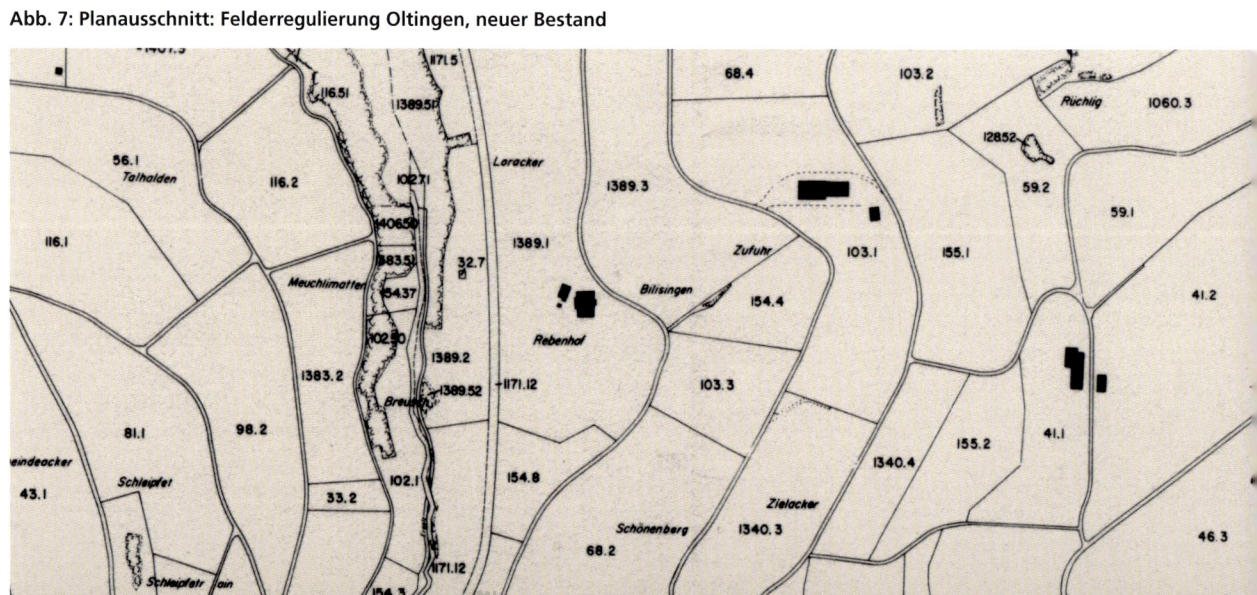

Abb. 7: Planausschnitt: Felderregulierung Oltingen, neuer Bestand

LANDWIRTSCHAFT

Die 2. Regulierung Oltingen in Zahlen:

Feld:

	alter Bestand	neuer Bestand
Eigentümer	173	135
Parzellen	1446	387
mittl. Parzellenzahl pro Eigentümer	8.36	2.86
mittl. Parzellengrösse in a	34.37	128.42

neu erstellte oder korrigierte Wege	38.3 km
Kosten	Fr. 4 973 362.45
Kosten pro a	ca. Fr. 10.00

Subventionen:

Bund	38 %
Kanton	50 %
Gemeinde	5 %

Die restlichen 7 % mussten von den Grundeigentümern bezahlt werden.

Wald:

	alter Bestand	neuer Bestand
Eigentümer	138	106
Parzellen	422	148
mittl. Parzellenzahl pro Eigentümer	3.05	1.4
mittl. Parzellengrösse in a (Privatwald)	14.09	42.6

neu erstellte oder korrigierte Wege	19.0 km
Kosten	Fr. 1 250 730.95
Kosten pro a	Fr. 5.57

Subventionen:

Bund	
Privatwald	40 %
öffentlicher Wald	19 – 20 %
Kanton	48 %

Die Einwohnergemeinde leistete einen Beitrag von Fr. 13 015.85, der Rest wurde auf die Eigentümer verteilt.

Hans Lüthy-Schaub
Ruedi Lüthy-Gerber
Hans Weitnauer-Berner

Quellennachweis

Schlussbericht Felderregulierung Oltingen
Staatsarchiv Basel-Landschaft

LANDWIRTSCHAFT

Erdgasleitungen

Anfangs der 70er-Jahre wurde von Holland nach Italien eine Erdgasleitung gebaut. Sie erreicht bei Wallbach (AG) die Schweiz, verläuft durch den Jura und das Mittelland nach Ruswil (LU), durchquert die Alpen und verlässt am Griespass (VS) die Schweiz wieder. Das 164 km lange Teilstück durch die Schweiz wurde von der Transitgas AG 1971 – 1974 gebaut.

Auch Oltingen wird von dieser Leitung durchquert. Diese verläuft auf einer Länge von ca. 3.5 km vom Lichs – Egg – Plattenrüti bis zur Romatt. Die Planung und der Bau beschäftigten den Gemeinderat, die Vollzugskommission der Felderregulierung und nicht zuletzt die betroffenen Landbesitzer sehr. In zähen Verhandlungen mussten das Durchleitungsrecht und die Entschädigungen ausgehandelt werden.

Abb. 2: Geschweisste Leitungen bereit zum Absenken, 1973

Abb. 1: Baupiste der Erdgasleitung (Rohre bereit zum Schweissen), 1973

Der Bau

Für den Bau musste eine rund 30 m breite Baupiste, im Wald 20 m, errichtet werden. Zuerst wurde der Humus abgestossen und am rechten Rand der Piste deponiert. Grosse Lastwagen transportierten die 36 Zoll (ca. 92 cm) dicken Rohre heran, die dann zusammengeschweisst wurden. Jetzt konnte der ca. 2 m tiefe Graben ausgebaggert werden.

Nachdem jede Schweissnaht kontrolliert und geröntgt war, konnte die lange Röhrenschlange mit schweren Raupenkränen versenkt werden. Anschliessend wurde der Graben wieder aufgefüllt und der Humus verteilt. Da während der Bauphase sehr nasses Wetter herrschte, entstanden zum Teil unangenehme Folgeschäden (Vernässungen etc.), um deren Behebung hart gekämpft werden musste.

LANDWIRTSCHAFT

Durch die beiden Leitungen flossen 2006 ungefähr 17 Milliarden Nm^3 Erdgas mit einem Druck von 67.5 bar.

Nm^3 (Normkubikmeter) = Volumen bei 0° Celsius und 1013.25 mbar.

Hans Lüthy-Schaub

Quellennachweis

Archiv Gemeinde Oltingen

Transitgas AG, Zürich

Abb. 3: Während des Baus kam auf Langmatt ein mehr als 3000 kg schwerer erratischer Block zum Vorschein. Willi Mohler, Geologe aus Gelterkinden, bestätigte, dass der Erratiker während der letzten Eiszeit aus dem Wallis zu uns transportiert wurde. Der unter Naturschutz stehende Findling liegt nun beim Parkplatz vor dem Schulhaus.

Zweite Leitung

Um die Kapazität des Gastransportes der wachsenden Nachfrage anzupassen, musste 1993 eine zweite Leitung gebaut werden, diese verläuft grösstenteils parallel zur ersten. Nur auf der Schafmatt wurde aus Naturschutzgründen eine andere Linie gewählt.

Viele Folgeschäden vom ersten Leitungsbau konnten jetzt noch behoben werden, weil die Bauherrschaft an einem möglichst raschen Bewilligungsverfahren interessiert war und daher noch Zugeständnisse machte.

Um diesmal die Landschäden auf ein Minimum zu reduzieren, bekam die kantonale Bodenschutzfachstelle den Auftrag, die Bauarbeiten zu beaufsichtigen. Diese Schutzmassnahme hat sich sehr bewährt, es wurde viel bodenschonender gearbeitet.

Abb. 4: Transitgasleitungen, 1993

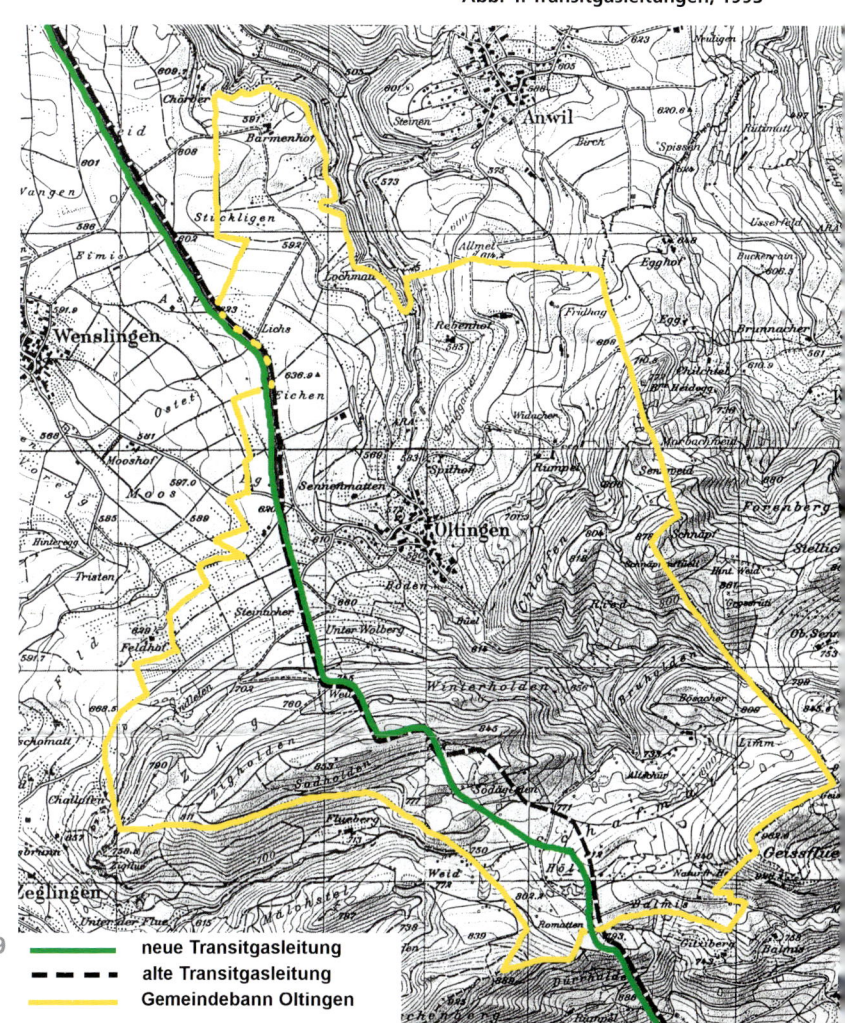

— neue Transitgasleitung
--- alte Transitgasleitung
— Gemeindebann Oltingen

		Schafmatt		
Balmis	15 Min.		Zeglingen 🚌	1 Std.
Stüsslingen	1 Std. 25 Min.		Häfelfingen	2 Std.
Schönenwerd	2 Std. 15 Min.	840 m	Buckten	2 Std. 30 Min.
Rohr 🚌	35 Min.			
Barmelhof	40 Min.		Oltingen 🚌	45 Min.
Obererlinsbach	1 Std. 20 Min.		Gelterkinden	3 Std.
Aarau	2 Std. 30 Min.		Tecknau	2 Std. 10 Min.
Barmelweid 🚌	30 Min.		Kienberg 🚌	50 Min.
			Nesselgraben-Salhöhe 🚌	50 Min.
			Anwil 🚌	1 Std. 25 Min.
			Farnsburg	4 Std. 20 Min.
			Rheinfelden	9 Std. 50 Min.
			Gelterkinden	5 Std. 10 Min.

AVA STERNWARTE SCHAFMATT — 5 Min.

Froburg	1 Std. 45 Min.
Hauenstein	2 Std. 20 Min.
Bad Lostorf 🚌	1 Std. 20 Min.

Natur

Lebensraum

Geologie

Generelle Aspekte

Als Grundlage unseres Lebensraumes im weitesten Sinn ist nebst Klima sicherlich die Geologie zu nennen. Da die Geologie den meisten Leuten nicht vertraut ist, wird diese hier etwas ausführlicher behandelt als der übrige Lebensraum, der den meisten wahrscheinlich vertrauter ist, sei es durch die Landwirtschaft oder durch alltägliche Begegnungen mit Pflanzen und Tieren. Aspekte, die für unsere Gegend Bedeutung haben, sind:

- Die Geologie hat Bedingungen für wasserführende Schichten geschaffen und steht somit an der Basis für die Entwicklung der gesamten Flora und damit auch der Fauna. Die Hydrogeologie ist die Lehre von Wasserleitern (Grundwasser, Quellhorizonte etc.); sie beschreibt somit, wie und wo Wasser zutage gefördert werden kann. In Oltingen gehört das Umfeld der Gallislochquelle und deren Schutzzonen sowie das weitere Einzugsgebiet der Ergolz zum hydrogeologischen Themenbereich.

- Gebirgsbildung und Erosion sind hauptverantwortlich für die heute vorliegende Gestalt unserer Landschaft mit ihren Gebirgszügen, Ebenen und Tälern.

- Unser Gebiet besteht, vom Grundgebirgssockel abgesehen, aus Sedimenten, die durch Ablagerungen ehemaliger Meere und Seen, aber auch durch Geschiebe auf dem Festland entstanden sind. Dies bedeutet, dass den einzelnen Schichten ein Alter zugewiesen werden kann (bestimmbar durch die Zerfallsketten von radioaktiven Elementen) und somit durch die Ablagerung der verschieden alten Schichten 180 Millionen Jahre zurückverfolgt werden können. Schichten, die aus Ablagerungen von Seen oder Meeren entstanden sind, enthalten die verschiedensten Schalentiere (wie etwa Muscheln oder zu den Tintenfischen gehörende Teufelsfinger und Ammoniten), die wir heute als Versteinerungen (Fossilien) vorfinden. Dabei sind einzelne Fossilien immer an eine bestimmte Zeitepoche, also Schicht, gebunden. Treten diese in Massen auf, so können diese Versteinerungen als sogenannte Leitfossilien zur Erkennung einer bestimmten Sedimentschicht verwendet werden. Wir werden in Tabelle 1 eine Zeittafel mit den entsprechenden Schichten aufführen, die in Oltingen und Umgebung anzutreffen sind.

- Die Beobachtung zeigt, dass die Schichten, wie sie im Laufe der Erdgeschichte abgelagert wurden, heute nicht in ihrer horizontalen Lagerung anzutreffen sind: Unsere Landschaft ist nur in einzelnen Bereichen flach, in andern aber durch Hügelketten gekennzeichnet. Dies ist der Jurafaltung zu verdanken. Von Süden her drückt der afrikanische Kontinent gegen Norden (auch heute noch) und schiebt die einstmals horizontal gelagerten Schichten zwischen Alpen und den zum Grundgebirge gehörenden Vogesen/Schwarzwald über den Salzschichten zusammen. Gleich einem Handtuch-Stapel, der auf einer ungleichmässig glatten Fläche von einer Seite her geschoben wird, werden Falten und Überschiebungen die Tücher aufwerfen und einst untenliegende Tücher auf den gesamten, vorgelagerten Stapel zu liegen kommen. So erklärt es sich, dass heute an einzelnen Stellen ältere Schichten über jüngeren Schichten liegen, ein Phänomen, das in Oltingen an mehreren Orten zu beobachten ist. Bewegungsabläufe dieser Art werden üblicherweise als Gebirgsbildung bezeichnet.

Vereinfachte geologische Schichtfolge (Stratigrafie)

In der folgenden Tabelle wird eine vereinfachte Stratigrafie, wie sie in der Umgebung von Oltingen zu finden ist, dargestellt. Die Zeitachse von alt bis jung verläuft dabei vertikal, d. h., älteste Zeiten/Schichten sind ganz am Schluss der Tabelle, jüngste ganz am Anfang.

NATUR

Stratigrafische Tabelle für die Umgebung von Oltingen (Tabelle 1)

Zeiteinteilung			
Erd-zeitalter	**Unterteilung, Schicht-mächtigkeit**	**Alter in Mio. Jahren**	**Bemerkungen und Vorkommen innerhalb des Oltinger Banns**
Quartär	Holozän		«Duggstein»-Ablagerungen der Gallislochquelle.
	Pleistozän	0.2	Eiszeiten (Günz, Mindel, Riss, Würm): Nur Gletscher der Riss-Eiszeit (240000–170000 Jahre vor heute) gelangten bis in unsere Gegend: Rissmoräne beim Schützenhaus. Erratischer Block beim Parkplatz Mehrzweckhalle. Aufgrund grosser Gletscher-Einwirkungen und starker Erosionswirkung der nachfolgenden Schmelzwasser sind die heutigen Täler grösstenteils schon in dieser Periode gebildet worden.
Tertiär	Pliozän		Wanderblockformation: Gerölle des Schwarzwaldes auf dem Zig, abgelagert vor der Jurafaltung vor ca. 5 Millionen Jahren.
	Oberes Miozän	10	– Süsswassermergel Gebiet Bruggacher, Nordwestseite des Chlapfen. – Süsswasserkalk, Gebiet Spilhof, Parkplatz Restaurant Traube, Nordwestseite des Chlapfen. – Juranagelfluh, Steinacher, Nordwestseite des Chlapfen.
	Mittleres Miozän		Rote Mergel/Süsswasserkalk/Muschelagglomerate. Bestimmt den Quellhorizont der Gallislochquelle.
Kreide		135	Fehlt in unserem Raum vollständig.
Jura	Malm (weisser Jura), ca. 70 m mächtig, Nur Oxfordian-Schichten (älteste Malm-Schichten)	195	– Argovien-Kalke, Sennenmatten. – Effinger-/Birmensdorfer-Schichten im Bruggacher, Kirchenhügel, dem Chlapfen vorgelagert, entlang Aufschiebungslinie, Grundlage der Orchideenstandorte.
	Dogger (brauner Jura), ca. 240 m mächtig		– Anceps-Athleta-Schichten: eisenoolitische Kalke und Mergel, Anger/Mühlacher (Baustelle 2005). – Macrocephalen-Schichten, Gebiet Rebenhof, Vogelhalde. – Varians-Schichten (bekannt für Dübli-«Muscheln»: *Rynchonella varians*, Leitfossil dieser Schicht), unterhalb Rebenhof parallel zu Ergolzverlauf, Hasentanz, Röti. – Hauptrogenstein, Schichtmächtigkeit bis 80 m, Chlapfen. – Unterer Dogger: Murchisonae- bis Blagdeni-Schichten, Geissflue. – Opalinustone (blauer Lätt), im Gelände anhand von Sackungen erkennbar, Schafmatt, Weidhang zur Geissflue.
	Lias (schwarzer Jura), ca. 30 m mächtig		– Arietenkalke mit *Gryphaea arcuta* (Austern, die ganze Bänke bevölkert haben) als Leitfossil. Schafmatt, wenig aufgeschlossen, ausser am Oberlauf Ergolz (im Bachbett). – Sandstein-Schicht unterhalb Arietenkalk, Oberlauf Ergolz.
Trias	Keuper	225	– Gansinger-Dolomit: (mit Pyrolusit-Dendriten), noch zu verifizieren. Schafmatt, Morbachweid (Kienberg). – Mittlerer Hauptkeuper: Sandsteinbänke, Schilfsandstein Gebiet Ergolzquelle (im Bachbett), Oltschüür. – Gipskeuper: Schafmatt, Linie Altschür–Oberer Sennhof–Bruggacher (Kienberg); Einsturztrichter.
	Lettenkohle		Sodägerten bis Ergolzquelle, Kohlenfunde zwischen Risi und Wägenstett (Militärbunker).
	Trigonodus-Dolomit		In den Mulden (Wiesland) des Zigs, untere/obere Sennenweid.
	Hauptmuschelkalk		Trochitenkalke: Kämme des Zigs, Schnäpfenflüeli.
	Anhydritgruppe		Südlich Chlapfen (Nordrand der Aufschiebungslinie Trias auf Dogger, Hauptrogenstein). Chalberweidli (Gipsgruben von Zeglingen, Weissbrunn).

NATUR

Zeitmesser – Geologische Schichtfolge (Stratigrafie)

Wie erwähnt, liefern Sedimente, die im Laufe der Zeit abgelagert wurden, eine Zeitreihe (siehe Tabelle 1).

Trias
Die ältesten in Oltingen zutage tretenden Schichten gehören zum mittleren Muschelkalk (Anhydritgruppe). Es sind Ablagerungen aus seichten, marinen Gewässern, in denen sich durch Verdampfung Anhydrit (wasserfreies Calciumsulfat), Gips (wasserenthaltendes Calciumsulfat) und in gewissen Gegenden auch Steinsalz bildete (ehemaliger Gipsabbau in der Grube Weissbrunn von Zeglingen; Rheinsalinen). Über der Anhydritgruppe liegt der Hauptmuschelkalk, welcher eine Mächtigkeit von bis zu 100 m erreichen kann; die unterste Schicht wird von Seelilien-Resten aufgebaut (Trochitenkalk), während der obere Teil sich durch gut geschichtete Partien (Plattenkalk) auszeichnet. Die bewaldeten Kämme des Zigs (Endleten, Zigholde) sowie des Brockhübels gehören diesem Hauptmuschelkalk an. Auf den Hauptmuschelkalk folgt der Trigonodusdolomit, der aus einem leicht verwitterbaren Material besteht und somit oft die Unterlage von Kulturland bildet (Zig). Auf den Trigodonusdolomit folgt die Lettenkohle, die entlang der Linie Sodägerten-Ergolzquelle verläuft. Laut mündlicher Überlieferung von Hans Gysin (Schmittshans), wurde zwischen Risi und Wägenstett bei militärischen, unterirdischen Bauarbeiten Kohle gefunden, die auf der Esse am besten zum Härten geeignet war (kein Schwefel); es muss sich hier wohl um Lettenkohle gehandelt haben. Mit dem Keuper, einer aus Mergel mit Gipslinsen, bunten Mergeln, Sandsteinen (Hemmiker-Sandstein) und Dolomitbänken bestehenden Schicht, wird das Triassystem abgeschlossen. Zeugen dieser Zeit sind auf der Schafmatt Richtung Ergolzquelle zu finden. Die Beschaffenheit des Gipskeupers gibt auch Anlass zu den Einsturztrichtern in der Region von Oltschür (Gruebetsmatt).

Jura
Vor rund 195 Millionen Jahren überflutete das Jurameer unsere Gegend. Als unterste Schicht wurde der Lias abgelagert; der zugehörige Arietenkalk beinhaltet Austern *(Gryphaea arcuata)*, die ganze Bänke bildeten (Bachbett der obersten Ergolz, Chriegmatt). Über dem Lias liegt der mächtige, mittlere Jura (Dogger), der mit dem Opalinuston beginnt. Dieser Glimmer (metallisch glänzende Mineralien) enthaltende Ton bildet die Lage unter dem Weidland unserer Bergmatten (Nordhang der Geissflue), und seine Deckschicht aus Gehängelehm ist oft verantwortlich für Rutschungen und Sackungen. Dem Opalinuston folgen wechselnde Lagen von Mergeln, Mergelkalken und Kalkbänken, die ihrerseits durch Ammoniten als Leitfossilien gekennzeichnet sind. Die Geissflue besteht aus diesen Schichten des unteren Doggers. Der mittlere Dogger wird dominiert von den mächtigen, gut geschichteten Bänken des Hauptrogensteins, der seine Entstehung den Ablagerungen in einem warmen, untiefen Meer zu verdanken hat: Die kleinen runden, Fischrogen-ähnlichen Körner (Ooide, daher der Name «Rogenstein») des Kalksandes wurden zu einem harten Gestein verfestigt. Der Chlapfen setzt sich ausschliesslich aus diesem Hauptrogenstein zusammen, und er wurde in der Risi auch zur Grienherstellung abgebaut. Dem Hauptrogenstein folgen die Varians- und Macrocephalus-Schichten. Diese Schichten haben immer wieder Versteinerungen freigegeben, sei es nun in Form schöner Ammoniten oder in Form des Dübli *(Rynchonella varians)*, der kleinen, gerillten Schale eines Armfüsslers mit seiner charakteristischen Gestalt. Diese Schichten sind beidseitig der Ergolz unterhalb des Dorfes anzutreffen (Rebenhof, Wolfloch, Hasentanz). Dem Dogger schliesst sich der weisse Jura (Malm) mit den etwa 80 m mächtigen Birmensdorfer- und Effingerschichten an. Diese Schichten sind wiederum beidseitig der Ergolz unterhalb des Dorfes zu finden, im Husacher/Mattenhof-Gebiet wie auch im Bruggacher. Auch der Kirchhügel besteht mehrheitlich aus diesem Gestein.

Tertiär
Eigentlich folgt dem Jura in zeitlicher Hinsicht die Kreide, immerhin eine Zeitspanne von etwa 60 Millionen Jahren. Schichten aus dieser Zeit fehlen in unserem Gebiet jedoch vollständig. Dafür kann es zwei Gründe geben: Unsere Gegend wurde entweder schon in dieser Kreidezeit über den Meeresspiegel gehoben – es konnten also keine marinen Sedimente abgelagert werden – oder erst im Tertiär wurden diese Schichten über den Meeresspiegel gehoben und durch Erosion bis auf wenige Reste abgetragen. Da in unserer Umgebung auch keine Erosionsreste der Kreidezeit zu finden sind, ist die erste Möglichkeit wahrscheinlicher. Auch das Alt-Tertiär hat in unserer Gegend keine Schichten hinterlassen,

NATUR

es ist aber die Zeit der Entstehung des Rheintalgrabens, eines geologischen Marksteins in unserer näheren geologischen Umgebung. Erst im jüngeren Tertiär (Miozän) wurde in unserer Gegend die sogenannte Juranagelfluh abgelagert, als Folge der Erosion der Jurakalke über dem Schwarzwald, der sich gleichzeitig mit der Alpenentstehung nochmals etwas anhob. Diese Juranagelfluh ist bei uns in der Talsohle sowie auf Egg/Sennenmatte anzutreffen. Den Schichten der Juranagelfluh folgen diejenigen des Süsswassermergels und des Süsswasserkalks. Diese Schichten können beim Parkplatz des Restaurants «Traube» sowie beim Spilhof angetroffen werden; in dieser Gegend war anfangs des 20. Jahrhunderts ein Steinbruch in diesen Schichten geplant, ein Vorhaben, das aber schnell wieder aufgegeben wurde.

Auch im Pliozän (ausgehendes Tertiär) flossen die Flüsse von Norden nach Süden und konnten somit Geröll von Gesteinen aus dem Sedimentmantel und dem Grundgebirge im Norden (Schwarzwald) bei uns ablagern, weil die Jurafaltung noch nicht begonnen hatte. Überreste dieser Wanderblock-Formation kann man auf dem Zig (in der Mulde zwischen Endleten und Zigholde) noch heute finden.

Das wichtigste geologische Ereignis in unserer Region ist sicherlich die Jurafaltung, die in die Zeit des ausgehenden Tertiärs zu legen ist (etwa vor 4 Millionen Jahren).

Quartär
Ablagerung des «Duggsteins»[1] im Bereich der Gallislochquelle, dem sicherlich wichtigsten «Bodenschatz» in Oltingen, wurden doch viele unserer alten Häuser aus diesem Material erbaut und das Sägemehl (Sand), das beim Zersägen dieses eigentlich recht weichen Materials anfällt, zum Bleichen der Wäsche genutzt. Der Name «Sandgruebe» verweist noch heute auf den früheren «Steinsägeort». Die Zeit der Eiszeiten ist ebenfalls im Quartär anzusiedeln, somit auch Moränenschüttungen im Bereich des heutigen «Schützehüüsli».

Gebirgsbau

Durch die Jurafaltung im Pliozän (ca. 4 Mio. Jahre) wurde die horizontale Schichtlage gestört und stark verändert. So liegen z. B. im Gebiet des südlichen Chlapfens die 210 Millionen Jahre alten Schichten der Anhydritgruppe auf den Schichten des Hauptrogensteins (150 Mio. Jahre) oder noch extremer etwa im Zig, wo Schichten der Anhydritgruppe auf Schichten des nur etwa 10 Millionen Jahre alten Miozäns liegen.

Im Bereich des Tafeljuras, wozu die nördlicheren Regionen unserer Gemeinde gehören, sind die stratigrafischen Schichtfolgen bei weitem nicht so gestört wie im Faltenjura, auch Kettenjura genannt. Die Grenze Tafeljura/Faltenjura verläuft entlang der Linie Challofen, Büehl, Rumpel, Fridhag, also nördlich von Zig/Winterholden und Chlapfen. Die Verhältnisse des Gebirgsbaus sind im Faltenjura sehr komplex, und es sollen hier nur zwei Beispiele herausgegriffen werden, die auch im Laufe unserer Exkursionen detaillierter entdeckt werden können.

Die Muschelkalk-Schuppenzone des Zigs

Bevor auf die geologischen Erscheinungen im Zig eingegangen werden kann, soll der Begriff «Schuppenzone» eine kurze Darstellung erfahren. Wird ein Stapel mehrerer Schichten relativ starrer Massen von einer Seite her gegen einen festen Widerstand gepresst und ist zudem ein Abscherhorizont (wie etwa Steinsalz oder Anhydrit) vorhanden, so wird der Schichtstapel aufgebäumt (gefaltet) und die oberste Schicht des Stapels reisst auf, was zu einer ersten Schuppe führt; weiterer Druck aus der gleichen Richtung führt zu weiteren Schuppen (Abb. 1). Vereinfacht gesagt ist im Zig folgendes geschehen: Ab Ebene der Anhydritgruppe wurde diese nach «oben» versetzt, und Druck aus Süden hat den ganzen Stapel gegen die oberen, jüngeren Schichten

---

[1] *Der Oltinger «Duggstein» ist ein Kalksinter («falscher Tuff»), der durch Abscheiden der im Wasser gelösten Mineralien (hier v. a. Calcit) am Ausfluss der Gallislochquelle über Jahrtausende entstanden ist. Der Name «Tuffstein», der in diesem Zusammenhang oft gehört wird, ist im strengen Sinn falsch, denn Tuffsteine sind vulkanischen Ursprungs und haben mit dem «Duggstein» bestenfalls die zum Teil beträchtliche Porosität gemeinsam.*

NATUR

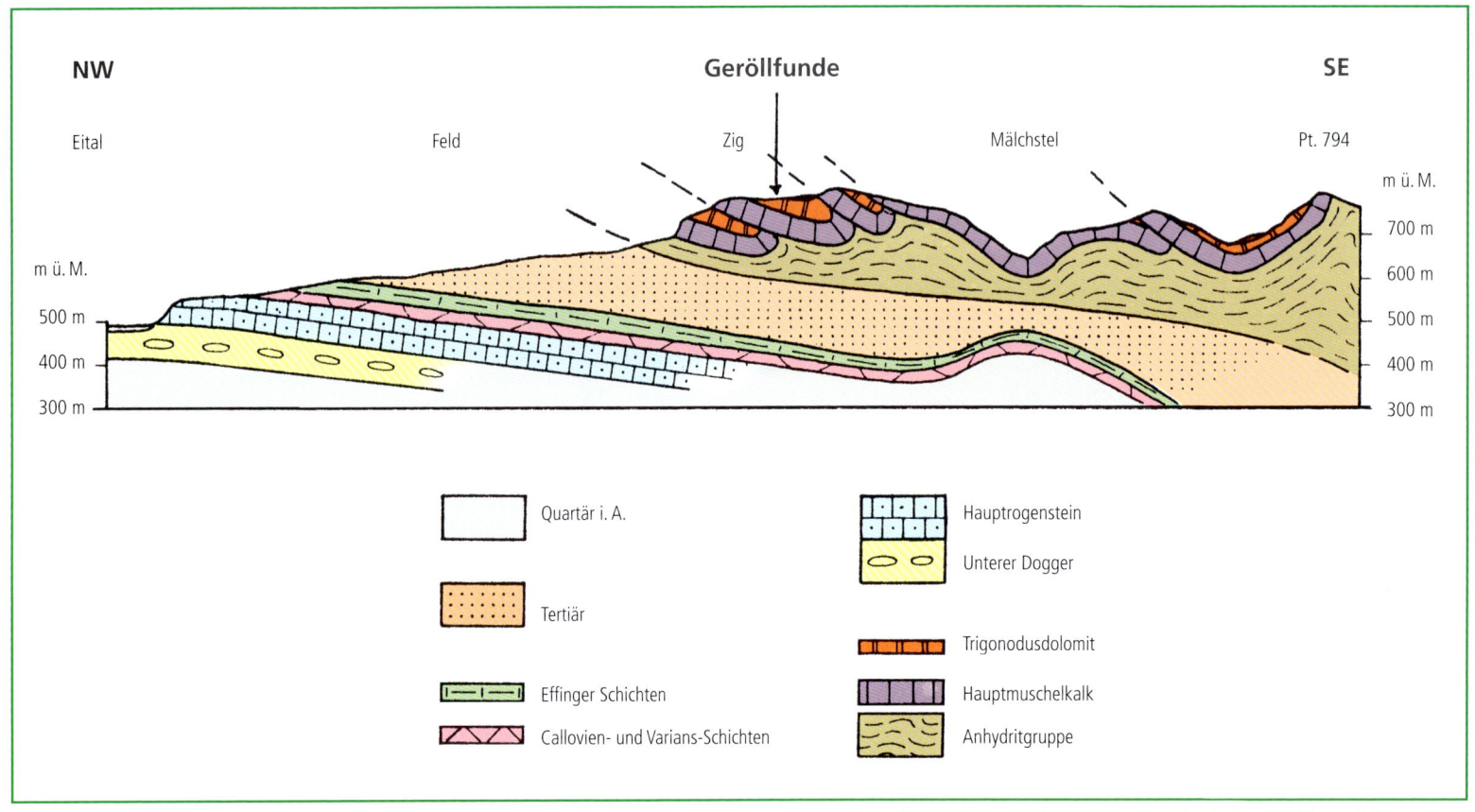

Abb. 1: N-S Profil durch Zig/Leutschenberg als Beispiel von Schuppenzonen (Bartholet 1964, Hauber 1972). Bei der Betrachtung eines geologischen Profils verfolgt man am besten eine markante Schicht und vergleicht den Verlauf der andern Schichten gegenüber dieser ausgewählten Schicht.

gepresst und dabei diese entlang des Abscherhorizonts auch bis zu einigen Kilometern in Richtung Norden überfahren. Zudem wurden die Schichten des Hauptmuschelkalks aufgerissen, und es bildeten sich die Muschelkalkschuppen, die heute als bewaldete Partien des Zigs (Endleten, Zigholde, Mälchstel, Leutschenberg) erkennbar sind; dazwischen liegen die weicheren Trigonodusdolomit-Schichten, heute als Grasland sichtbar. Dem Zig vorgelagert ist als älteste Schicht die Anhydritgruppe zu finden. Es ist nicht ganz klar, ob der Gips, der im Rahmen einer Strassensanierung anno 2005 zwischen Oltingen und Zeglingen (oberhalb des Ried, Zeglingen) gefunden wurde, dieser Schicht zugeordnet werden muss.

So ist das heutige Bild entstanden, in welchem alte Schichten auf weitaus jüngeren aus dem Tertiär liegen. In den Mulden des Zigs sind auch pliozäne Überreste der Wanderblock-Formation gefunden worden (Hauber 1972), tertiäre Ablagerungen des Schwarzwalds, die hier unmittelbar vor der Jurafaltung deponiert wurden.

NATUR

Gebiet zwischen Chlapfen und Geissflue

Dieses Gebiet wurde ausgesucht, weil hier einerseits entlang der Linie Chlapfen–Geissflue (Richtung NNW-SSO) fast alles, was stratigrafisch bekannt ist, an der einen oder andern Stelle an der Oberfläche sichtbar wird und andererseits, weil es vom Landschaftlichen her einiges zu bieten hat, sei dies nun der wunderbare Ausblick von der Geissflue, die wertvollen, dem Chlapfen in nordwestlicher Richtung vorgelagerten «Orchideenweiden» oder der prägnante Hausberg «Chlapfen» selbst.

Das Gebiet ist tektonisch reichlich kompliziert und in Abb. 2 dargestellt. Verfolgt man die markante Linie des Hauptrogensteins, so erkennt man sofort, wie hier die Schichtenreihenfolge durch Überschiebungen von Süden her gestört wurde. Sind diese Schichten auf der Höhe von Anwil fast an der Oberfläche, tauchen sie gegen Süden tief ab (ca. 250 m), um im Gebiet des Chlapfen wieder an die Oberfläche zu stossen. Im Bereich der Winterholden werden sie sehr mächtig von den viel älteren Schichten des Trias überfahren (Anhydritgruppe und Muschelkalk), wobei der Hauptrogenstein erst viel weiter südlich nochmals ans Tageslicht tritt.

Abb. 2: Profil entlang der Ordinate 638 (Gsell 1968, Tafel XIII). Die Linie Anwil–Chlapfen–Leutschenberg entspricht auf Oltinger Verhältnisse heruntergebrochen der Linie Anwil–Rüchlig–Bötschenacher–Chlapfen–Winterholden–Basler Hütte–Wasseracher–Chriegmatt.

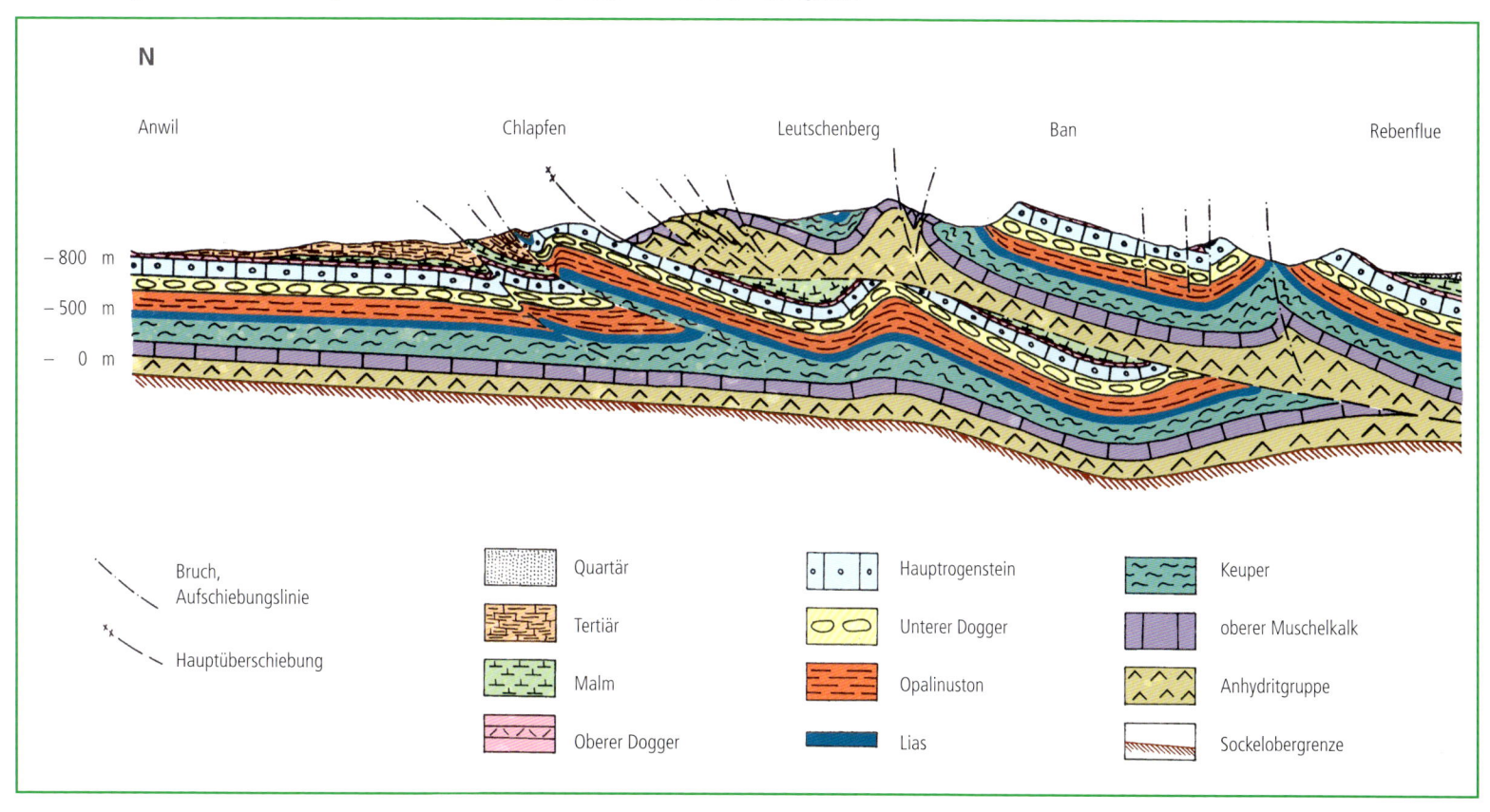

Geothermie: Wärmenutzung mit Erdsonde bei Michelmännis

Die wichtigsten Beispiele der Hydrogeologie in Oltingen sind sicherlich das Quellgebiet der Ergolz und die näheren Umstände der konstanten Schüttung der Gallislochquelle. Dies sind geologisch/hydrologisch komplizierte Sachverhältnisse, die den Rahmen dieses Artikels sprengen würden. Die Gallislochquelle selbst wird in dieser Schrift an anderer Stelle beschrieben (siehe auch Weitnauer et al. 2003). Es wird anstelle dieser prominenten Beispiele die Wärmenutzung aufgrund der hydrologischen Verhältnisse mitten im Dorf, bei Michelmännis Hüüsli, vorgestellt.

Gemäss Gesetzgebung darf eine Wärmenutzung nicht die Wärme tiefliegender Grundwasser nutzen, d. h., ein geologisches Gutachten muss für die Schichtfolge zwischen der geplanten Endtiefe und der Oberfläche die Wasserführung der jeweiligen Schichten beurteilen:

- In der Juranagelfluh kann auf Abschnitten mit Konglomeraten Wasser zirkulieren. Da das Einzugsgebiet möglicherweise höher liegt, kann Wasser zur Bohrung fliessen (artesischer Druck).

- Die Birmensdorfer-Schichten bilden mit kalkiger Ausbildung einen Wasserleiter, in welchem mässig Wasser, gestaut über den Mergeln des Oberen Doggers, zirkulieren kann (Callovien- und Varians-Schichten sind mit mergeligen sowie tonigen Gesteinen eher Wasserstauer).

- Der zerklüftete Hauptrogenstein ist ein guter Wasserleiter.

- Die unterste Schicht (Blagdeni-Schicht) mit vorwiegend mergeliger Ausbildung ist ein Grundwasser-Stauer.

Ausgangspunkt für die Wärmenutzung ist der Umstand, dass der Tafeljura-Südrand leicht nach Süden geneigte Schichten aufweist (Pfirter, Nyfeler & Partner 1999; siehe auch Bohrprofil in Abb. 3): Obwohl die Blagdeni-Schichten Grundwasserstauer sind, ist aufgrund dieser Neigung kein Grundwasser zu erwarten, d. h., dass diese Schichten als

Abb. 3: Bodenprofil der Bohrung bei Michelmännis

Oberkante Terrain

Tiefe	Gestein	Formation	Unterformation	Zeitalter
-4 m	Kies, siltig-tonig	Kies, siltig-tonig,	Ergolzschotter	Quartär
-12 m	Nagelfluh, Ton, mergelig	Juranagelfluh		Miozän
-15 m	Sand, Konglomerat		Bohnerzformation	Eozän
-45 m	Kalklagen, Mergelzwischenlagen	Effingerschichten Birmensdorferschichten		Malm, Oxfordien
-75 m	Kalk, Mergelkalk, Tonmergel	Callovien- und Varians-Schichten		Oberer Dogger
-167 m	Kalk	Hauptrogenstein		Mittlerer Dogger
-170 m	Kalk. Mergellagen	Unterer Dogger.	Blagdeni-Schicht	Unterer Dogger

NATUR

Sohle der Bohrung, wo der Wärmeaustausch stattfinden soll, den gesetzlichen Anforderungen genügen.

Aufgrund des heissen Innern unserer Erde ist ein geothermisches Gefälle von ca. 3 °C pro 100 m zu erwarten. Wie prognostiziert, wurde an der Bohrlochsohle auf 170 m Tiefe (in den Blagdeni-Schichten) kein Wasser, aber eine Temperatur von 15 °C gefunden[2]: Durch Einsatz einer Wärmepumpe wird diese Wärme dem Heizungskreislauf abgegeben – genauer: Durch langsame Zirkulation wird Wasser des primären Heizkreislaufes in 170 m Tiefe auf diese Umgebungstemperatur «aufgewärmt». Diese kostenlose Energie der Umwelt wird einem Wärmetauscher (Verdampfer) zugeführt. Dort befindet sich ein flüssiges Kältemittel (Arbeitsmedium), das die Wärme aufnimmt und dabei verdampft. Ein Verdichter saugt das nun gasförmige Arbeitsmedium an und presst es zusammen. Durch den erhöhten Druck steigt die Temperatur. Ein zweiter Wärmetauscher (Verflüssiger) sorgt dafür, dass die Wärme in das eigentliche Heizungssystem (sekundärer Kreislauf) gelangt. Durch ein Expansionsventil erfolgt abschliessend ein Druckabbau und der Kreislauf kann von vorn beginnen.

Bei der Auslegung einer solchen Anlage ist darauf zu achten, dass dem Boden nicht zu viel Energie entzogen wird – sonst werden irreversible Veränderungen in der Umgebung der Erdwärmesonde verursacht, die dazu führen, dass dem Boden keine Wärme mehr entzogen werden kann.

An dieser Stelle möchte der Autor dem Geologen Dr. Urs Pfirter ganz herzlich für die unermüdliche Hilfe danken: Er hat nicht nur Literatur zur Verfügung gestellt, sondern diesen Artikel auch kritisch durchgesehen und ergänzt. Besten Dank auch Heinz Mangold für die gewährte Einsicht in die Bauunterlagen im Umfeld seiner Geothermiebohrung.

Franz Herzog

Quellennachweis

Bartholet H. U. (1964) Geologie des Tafel- und Faltenjuras zwischen Eptingen und Oltingen. *Tätigkeitsbericht der Naturforschenden Gesellschaft Baselland 23*.

Gsell F. (1968) Geologie des Falten- und Tafeljura zwischen Aare und Wittnau und Betrachtungen zur Tektonik des Ostjura zwischen dem Unteren Hauenstein im W und der Aare im O. Inaugural-Dissertation, Universität Zürich.

Hauber L. (1972) Die Geröllfunde auf Zig bei Oltingen. *Jurablätter*, 8. Sondernummer Baselland.

Mühlberg F. (1901) Erläuterungen zur Geologischen Karte der Umgebung von Gelterkinden im Basler Tafeljura. Geologische Kommission der Schweizerischen Naturforschenden Gesellschaft, Bern.

Mühlberg F. (1908) Erläuterungen zur Geologischen Karte der Umgebung von Aarau, 1:25000 (Spezialkarte Nr. 8). Geologische Kommission der Schweizerischen Naturforschenden Gesellschaft, Zürich.

Mühlberg F. (1915) Erläuterungen zur Geologischen Karte des Hauenstein-Gebietes (Waldenburg – Olten) 1:25000 (Spezialkarte Nr. 73). Geologische Kommission der Schweizerischen Naturforschenden Gesellschaft, Zürich.

Naturhistorisches Museum Basel (1967) Die Erdgeschichte in der Umgebung von Basel. *Veröffentlichungen aus dem Naturhistorischen Museum Basel 6*.

Pfirter, Nyfeler & Partner AG (1999) Erdwärmebohrung H. u. M. Mangold-Schaub «Geologisch-hydrogeologischer Bericht».

Weitnauer E., Gisi M., Gisi H. (2003) Säge und Mühlen von Oltingen. 2. Auflage.

---

[2] *1,7 x 3 °C ergibt 5,1 °C; bei einer mittleren Temperatur von 10 °C an der Oberfläche ergibt dies die gefundenen 15 °C auf 170 m Tiefe.*

NATUR

An der Grenze zweier Naturräume

Wer vom Unterland her via Wenslingen nach Oltingen fährt, wird unweigerlich einen markanten Wechsel im Landschaftsbild wahrnehmen: Den abrupten Übergang vom Tafel- zum Kettenjura. Unser Dorf befindet sich genau auf dieser topographischen Grenze, die das Gemeindegebiet in zwei etwa gleich grosse, aber ziemlich unterschiedliche Teile trennt (Abb. 4 und 5). Der tiefste Punkt des Gemeindebanns liegt unterhalb des Dorfes im noch engen Ergolztal auf rund 539 m ü.M., der höchste Punkt ist der Gipfel der Geissflue auf 962,9 m ü.M. Die Höhendifferenz von knapp 430 m ist neben der topographischen Vielfalt ein weiterer Grund dafür, dass auf dem Oltinger Gemeindegebiet so unterschiedliche Lebensräume wie exponierte Jurakreten, liebliches Wiesland oder schattige Schluchtwälder anzutreffen sind.

Abb. 5: Blick von der Geissflue gegen Norden über die steilen Hänge des Kettenjuras nach Oltingen; nördlich des Dorfes beginnt das fruchtbare Plateau des Tafeljuras.

Abb. 4: Topographisches Modell des Nordwestschweizer Juras. Oltingen (Piktogramm) liegt, ebenso wie Kienberg oder Zeglingen, exakt am Übergang vom Tafel- zum Kettenjura (gelbe Linie).
Kartengrundlage: Atlas der Schweiz, Version 2.0 (2004).

Klima

Zusammen mit der geologisch-topographischen Grundstruktur bestimmt das Klima, welche Lebensgemeinschaften (Ökosysteme) in einem Gebiet gedeihen können. Wir wissen es noch von der Schule: Die Nordschweiz liegt, wie Mitteleuropa ganz allgemein, im Bereich der gemässigt-atlantischen Klimazone, welche uns im Normalfall nur mässig heisse Sommer, nicht allzu kalte Winter und glücklicherweise reichliche und über das ganze Jahr verteilte Niederschläge beschert. Auch in Oltingen dominieren deshalb sattgrüne Farben die Landschaft. Die Oberrheinische Tiefebene, welche durch die Niederung zwischen Jura und Vogesen (Burgunder Pforte) eine Verbindung zum Mittelmeerraum besitzt, hat ein für Mitteleuropa überdurchschnittlich mildes Klima. Die ausgedehnten Rebgebiete im Elsass und Badischen sind ein Zeugnis dieser

NATUR

Klimagunst, von der auch das Baselbiet noch recht stark profitiert. Es ist deshalb kein Wunder, dass in der Nordwestschweiz neben den relativ frostempfindlichen Kirschbäumen auch Weinreben angebaut werden. Der Weinbau hat früher bei uns eine weit wichtigere Rolle für die Grundversorgung der Bevölkerung gespielt als heute; man denke nur an den Flurnamen «In den Reben», die «Rebstock»-Wirtschaften oder an den Oltinger «Rebenhof». Folgende Tabelle verdeutlicht die klimatischen Unterschiede zwischen Nordwestschweiz und Mittelland.

Tabelle 2: Klimatische Unterschiede zwischen Oberbaselbiet (Wetterstation Rünenberg) und Mittelland (Wetterstation Buchs-Aarau). Verallgemeinert kann man sagen, dass das Oberbaselbiet im Vergleich zum benachbarten Mittelland sonniger ist, bei gleichzeitig etwas kühleren Temperaturen und weniger Niederschlag.

	Rünenberg	Buchs-Aarau
Jahresniederschlag (mm)	979	1060
Jahrestemperatur (°C)	8,2	8,8
Anzahl Sommertage (Tmax ≥ 25 °C)	24	42
Anzahl Hitzetage (Tmax ≥ 30 °C)	2,2	6,6
Anzahl Eistage (Tmax < 0 °C)	28,2	19,5
Sonnenscheindauer (Std. pro Jahr)	1569	1401

Abb. 6: Die scharfe Schneegrenze zwischen Oltingen und Wenslingen weist auf kleinräumige klimatische Unterschiede hin.

Geländerelief und unterschiedliche Höhenlage sorgen selbst in der kleinräumigen Nordwestschweiz dafür, dass im Lokalklima beträchtliche Unterschiede herrschen. Nur schon ein Vergleich mit unserem auf einer Sonnenterrasse liegenden Nachbardorf Wenslingen zeigt, dass in Oltingen aufgrund seiner Muldenlage im Schatten von Chlapfen und Winterholden besonders im Winterhalbjahr ein raueres Mikroklima herrscht. Jeder Oltingerin und jedem Oltinger ist bestimmt schon die wie mit einem Lineal gezogene Schneegrenze aufgefallen, die sich zwischen den beiden Dörfern zur Zeit der Schneeschmelze langsam Richtung Süden zurückzieht: Während bei den Wenslingerinnen und Wenslingern bereits erste Frühlingsgefühle erwachen, herrscht in Oltingen Väterchen Frost noch mit fester Hand, und dies, obwohl beide Dörfer ziemlich genau gleich hoch liegen (Abb. 6).

Auch in Bezug auf den ungeliebten Nebel sind nicht nur zwischen Juranord- und Jurasüdseite, sondern selbst innerhalb der engsten Oberbaselbieter Nachbarschaft beträchtliche Unterschiede vorhanden. Ein Blick auf die Karte der Nebelverteilung (Abb. 7) bestätigt das Bild, das sich uns im Herbst und Winter offenbart: Ein flacher Nebelschwaden liegt über Anwil, aber in unserem Dorf ist es klar. Konkret, die Ammeler müssen fast doppelt so viele Nebeltage ertragen wie wir, weil Anwil im Bereich eines Ausläufers der Fricktaler Bodennebelzone liegt, die ziemlich regelmässig durch das Tal von Wittnau hinaufzuschwappen vermag. Die nebelärmste Zone innerhalb Oltingens bildet der obere Bereich der Juraketten (Geissflue, Leutschenberg). Der «Kühlschrank» Oltingens befindet sich am Südausgang des Dorfes im Bereich der «Sandgrube», wo die Sonne im Winter für lange Wochen ein Fremdwort ist.

NATUR

feuchten Standorten (Ergolztal) eine nennenswerte Variation erfahren würde. Abb. 8 zeigt, dass sich dieser Buchenwald über die ganze Nordwestschweiz breiten würde. In Oltingen liegen einzig die Nordlagen der höchsten Erhebungen (Geissflue, Leutschenberg) im Bereich des Tannen-Buchenwaldes, der die nächst höhere Vegetationszone über der Buchenwaldstufe bildet.

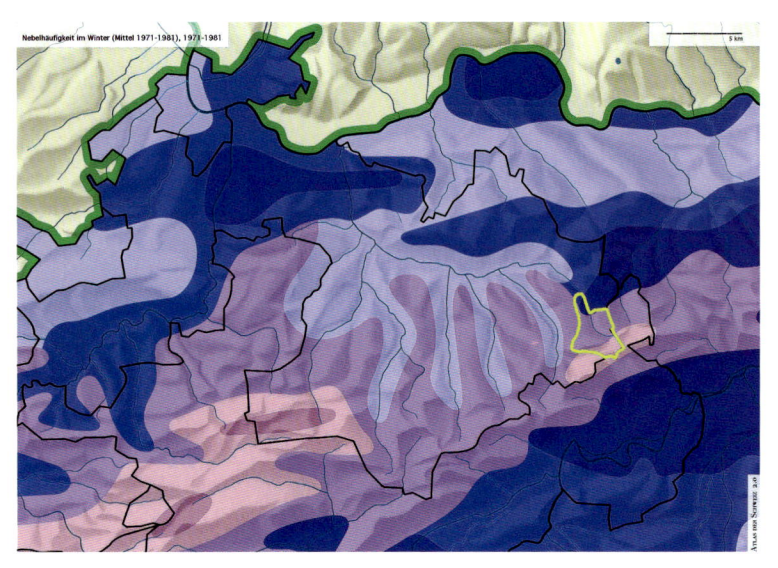

Abb. 7: Nebelhäufigkeit in der Nordwestschweiz im Winterhalbjahr (1971 – 1981). Der Bann Oltingen ist gelb umrandet. Kartengrundlage: Atlas der Schweiz, Version 2.0 (2004).

Abb. 8: Potentielle Vegetation der Nordwestschweiz bei heutigen Klimaverhältnissen. Der Buchenwald ist die dominierende Pflanzengesellschaft; erst in den höheren Lagen des Kettenjuras treten vermehrt Nadelbäume auf. Die hellen Stellen bezeichnen grössere Siedlungen zur besseren Orientierung. Der Bann Oltingen ist gelb umrandet. Kartengrundlage: Atlas der Schweiz, Version 2.0 (2004).

dunkelgrün: Buchenwald

hellgrün: Eichen-Hagebuchenwald

hellblau: Buchen-Tannenwald

dunkelblau: Fichten-Tannenwald

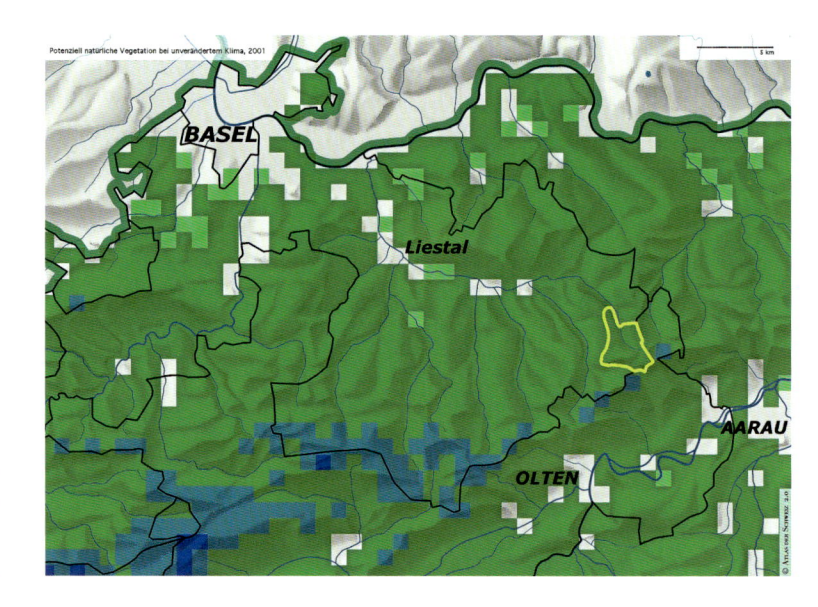

dunkelblau: Bodennebelzone (51–80 Tage)

blau: Bodennebelzone (31–50 Tage)

hellblau: Bodennebelzone (11–30 Tage)

lila: Hochnebelzone (15–35 Tage)

blassrosa: nebelarme Hangzone (1–10 Tage)

Vegetation

Hätten sich in unserem Dorf nie Menschen niedergelassen und Wald zur Gewinnung von Acker- und Wiesland gerodet, so wäre praktisch der gesamte Oltinger Bann von einem geschlossenen Buchenwald bedeckt, der nur an exponierten Stellen (steile Südhänge, Flühe) und besonders

NATUR

Neben den Naturgegebenheiten ist es primär der Oltinger Bevölkerung zu verdanken, dass unsere Landschaft so abwechslungsreich und lieblich erscheint. Seit Jahrhunderten haben die Bewohner ihre Spuren in der Natur hinterlassen, den Wald gerodet und an seiner Stelle zumeist unbeabsichtigt eine Vielzahl von ökologischen Nischen geschaffen. So sind neue Lebensräume für Pflanzen und Tiere entstanden, die nicht primär im Wald, sondern in der offenen Landschaft leben. Der Feldhase ist wahrscheinlich der prominenteste Kulturfolger in unserer Gemeinde. Von Natur aus ein Bewohner offener Savannen, Gras- und Steppengebiete, hat er seinen Lebensraum parallel zum Rückgang der Wälder erweitern können.

Aber auch viele Pflanzen haben von der Auflichtung des Waldes profitiert. Man denke nur an all die Wiesenpflanzen oder an jene Sträucher, die die Waldränder säumen oder in Hecken und Feldgehölzen wachsen (Abb. 9). In einem geschlossenen, dunklen Buchenwald hätten die meisten dieser Arten infolge Lichtmangel kaum eine Chance, hochzukommen.

Abb. 10: Lichter Waldföhrenbestand oberhalb des Rumpels, inmitten einer artenreichen Magerweide.

Einen aus naturschützerischer Sicht besonders wertvollen, artenreichen Lebensraum stellen die unter kantonalem Schutz stehenden Magerwiesen und -weiden im Gebiet «Röti-Rumpel» dar (siehe «Naturschutzgebiete»). Sie beherbergen nicht nur 19 (!) verschiedene Orchideenarten, sondern sind zudem von einem lichten Föhrengehölz durchsetzt. Auch aus ästhetischer Sicht ist diese Waldweide ein besonders schönes Stück Oltinger Natur (Abb. 10).

Heute, da sich die Indizien für einen weltweiten Wandel des Klimas immer mehr verdichten, befassen sich Botaniker und Klimatologen gemeinsam mit den zu erwartenden Veränderungen in der Pflanzenwelt. Erhöhte sich die mittlere Jahrestemperatur um rund 2,5 °C (niedere Prognosevariante für das Jahr 2070; siehe Anmerkung), würde sich längerfristig die Vegetation auch im Oberbaselbiet markant verändern (Abb. 11). In Oltingen wäre vor allem der tiefer gelegene Teil im Tafeljura

Abb. 9: Diese prallen, reifen Schlehen warten förmlich darauf, zu Konfitüre verarbeitet zu werden. Der Schwarz- oder Schlehdorn (Prunus spinosa) **ist einer der häufigsten Waldrand- und Feldgehölze bei uns.**

NATUR

betroffen; hier würde der Buchenwald nach und nach vom wärmeliebenderen Eichen-Hagebuchenwald verdrängt. Vorausgesetzt, die Niederschläge verringerten sich nicht, würde unsere Landwirtschaft von den wärmeren Temperaturen eher profitieren, da sich das Risiko von Spätfrösten verringerte, was in erster Linie für den Obstbau von Vorteil wäre. Der Klimawandel wirkt sich indessen aber auch auf die Verteilung und Menge der Niederschläge aus: So haben sich die Regenmengen im östlichen Mittelmeergebiet seit Ende der 60er-Jahre des 20. Jahrhunderts merklich verringert, was zum Versiegen von Quellen und zu vermehrter Auswanderung auf vorwiegend kleineren Inseln geführt hat (Körner et al. 2005).

> Anmerkung: Gemäss dem *Intergovernmental Panel on Climate Change* (IPCC), dem Klimawandel-Expertengremium der UNO, hat die Temperatur seit 1860 global um 0,3 – 0,6 °C zugenommen. Bis zum Ende des 21. Jahrhunderts sagen die Prognosen je nach Region und verwendetem Klimamodell Temperaturerhöhungen von 2 – 6 °C voraus, was einer Verschiebung der Klima- und Vegetationszonen von 320 – 960 km Richtung Nord- bzw. Südpol entspricht.

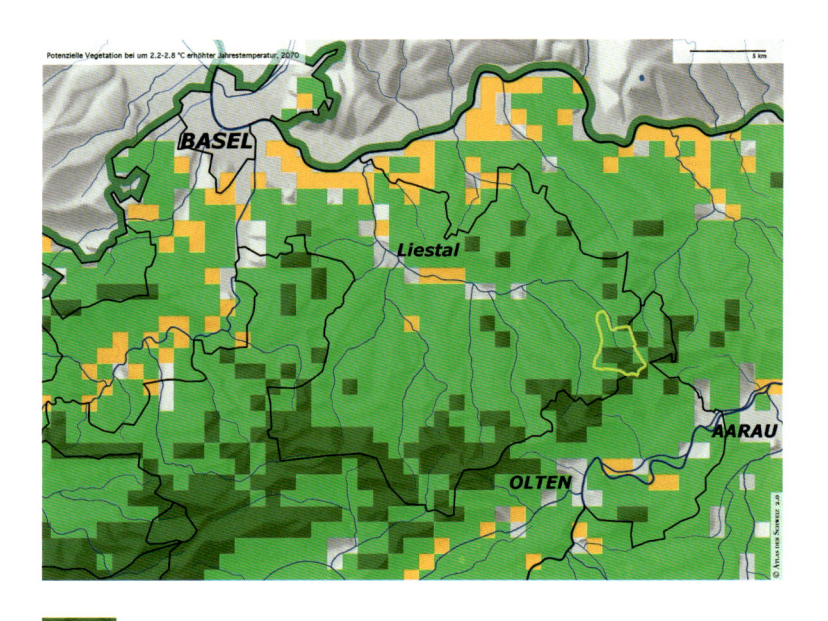

Abb. 11: Potentielle Vegetation der Nordwestschweiz bei einer Klimaerwärmung um 2,2–2,8 °C. Der Eichen-Hagebuchenwald ist die dominierende Pflanzengesellschaft; der Buchenwald hat sich in höhere Lagen zurückgezogen. In den Niederungen breitet sich ein neuer Waldtyp aus; denkbar wäre Eichen-Föhrenwald oder gar eine Veränderung hin zu einer submediterranen Vegetation. Die hellen Stellen bezeichnen grössere Siedlungen zur besseren Orientierung. Der Bann Oltingen ist gelb umrandet. Kartengrundlage: Atlas der Schweiz, Version 2.0 (2004).

- dunkelgrün: Buchenwald
- hellgrün: Eichen-Hainbuchenwald
- orange: heute nicht vorhandene Pflanzengesellschaft

NATUR

Fauna – unsere Mitbewohner

Im Gegensatz zur Botanik oder Geologie sind die meisten mit den hier lebenden Tieren vertraut, mindestens mit den bei uns lebenden wilden Säugetieren, wie etwa dem Rot- oder Schwarzwild. Gegenüber den Nicht-Wirbeltieren (sog. «Niedere Tiere») haben die meisten Leute mehr Abscheu als Freude entwickelt, mit zwei Ausnahmen: Bienen und Schmetterlinge, die zur grossen Klasse der Insekten gehören. Die Schmetterlinge sind in unserem intensiv genutzten Lebensraum in den letzten Jahrzehnten in ihrer Zahl und Artenvielfalt oft zurückgedrängt worden, nur in wirklich ausgeschiedenen Schutzzonen können noch seltenere Arten (etwa der Damenbrett-Falter, Abb. 12) beobachtet werden.

Zum Glück besitzt Oltingen am Nordhang des Chlapfen im Bereich der Röti und des Rumpels solche Naturschutzgebiete, welche in diesem Buch an anderer Stelle beschrieben werden. Dort wird auch über zum Teil selten anzutreffende wirbellose Tiere berichtet. Wer vertieft in die Welt der Falter eintauchen möchte, dem sei das hervorragende, dreibändige Werk «Schmetterlinge und ihre Lebensräume» (pro natura 1994, 1997, 2000) empfohlen.

Unsere Mitgeschöpfe im Wasser: Der natürliche Fischbestand ist heute stark zurückgedrängt worden, nur noch selten können natürlich vorkommende Fischarten beobachtet werden, etwa Groppen im «Mühlibächli», dem nahen Mündungsgebiet des Gallislochwassers in die Ergolz. Die heute in unseren Bächen lebenden Fische verdanken ihre Existenz der Hege und Pflege der Pachtfischer, die jährlich etwa 200 Tiere (meist Bachforellen) aus Zuchten in unsere Gewässer entlassen (mündliche Mitteilung von Toni Weber, Fischpächter).

Es verbleiben Amphibien, Reptilien und natürlich die Vögel, auf die hier ein wenig näher eingegangen werden soll. Lurche (Amphibien) sind Tiere, die in ihrer Jugendzeit auf Gewässer (fliessend oder stehend) und in ihrer «Erwachsenenzeit» auf Feuchtigkeit angewiesen sind. Daher beschränkt sich das Ausbreitungsgebiet dieser Tiere auf die weitere Umgebung unserer Bäche und auf natürliche oder künstliche Teiche. Wer kennt nicht die Kröten- und Froschwanderung im Frühling, wenn die Tiere ihre ursprünglichen Plätze, in denen sie als Larven gross geworden sind, wieder aufsuchen (Abb. 13). Dieses freudige Ereignis ist allerdings immer wieder auch mit Schmerz verbunden, wandern doch diese Tiere vorwiegend in der Dunkelheit über unsere Strassen, wo sie leicht Opfer eines immer stärker zunehmenden Verkehrs werden. Daher eine Bitte: Wenn die Laichzeit der Amphibien eingesetzt hat, bitte die Strassen mit Umsicht nutzen. Trotz dieser Umstände sind heute in Oltingen noch immer auch selten gewordene Amphibien an ihren entsprechenden Orten zu sehen oder zu hören, wie etwa der lebendgebärende (!) Feuersalamander oder die Geburtshelferkröte, im Volksmund auch als

Abb. 12: Damenbrett-Falter *(Melanargia galathea)* **auf Flockenblume**

NATUR

«Glögglifrosch» bekannt, bei der sich das Männchen die Laichschnüre mit nur wenigen Eiern um die Hinterbeine bindet und somit seinen Nachkommen einen gewissen Schutz vor Fressfeinden bietet.

**Abb. 13:
Dieses Grasfroschpaar** (Rana temporaria) **spürt den Frühling.**

Abb. 14: Mauersegler (Apus apus); **diese bewundernswerten Vögel waren die geliebten Forschungsobjekte des Oltinger Lehrers Dr. h.c. Emil Weitnauer. Dieses Bild wurde uns freundlicherweise von «Spyre Miggels» Nachkommen zur Verfügung gestellt.**

Die Reptilien, auch Kriechtiere genannt, sind eigentlich die ersten «höheren» Landtiere, d.h., sie sind in ihrer Entwicklung in keiner Art und Weise mehr auf Wasser angewiesen. In unserer Region sind Reptilien nicht sehr verbreitet. Dies hat vorwiegend drei Gründe: Der erste Grund hat seinen Ursprung in der Natur selbst; unser Klima und unsere Vegetation ermöglichen nur an wenigen Stellen ungestörte Flecken, wo sich die kaltblütigen Kriechtiere aufwärmen können, um ihre volle Aktivität zu erlangen. Unserer Umgebung fehlen Südhänge mit Geröll, wo sich diese Tiere sonnen können. Die zwei anderen Gründe sind «menschengemacht»: Einerseits sind Schlangen unerbittlich bekämpft worden (ob giftig oder nicht), und andererseits hat der Mensch mit Katzen einen geschickten Jäger für alles, was da «kreucht und fleucht», ins Haus geholt. Und die Katzendichte ist hoch! Somit erstaunt es nicht, dass Reptilien bei uns fast nicht zu beobachten sind. Ausnahmen bilden die Blindschleichen, die sich in Komposthaufen, die glücklicherweise wieder vermehrt anzutreffen sind, sehr wohl fühlen, und Zauneidechsen an Trockenmauern, in deren Nähe nicht allzuviele Katzen leben. In Feuchtgebieten mit Sonnplätzen wurde nach der Ringelnatter Ausschau gehalten – bisher leider ohne Erfolg.

In Oltingen ist es, was die Vögel betrifft, sehr schwierig, an die Zeiten des hervorragenden Vogelkenners Emil Weitnauer anzuknüpfen, hat er doch über Jahrzehnte unsere Vogelwelt beobachtet und ihren Bestand genau festgehalten (Abb. 14). Da im Rahmen der Heimatkunde auf eine wissenschaftliche Vollständigkeit verzichtet werden muss, wird auf das in den Jahren 1992 – 1995 im Auftrag des Kantons erhobene Vogelinventar verwiesen (Amt für Raumplanung BL 1992 – 1995); zudem wird in den Exkursionen auf das Vorhandensein der verschiedensten Vogelarten hingewiesen. Aber etwas sei hier verraten: Oltingen besitzt eine der letzten Wachtelkolonien des Kantons (!), und wer Glück hat, bekommt vielleicht auch einmal einen Uhu zu Gesicht (Abb. 15).

Abb. 15: Dieser junge Uhu (Bufo bufo) **ist noch nicht flügge. Er plustert sich bei Gefahr auf, um Eindruck zu machen.**

NATUR

Abb. 16: Blick auf Oltingen von Süden her, im Hintergrund Anwil. Heute sind nur noch wenige Dörfer der Nordwestschweiz (z. B. Nuglar, St. Pantaleon oder Rünenberg) von derart ausgedehnten, intakten Obstgärten umgeben.

Oltingen, Mahnmal gegen die Zersiedelung

Oltingen, dessen intakter Dorfkern dem Betrachter das wohl am besten erhaltene, harmonischste Dorfbild der ganzen Nordwestschweiz offenbart, erscheint wie ein Überbleibsel aus längst vergangenen Zeiten (Abb. 16). Abgesehen von Talschaften, die seit dem 2. Weltkrieg unter der Abwanderung ihrer Bevölkerung leiden (vorwiegend im Tessin), gibt es in der Schweiz nur noch wenige Ortschaften, deren Siedlungsfläche sich in den vergangenen 100 Jahren nicht vervielfacht hat. Schon unser Nachbardorf Anwil hat sich gegenüber der Zeit um 1900 um gut das Dreifache ausgebreitet, und je weiter man sich Basel nähert, desto grösser wird das Missverhältnis zwischen Neubauflächen und historischen Ortskernen. So ist z. B. die Siedlungsfläche von Muttenz innert 115 Jahren um fast das Zwanzigfache angewachsen! Abb. 17 zeigt die

NATUR

heutige Bevölkerungsverteilung in der Nordwestschweiz. Würde man auf der Karte zusätzlich die Verkehrswege und Industriebauten eintragen, so wäre ein praktisch zusammenhängendes Siedlungsband von Basel bis Ormalingen erkennbar. Erst südöstlich der Agglomeration Sissach–Gelterkinden sind die Gemeinden noch klar voneinander getrennt.

Die Einfamilienhaussiedlungen, Industrie- und Gewerbegebiete der Neuzeit hingegen fressen sich unaufhaltsam immer tiefer in die Landschaft. Momentan wird in der Schweiz pro Sekunde rund 1 m^2 Boden versiegelt, was jährlich eine Fläche in der Grösse des Kantons Basel-Stadt ergibt. Fatal dabei ist, dass die Verbauung unseres Landes fast ausschliesslich zulasten des Agrarlandes geschieht (der Wald ist durch die Forstgesetzgebung vorderhand noch geschützt). In den letzten 40 Jahren wurden in der Schweiz auf diese Weise ca. 1500 km^2 Kulturland, also etwa die Fläche des Kantons Luzern, verbaut, verbetoniert, zugeteert. Würde dieser Prozess mit unverminderter Geschwindigkeit anhalten, dann wären die bebaubaren Landesflächen (Mittelland, Talböden) in etwa 200 Jahren vollständig zugebaut.

Urs Max Weber
Franz Herzog

Abb. 17: Bevölkerungsverteilung in der Nordwestschweiz (gemäss Volkszählung 1990). Kartengrundlage: Atlas der Schweiz, Version 2.0 (2004).

Die beiden wohl wichtigsten Gründe, weshalb Oltingen seinen ursprünglichen Dorfcharakter bewahrt und dem Teufelskreis der Stadtflucht bis heute standgehalten hat, sind die für Einfamilienhausbauten wenig attraktive Kessellage und das Fehlen eines in der Bauzone liegenden Südhangs. Oltingens historischer Dorfkern macht deutlich, wie die damaligen Erbauer der Dörfer und Städte der Topographie und Bodengüte Rechnung trugen und die Häuser platzsparend zeilenförmig aneinander bauten. Die besten Lagen waren fast immer dem Ackerbau vorbehalten.

Quellennachweis

Atlas der Schweiz, Version 2.0 (2004) Institut für Kartographie ETH Zürich; swisstopo, Wabern; Bundesamt für Statistik, Bern.

Körner Ch., Sarris D., Christodoulakis D. (2005) Long – term increase in climatic dryness in the East – Mediterranean as evidenced for the island of Samos. Regional Environment Change 5, S, 27 – 36.

Amt für Raumplanung BL (1992 – 1995) Ornithologisches Inventar des Kantons Basel-Landschaft.

Amt für Raumplanung BL (2002) Die Vögel der Region Basel.

pro natura (Hrsg.) (1994, 1997, 2000) Tagfalter und ihre Lebensräume, Arten-Gefährdung-Schutz, Schweiz und angrenzende Gebiete, Band 1 – 3.

NATUR

Exkursionen

Im Rahmen einer Heimatkunde wird erwartet, dass auch die Naturschönheiten und allfällige Besonderheiten im Gemeindegebiet angemessen beschrieben werden. Es ist die Absicht der Autoren, diesem Anliegen auf eine etwas unkonventionelle Art zu begegnen: Es soll nicht einfach eine Liste von Tieren und Pflanzen erstellt werden, sondern wir wollen im Rahmen von zwei Exkursionen, die durch den Oltinger Bann führen, auf generelle Begebenheiten, aber auch Besonderheiten des uns umgebenden Lebensraumes aufmerksam machen. So wird dem Wanderer, der diesen Pfaden folgt, ein Gesamteindruck unserer wunderbaren Umgebung vermittelt, und wir hoffen, dass mit dem hier Erfahrenen die Lust auf eigene Entdeckungen wächst. Was auf den Exkursionspfaden beobachtet werden kann, trifft in der einen oder andern Hinsicht auch auf andere Wege zu.

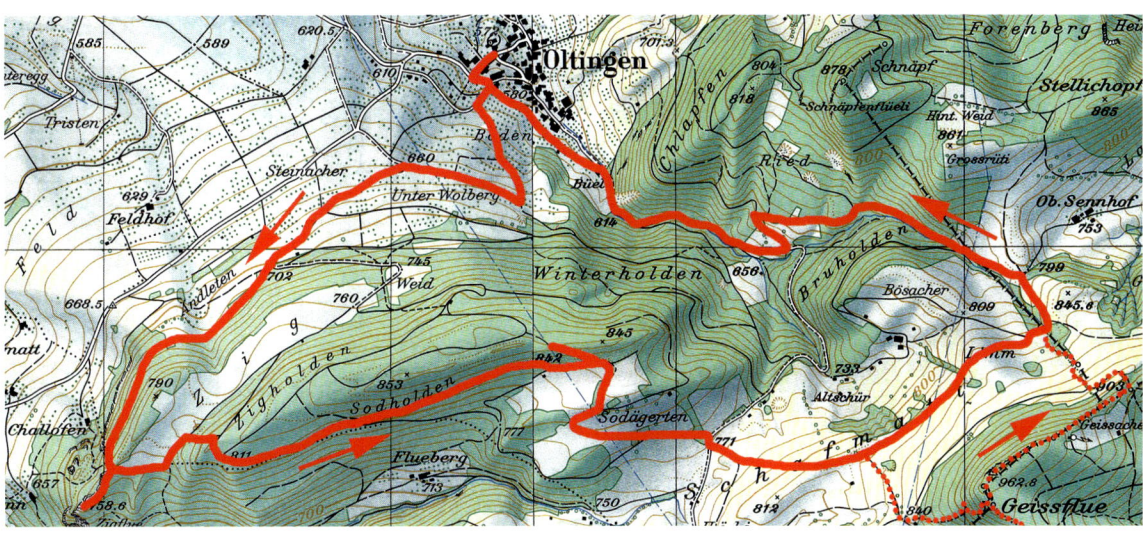

Abb. 18: Wegroute Exkursion 1. Die punktierte Linie bezeichnet die Variante via Geissflue (LK 1088, 1089). Reproduziert mit Bewilligung von swisstopo (BA067770).

doch durch die Geologie bedingte Nischen entstanden, die von den unterschiedlichsten Vögeln besiedelt werden. Durch den Wechsel von Wald und Wiesen kommt auch der Pflanzenfreund nicht zu kurz, und an heissen Tagen ist eine angenehme Abkühlung in den Waldpartien gewährleistet.

Exkursion 1: Dorf – Zig – Sodägerten/Schafmatt – Ergolzquelle – Dorf

Dauer:	ca. 3 Stunden, mit guten Rastmöglichkeiten auf halber Strecke
Beste Zeit:	April bis Oktober
Start:	beim Schulhaus

Überblick

Die erste Exkursion durchstreift die Wälder und Wiesen des Faltenjuras: Eine ideale Exkursion für Vogelliebhaber und Geologieinteressierte, sind

Oltingen Dorf – Zig – Sodägerten

Die Exkursion startet bei der Mehrzweckhalle, wo ein Zeitzeuge der Riss-Eiszeit den Wanderer erwartet: Der erratische Block, der vor etwa 500 000 Jahren durch den Rhonegletscher hierher verfrachtet wurde, hat seinen Ursprung im Unterwallis und stammt aus den Helvetischen Decken der Kreidezeit – er ist somit der einzige Zeuge dieser geologischen Epoche in Oltingen. Gefunden wurde er im Rahmen des zweiten Gasleitungsbaus in der Nähe des Egghofes (Amt für Raumplanung BL 1996). Unsere Wanderung führt uns aus dem Dorf auf den Brockhübel, wo eine herrliche Aussicht auf unser Dorf und seine Kulturlandschaft genossen werden kann.

NATUR

Blickt man vom Brockhübel auf das von dichten Zwetschgenhainen umgebene Dorf, glaubt man es kaum, aber sie lohnen sich eigentlich nicht mehr, die schönen, unser Landschaftsbild prägenden Hochstämmer. Dennoch pflegen und ernten noch immer viele Oltingerinnen und Oltinger ihre Bäume, auch wenn aus dem Erlös für die Früchte kaum mehr der Schnitt und das Spritzen beglichen werden kann. Wer jedoch

Abb. 19:
Trotz Bundessubventionen nicht mehr rentabel: Geschleifte Hochstamm-Kirschbäume auf dem Steinacher westlich von Oltingen.

sein Einkommen zu 100 Prozent aus der Landwirtschaft bezieht, muss den Auswirkungen der vielgelobten, globalen Weltwirtschaft Rechnung tragen und nicht mehr rentable Posten abstossen (Abb. 19). Es ist deshalb kein Wunder, dass auch in unserem vergleichsweise noch immer baumreichen Dorf die Zahl der Hochstamm-Obstbäume langsam, aber stetig abnimmt.

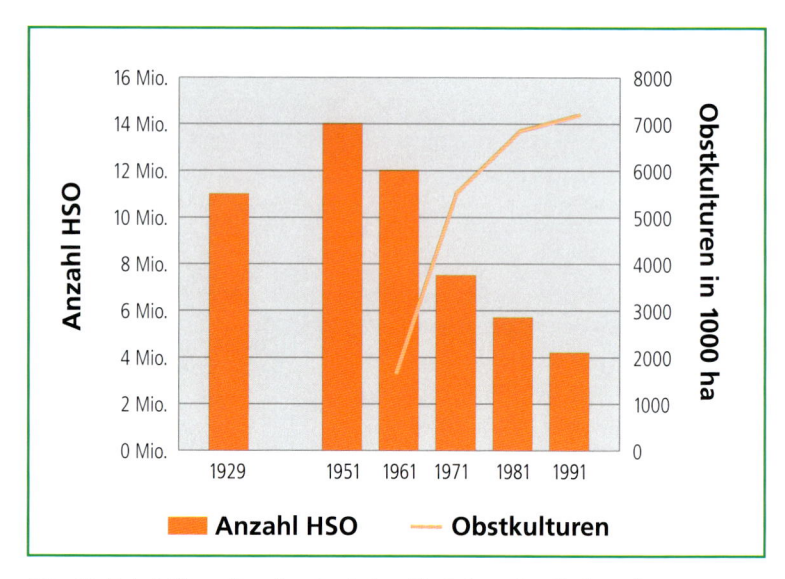

Abb. 20: Entwicklung der schweizerischen Hochstammbestände und Intensivkulturen im 20. Jh. (Bundesamt für Statistik 1995)

Abb. 21: Entwicklung der Hochstammbestände im Kt. Baselland seit 1886 (Kanton BL 1994)

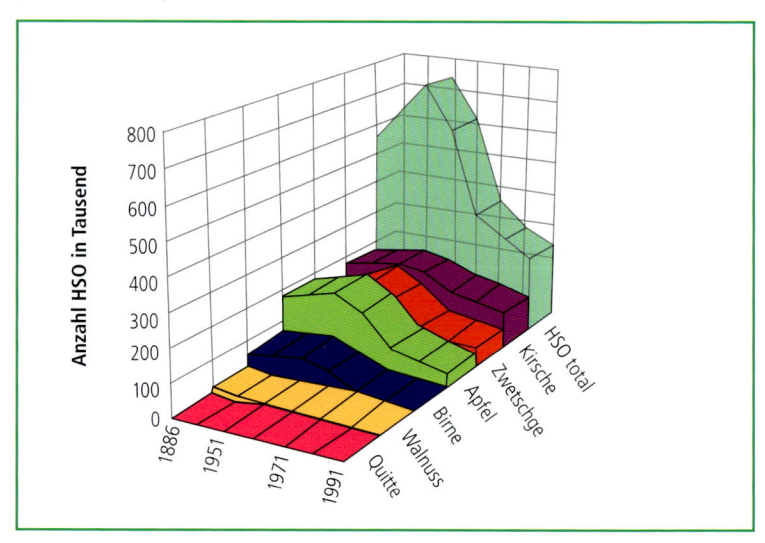

Der Niedergang der Hochstamm-Obstbäume (HSO)

Noch existiert in der Schweiz eine beachtliche Vielfalt an regionalen Hochstamm-Sorten, die es vor dem Aussterben zu retten gilt. Über 1000 verschiedene Apfel-, Birnen-, Kirschen-, Zwetschgen-, Quitten- und Walnusssorten sind im Inventar der *pro specie rara*-Sortenzentrale verzeichnet und genau beschrieben. Viele Hochstamm-Sorten sind allerdings nur noch durch wenige Bäume vertreten. Ebenso sind intakte und vielfältige, traditionelle Feldobstbaulandschaften selten geworden. Immer mehr verdrängen eigentliche Obstplantagen die traditionellen, ökologisch wertvollen Obstgärten. Natürliche Faktoren wie Virus-, Bakterien- und Pilzerkrankungen oder Nagetiere, die Konkurrenz durch billige Importprodukte (Orangen, Bananen etc.), aber auch die starke Zersiedelung

NATUR

der Gemeinden seit den 1950er-Jahren und die während zwei Jahrzehnten ausbezahlten Rodungsprämien (Bundesratsbeschluss über die Umstellung des Obstbaus, 1955) haben einen geradezu dramatischen Rückgang der Hochstämmer bewirkt (Abb. 20 und 21).

Der Druck des Marktes bewirkt, dass immer weniger, jedoch absatzstarke Obstsorten produziert werden: Der Siegeszug des Golden Delicious und seiner Abkömmlinge (Elstar, Gala, Jonagold, Maigold etc.) ist Ausdruck dieser Entwicklung. Zwar wird der Hochstamm-Feldobstbau von der öffentlichen Hand wieder gefördert, eine positive Trendwende hin zu einer grösseren Vielfalt im Obstbaumbestand und folglich auch im Obstangebot der Grossverteiler ist indessen nicht zu beobachten. Eine Stichprobe in vier Lebensmittelfilialen der NW-Schweiz am 20.10.1995 – also mitten in der Erntezeit – ergab eine ernüchternde Bilanz: pro Filiale konnte zwischen minimal 6 und maximal 11 Obstsorten gewählt werden. Ohne aktive Gegenmassnahmen ist zu befürchten, dass durch diese genetische Erosion ein Grossteil der alten Hochstammsorten in absehbarer Zeit ausgestorben sein wird. Wegen der Überproduktion an Mostobst werden viele Hochstämmer nicht mehr gepflegt und geerntet. Laut der Zeitschrift *Schweizer Bauer* (Nr. 31, 1995) ist in der EU für das Wirtschaftsjahr 1994/95 eine enorme Zahl von Rodungsgesuchen für Apfelbaumflächen beantragt worden: in Frankreich 9000 ha oder 15 % der Apfelbaumflächen, in Grossbritannien 2570 ha oder 12 %, in Deutschland 4260 ha oder 10 % etc. Die Folgen dieser Entwicklung sind unübersehbar: Wo einst Hochstämmer unsere Obstbaugebiete mit ihren prächtigen Kronen bereicherten, finden sich heute immer häufiger ertragsreiche, aber eintönige Halbstamm-, Niederstamm- oder Spindelkulturen des modernen Intensivobstbaus, welche die durch Strassen und Neubausiedlungen bereits stark geometrisierte Landschaft zusätzlich verarmt erscheinen lassen. Der Verlust der genetischen und ökologischen Vielfalt wird langfristig unabsehbare Folgen für Landwirtschaft und Umwelt haben, die sich durchaus auch wirtschaftlich nachteilig auswirken könnten. Nicht nur Fachleute der FAO erachten ein möglichst grosses genetisches Reservoir als unverzichtbar, wenn die Kulturpflanzen sich dereinst an durch den Klimawandel veränderte Standortbedingungen anpassen (lassen) sollen.

Damit wir uns weiterhin am Anblick unserer schönen Obstbaumlandschaft erfreuen können (Abb. 22), müssten wir also statt Orangensaft wieder mehr Most trinken und unsere Möbel statt bei IKEA beim lokalen Schreiner beziehen, wo sie zwar mehr kosten, aber länger als ein Leben lang halten. Auch die Tiere würden es uns danken, denn die Hochstämmer bieten in den durch jahrzehntelangen Baumschnitt verursachten Stammhöhlen und Überwallungen Lebensraum für eine Vielzahl von Organismen. So finden sich in traditionellen Baumgärten rund dreimal mehr Vogelarten als in Intensivkulturen. Auf alte Obstbäume spezialisierte Arten wie etwa der Grünspecht, der Steinkauz oder der Wiedehopf sind durch den Rückgang der Hochstämmer stark dezimiert worden.

Folgt man nicht einfach dem Weg in Richtung Winterholden, sondern dreht scharf nach Norden in Richtung Egghof ab, so wird die Trennung unserer Landschaft in Faltenjura und Tafeljura klar ersichtlich. In Richtung Norden weiten sich die Ebenen des Tafeljuras aus, nur unterbrochen von den Flussläufen der Ergolz und ihrer Zubringer. Diese Gebiete wurden vom Druck aus Süden, der zur Jurafaltung geführt hat, mehrheitlich verschont, und somit liegen hier die Schichten entsprechend ihrer erdgeschichtlichen Ablagerung flach übereinander. Über den dem Zig

Abb. 22: Sonnenuntergang am Steinacher – hoffentlich kein Symbol für den Untergang unserer Hochstämmer.

vorgelagerten Effingerschichten (z. B. Chille-Hübel) finden sich vereinzelt Süsswassermergel und/oder -kalke, die mit einzelnen Zonen eiszeitlicher Ablagerungen durchsetzt sind. Blickt man in Richtung Westen, so sieht man auf der linken Seite (also gegen Süden) die klaren Konturen des Faltenjuras. Für den Bereich Zig sei aus geologischer Sicht auf das Unterkapitel «Geologie» verwiesen, wo die Zig-Schuppenzone genauer erläutert ist. Der unbewaldete Nordhang des Zigs (Ischlag, Steinacher, Endleten) ist geprägt durch Landwirtschaft, insbesondere den Obstbau (vorwiegend Kirschen). Dies ist ein ideales Gebiet für Gartenrotschwänze und andere Gartenbesiedler, wie etwa den Feldsperling («Spatz» mit brauner Mütze), die gerne in Höhlen alter Hochstammbäume leben, von denen es hier zum Glück noch eine erhebliche Anzahl gibt. Auch Goldammern sind schon beobachtet worden (Amt für Raumplanung BL 1992 – 1995); diese bauen ihr Nest gut geschützt am Boden oder in niedrigen Büschen.

Der bewaldete Hang unterhalb des Zigs ist das Zuhause von Waldkäuzen und Spechten, aber auch von Hohltauben, die schon von weitem zu hören sind und gerne Höhlen von Spechten zum Brüten nutzen. Dieser Wald ist ein klassischer Hallen-Buchenwald. Wie bereits im Unterkapitel «Vegetation» erörtert, ist die Buche in den Oltinger Wäldern der klar dominierende Baum, nach der Fichte ist sie gar die zweithäufigste Baumart der Schweiz (Abb. 23).

Die Buche (Fagus sylvatica)

Die Buche kann bis ca. 45 m hoch und etwa 300 Jahre alt werden. Sie bevorzugt Gebiete mit feucht-gemässigtem Klima (relativ milde Winter und reichlich Niederschlag) und ist in der Schweiz natürlicherweise die dominierende Baumart der montanen Stufe (bis ca. 1250 m auf der Alpennord- und ca. 1600 m auf der Alpensüdseite). Besonders im Mittelland wurde ihr Bestand in den letzten 200 Jahren aber zugunsten der Fichte künstlich dezimiert. Das Verbreitungsgebiet der Buche erstreckt sich von NW-Spanien über Sizilien und den Balkan nordwärts bis nach Polen und Süd-Norwegen. Die letzten grösseren Rotbuchen-Urwälder befinden sich in Transkarpatien (West-Ukraine), dem geographischen Zentrum Europas, nahe der Grenze zu Rumänien. Innerhalb ihres Optimalgebietes kann die Buche unterschiedliche Standorte besiedeln, sie meidet jedoch sehr nasse oder trockene Böden und ist vor allem in der Jugend gegen starke Winterfröste, Spätfröste, Hitze und Dürre empfindlich. Allgemein gilt: Je trockener die Böden, desto günstiger müssen die anderen Umweltbedingungen sein, um ein gutes Wachstum zu ermöglichen. So kann ein hohes Nährstoffangebot Feuchtigkeitsmangel bis zu einem gewissen Grad kompensieren.

Kein anderer Baum ausser der Orientbuche und einer japanischen Buchenart ist so waldbeherrschend und bildet derart reine Wälder wie die Rotbuche. Der Grund dafür ist ihre Schattentoleranz, die auf einer äusserst optimalen Blattstellung beruht und eine sehr effiziente Nutzung des vorhandenen Lichtes ermöglicht; selbst bei nur noch 20 % des normalen Lichtangebotes zeigt sie kaum eine Beeinträchtigung ihres Wachstums. Die Folge dieses Konkurrenzvorteils sind fast reine Wälder mit einem dichten, geschlossenen Kronendach. Ausgewachsene Buchenwälder weisen kaum Unterholz und meist nur eine lückige, artenarme Krautschicht auf, die zumeist aus Frühblühern besteht, welche das Licht vor dem Blattaustrieb der Buchen nutzen (Abb. 24 und 25).

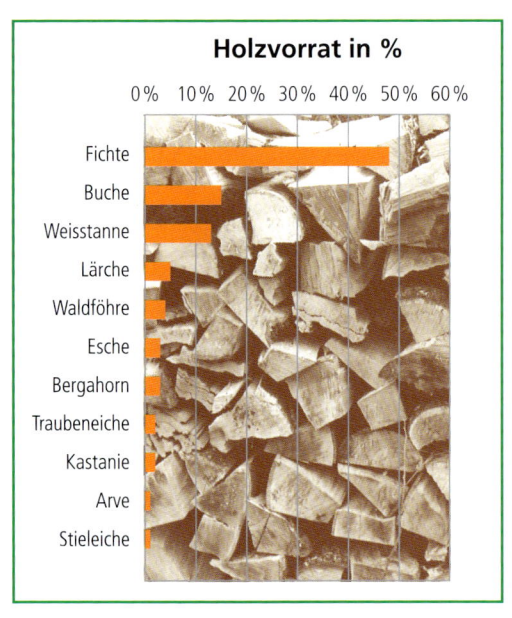

Abb. 23: Holzvorrat der wichtigsten Baumarten (Eidg. Anstalt für das Forstliche Versuchswesen 1988)

NATUR

Abb. 24: Typischer Hallen-Buchenwald (Zahnwurz-Buchenwald) am Hang unterhalb des Zigs im März. Die grünen Bereiche am Waldboden sind frisch gekeimte Buschwindröschen *(Anemone nemorosa)*, ein typischer Frühblüher.

Abb. 25:
Die Fingerblättrige Zahnwurz *(Dentaria pentaphylla)* ist ebenfalls ein Frühblüher und zugleich eine Charakterpflanze des sog. Zahnwurz-Buchenwaldes, der schattige, feuchte Nordlagen bevorzugt. Im Gegensatz dazu steht der Seggen-Buchenwald, welcher auf den sonnigeren, trockeneren Südhängen dominiert (z. B. Sodholden).

Ihre Schattentoleranz macht die Buche zu einem enorm konkurrenzstarken Baum, dem nur die ebenfalls sehr schattentolerante Weisstanne gewachsen ist. Mit zunehmender Höhenlage tritt die Weisstanne immer häufiger auf (Tannen-Buchenwälder), bis sie die Buche aufgrund ihrer grösseren Frosthärte ganz ablöst. Will der Förster das Überleben von Lichtbaumarten wie Eiche, Esche oder Kirsche in einem Buchenwald sichern, muss er bei der Durchforstung die mit ihnen direkt in Lichtkonkurrenz stehenden Buchen entfernen. Das Nutzungsalter der Buche ist je nach Standort mit 140 – 160 Jahren erreicht. Besonders auf nährstoffreichen Standorten weist Buchenholz im fortgeschrittenen Alter einen Farbkern auf, der den Marktwert des Holzes vermindert; in Oltingen wird aber auch dieses «Zweitklassholz» seines hohen Brennwertes wegen hoch geschätzt und in den noch zahlreichen Holzöfen verfeuert. Buchenholz wurde früher auch häufig zur Herstellung von Holzkohle verwendet, die kaliumreiche Asche diente zur Produktion von Laugen. Das harte, hellrötlich bis hellgelbe Holz der Buche erfreut sich schon seit geraumer Zeit einer Renaissance als Möbelholz. Aufgrund der Spannungen und geringen Witterungsbeständigkeit ist Buche aber nicht als Bauholz geeignet. Das Wort «Buchstaben» basiert übrigens auf den aus Buchenholz geschnitzten, germanischen Buchenstäben, in welche die sogenannten Runen eingekerbt wurden. Der wissenschaftliche Name der Buche «*Fagus*» geht auf «essen» zurück, was die einstige Bedeutung der Buchenwälder für die Schweinemast verdeutlicht. «Buechnüssli» enthalten 40 % Öle und dienten in schlechteren Zeiten auch den Menschen als willkommene Nahrungsergänzung.

Der Weg führt bis an den Waldrand und diesem entlang bis zu einem steilen, aber gut gesicherten Aufstieg (über Muschelkalkbänke) zum westlichsten Punkt der Gemeindegrenze. Sobald man den Wegweiser auf der Zigflue erreicht hat, empfiehlt es sich, auf dem unmarkierten Weglein einen kurzen Abstecher nach Westen zu machen, der zum entlegeneren Teil der Fluh führt. Von hier eröffnet sich dem Wanderer eine wunderbare Sicht vom Wisenberg über den Tafeljura bis hin zum deutschen Belchen. Nach dem ausgiebigen Blick über unsere schöne Heimat lohnt es sich, auch der Fluh selbst ein Augenmerk zu widmen. Flühe sind in jeder Hinsicht faszinierende Lebensräume. Die dort lebenden Pflanzen sind Wind und Wetter schutzlos ausgesetzt. Erbarmungslos brennt die Sonne schon im Frühsommer auf die Felsen; mangels Schatten sind im Sommer Höchsttemperaturen von über 50 °C keine Seltenheit.

Am meisten zu schaffen macht den Pflanzen jedoch der karge, keine nennenswerte Humusschicht tragende Untergrund, der das Regenwasser nur sehr begrenzt speichern kann. Nur an diese Verhältnisse angepasste Arten können hier überleben. Dazu zählen die auf jeder richtigen Jurafluh vorhandenen und meist wild geformten Waldföhren oder der Mehlbeerbaum (Abb. 26), aber auch Fettkraut- und Steinbrecharten, um nur einige zu nennen.

Abb. 26: Blick von der Zigflue durch die Herbstblätter einer Mehlbeere *(Sorbus aria)* **nach Kilchberg und Rünenberg**

Von der Wiese des Zigs, die ihren Nährgehalt den Trigonodusdolomiten zu verdanken hat, ist etwas Interessantes zu berichten: Die leichte Muldenform zwischen den bewaldeten Muschelkalkbänken ist letzte Ruhestätte von Erosionsrückständen des Schwarzwaldes; diese sind während der Zeit der Wanderblockformation (ca. 6.5 Mio. Jahre) hier abgelagert worden, und erst danach ist der Jura aufgefaltet worden. Diese Schwarzwald-Relikte wurden deshalb hier wie in einer Tasche vor weiterer Verfrachtung verschont.

Folgt man dem Weg auf der rechten Seite der Wiese, so gelangt man zu einer kleinen Scheune; rechts in den Wald abgedreht erreicht man nach kurzer Strecke (ca. 100 m) einen Forstweg. An diesem Punkt stehen wir auf der zweiten Zig-Muschelkalkschuppe, die die Geologie der Zigholden, Sodholden und der Winterholden bestimmt. Folgt man dieser Schuppe auf ihrer Südseite bis zum Sodacher/Sempacher, so gelangt man an einen wunderbaren Rastplatz; für Picknick-Freunde ist dort sogar ein kleiner Grill mit Gitter vorzufinden. Rastlose müssen nicht verweilen, denn in nordwestlicher Richtung geht ein Weg ab, der zum «Hoolestäi» führt, einer Stelle, wo Karren aus längst vergangenen Zeiten ihre Spuren hinterlassen haben. Es ist erst kürzlich diskutiert worden, ob denn diese Spuren aus dem Mittelalter oder gar römischen Zeiten stammen (siehe dazu Kapitel «Geschichte»). Mit etwas Glück und Geduld kann hier Rot- und/oder Schwarzwild beobachtet werden, ja sogar Igel in Wurzelstöcken grosser Buchen.

Folgt man auf dem Sempacher dem Gehölz zur Sodägerten, so hat man plötzlich einen wunderbaren Blick auf die Schafmatt. An diesem Punkt entkommt man auch der Zig-Schuppenzone und gelangt in eine Umgebung, die von geologisch jüngeren Schichten geprägt ist.

Sodägerten – Ergolzquelle

Das Gebiet der Schafmatt wird im Süden begrenzt durch den Leutschenberg und die Geissflue und gegen Norden durch die Ausläufer der Muschelkalkschuppen (Bruholden-Stellichopf, Forenberg). In diesem von West nach Ost verlaufenden Becken treten alle dem Trias-Muschelkalk nachfolgenden Schichten bis zum unteren Dogger auf der Krete der Geissflue auf (siehe Tabelle 1, Lebensraum). Dieser Sachverhalt führt zu einigen Eigenheiten des Schafmatt-Gebietes.

Erste, nicht ganz so anstrengende Variante
Als erste Überraschung ist die «Altschür» in der Gruebetsmatt (gegenüber Parkplatz an der Strasse nach Oltingen) zu erwähnen. Hier handelt es sich um eine Doline mit etwa 50 m Durchmesser (Gipskeuper/Lettenkohle-Formation), also um eine geologisch bedingte Absenkung aufgrund von ausgewaschenem Gips im Untergrund, Höhlenbildung und

NATUR

deren Zusammenbrechen. Sie ist in das Verzeichnis der Geologischen Naturobjekte aufgenommen worden (Amt für Raumplanung BL 1996). Dolinen dieser Art, aber meist kleiner, sind hier nicht untypisch und gut ersichtlich vom höher gelegenen Weg zum Aarauer Naturfreundehaus. Der Flurname «Gruebetsmatt» widerspiegelt den Landschaftscharakter seit langem. Südlich des eben erwähnten Weges, aber nicht direkt auf dem Pfad der Exkursion, befindet sich das kleine Feuchtgebiet des Emdmattbächlis, das Heimat von Wasser[1]- und Grasfröschen, Geburtshelferkröten und Bergmolchen (gelb-oranger Bauch ohne dunkle Flecken) ist. Da dieses Gebiet Naturschutzgebiet ist, bitte auf den dafür vorgesehenen Wegen bleiben und den Naturfrieden nur mit Augen und Ohren geniessen.

Die Wanderung führt in Richtung Osten an verschiedensten Sträuchern vorbei, Heimat der meisten uns bekannten Vogelarten, aber auch Baumpieper und Berglaubsänger sind als Zugvögel hier im Sommer zuhause. Mit dem Eintreten in den Waldstreifen (vor dem Abbiegen gegen Norden, sprich links) betritt man das Quellgebiet der Ergolz. Dort ist es gut möglich, dass man nur ein vereinzeltes Wasserplätschern und nicht ein Rauschen hört, denn der Quellfluss der Ergolz schwankt sehr stark von der Wetterlage abhängig, ganz im Gegensatz zur Gallislochquelle, die auch nach lange anhaltender Trockenheit noch Wasser führt. Eine kleine Expedition in dieses Wäldchen ist interessant, sind doch dort Sträucher und Bäume seit geraumer Zeit sich selbst überlassen.

Zweite, sportlichere Variante mit Geissflue
Diese zweite Variante startet eigentlich gleich wie die erste, aber anstatt dem Weg weiter Richtung Nordosten zu folgen, nimmt man den zum Aarauer Naturfreundehaus. Dort kann man sich zu einem kleinen Imbiss entscheiden (nur an Wochenenden) oder man nimmt den relativ steilen Anstieg zur Geissflue auf dem kleinen Waldpfad direkt in Angriff. Wer schon vom Naturfreundehaus Schafmatt zur Geissflue hinaufgestiegen ist, wird sich vielleicht schon gewundert haben, weshalb die Bäume trotz des steilen Hanges zumeist senkrecht gegen den Himmel wachsen.

---

[1] *Die Autoren dieses Berichtes konnten nicht ausmachen, ob es sich um den Kleinen Wasserfrosch, den Teichfrosch oder den Seefrosch (alle werden sie Wasserfrösche genannt) handelt.*

Wie wahren Bäume das Gleichgewicht?

Da die Baumkronen sich zum Licht hin orientieren, die Mehrzahl der Äste also auf der Talseite gebildet werden, würden die Bäume nach und nach in ein Ungleichgewicht geraten, das sie früher oder später zum Umsturz brächte. Die Natur hat aber auch in diesem Fall vorgesorgt und ein Gegenmittel parat. So bilden die Nadelbäume an der Talseite des Stammes «Druckholz», die Laubbäume an der Bergseite «Zugholz». Im Bereich des Druck- und Zugholzes ist das Holzgewebe von speziell hoher Dichte, zugleich sind die Jahrringe deutlich breiter. Das Jahrringwachstum innerhalb eines Stammes ist in der Folge nicht mehr regelmässig konzentrisch, sondern einseitig (Abb. 27). Dasselbe Prinzip wenden Bäume in sehr windreichen Gebieten an. Im Prinzip gilt, je asymmetrischer der Jahrringzuwachs, desto grösser sind die auf einen Baum wirkenden Kräfte. So konnte etwa eine direkte Abhängigkeit der Jahrringexzentrizität von der Windgeschwindigkeit bei windgestressten Bäumen an der Waldgrenze in den Rocky Mountains nachgewiesen werden. Je exzentrischer das Jahrringwachstum, desto stärker die Winde. Wer den Bau eines Windkraftwerkes plant, sollte also zuerst die wohl zuverlässigsten Langzeit-Windmesser beachten, die Jahrringe der Bäume (Schweingruber und Schoch 1992).

Abb. 27: Um sich gegen Hangdruck, Starkwinde und andere Kräfte zu stabilisieren, bilden Nadelbäume Druckholz, Laubbäume Zugholz aus (graue Flächen in den Stammquerschnitten).

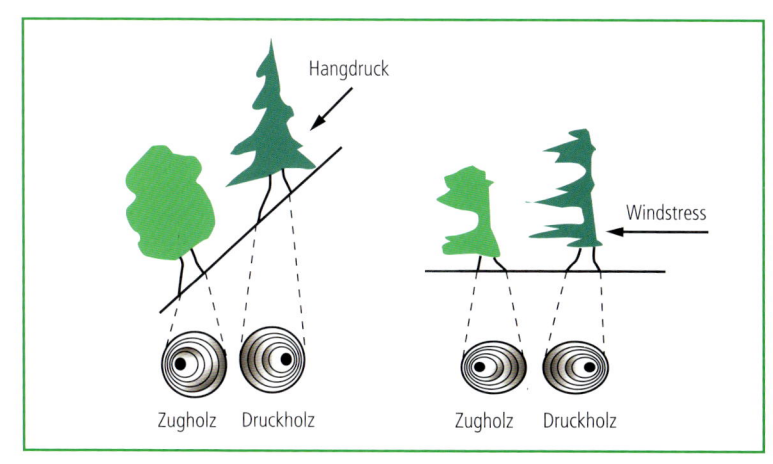

NATUR

Nach Überwindung von ungefähr 100 Höhenmetern erreicht man das schwach nach Süden abfallende Plateau der Geissflue. Hier lohnt es sich, bei schönem Wetter unbedingt nach rechts zu schwenken und die etwa 200 m zur Rohrerplatte zurückzulegen: Von hier aus hat man eine hervorragende Panoramasicht auf die Voralpen und die Berner Alpen – an Abenden mit schönem Abendrot absolut phantastisch. Bei schlechten Sichtverhältnissen ist die Fluh für botanisch interessierte Besucher aber dennoch ein lohnenswertes Ziel, denn die Platte ist von einer Vielzahl von Krautpflanzen bewachsen; unter anderem findet sich das Weisse Fettkraut, das Gefleckte Johanniskraut, die Moos-Nabelmiere, der Berg- und der Echte Gamander (Abb. 28).

Abb. 28: Echter Gamander *(Teucrium chamaedrys)* **auf der Rohrerplatte. Man muss sich schon recht tief bücken und eine Lupe dabei haben, wenn man die Schönheit dieser kleinwüchsigen Pflanze bewundern möchte.**

Weshalb kalkhaltige Böden artenreicher sind als saure

Ist es nicht ein Wunder, dass auf einem so unwirtlichen Ort wie einer Felsplatte so viele verschiedene Pflanzenarten wachsen? Haben Sie gewusst, dass auf kalkhaltigen, mit Kalziumkarbonat ($CaCO_3$) angereicherten Böden grundsätzlich mehr Pflanzenarten vorkommen als auf kalkarmen? Da aber für kalkliebende Pflanzen nicht nur ein hoher Kalkgehalt entscheidend ist, sondern auch der Gehalt an anderen Basen (z. B. Kalium- oder Magnesiumsalze), spricht man besser von basenreichen bzw. basenarmen Böden. Ein hoher Basengehalt ist für das Pflanzenwachstum zwar nicht von grundsätzlicher Bedeutung, aber Kalzium spielt eine entscheidende, indirekte Rolle via Stimulierung der Bodenbakterien, insbesondere der stickstofffixierenden Knöllchenbakterien, die ein besonderes Merkmal der Schmetterlingsblütler (z. B. Kleearten) sind. Diese Bakterien können in einem komplizierten chemischen Prozess atmosphärischen Stickstoff binden, welcher dann in Form von Nitrat den Pflanzen als wichtiger Nährstoff zur Verfügung steht. Deshalb ist in kalkreichen Böden die Nährstoffversorgung prinzipiell besser als in kalkarmen, sauren Böden. Pflanzen, die hauptsächlich auf sauren Böden leben, haben aber immerhin den Vorteil, dass Schwermetalle wie Eisen und Mangan, die ebenfalls (wenn auch nur in kleinen Mengen) benötigt werden, im sauren Milieu besser löslich und daher für die Pflanzen zugänglicher sind. In basenreichen Böden ist die Schwermetalllöslichkeit gering, weshalb es zu Mangelerscheinungen wie z. B. Blattvergilbungen (Chlorosen) kommen kann.

Viele Pflanzen trifft man entweder nur auf basenreichen oder basenarmen Böden an. Diese können als bodenökologische Zeigerpflanzen verwendet werden (Basen- resp. Säurezeiger). Die Verhältnisse in der Natur sind indessen recht kompliziert, und nicht alle basen- oder säurezeigenden Arten verhalten sich gleich. Pflanzen, die in der Regel auf kalkhaltigen Böden vorkommen, können oft auch auf kalkarmen Böden wachsen, wenn die Konkurrenz gering ist (auch der umgekehrte Fall kommt vor). Oft sind Pflanzen in ihrem Hauptverbreitungsgebiet gegenüber der Bodenbeschaffenheit nicht speziell sensitiv, aber sobald sie an Grenzstandorten wachsen, spielt diese eine limitierende Rolle. Ein gutes Beispiel dafür, dass selbst sehr nahe verwandte Pflanzen völlig unterschiedliche Substrate bevorzugen können, sind die beiden Alpenrosenarten. Während die Rostblättrige Alpenrose *(Rhododendron ferrugineum)* ausschliesslich auf sauren Böden gedeiht, kommt die Behaarte Alpenrose *(Rhododendron hirsutum)* nur auf basischem Untergrund vor.

Nach diesem kurzen Abstecher in fremde Gefilde (Rohr, Kt. Solothurn) führt der Weg zurück zur Geissflue, der höchsten Erhebung auf Oltinger Boden, 962,9 m ü. M. Wiederholungen sind nicht interessant, aber auch hier ist die Aussicht hervorragend: Der Blick nach Norden zeigt weit ins

NATUR

obere Baselbiet mit seiner charakteristischen Hügellandschaft und seinen Ebenen, Ausprägungen des Falten- und des Tafeljuras.

Die Wanderung führt uns Richtung Nordosten entlang des Kammes der Geissflue (alles auf den Schichten des unteren Doggers, Murchisonae/ Blagdeni-Schichten) zu Rächemachers Mätteli (Antennen), auf dem an schönen Sommertagen ein Sonnenaufgang wunderbar beobachtet werden kann. Vorher kommt man an historischen Grenzsteinen aus dem 17. Jahrhundert vorbei, die anzusehen sich unbedingt lohnt. Zur Zeit ihrer Errichtung existierten die Basler Halbkantone noch nicht, weshalb hier der Baselstädter Stab unsere Kantonsgrenze markiert (Abb. 29). Wenn man genau hinschaut, kann man unter der recht frisch anmutenden schwarzen Farbe rote Farbreste erkennen. Ein patriotischer Baselbieter hat offenbar versucht, aus dem Baselstädter Stab einen Baselbieter zu machen. Aber da hilft alles nichts: Er ist und bleibt nach links gebogen...

Abb. 29:
Das Baselstädter Wappen ziert diesen Grenzstein auf der Geissflue.

Mit viel Glück kann hier auch den Meisselarbeiten der Schwarzspechte (lange hui-hui Rufe ohne Absenkung des Rufes gegen Ende), dem «Trommeln», gelauscht werden. Nach Abstieg zur Quelle der Ergolz vereint sich diese Variante wiederum mit der Route der ersten Variante.

Ergolzquelle – Oltingen Dorf

Die Ergolz verlässt ihr Quellgebiet über ein steil abfallendes Bachbett. Geologisch interessierte Exkursionsteilnehmer sollten, wenn dies körperlich möglich ist, dem Bachlauf entlang gehen: Hier sind alle Schichten zwischen Hauptmuschelkalk (Trias) und Opalinuston (Jura/Lias) aufgeschlossen. Im Bachbett können zu angebrachter Zeit (April/Mai) auch Jungtiere des Feuersalamanders, der keinen Laich legt, sondern lebendgebärend ist, entdeckt werden: Die jungen Feuersalamander sind länglich mit deutlich dickerem Kopf; sie sind grau-grün und besitzen gut sichtbare Aussenkiemen.

Alle, die den Abstieg nicht via das doch mühsame Bachbett machen wollen, folgen dem Weg Richtung Oltingen und wechseln nach dem relativ steilen Wegstück an den Waldrand neben der Ergolz. Achtung: Es gibt keinen offiziellen Wanderweg entlang der Ergolz zum Chohlholz, daher bitte vorsichtig am Waldrand entlang und keine «Trampelspuren» durch hohes Gras – der Besitzer der Wiese ist sicherlich sehr dankbar! Auf der Höhe des alten, schon von weitem gut sichtbaren Kantonsgrenzsteines Baselland-Solothurn kann man den Waldrand verlassen und gelangt links durch den Wald auf den Weg in Richtung Chohlholz. «Chohlholz» hat seinen Namen von einer in früheren Zeiten angesiedelten Köhlerei, die hier ihre Holzkohle produzierte. Der Pfad der Exkursion folgt unablässig diesem Weg mit gleichfallender Neigung (also nicht rechts Richtung Ried), bis er die Hauptstrasse, nach Überqueren eines Viehrostes, erreicht. Der Rest der Exkursion verläuft auf der Kantonsstrasse nach Oltingen, also bitte Vorsicht, denn es hat einzelne nicht sehr übersichtliche Stellen, die aber geologisch interessant sind: Hier durchquert man ein geologisch geplagtes Umfeld, steigt doch der Chlapfen mit seinem jüngeren Hauptrogenstein unter dem alten Hauptmuschelkalk der Winterholden (Teil der Zig-Schuppenzone) steil nach Nordosten auf. Kurz vor der Trennlinie (Überschiebungslinie) Muschelkalk – Hauptrogenstein, bei der kleinen, fast nicht wahrnehmbaren Ergolzbrücke, stossen auf der östlichen Strassenseite Schichten in dramatischer Art und Weise aufeinander, wie Abb. 30 darzustellen versucht.

Exkursion 2: Breusch – Unterburg – Sennweid – Chalberweidli – Schnäpfeflüeli – Ried – Röti

Abb. 30: Schichtaufschub südlich Chlapfen, Kantonsstrasse Richtung Schafmatt, im unmittelbaren Umfeld der Überschiebung zwischen Hauptrogenstein und Muschelkalk

Verlässt man den Wald, so liegt rechter Hand ein kleiner Steinbruch: Hier wurde mit einer Steinbrecheranlage in der ersten Hälfte des 20. Jahrhunderts Mergel für die Kofferung von Wegen gebrochen, Material, das heute über viele Kilometer vor Ort gebracht werden muss.

Die erste Exkursion mit den Schwerpunkten «Wechsel zwischen lichten Wiesen und angenehm kühlen Wäldern», «dramatische Geologie» und «typische Juravegetation» endet nach Überwindung etlicher Höhenmeter wieder in Oltingen, wo man sich im Restaurant Ochsen oder im «Trübel» von den Anstrengungen erholen kann.

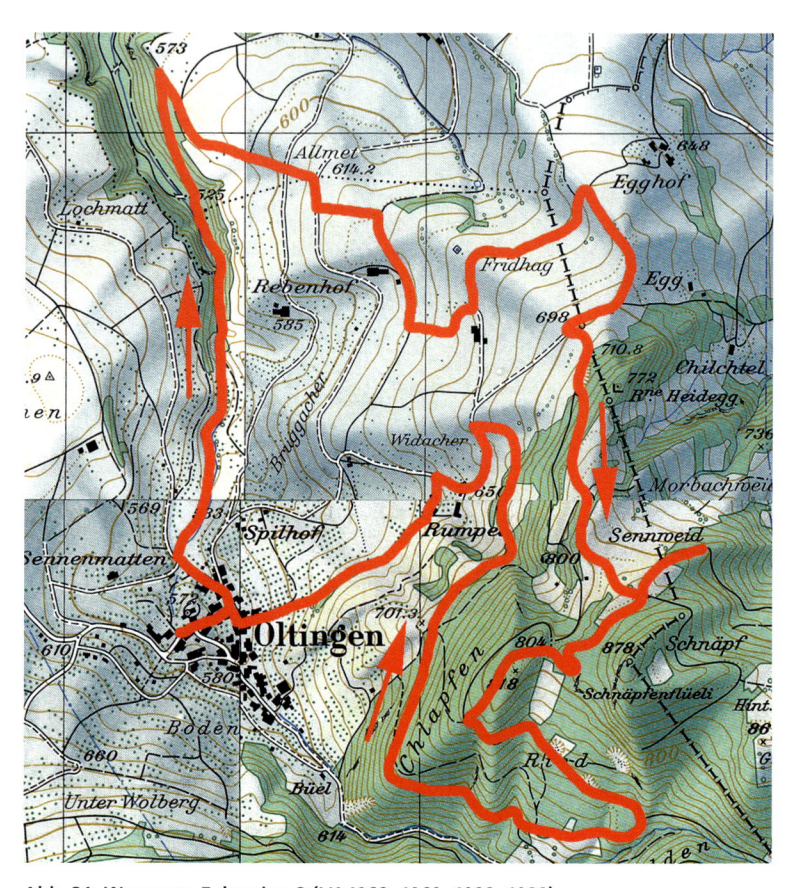

Abb. 31: Wegroute Exkursion 2 (LK 1068, 1069, 1088, 1089). Reproduziert mit Bewilligung von swisstopo (BA067770).

Dauer:	ca. 3 Stunden, mit guten Rastmöglichkeiten auf halber Strecke
Beste Zeit:	April bis Oktober
Start:	beim Schulhaus

NATUR

Überblick

Die zweite Exkursion verläuft zuerst Richtung Norden, entlang des von der Ergolz in den Tafeljura gegrabenen Einschnittes, um anschliessend gegen Süden in Richtung Chlapfen abzubiegen. Hier finden sich die für dieses Gebiet so charakteristischen Magerwiesen mit vielen kleinen, aber feinen Kostbarkeiten, die im Detail in Paul Imbecks Unterkapitel «Naturschutzgebiete» dargestellt und gewürdigt werden. Gegen Ende der Wanderung können noch einmal die Auswirkungen von Kräften, die hier vor Jahrmillionen gewirkt haben, bestaunt werden (geologisches Denkmal). Die Wanderung erscheint lang, kann aber im Gebiet der Eimatt auf die eine oder andere Art abgekürzt werden; anstelle des Weges via Sennenweid können auch die Wege via Rumpel oder via Waldrand Chlapfen genutzt werden.

Oltingen Dorf – Breusch – Unterburg

Die Wanderung startet im Dorf und verläuft Richtung Norden ins bewaldete Gebiet des Breusch, dem noch kleinen Taleinschnitt der jungen Ergolz. Aufgrund der dort stets vorhandenen Feuchtigkeit ist dieser Platz hervorragend zur Beobachtung von Lurchen aller Art geeignet: Nebst Fröschen und Kröten sind hier gelegentlich auch Feuersalamander zu beobachten. Geologisch gesehen ist man hier beidseitig von den Varians- und Macrocephalus-Schichten begleitet. In der näheren Umgebung finden sich auch Aufschlüsse ausserordentlich schöner Ammoniten. Durchstreift man das Tal im Frühjahr, so ist der unverkennbare Geruch von Bärlauch wahrzunehmen. Nach dem Wasserfall der Ergolz, der anfangs des 20. Jahrhunderts noch von Fischottern besiedelt wurde (mündliche Überlieferung von Paul Lüthy sen.), zweigt rechts ein kleiner Weg Richtung Osten ab und steigt gemächlich auf die Ebene der Almet an (an dem kleinen Wasserfall unterwegs wurden vereinzelt Wasseramseln beobachtet).

Oben angekommen findet man einen typischen Waldrand mit vereinzelten Eichen, aber auch Waldkirschbäumen und diversen Sträuchern vor. Auf dem offenen Gelände der Almet kann zu gegebener Zeit dem Fluggesang der Feldlerchen gelauscht werden, die hier seit geraumer Weile als Sommergäste beobachtet werden können. Von der Almet steigen wir den in der Karte ersichtlichen Weg Richtung Fridhag hoch, ein Gebiet, das durch seine pfannenförmige Vertiefung auffällt: Hier konnte sich jener Lehm absetzen, der weit herum bekannt war für seine Feinkörnigkeit. An dieser Stelle hat man eine hervorragende Aussicht, einerseits entlang der Trennlinie Faltenjura-Tafeljura, mit so markanten Punkten wie Chlapfen oder Wisenberg, bis hin zum Oberbölchen, andererseits aber auch auf die Schuppenzone des Zigs oder die Moränenablagerung im Bereich des Bruggachers und natürlich auf das wie in einem Nest eingebettete Dorf Oltingen. Leicht südwestlich des Fridhags liegt Unterburg, ein bei vielen Freunden des Modellflugzeugbaues bekannter «Flugplatz». An dieser Stelle kann ein wunderbares Picknick, aber auch einfach eine kurze Pause eingelegt werden, ist doch die Infrastruktur für diese Tätigkeiten hier in gutem Zustand vorhanden. Am sonnenbeschienenen Geröllhang, mit vielerlei sonnenliebenden Pflanzen, die auch kargen Boden mögen, würde man Mauereidechsen erwarten, aber trotz mehrfachem Besuch konnte leider keines dieser wunderbar flinken Tiere beobachtet werden.

Wer die Exkursion an einem schönen Herbsttag zwischen Mitte Oktober und Anfang November erwandert, wird auf dem offenen Land zwischen Ergolztal und Chlapfen die herbstliche Farbenpracht in vollen Zügen geniessen können. Wie die Verfärbung der Blätter zustande kommt, blieb aber bis in die jüngste Zeit ein biologisches Rätsel.

Wenn das Blattgrün verschwindet

Die Farbe der Blätter wird im Frühling und Sommer weitgehend durch das Blattgrün, das sogenannte Chlorophyll bestimmt. Das Blattgrün ist der Stoff der Stoffe. Es ist die Grundlage für die wohl genialste Form der Energieumwandlung, welche erst die Entwicklung der enormen Vielfalt an Leben auf der Erde ermöglichte. Blattgrün vermag die Lichtenergie der Sonne zu absorbieren, und mit Hilfe der Photosynthese wandeln die Blätter der Pflanzen diese Energie in Kohlenhydrate um (1 m^2 Blattfläche produziert rund 1 g Zucker pro Stunde). In den Pflanzen hat sich auf diese Weise fast die gesamte Biomasse der Welt angereichert (rund 90 % davon ist allein in den Wäldern gespeichert). Die Tierwelt spielt im Vergleich dazu eine marginale Rolle.

NATUR

Abb. 32: Die intensive, gelb-rote Verfärbung der Kirschenblätter ist der Höhepunkt des Oltinger Herbstes.

Wenn sich im Herbst die Blätter verfärben und der «Indian Summer» im Nordosten der USA Millionen von Menschen in den Bann zieht, verschwindet jährlich weltweit mehr als eine Milliarde Tonnen Blattgrün! Trotz dieses gewaltigen Stoffumsatzes blieb das Schicksal des Blattgrüns lange Zeit verborgen. Der Forscher G. A. F. Hendry schrieb noch 1987: «... das Blattgrün verschwindet, ohne Spuren zu hinterlassen». 1991 gelang P. Matile von der Universität Zürich der Durchbruch, als er im Labor ein erstes Blattgrün-Abbauprodukt zu isolieren vermochte (Matile et al. 1999). Im Gegensatz zum grünen Chlorophyll war es farblos und wurde als NCC bezeichnet (= «*nonfluorescent chlorophyll catabolite*» = nichtfluoreszierendes Chlorophyllabbauprodukt). Kein Wunder also, dass die Zersetzungsprodukte des Blattgrüns so lange Zeit schlichtweg übersehen wurden.

Die Farben des Herbstes
Unter den vielen Farbtönen des Herbstes fallen vor allem die gelben und roten auf (Abb. 32). Die gelben Farben beruhen auf wasserunlöslichen Pigmenten, den sogenannten Carotinoiden (Farbstoff der Karotten und sehr nahe verwandt mit Vitamin A, bekannt für die Verbesserung der Sehstärke: «Du muesch Rüebli ässe, dass dä besser gseesch»). Sie sind bereits in den grünen Blättern vorhanden, wo sie den Energieumwandlungsprozess von Licht in Kohlenhydrate schützen, indem sie falsch weitergeleitete Energie in harmlose Wärme umwandeln. Die Carotinoide werden aber bis zum Herbst vom dominierenden Grün des Chlorophylls überdeckt und erst nach dessen Abbau sichtbar. Die roten Herbstfarben hingegen entstehen im Herbst durch die Bildung von sogenannten Anthocyanen. Diese sind übrigens auch für die «normale» rote Blattfarbe bei bestimmten Baumarten zuständig (z. B. Blutbuche oder Blutahorn). Weshalb aber bauen Pflanzen im Herbst das grüne Chlorophyll überhaupt ab?

Warum Pflanzen das Blattgrün abbauen
Eine noch immer geläufige Lehrmeinung sagt, dass Pflanzen das Chlorophyll abbauen, um den darin enthaltenen Stickstoff zurückzugewinnen. Dies ist jedoch nicht der Fall: Das Blattgrün wird nur bis zu den stickstoffhaltigen NCCs (siehe oben) abgebaut, die mit dem Fallen der Blätter verloren gehen. Auch in Nadelbäumen funktioniert das übrigens so. Es gibt aber dennoch einen Zusammenhang zwischen dem Abbau des Blattgrüns und der Rückgewinnung bzw. Umverteilung von Stickstoff. Der Gehalt an Stickstoff im Chlorophyll einer pflanzlichen Zelle beträgt lediglich 2 %, in den sogenannten Apoproteinen, die für die korrekte Anordnung des Chlorophylls verantwortlich sind, ist hingegen viel mehr vorhanden. Wenn ein Blatt altert, zerfallen diese Chlorophyll-Eiweiss-Komplexe. Die Eiweisse werden dabei zerlegt und abtransportiert (und damit auch der darin enthaltene Stickstoff), zurück bleibt nur das Chlorophyll. Das nun nicht mehr geordnete Blattgrün könnte aber immer noch Lichtenergie aufnehmen, die aber unkontrolliert abgegeben würde (z. B. an Sauerstoff). Dabei entstünde aktivierter Sauerstoff, der praktisch alle Zellbestandteile zerstören würde. Das Blattgrün muss deshalb nach der Rückgewinnung der Nährstoffe aus den Apoproteinen unschädlich gemacht werden. Der Abbau dieses für alles Leben auf der Erde so wichtigen Farbstoffes ist also nichts anderes als ein Entgiftungsprozess.

NATUR

Herbst zur Sommerzeit
Der Rekord-Trockensommer 2003 hat uns Dinge gelehrt, die kaum jemand für möglich gehalten hätte. So sind dem aufmerksamen Spaziergänger bereits Mitte Juli herbstlich verfärbte Bäume und Sträucher aufgefallen (Abb. 33). Normalerweise wird die Verfärbung der Blätter durch einen markanten Temperatursturz und/oder die herbstliche Verkürzung der Tageslänge ausgelöst (Pflanzen können die Veränderungen der Tageslänge messen!). Beides kann im Juli nicht der Fall gewesen sein, und so bleibt als Erklärung nur der extreme Trockenstress, dem manche Laubbäume geschickt mit vorzeitiger Herbstverfärbung und/oder Blattfall begegnet sind und so der Vertrocknung ausweichen konnten. Nadelbäume, die nicht in der Lage sind, den Herbst zu simulieren, waren an Extremstandorten hingegen verdorrt. So sind beispielsweise am unteren Teil des Chlapfen (Risi) einige der eigentlich an trockene Verhältnisse angepassten Waldföhren abgestorben.

Abb. 33: Herbstverfärbung im Juli! Dieser Kirschbaum auf dem Räbacher hat sich gegen die Gefahr der Austrocknung durch die Dürre erfolgreich zu wehren gewusst.

Wer diese Exkursion in mehrere Etappen aufteilen will, kann hier in Richtung Rumpel entweder den Weg entlang dem Waldrand des Chlapfen oder via den Weg vorbei an den Schützenscheiben des Schiessstands direkt zurück ins Dorf einschlagen.

Unterburg – Sennweid – Chalberweidli

Von Unterburg führt ein kleiner Weg durch den Wald auf die Untere Sennweid, anschliessend auf die Obere Sennweid, geologisch ein Gebiet des Trias, das ähnlich der Zig-Schuppenzone gegliedert ist, wo also harte Schichten (Muschelkalk) die bewaldeten Gebiete ermöglichen und weichere Schichten (Trigonodusdolomit, Lettenkohle und Keuper) gute Voraussetzungen für Wieslandschaften darstellen. Es sind genau diese geologischen Bedingungen, die zur Einmaligkeit der heute an dieser Stelle unter Schutz gestellten Vegetation beigetragen haben (siehe «Naturschutzgebiete»). Das Chalberweidli, als Ausläufer der Morbachweid, ist ebenfalls zu den obgenannten Wiesenflächen zu rechnen; hier ist auch die Kienberg'sche Morbachweid zu erwähnen, wo früher Kohle abgebaut wurde (Gsell 1968).

Der südliche, gebirgige Teil des Gemeindebanns ist dank seiner abwechslungsreichen Topographie ganz allgemein reich an Waldlichtungen. Aus ökologischer Sicht besonders wertvoll sind die Lichtungen bzw. Waldrandeinbuchtungen von Sodacher, Sempacher, Sodägerten und Rumpel sowie die beiden Sennweiden. Welchen Einfluss aber haben Lichtungen auf die Natur, und welche Vorteile bringen sie uns Menschen?

Waldlichtungen – Bereicherung und Balsam fürs Auge

Licht ist die treibende Kraft für die Entstehung pflanzlicher Vielfalt. Lichtdurchflutete, vielschichtige Wälder beherbergen bedeutend mehr Pflanzen- und Tierarten als dunkle, monotone Fichtenforste, wie sie z. B. im Mittelland und Schwarzwald seit dem 19. Jahrhundert angepflanzt worden sind. Lichtungen verlängern den Waldrandanteil, bringen dadurch mehr Licht in die Wälder und beeinflussen so deren Biodiversität

NATUR

Abb. 34: Waldlichtung im Gebiet der Schafmatt (Sodägerten). Der Waldrand ist aufgelockert und teilweise sogar stufig. Dadurch kommt mehr Licht in den Wald, was die Artenvielfalt fördert.

positiv (Abb. 34). Intakte, stufige Waldränder sind artenreicher als der dahinterliegende geschlossene Wald. Der Grossteil der Waldränder im dicht besiedelten Mitteleuropa weist indessen keinen natürlichen, stufigen Verlauf auf, sondern bildet einen scharfen, direkten Übergang vom Freiland zum Wald (rund 50 % der Schweizer Wälder grenzen an Strassen oder Wege). Diese «Waldrandmauern» sind nicht nur ökologisch praktisch wertlos (keine Deckung für Tiere), sie bieten auch Stürmen eine geradezu ideale Angriffsfläche.

Waldlichtungen werden heute meist nur noch extensiv als Wiesland, Lagerplatz für geschlagenes Holz, als Schiessplätze oder für die Jagd genutzt, da sie vom Wild mit Vorliebe zum Äsen aufgesucht werden. Für unsere Freizeitgesellschaft bieten die Lichtungen willkommene Erholungs- und Aktivitätsräume. Eine Untersuchung über den Erholungswert des Schwarzwaldes ergab, dass Gebiete, die einen Waldanteil von mehr als ca. 60% aufweisen, von den meisten Menschen als nicht mehr attraktiv empfunden werden. Das Waldland Finnland ist also touristisch gesehen nur deshalb so attraktiv, weil die unzähligen Seen, Waldlichtungen gleich, das Auge schweifen lassen. Die Studie hat bewirkt, dass brach liegende Flächen, die zu verwalden drohen, künstlich offen gehalten werden.

NATUR

Chalberweidli – Schnäpfeflüeli – Ried

Vom Chalberweidli Richtung Schnäpfeflüeli durchquert man ein Schwarzspecht-Gebiet. Dieser Vogel ist unser grösster Specht, der mehrheitlich in lichten Rotbuchenwäldern auf meist mehr als 120 Jahre alten Bäumen lebt (Amt für Raumplanung BL 2002). Seine Nahrung sind vor allem Borkenkäfer – eine Nahrung, die in den letzten Jahren reichlich zur Verfügung stand (Sturmschäden, Trockensommer). Der Schwarzspecht hämmert grosse, längliche Löcher in die Stämme (Abb. 35).

Lothars Vermächtnis

Die natürliche Auflichtung des Waldes durch Stürme, Brände und andere Faktoren spielt eine wichtige Rolle für die Verjüngung, Artenvielfalt und Stabilität der Wälder. Derartige Ereignisse finden seit Jahrmillionen statt, und die Bäume haben sich im Laufe der Evolution darauf eingestellt. Eine in ihren Ausmassen und ihrer Häufung neue Dimension der Auflichtung haben uns die Orkane Vivian und Lothar im letzten Jahrzehnt vor Augen geführt. Die beiden Stürme haben die Philosophie, wie und ob der gefallene Wald überhaupt zu räumen sei, grundsätzlich verändert. Ein Forschungsprojekt der Eidg. Forschungsanstalt für Wald, Schnee und Landschaft in einem von Vivian total niedergemähten Hangwald bei Sedrun hat gezeigt, dass die natürliche Verjüngung auf nicht geräumten Wurfflächen genauso effektiv ist, wie wenn das Fallholz geräumt und danach aufgeforstet wird. Zudem ist die Artenvielfalt grösser, und die gefallenen, ineinander verkeilten Stämme wirken als natürliche Lawinenverbauungen und schützen so die nachwachsenden Jungbäume.

Südlich des Schnäpfenflüeli befindet sich die Grube «Ried», ein Aufschluss des Hauptmuschelkalks und ein Ort, der nebst der «Risi» lange nicht nur als Bauschuttdeponie genutzt wurde. Unterhalb des «Ried» liegt relativ feinkörnig frostgesprengter Gehängeschutt, der heute als Mergel Baumaterial für die Festigung von Waldwegen und für den Eigengebrauch der Oltinger abgibt.

Es gibt sie in praktisch allen Lebensräumen, und mögen sie noch so unwirtlich sein – die Flechten. Da man den Chlapfen aber kaum als lebensfeindliches Gebiet bezeichnen kann, nimmt man sie zwischen all den hochaufragenden Baumriesen und üppig wuchernden Bodenpflanzen kaum wahr (Abb. 36). Wo's anderen Lebewesen aber zu ungemütlich wird, fühlen sich die Flechten noch lange wohl. Sie bewohnen Lebensräume, in denen die sogenannt «höheren Pflanzen» schon längstens erfroren oder verdurstet wären: die Kältewüste der Antarktis oder die Nebelwüste Namibias (Lange 1992).

Abb. 35: Typisches Schwarzspechtloch an einer Fichte. Keine andere einheimische Spechtart macht derart grosse Löcher.

Leben unter Stress – die faszinierende Welt der Flechten

Flechten sind soziale Lebewesen, in denen eine Pilzart mit einer oder mehreren Algenarten zu einer Symbiose zusammengefunden haben. Während die vom Pilzgewebe umschlossenen Algenzellen für die Energieproduktion zuständig sind (Herstellung von Zucker durch Photosynthese), sorgt der Pilz für die notwendigen Mineralstoffe und bestimmt in der Regel die Gestalt der Flechte.

Abb. 36: *Cladonia*-Flechten auf einem vermodernden Baumstrunk am Chlapfen

Leben unter dem Gefrierpunkt

Je weiter wir in polare oder alpine Regionen vorstossen, desto klarer dominieren Flechten die Pflanzenwelt. Am besten kann dies anhand des sogenannten Flechtenfaktors veranschaulicht werden, einem Zahlenwert, der das Verhältnis zwischen Flechten- und Blütenpflanzenarten beschreibt (Lange 1992). Je grösser der Faktor, desto grösser ist der Anteil der Flechtenarten in einer Region. Auf der ganzen Welt stehen den rund 16 000 Flechtenarten ca. 160 000 höhere Pflanzenarten gegenüber (= Faktor 0,1), in Deutschland kommen 1200 Flechtenarten auf 2600 Blütenpflanzenarten (= Faktor 0,48), in Island 600 auf 600 (= Faktor 1), und in der Antarktis stehen den 350 Flechtenarten nur gerade zwei Blütenpflanzen gegenüber (= Faktor 175!). Der Pioniercharakter der Flechten kommt in der lebensfeindlichen Antarktis besonders gut zum Ausdruck, denn sie treten noch am 86. südlichen Breitengrad auf, gut 400 km vom Südpol entfernt. Was befähigt die Flechten, derart tiefe Temperaturen auszuhalten? Vier Gründe sind es, die sie zu eigentlichen Kältepionieren machen:

1. Flechten besitzen eine äusserst hohe Kälteresistenz. Mitteleuropäische Arten überleben eine Abkühlung auf -80 °C schadlos. Am widerstandsfähigsten sind jedoch antarktische Flechten, die im Laborversuch selbst eine vielstündige Abkühlung auf die Temperatur von flüssigem Stickstoff (= -196 °C) überlebt haben!

2. Flechten erbringen eine optimale Photosyntheseleistung bei niedrigen Temperaturen. Während mitteleuropäische Flachlandarten bei 10 – 15 °C am besten «arbeiten», erreichen antarktische Flechten ihre Höchstform am Gefrierpunkt.

3. Flechten können selbst bei Temperaturen weit unter dem Gefrierpunkt noch Photosynthese betreiben, im Extremfall bei -20 °C. Dies liegt vor allem daran, dass sie sich aufgrund ihres Baus und ihrer Oberflächenfarbe ein besonderes Mikroklima schaffen, das bis zu 20 °C über der Lufttemperatur liegen kann.

4. Flechten in sehr kalten und oft auch ausgesprochen trockenen Gebieten müssen jede Gelegenheit zur Photosynthese sofort nutzen können. So reichen einem völlig ausgetrockneten, inaktiven Flechtenpolster aus Isländisch Moos zehn Stunden hohe Luftfeuchtigkeit, um bereits 50 % Photosyntheseleistung erbringen zu können.

Leben im ewigen Dämmerlicht

Je näher wir wieder den Tropen kommen, desto untergeordneter ist die Rolle der Flechten. Die schnellwachsenden und deshalb dominierenden Blütenpflanzen sind in warmfeuchten Gebieten den bescheidenen Flechten weit überlegen, die sich vor der übermächtigen Konkurrenz in schlechteste Lebensnischen zurückziehen müssen. Dazu zählt die ewige Dämmerung im Innern eines intakten Regenwaldes, wo oft nur 1 % des

NATUR

vollen Sonnenlichts eintrifft. Dort gibt es Flechten, die selbst bei 0,05 % Tageslicht noch überleben können – ein weiterer Weltrekord! Sobald ein seltener Sonnenstrahl das dichte Blätterdach zu durchdringen vermag und eine Flechte streift, stellt sie ihren Photosyntheseapparat in kürzester Zeit auf Hochbetrieb um.

Leben im Glutofen
Flechten sind Akrobaten im unbeschadeten Überstehen langer Dürre- und Hitzeperioden und können deshalb extrem wasserarme Standorte in Vollwüsten besiedeln, an denen andere Pflanzen keine Chance mehr haben. Sogar nach zehn Jahren völliger Dürre liessen sich Wüstenflechten im Experiment wieder zum Leben erwecken, und selbst Temperaturen von mehr als 80 °C überstanden sie schadlos. In der praktisch regenlosen Wüste Namib sind die Flechten in der Lage, das zum Leben unentbehrliche Wasser den Nebelbänken zu entziehen, die vom kalten Benguela-Meeresstrom erzeugt werden. Bei Tagesanbruch muss der Photosyntheseapparat der Flechten schon nach wenigen Minuten aktiviert sein, denn es bleibt ihnen nur kurze Zeit, um zu assimilieren, trocknet doch die unbarmherzige Wüstensonne Nebelbänke und Flechten bald wieder vollkommen aus. Während dieses kargen und kurzen «Frühstücks» erreichen die Flechten jedoch eine Photosyntheseleistung, die derjenigen besonnter Blätter eines Buchenwaldes entspricht! Kaum bekannt ist, dass die dünnen, den Wüstenboden überziehenden Flechtenkrusten eine grundlegende Rolle für das Leben in Trockengebieten spielen. Sie schützen den Boden vor Auswaschung und Erosion, und durch die Fixierung von Stickstoff aus der Luft legen sie die Nahrungsgrundlage für die Existenz von höheren Pflanzen.

Abb. 37: Je mehr Flechten und je grösser ihre Artenzahl, desto besser die Luft. Krustenflechten auf einem Ast am Waldrand der oberen Sennweid (links) und an der heissen, südexponierten Strassenmauer des Hirzen (rechts). Flechten findet man nicht nur in der Natur, sondern auch mitten im Dorf an Hausfassaden, Mauern oder auf Dächern. Beide Fotos sind mit starker Vergrösserung aufgenommen worden.

Wo die Luft schlecht ist, verziehen sich die Flechten
So hart die Flechten im Nehmen in Bezug auf Klimaextreme auch sein mögen, so empfindlich sind sie gegen Luftschadstoffe, denn sie besitzen keine schützende Aussenhaut *(Cuticula)* wie etwa die Blätter der Bäume und beziehen Nährstoffe und Wasser vorwiegend aus der Luft. Da ihr Stoffwechsel zudem das ganze Jahr andauert, sind sie auch im Winter den Schadstoffen voll ausgesetzt. Aus all diesen Gründen reagieren Flechten rund 10 Mal empfindlicher auf toxische Stoffe als höhere Pflanzen und sind deshalb ein ideales Frühwarnsystem für Luftverschmutzung. Sie werden heute als Bioindikatoren zur Ermittlung der Luftqualität herangezogen, was umfangreiche und aufwändige chemisch-physikalische Schadstoffmessungen oft überflüssig macht (Graf 1999). Abgesehen von den hohen Ozonkonzentrationen an schönen Sommertagen hat die Oltinger Luft glücklicherweise noch eine ganz passable Qualität, sodass Flechten allerorts anzutreffen sind (Abb. 37).

Seit Jahrmillionen leben Flechten eine der unseren diametral entgegengesetzte Philosophie: Sie wissen die beschränkten Ressourcen ihres Lebensraums optimal zu nutzen und ihr Wachstum auf das Notwendigste zu begrenzen. Vor allem deshalb und ihrer enormen Widerstandsfähigkeit wegen sind sie so erfolgreich. Aber nicht nur diese perfektionisierte Effizienz sollte uns ein Vorbild sein. Flechten demonstrieren auf eindrückliche Weise, dass das Zusammenleben und -arbeiten zweier Partner letztendlich erfolgreicher ist als der gnadenlose Konkurrenzkampf gegeneinander.

Ried – Röti

Vom Ried aus gelangt man auf dem Weg ins Dorf an eine scharfe Linkskurve, in deren Innenseite eine kleine Waldhütte steht. An dieser Stelle verfolgen wir den Weg nach rechts, mehr oder weniger entlang der 700-m-Höhenlinie des Chlapfen – ein ruhiger Waldweg, der uns nach einer S-Schleife rechts-links, etwa 200 m nach dem Abbiegen vom Riedweg zu einem einzigartigen Aufschluss von Kleinfalten führt (Amt für Raumplanung BL 1996; Abb. 38).

In der Beschreibung der geologischen Naturdenkmäler (Amt für Raumplanung BL 1996) wird als Gefährdung dieses Naturdenkmals «Zuwachsen» angegeben, und in der Tat muss man je nach dem eine Kleinrodung vornehmen, um dieses Denkmal wirklich zu erkennen.

Der Weg führt weiter bis an den Waldrand des Chlapfen, einem Ort, wo man wieder einen schönen Blick aufs Dorf hat. Das nordwestlich abfallende Wiesland wurde auf Anregung von E. Weitnauer als erstes der Gemeinde zur Naturschutzzone erklärt und wird im Unterkapitel «Naturschutzgebiete» abgehandelt. Verfolgt man den Weg weiter in Richtung Unterburg, so vernimmt man an lauen Sommerabenden das «glöggle» der Geburtshelferkröten sehr deutlich. In dieser Umgebung existiert ein grösseres Revier dieser selten gewordenen Amphibien. Aber nicht nur dies ist als Überraschung zu werten, auch der Ruf, vor allem der Warnruf, des Neuntöters ist zu vernehmen. Er findet hier ein ideales Gebiet entlang des Waldrandes und im dornigen Gesträuch des wenig bewirtschafteten Wieslandes.

Franz Herzog
Urs Max Weber

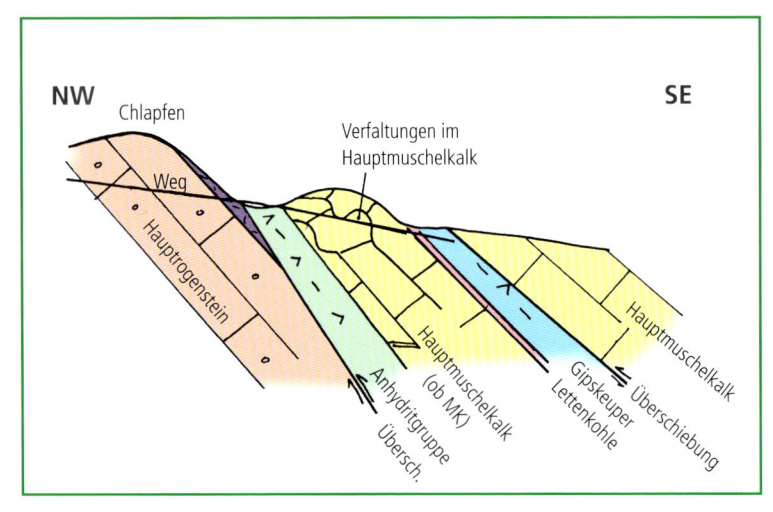

Abb. 38: Geologisches Profil im Gebiet des Kleinfalten-Aufschlusses. Hier ist der Hauptmuschelkalk auf den Hauptrogenstein aufgeschoben.

Quellennachweis

Amt für Raumplanung BL (1996) Geologische Naturdenkmäler, Nr. Si 16, 38, 39.
  Bundesamt für Landestopographie (1982) Landeskarte der Schweiz 1:25000, Blätter 1068, 1069, 1088, 1089.

Bundesamt für Statistik (1995) Statistisches Jahrbuch der Schweiz. Bern.
  Eidg. Anstalt für das Forstliche Versuchswesen (1988) Schweizerisches Landesforstinventar. *EAFV Berichte* 305.

Graf Th. (1999) Luftgütebestimmung in der Agglomeration Basel mittels Flechtenbiomonitoring. *Regio Basiliensis* 40, S. 89 – 98.

Kanton BL (1994) Statistisches Jahrbuch des Kantons Basel-Landschaft. Liestal.

Lange O.L. (1992) Pflanzenleben unter Stress. Flechten als Pioniere der Vegetation an Extremstandorten der Erde. *Rostra Universitatis Wirceburgensis* VI, Würzburg.

Matile P., Hörtensteiner S., Thomas H. (1999) Chlorophyll degradation. *Annual Review of Plant Physiology and Plant Molecular Biology* 50, S. 67 – 95.

Schweingruber F. H., Schoch W. (1992) Holz, Jahrringe und Weltgeschehen. Baufachverlag, Dietikon.

NATUR

Gallislochquelle und Wasserversorgung

Gallislochquelle

Geologie

Das Wasser der Gallislochquelle ist ein Segen für unser Dorf und in keiner Art und Weise eine Selbstverständlichkeit. Es drängt sich daher die Frage auf, wie es denn zu einem solch sprudelnden Geschenk aus Sicht unseres Klimas und unserer Geologie kommen kann. Es müssen mindestens drei Bedingungen erfüllt sein.

1. Die klimatischen Bedingungen für Niederschläge müssen erfüllt sein.

2. Wasserundurchlässige Schichten müssen das versickerte Wasser auffangen; unmittelbar darüberliegende, wasserdurchlässige Schichten müssen dieses weiterleiten können.

3. Zwischen der Erdoberfläche und der wasserundurchlässigen Schicht muss ein wasserleitender Körper liegen, der die Verbindung zwischen der Oberfläche und den wasserundurchlässigen Schichten herstellt. Die Grösse und Beschaffenheit dieses Körpers ist von zentraler Bedeutung für die Wassermenge und die Verzögerungszeit zwischen Niederschlag und Quellerguss. Je «schwammiger» dieser Körper ist, desto weniger schnell reagiert die Quelle auf Niederschläge und desto länger kann sie eine Quelle auch bei Trockenheit speisen. Man denke in diesem Zusammenhang an das sehr trockene Jahr 2003 (siehe Abbildung 3, Quellschüttung).

Zu Punkt 1:
In Mitteleuropa liegen wir zum Glück im Einflussgebiet atlantischer Störungen und somit sind (noch) genügend Niederschläge gesichert (Jahresmittel der letzten 20 Jahre: 1100 l/m^2/Jahr).

Zu Punkt 2:
Das Gebiet der Gallislochquelle liegt sehr nahe bei einer Überschiebungslinie, also dort, wo ältere Gesteinsschichten (Muschelkalke der Trias-Zeit) über jüngere Schichten geschoben worden sind: Im Westen findet sich die ältere, aus Muschelkalk bestehende Schuppenzone des Zig und im Osten die Falte des Chlapfen, jüngere Gesteinsschichten des Hauptrogensteins [HER]. Die noch jüngeren Schichten des Tertiärs (Rote Mergel, Süsswasserkalke, Juranagelfluh), die in ihrer natürlichen Lagerung auf dem Chlapfengewölbe liegen, sind somit eingeklemmt worden. Es sind diese wasserundurchlässigen Schichten des Roten Mergel, die die Auffangrolle für das versickerte Wasser übernehmen. Übrigens: Die Roten Mergel sind beim Bau des «Wäisliger» Pumpenhauses angeschnitten worden und sind auch oberhalb der Risi anzutreffen [MOH].

Unmittelbar über dem Roten Mergel liegt der wasserdurchlässige Anhydritdolomit. (Es fehlen hier die tonig-mergeligen Schichten der Anhydritgruppe, die sonst die Basis des Muschelkalkkomplexes ausmachen.) Dieser ist stark ausgewaschen und die ursprüngliche Quelle tritt aus einer dieser Höhlen aus.

Zu Punkt 3:
Die auf den Roten Mergel überschobenen Schichten der Trias bilden den so wichtigen wasserleitenden Körper. Dass diese Muschelkalk/Dolomit-Schuppenzone diese Rolle übernehmen kann, ist der Jura-Faltung selbst zu verdanken: Erst diese gebirgsbildenden Prozesse haben dazu geführt, dass die Kalke und Dolomite stark zerklüftet und somit als ausgezeichneter Wasserspeicher geformt wurden. Das Einzugsgebiet deckt sich ungefähr mit der Schuppenzone zwischen Zeglingen und Kienberg, also etwa 450 ha. Zu einer ähnlichen Zahl gelangt man, wenn man die jährliche Schüttung der Quelle mit dem jährlichen Niederschlag vergleicht und dabei annimmt, dass 14 % davon in den Untergrund versickert [WEI, MOH].

NATUR

Von der Quelle zur Wasserversorgung

Die Gallislochquelle beeinflusste die Geschichte unserer Gegend nachhaltig.

Nach der letzten Eiszeit hat das abfliessende Schmelzwasser das Tal zwischen Chlapfen und Winterhalde ausgefressen. So wurde der Quellhorizont angeschnitten, das Wasser trat an die Oberfläche und floss weiter ins Tal.

Im 7. Jahrhundert entstand bei der Quelle eine alemannische Siedlung, aus der sich das Dorf entwickelte. Als die Mönche des Klosters St. Gallen in unsere Gegend kamen, wurde die Quelle dem heiligen Gallus geweiht und hiess von da an Gallisloch.

Zur Zeit der Pilgerzüge, als die Elsässer Wallfahrer nach Einsiedeln zur «wundertätigen Muttergottesstatue» zogen, glaubte man, in der «Winterholde» sei ein grosser See, da die Quelle auch bei langer Trockenheit so regelmässig floss. Deshalb wurde in Oltingen ein Gottesdienst abgehalten, um Schonung vor dem Ausbrechen der im Bergesinnern verborgenen Wassermassen zu erflehen. «...damit wir nicht mit Ross und Mann elendiglich ersaufen.»

Die Gallislochquelle wurde aber merkwürdigerweise lange nicht zur Trinkwasserversorgung genutzt. Man bezog das Wasser aus den Dorfbrunnen, die anders gespiesen wurden.

> Die Verenaquelle, die links der Ergolz unterhalb des Dreschschopfes gut gefasst war, wurde als Trinkwasser genutzt: Die beiden Brunnen im Hinterdorf, Pfarrbrunnen und Zimbersbrunnen, wurden von dieser Quelle durch Holzdüchel gespiesen. Diese Quelle lieferte gutes Wasser und die Versuchung war gross, die Holzleitung anzubohren und das Wasser für private Zwecke zu nutzen. Durch diesen Verlust bestand die Gefahr, dass die beiden Brunnen zu kurz kamen. Schon 1821 mussten die rechtswidrigen Bezüger auf Begehren der Kirchen- und Schulgutverwaltung ein Revers unterzeichnen, dass diese Wasserbezüge niemals als ein Recht betrachtet werden können. Den Revers von 1875 hatten auch eine Anzahl Anwärter zum Unterdorfbrunnen unterzeichnet. Also war damals Wasser von der Pfarrbrunnenleitung diesem Brunnen zugeleitet worden. Zimbersbrunnen und der Pfarrhofbrunnen wurden bis zur neu erstellten Wasserversorgung, 1963, von der Verenaquelle gespiesen.

NATUR

Die älteste Brunnstube unserer Hauptdorfbrunnen lag ungefähr unterhalb der Scheune Nr. 75 (Sagers Haus). Diese Anlage konnte mit der Zeit nicht mehr befriedigen, und so grub man von dort aus einen Stollen in Richtung Gallisloch. Diese Arbeit wurde jedoch ungefähr unterhalb der Werkstatt der Gebrüder Waldmeier wieder eingestellt, weil sie nicht den gewünschten Erfolg erbrachte.

Um 1890 bemühten sich verschiedene Gemeinden in der Umgebung um eine rationelle Wasserversorgung, so zum Beispiel die Nachbargemeinden Rothenfluh, Zeglingen und Wenslingen. Auch in Oltingen machte man sich darüber Gedanken: Die öffentlichen Brunnen, die vor und Mitte des 19. Jahrhunderts nach und nach entstanden, waren in einem erbärmlichen Zustand und die drei wichtigsten Brunnen lieferten bei Regenwetter trübes, jauchiges Wasser.

Am 12. April 1896 wählte die Gemeindeversammlung eine siebenköpfige Kommission, welche den Auftrag erhielt, das Projekt einer Wasserversorgung zu prüfen und der Gemeindeversammlung Bericht zu erstatten. Bis es jedoch soweit war, verging noch viel Zeit.

Das zähe Ringen um die Quelle

Der damalige Regierungsrat Rebmann erachtete es als notwendig, alle Verhältnisse zu prüfen und das Wasser der in Frage kommenden Quellen zu untersuchen.

Es waren im ganzen fünf Quellen, die man hinsichtlich einer eventuellen Verwendung für eine Wasserversorgung untersuchte. Drei davon wurden schon nach einer ersten Prüfung fallengelassen (im Rumpel, in der Röti und im Wägenstett). Die weiteren Untersuchungen erstreckten sich deshalb auf die Riedquelle und die Gallislochquelle. Die Riedquelle schied schlussendlich auch aus – die Qualität des Wassers war gut, jedoch lieferte sie für 520 Einwohner zu wenig Wasser.

So verblieb einzig die Gallislochquelle, welche schon damals 1400 l/min. Wasser lieferte und vom chemischen Standpunkt her durchaus als Trink- und Gebrauchswasser empfohlen werden konnte.

Die Gallislochquelle war jedoch Privateigentum und lieferte die Wasserkraft für die obere Mühle und die Säge, teilweise auch für die untere Mühle. Die Gemeinde konnte deshalb nicht ohne weiteres über die Quelle verfügen, beanspruchte sie aber auch nicht ganz, sondern verlangte nur die Abgabe von 30 l/min.

Abb. 1: Gallislochquelle: Quellausgang

NATUR

Es begannen zähe Verhandlungen zwischen der Wasserversorgungskommission und den Gewerbebesitzern S. Schilling, oberer Müller, H. Rickenbacher, Säger, und W. Rickenbacher, unterer Müller, über die Abgabe von Wasser aus der Gallislochquelle für eine Wasserversorgung der Gemeinde Oltingen. Müller und Säger wollten von einer Abgabe nichts wissen, wiesen die Gesuchsteller immer wieder ab oder waren nicht zu sprechen. Einmal erschien sogar der Gesamt-Regierungsrat in Oltingen, um sich an Ort und Stelle über die Angelegenheit orientieren zu lassen.

An der Gemeindeversammlung vom 11.10.1896 informierte die Wasserversorgungskommission über die Ergebnisse und die Verhandlungen, 47 Einwohner stimmten für und 12 Einwohner gegen eine Gallisloch-Wasserversorgung.

Somit blieb der Gemeinde Oltingen nur noch die Möglichkeit, vom Expropriationsrecht Gebrauch zu machen. Dem Auszug aus dem Bericht des Regierungsrates an den Landrat vom 28.08.1897 kann entnommen werden, dass die Gemeinde Oltingen am 05.11.1896 um Bewilligung zur Enteignung von Wasser aus der Gallislochquelle für eine Wasserversorgung bat. Der Antrag des Regierungsrates an den Landrat lautete: «Der Einwohnergemeinde Oltingen wird gemäss ihrem Gesuche vom 5. November 1896 in Anwendung von § 9 der Verfassung vom 04.04.1892 bewilligt, der Gallislochquelle 60 Minutenliter Wasser für eine Hauswasserversorgung des Dorfes Oltingen zu entnehmen und es werden die dortigen Gewerbebesitzer pflichtig erklärt, jenes Wasserquantum der Gemeinde zu überlassen...».

> Die weiteren Verhandlungen mit Müller und Säger führten jedoch immer zum gleichen Resultat: Sie wehrten sich mit allen Mitteln und wollten keinen Tropfen Wasser abgeben. Sie bestritten nicht, dass das Oltinger Brunnenwasser «...nicht so sei, wie es sein sollte, aber es sei für sie unmöglich, auch nur das kleinste Quantum abzugeben, ohne dass sie empfindlich geschädigt würden. Wolle die Gemeinde Wasser aus der Gallislochquelle, so möge sie die Säge und die obere Mühle mit deren Wasserkraft ganz ankaufen».

> Der Landrat bestellte sodann eine Kommission, welche am 1. November 1897 in Oltingen eintraf, um sich über alle Verhältnisse und Umstände persönlich ein Bild zu machen. Dabei wurde zufälligerweise entdeckt, dass die in grosser Anzahl herumstehenden gefüllten Säcke in der oberen Mühle nicht etwa Korn, sondern Spreu enthielten, um einen überlasteten Betrieb vorzutäuschen!

Zwischen der Gemeinde Oltingen und dem unteren Müller konnte am 19. November 1897 ein entsprechender Vertrag abgeschlossen werden.

Am 27. Dezember 1897 bewilligte der Landrat der Gemeinde Oltingen das Expropriationsrecht auf 60 l/min. Wasser der Gallislochquelle. So gelangte die Wasserversorgungskommission schlussendlich an das Obergericht, welches nun zuständige Instanz war. Nach einer vom Obergericht angeordneten Oberexpertise lautete am 29. Juli 1898 die Urteilsverkündung des Obergerichts: Zahlung von 4000 Franken an die Gewerbeinteressenten, anstelle der von ihnen geforderten 16 000 Franken!

NATUR

Nach der Ausschreibung der Arbeiten für die neue Wasserversorgung konnte Mitte November 1898 mit dem Bau begonnen werden. Im Sommer 1899 wurde die erste Wasserversorgung «Gallislochquelle» eingeweiht.

Im Jahre 1920 sicherte sich die Gemeinde Wenslingen gegen eine Kaufsumme von Fr. 3000.–, welche sich der obere Müller und der Säger freundschaftlich teilten, die Zuleitung von 70 l/min. Gallislochwasser.

1944 folgte die Gemeinde Anwil dem Beispiel der Wenslinger und half ihrem Wassermangel ab, indem sie den Oltinger Gewerbebetreibenden, dem Säger und den beiden Müllern, ebenfalls 70 l/min. Gallislochwasser abkauften, allerdings zu einem dreimal so hohen Preis, das heisst zu Fr. 9000.–. Aber auch dieser hohe Preis vermochte den Anwilern kaum ihre Freude über die nun seit dem Jahre 1946 für immer sichergestellte Wasserzufuhr zu trüben. Ganz feierlich mutet es an, wenn man vernimmt, dass im Herbst 1947 eine stattliche Schar Anwiler dankbar den Ort der lebensspendenden Quelle aufsuchten: «Mer wäi jetz emol go luege, wohäär as öises früsch Wasser chunnt.»

Heutige Wasserversorgung

Anfangs der Sechzigerjahre genügte das alte Reservoir den Anforderungen nicht mehr: Das neue, höher gelegene Baugebiet sowie neu erstellte Aussenhöfe konnten nicht mit genügend Wasser versorgt werden. Ein höher gelegenes Reservoir sollte hier Abhilfe schaffen. Im Sommer 1962 bewilligte die Gemeindeversammlung einen Kredit von Fr. 420000.– für den Bau eines neuen, grösseren Reservoirs in der Röti (38 m über dem alten Standort; Druckerhöhung von 3.8 bar) und einer Pumpstation über dem alten Reservoir. Zudem stand eine Erneuerung des Wasserleitungsnetzes mit Hausanschlüssen an.

Am 22. Februar 1963 war es endlich soweit: Die Gemeinde konnte die Gallislochquelle kaufen und mit dem Bau und den Erneuerungen beginnen. Nach Beendigung der Arbeiten im März 1964 konnten die Oltingerinnen und Oltinger die neuen Bauten an einem Tag der offenen Türe besichtigen. Am 30. Dezember 1965 lautete die Schlussabrechnung der im Sommer 1962 bewilligten Erneuerungen wie folgt: Pumpwerk und Reservoir, Verbindungsleitung, Einrichtungen, Ingenieurarbeiten, Diverses Fr. 163 903.–; Leitungen Dorfnetz mit Hausanschlüssen, Ingenieurarbeiten, Diverses Fr. 299 284.–; Gesamtkosten Fr. 463 187.–. Das neue Reservoir besteht aus 2 Kammern, die beide 175 000 l Wasser fassen; gepumpt wird jeweils mit Niedertarif-Strom. Die Wassermenge entspricht dem 24 Stunden-Bedarf des Dorfes, inklusive Löschwasserreserven.

Im Mai 1977 erteilte die Gemeindeversammlung einen Kredit in der Höhe von Fr. 35 000.– zwecks Sanierung der Quellfassung. Im Vorfeld dieser Sanierung wurden die Wasserlieferungsverträge mit den Gemeinden Wenslingen und Anwil erneuert.

Vor die alte Quellfassung wurde ein neues Gebäude mit Einlauf, Verteilkammern für die drei Gemeinden und Überlauf gebaut, und die alten Gitterstäbe wichen einer Metalltüre. Unser Brunnenmeister Rolf Gysin kann hier die Wassermenge messen, die aus der Quelle fliesst.

Abb. 2: Quellfassung mit Pumpstation

NATUR

Im Dezember 1987 wurde nochmals ein Kredit in der Höhe von Fr. 42 000.– gutgeheissen. Die Gemeinde konnte damit Land in der näheren Umgebung der Quellfassung erwerben, welches daraufhin der Wasserschutzzone I zugeordnet wurde.

Hofwasserversorgung

1974 wurde für den Rebenhof und die beiden neuen Siedlungen Fohrenhof und Eimatt eine Hofwasserversorgung erstellt. Mit den Anwilern vereinbarte man, dass ihre Zuleitung Gallisloch – Anwil unterhalb des Rebenhofes angezapft werden durfte. Mit einem Pumpwerk neben der «Ammeler» Leitung wurden die drei Höfe versorgt. Diese Lösung, ohne Reservoir, war störanfällig und befriedigte nie recht. Nach recht zähen Verhandlungen mit den Besitzern des Rumpelhofes beschloss man 1985, die Hofwasserversorgung auszubauen. Die Zuleitung wurde bis Unterburg verlängert und man baute dort ein Reservoir. Nun konnte auch der Rumpelhof mit Wasser aus der Gallislochquelle versorgt werden. Der Kredit von Fr. 300 000.–, den die Gemeindeversammlung 1985 bewilligt hatte, wurde erfreulicherweise nicht ganz ausgeschöpft, die Schlussabrechnung belief sich auf Fr. 250 000.–. Das Werk konnte 1988 abgeschlossen werden.

Im August 1999 feierte die Dorfbevölkerung das 100-jährige Bestehen der Oltinger Wasserversorgung mit einem grossen «Wasserfest». Zu diesem Anlass gab die Gemeinde eine Broschüre heraus, die den Kampf um die Oltinger Wasserversorgung beschreibt (sie ist bei der Gemeindekanzlei erhältlich).

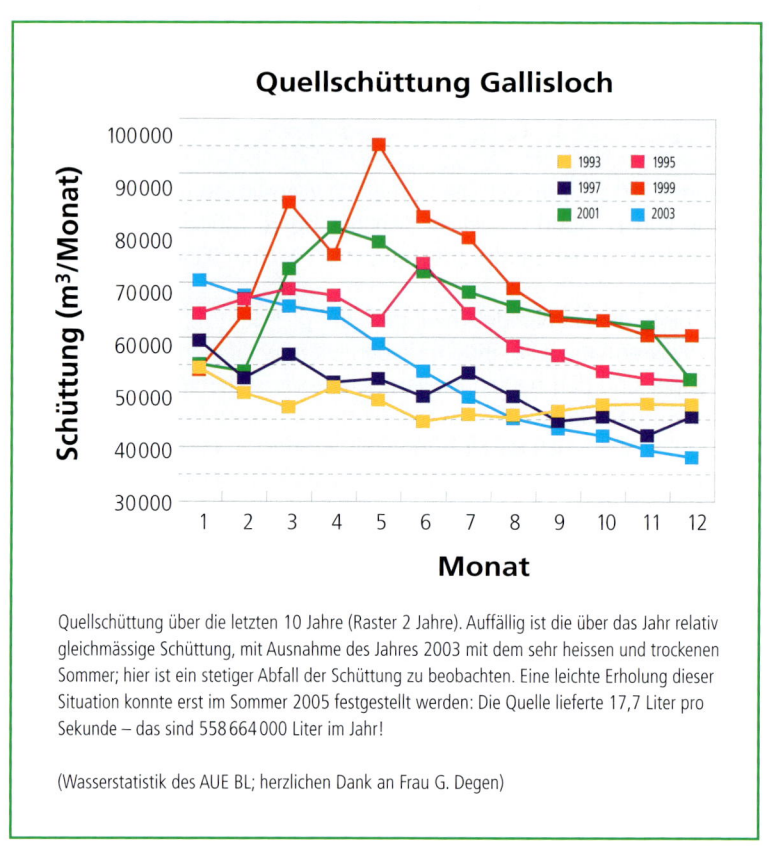

Quellschüttung über die letzten 10 Jahre (Raster 2 Jahre). Auffällig ist die über das Jahr relativ gleichmässige Schüttung, mit Ausnahme des Jahres 2003 mit dem sehr heissen und trockenen Sommer; hier ist ein stetiger Abfall der Schüttung zu beobachten. Eine leichte Erholung dieser Situation konnte erst im Sommer 2005 festgestellt werden: Die Quelle lieferte 17,7 Liter pro Sekunde – das sind 558 664 000 Liter im Jahr!

(Wasserstatistik des AUE BL; herzlichen Dank an Frau G. Degen)

Abb. 3: Graphik AUE: Quellschüttung

Der Quellerguss war in all diesen Jahren erheblich und das Wasser von guter, reiner Qualität. Bis auf ein paar leichte Verunreinigungen in den letzten Jahren, welche aber die Grenzwerte nicht überschritten, hatte das Kantonale Laboratorium bei den sporadisch durchgeführten Kontrollen keinen Grund, die Wasserqualität zu beanstanden.

Mit der Verschärfung des Lebensmittelgesetzes änderte sich dies im Sommer und im Herbst 2001: Die vom Kantonalen Laboratorium genommenen Proben enthielten zu viele Cholibakterien, was sich gesundheitsschädigend auf die wassertrinkende Bevölkerung hätte auswirken

NATUR

können. Die Quelle der Verunreinigung sollte eruiert werden. Ein ziemlich aussichtsloses Unterfangen, stellte man damals fest. Durch den stetigen Kalkabbau – zwischen 1899 – 1999 hat die Quelle 26 250 Tonnen Kalk abgebaut – könnte sich das Einzugsgebiet verändert haben. Auch witterungsbedingte Einwirkungen, z. B. der Sturm Lothar, könnten dem natürlichen Filter geschadet haben. Eine Ausweitung der Wasserschutzzonen über den ganzen Raum Schafmatt erachtete man als nicht realistisch. Deshalb setzte sich der Gemeinderat mit den Möglichkeiten der Symptom-Bekämpfung auseinander. Er geriet jedoch zunehmend unter Druck, denn der Kanton forderte rasches Handeln, ansonsten man die Quelle schliessen müsse.

An der Gemeindeversammlung im Januar 2002 bewilligte der Souverän einen Kredit in der Höhe von Fr. 36 000.– zwecks Anschaffung einer UV-Entkeimungsanlage für die Gallislochquelle. Diese Anlage ist nun seit dem 7. Juni 2002 in Betrieb und leistet tadellose Dienste: Das Kantonale Laboratorium bescheinigt seither wieder qualitativ einwandfreies Wasser. Dass die UV-Entkeimungsanlage so gut funktioniert, dafür sorgen unser Brunnenmeister Rolf Gysin und unser Wasserchef Ewald Gysin.

Die Gallislochquelle versorgt heute drei Gemeinden mit insgesamt rund 1600 Einwohnern mit Trinkwasser. Von der enormen Wassermenge, die aus der Quelle sprudelt, werden aber nur rund 20 % zur Wasserversorgung genutzt: Das Restwasser aus dem sogenannten Überlauf fliesst in den Mühlebach beziehungsweise in die Ergolz!

In Oltingen versorgt die Wasserleitung 178 Häuser mit dem unentbehrlichen Nass und speist 10 Dorfbrunnen und 25 Hydranten.

Wasser ist unsere Lebensquelle, ein Geschenk der Natur und durch nichts zu ersetzen – wir sollten es sparsam verwenden und dazu Sorge tragen!

Ruth und Franz Herzog

Gallislochquelle: Bezugsanteile 2005

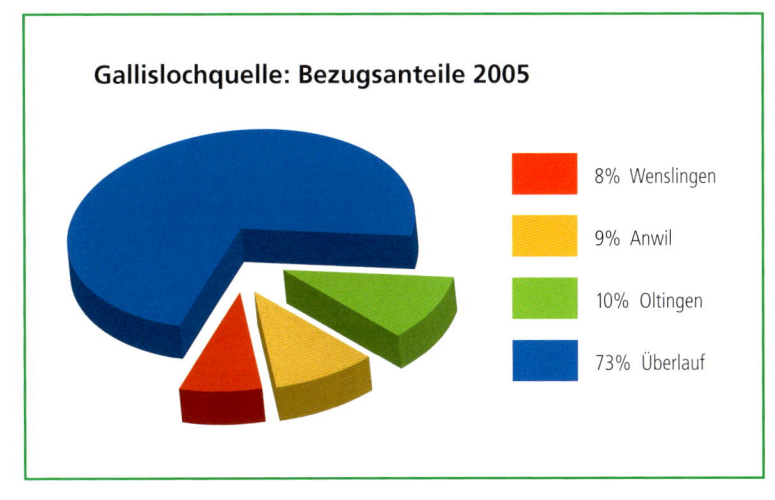

- 8% Wenslingen
- 9% Anwil
- 10% Oltingen
- 73% Überlauf

Abb. 4: Bezugsanteile 2005 (Hans Lüthy, Franz Herzog)

Quellennachweis

[MOH] W. Mohler, «Wasserschutzzonen für die Gallislochquelle, Gemeinde Oltingen», Gelterkinden, 1980

[WEI] E. Weitnauer, Teil I «Säge» in «Säge und Mühlen von Oltingen», Stiftung Sagi Oltingen, 2003

[HER] F. Herzog, Kapitel «Geologie», Teil dieser Schrift

Wasserversorgungsprotokolle Oltingen, 1896 – 1899

Baselbieter Heimatblätter; der Kampf um die Oltinger Wasserversorgung, Jakob Schaub-Gysin, Liestal, 1949

Oltingen, Hans Dähler u. Hans Lüthy, 1991

Wasserversorgung Oltingen 1899 – 1999; eine kleine Informationsquelle zum 100-jährigen Bestehen der Oltinger Wasserversorgung; Rolf Gysin u. Ruth Herzog, Oltingen, August 1999

Amt für Umweltschutz und Energie BL, Wasserstatistik des Kantons Basel-Landschaft, Liestal, 2005

Kommentare und Ergänzungen von Rolf Gysin, Ewald Gysin, Hans Lüthy u. Paul Lüthy

NATUR

Wald

Der Wald der Gemeinde Oltingen und des Forstreviers Ergolzquelle

Die Waldungen der Gemeinde Oltingen bestehen zur Hauptsache aus verschiedenen Buchenwaldgesellschaften: Im Gebiet Ried (Waldkomplex C) sind die Gesellschaften Typischer Lungenkraut-Buchenwald und Typischer Weissseggen-Buchenwald am meisten verbreitet. In der Winterholde (Waldkomplex B) kommen am häufigsten Typischer Zahnwurz-Buchenwald und Lungenkraut-Buchenwald mit Immenblatt vor.

Abb. 1: Wald mit Gasleitung und Landwirtschaft harmonieren gut

Im Gebiet Leutschenberg und Geissfluh (Waldkomplex D) gibt es am meisten von den Gesellschaften Typischer Zahnwurz-Buchenwald und Typischer Tannen-Buchenwald.

> Von den 235 ha Waldfläche gehören 174 ha (74 % der Fläche) der Bürgergemeinde Oltingen, 1,3 ha oder ein halbes % der Einwohnergemeinde, 3,16 ha (1,5 %) dem Staat und die restlichen 56 ha (24 %) teilen sich ca. 106 Privatwaldbesitzer.

In Oltingen wird im Faltenjura im Gebiet Geissfluh auch die montane Lage mit Tannen-Buchenwäldern erreicht.

Forstliche Organisation

In den Wäldern der Gemeinde Oltingen kommen 70 % gute bis sehr gute Standorte, an denen von der Bodenqualität her viele verschiedene Baumarten angepflanzt werden können, vor. Der Oltinger Wald weist jedoch mit 4 % auch am meisten schlechte Standorte des ganzen Forstreviers Ergolzquelle auf.

Die Bürgergemeinde Oltingen beschäftigte bis im Jahre 1996 einen eigenen Förster im Nebenamt. Das Forstrevier Ergolzquelle entstand aus den Gemeinden Rothenfluh und Anwil, die sich 1992 zusammenschlossen und ab 1992 vom Rothenflüher Gemeindeförster Markus Lüdin (seit 1987 Förster von Rothenfluh) gemeinsam betreut werden. Im Jahre 1996 wurde in Oltingen der langjährige Gemeindeförster im Nebenamt pensioniert und das Revier Rothenfluh um die Gemeinde Oltingen erweitert. Während 3 Jahren bestand das Revier Rothenfluh aus 3 Gemeinden und wurde im Jahre 1999

NATUR

durch die Gemeinde Hemmiken vergrössert. Nachdem im Jahre 2000 der nebenamtliche Förster von Ormalingen und Wenslingen in den wohlverdienten Ruhestand trat, wurde auf den 1. Oktober 2000 das vom Revierförster Markus Lüdin aus Gelterkinden geleitete Forstrevier Ergolzquelle mit den Revierpartnern Rothenfluh, Anwil, Oltingen, Hemmiken, Ormalingen und Wenslingen mit einer öffentlichen Waldfläche von 989 Hektaren und einer Privatwaldfläche von 420 Hektaren (bewirtschaftete Gesamtwaldfläche = 1409 Hektaren) gegründet.

Nutzbare Holzmenge

In den Waldungen der Bürgergemeinde Oltingen stehen zur Zeit im Durchschnitt ca. 348 Silven (sv = Stehendmass und entspricht je nach Baumlänge (Bonität) ca. 1 Festmeter, 0.8 an Südhanglagen – ca. 1.2 auf der Ebene) Holz pro Hektare Waldfläche. Von den 348 Silven Vorrat pro ha sind im Durchschnitt 292 sv (84 %) Laubholz und nur 56 sv (16 %) Nadelholz. Das Nadelholz kommt vor allem in den Gebieten Leutschenberg, Geissfluh und Plattenrüti vor. Die 16 % Nadelholz entsprechen dem kleinsten Anteil von Nadelholz im ganzen Revier.

In den Jahren 1988 – 2000 wurde bei der Bürgergemeinde Oltingen eine Holzmenge von 17 040 sv Holz genutzt. Von dieser Menge waren 7825 sv oder 46 % Zwangsnutzungen (7505 sv Windfall und 320 sv Insekten/Pilze). Von den 7505 sv Windfallholz wurde der grösste Teil durch den Sturm Lothar (26. Dezember 1999) geworfen und gebrochen.

Sturm Lothar und die Auswirkungen auf die Waldbewirtschaftung in Oltingen

Beim Sturm Lothar wurden in den Waldungen der Bürgergemeinde Oltingen innerhalb von einer Stunde ca. 7000 Silven Holz geworfen und zum Teil stark gebrochen, was in etwa einer siebenfachen Jahresnutzung entspricht.

Es wurden ca. 12 Hektaren Wald der Bürgergemeinde Oltingen total zerstört. Von dieser Gesamtschadensfläche hatten im Gebiet Winterhalde

3.4.5.2 Vorräte und Stammzahlen pro Waldeigentümer
Ergebnisse der KSP-Inventur 2000 (BG Hemmiken 1998) (Lokaltarife Revier Ergolzquelle, Aufnahmeschwelle 12 cm BHD, und Einheitstarif Kanton BL, Aufnahmeschwelle 16 cm BHD)

Waldeigentümer	Fläche ha	Lokaltarif				Einheitstarif BL	
		Stammzahl st pro ha	Vorrat sv pro ha	Nadelholz pro ha	Laubholz pro ha	Stammzahl st pro ha	Vorrat sv pro ha
BG Anwil	55.31	347	**346**	105	233	422	**338**
BG Hemmiken	51.63	282	**306**	141	165	385	**306**
BG Oltingen	173.70	292	**357**	56	292	356	**348**
BG Ormalingen	144.26	281	**300**	95	201	372	**296**
BG Rothenfluh	432.50	293	**359**	179	179	370	**358**
BG Wenslingen	128.13	320	**324**	153	172	459	**325**
Revier	985.53	297	**342**	136	203	383	**339**

Stammzahlen und Vorräte pro ha, LT

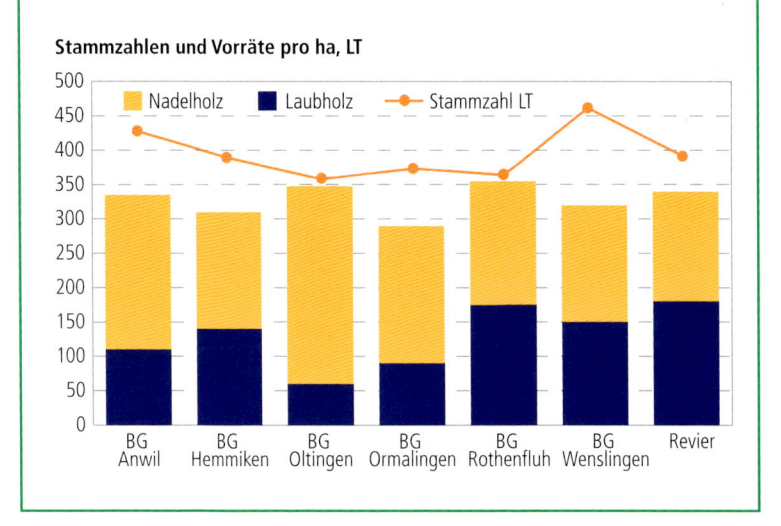

Abb. 2: Analyse (Zusammenfassung und Interpretation der Planungsgrundlagen)
Revier Ergolzquelle 2000, Gemeinden Anwil, Hemmiken, Oltingen, Ormalingen, Rothenfluh, Wenslingen, Stand August 2001

4 Flächen eine Ausdehnung von mehr als 50 Aren, im Gebiet Ried waren es 4 Flächen zwischen 50 und 200 Aren.

Die Schadensflächen mit mehr als 50 Aren konnten beim Kanton für ein Wiederherstellungsprojekt «Lothar» angemeldet werden.

Laubholz:	1200 Linden	Nadelholz:	1000 Fichten
	400 Eichen		450 Tannen
	300 Kirschbäume		200 Föhren
	30 Speierling		
Total	1930 Laubhölzer		1650 Nadelhölzer

Ausgeführte Schutzmassnahmen gegen das Rehwild:

Zäune:	930 Laufmeter	(für Nadel- und Laubhölzer)
Drahtkörbe:	400 Stück	(für die Nadelhölzer (ausser Fi))
Spiralen:	880 Stück	(für die Laubhölzer)

Zudem wurden durch den Sturm 2 Strassen auf einer Länge von 1450 Laufmeter stark in Mitleidenschaft gezogen und mussten saniert werden (ebenfalls im Projekt des Kantons).

Bis zum Sturm Lothar am 26. Dezember 1999 verfügte die Bürgergemeinde Oltingen über einen starken Überhang an alten Durchforstungs- und Räumungsbeständen und fast keine jungen Bestände (Jungwuchs und Dickungsalter von 1 – 10 Jahren).

Im Jahr 2005 präsentieren sich die ehemaligen Lotharschadensflächen schon als sehr schöne und dicht stehende Dickungsflächen.

Abb. 3: Sturmschaden Lothar, 26.12.1999 (Winterholde, Richtung Zig)

Von der gesamten Wiederherstellungsfläche musste mindestens 75 % durch Naturverjüngung neu bestockt werden. Auf der restlichen Fläche mit sehr wenig Naturverjüngung oder ungeeigneter und schlechter Baumartenmischung wurden vor allem Edellaubhölzer und Föhre, aber auch Fichte und Tanne zur Beibehaltung von einem geringen Nadelholzanteil gepflanzt.

Die Laubhölzer und die Fö/Ta wurden in 3 Zäunen mit einer jeweiligen Fläche von 60 Aren, 30 Aren und 25 Aren gepflanzt oder mit Drahtkörben (Nadelholz) und Spiralen (Laubholz) gegen das Rehwild geschützt. Gepflanzt wurden in allen Flächen zusammen Total 3580 Pflanzen:

Damit der junge Wald wachsen kann

Damit diese grossen, neu entstandenen Jungwaldflächen auch in Zukunft ab einer Baumhöhe von 1,5 Meter – 2 Meter nicht zu einem Dauereinstandplatz des Rehwilds werden und dadurch das Rehwild nicht mehr richtig bejagt werden könnte, wurde schon kurz nach dem Sturm Lothar unter der Federführung des Kantons in Zusammenarbeit mit dem örtlichen Forstdienst und der ansässigen Jagdgesellschaft ein Projekt ausgearbeitet, in dem ab einer geschlossenen Jungwuchsfläche von mehr als einer Hektare sogenannte Freihalteflächen geplant und eingerichtet

NATUR

Abb. 4: Jungwuchs in einer Lotharfläche

wurden. Für diese Flächen wurde im Gelände von einem Punkt aus eine Fläche von ca. 50 Meter Länge und einer Breite von 10 – 15 Meter abgesteckt und verpflockt. Zuerst musste beim Festlegen der Ausgangspunkte, bei denen später an einem Baum ein sogenannter Hochsitz auf einer Höhe von ca. 5 Metern befestigt wurde, die Sicherheit der Waldbenützer gewährleistet sein (keine Schussabgabe gegen eine Strasse oder einen Wanderweg). Ebenso musste die jeweilige Hauptwindrichtung eingeplant werden (das Betreten des Hochsitzes muss gegen den Wind möglich sein, da sonst das Rehwild die Witterung des Jägers schon lange vorher aufnehmen kann und das Weite sucht). Diese Flächen mussten aber auch in das Gelände eingepasst werden, und es durften keine grossen Wurzelstöcke oder Asthaufen oder sonstige Hindernisse vorhanden sein, die die Sicht oder die Abgabe eines Schusses verhindern konnten. In Oltingen wurden 5 solche Freihalteschneisen eingerichtet, die jährlich durch das Forstpersonal mit dem Freischneider auf den Stock gesetzt werden und durch das aufkommende Gras eine gute Äsungsfläche für das Rehwild bilden.

Bewirtschaftung in den Waldungen der Bürgergemeinde Oltingen

Von den 146 Hektaren bewirtschafteter Waldfläche der Bürgergemeinde Oltingen werden seit der neuesten Waldentwicklungsplanung im Jahr 2000 in Zukunft 32 Hektaren (22 %) nach der sogenannten Dauerwaldbewirtschaftung (Dauerwald heisst dauernd bestockt, keine Räumungsflächen und auf der gesamten Fläche des Dauerwaldes keine einförmigen und einschichtigen Bestände) behandelt.

Dabei wird ca. alle 6 – 8 Jahre eine leichte Durchforstung mit einer Entnahme von ca. 15 % des Vorrates durchgeführt. In der Regel werden die dicksten Bäume zugunsten der qualitativ hochwertigsten, jüngeren Bäume entnommen.

Der grössere Teil von 114 Hektaren oder 78 % wird weiterhin als Schlagweiser Hochwald (Femelschlag, Lichtung, Räumung) genutzt, indem neue oder bestehende Jungwaldflächen durch das Abhauen der Randbäume auf einer Fläche von max. einer Baumlänge vergrössert werden. Dabei ist es sehr wichtig, das die Lichtverhältnisse gut beurteilt und in die Holzschlagplanung eingebaut werden, damit möglichst viel mit einer vielfältigen und gesunden Naturverjüngung gearbeitet werden kann.

Die restliche Waldfläche teilt sich auf in Altholzinseln und Totalreservate (8,5 %) und in spezielle Massnahmen Naturschutz (7,5 %), unter anderem Waldrandpflege.

Abb. 5: Ausgeführter Dauerwaldschlag im Hanggebiet (Sodholden)

NATUR

Waldrandpflege

Im Gemeindebann von Oltingen befinden sich sehr viele Waldränder, davon ca. ²/₃ in privatem Besitz. Zirka ¹/₃ aller Waldränder befindet sich in der vom Kanton vorgesehenen Naturschutzzone Ried.

In der Gemeinde Oltingen wurden erstmals im Forstjahr 2001/2002 auf einer Länge von 215 Laufmetern diverse Waldränder durch das Revierforstpersonal des Forstreviers Ergolzquelle naturnah zurückgehauen, um Platz für einen breiteren und stufig aufgebauten Waldsaum zu schaffen. Beim Ersteingriff werden nicht einfach alle Bäume auf einer bestimmten Tiefe abgehauen, sondern es werden alle wertvollen Waldrandbäume wie Eichen, Kirschbaum und Feldahorn etc. stehengelassen. Die wertvolle Waldrandfläche wird durch das Aushauen von Buchten künstlich verlängert und aufgewertet.

Im Forstjahr 2002/2003 wurden 145 Laufmeter Waldränder umgewandelt, 2003/2004 waren es 310 Laufmeter, im Winter 04/05 130 Laufmeter und im laufenden Forstjahr 05/06 wurden im privaten und öffentlichen Wald 720 Laufmeter Waldrand unter die Sägen genommen.

Nach ca. 3 – 4 Jahren müssen bei den umgewandelten Waldrändern die sogenannten Zweiteingriffe durchgeführt werden, indem auf den ersten

Abb. 6: Im Winter 2001/2002 behandelter Waldrand bei der Hangenmatt

Abb. 7: Duftschäden (Rauhreif) im jungen Baumholz (Munimatt)

5 – 10 Meter Waldtiefe von der Wiese aus alle schnell wachsenden Bäume zugunsten der Sträucher entfernt werden, damit ein kräftiger und gesunder Waldrand mit einem idealen Aufbau von Krautschicht, Strauchschicht und Waldbäumen entstehen kann.

In den letzten Jahren und vor allem seit dem Sturm Lothar hat in der Waldbewirtschaftung ein Umdenken stattgefunden. Waren früher die Einnahmen aus dem Holzverkauf (hauptsächlich vom Nutzholz) die grössten und wichtigsten Einnahmequellen, so konnten in der Abrechnungsperiode vom 1. Oktober 2004 bis 30. September 2005 (Forstjahr 04/05) nur noch 12 % der Einnahmen aus dem Stammholzverkauf realisiert werden.

Aus dem Brennholzbetrieb inkl. den Hackschnitzeln kamen 21 % und aus Beiträgen (Bund + Kanton) weitere 7 % der Einnahmen.

Der Hauptteil des Ertrags (60 %) resultierte aus Arbeiten für Dritte, in dem zum grössten Teil Naturschutzmassnahmen für den Kanton ausgeführt werden konnten.

NATUR

Dank den Schnitzelfeuerungen in der Gemeinde Oltingen (öffentliche und private) können viele «minderwertige» Sortimente kostengünstig zu Hackschnitzeln verarbeitet und die Naturschutzmassnahmen wie Eichenförderung und Waldrandpflege überhaupt ausgeführt werden.

Die Wälder der Bürgergemeinde Oltingen sind seit ein paar Jahren zertifiziert (in der Zwischenzeit ist die gesamte öffentliche Waldfläche vom Kanton Baselland zertifiziert, FSC- und Q-Label) und werden daher auch möglichst naturnah bewirtschaftet. Dazu gehört auch das Stehen- und Liegenlassen eines gewissen Anteils von stehendem und liegendem Totholz im Wald, was von gewissen Kreisen als unaufgeräumte und ungepflegte Wälder empfunden wird. Diese Biomasse ist aber für den Wald und die darin vorkommende Tier- und Pflanzenwelt sehr wichtig und es geht, mit einer Ausnahme, auch keine Gefahr für eine Massenvermehrung von Schädlingen aus. Gefährlich ist nur das Stehenlassen von kranken oder frisch dürr gewordenen Fichten, da diese die Brutstätten der zwei wichtigsten Borkenkäferarten Buchdrucker und Kupferstecher bilden. In Oltingen werden deshalb alle frisch dürr gewordenen Fichten und entlang der Strassen und Wanderwege alle toten Bäume entfernt, da diese durch abbrechende Äste und das Knicken ganzer Bäume für die Waldbesucher gefährlich werden könnten.

In den Waldungen der Bürgermeinde Oltingen wird auch viel Wert auf die Pflege der jüngeren Bestände gelegt. Da das Asten von jungen Fichten

Abb. 9: Das Astmaterial wird in den Gassen als Schutz vor Bodendruck liegen gelassen und dient den Fahrzeugen als Strassenbelag.

sehr mühsam und zeitaufwändig ist, werden in Oltingen zum Teil auch grosse Maschinen mit Prozessorköpfen (Vollernter) eingesetzt, die die jungen Bäume mit einem Brusthöhendurchmesser von 10 – 40 cm fällen, entasten, ablängen und einschneiden. Damit wird der Bestand sehr sorgfältig und schonend durchforstet, und der Grossteil des Holzes kann als Hackschnitzel in den Heizungen des Dorfes energetisch genutzt werden.

Markus Lüdin

Abb. 8: Spechthöhlen im Stamm einer Esche (Sodholden)

Quellennachweis

Forstamt beider Basel (Waldentwicklungsplanung und Betriebsplan)

Naturschutzgebiete

Naturschutz hat in Oltingen Tradition. Als einer der grossen Naturschutz-Pioniere des Baselbietes setzte sich Emil Weitnauer bereits vor über fünfzig Jahren für die Erhaltung der biologischen Vielfalt in der Gemeinde ein. Seinem unermüdlichen Engagement ist es zu verdanken, dass man im Gemeindebann von Oltingen noch heute Orchideen auf Wiesen bewundern kann. Das ist nicht selbstverständlich, denn um ein Haar wären die letzten Magerwiesen-Reste durch Verwaldung oder Nutzungsintensivierung verschwunden. Seit Mitte des vergangenen Jahrhunderts ist der Artenverlust hier ähnlich dramatisch verlaufen wie im Unterbaselbiet. Besonders einschneidend auf die Artenvielfalt wirkte sich die Felderregulierung aus (beschlossen 1961). Mitte der 80er-Jahre war als letzte Magerwiese nur noch das Kerngebiet der «Röti» übrig geblieben, umgeben von nährstoffreichen Wiesen und Weiden. Ein dichter Eschen-Jungwuchs überzog damals die Waldwiese «Ried», und kleine Magerwiesen-Reste gab es noch am «Schleipfetrain», an der Böschung des Weges zur «unteren Sennenweid», in der «oberen Sennenweid», entlang des Weges in der «Geisfluhholden», in der «Wasserrüti» sowie auf dem «Zig». Die letzten Blumenwiesen kamen in den Gebieten «Schleipfet», «Sodägerten», «Emdmatt» und «Schlattacher» vor. Anfang der 90er-Jahre des letzten Jahrhunderts erreichte die Natur in Oltingen ihren Tiefpunkt bezüglich Artenvielfalt.

Die grundlegende Weichenstellung zur Änderung dieser Situation erfolgte mit dem Erlass der Zonenvorschriften Landschaft durch die Gemeinde, welche vom Regierungsrat am 24. März 1986 genehmigt worden waren (Regierungsratsbeschluss Nr. 829). Darin stellte die Gemeinde die naturschützerisch wertvollen Naturobjekte als Naturschutzzonen sowie als botanische und geologische Einzelobjekte unter Schutz. Als besonders hilfreich für die Umsetzung der zonenplanerisch festgelegten Naturschutzziele erwies sich das vom Kanton 1989 gestartete Naturschutzprogramm «Ökologischer Ausgleich im Landwirtschaftsgebiet».

Mittels Bewirtschaftungsvereinbarungen mit Landwirten liess sich die fachgerechte Pflege der geschützten Flächen sicherstellen, und gleichzeitig konnten sogar neue Blumenwiesen, Buntbrachen und Hecken geschaffen werden. Seither ist eine Trend-Umkehr feststellbar, wobei eine genauere Bilanz noch kein durchwegs positives Bild ergibt. Einerseits ist die Gesamtfläche an naturnahen Lebensräumen grösser geworden und verschiedene Pflanzenarten konnten sich wieder ausbreiten. Andererseits sind diverse verschwundene Tierarten nicht mehr zurückgekehrt. Insgesamt präsentiert sich die Oltinger Landschaft 2005 jedoch in einem besseren Zustand als vor 20 Jahren. Dass die Feldlerche noch heute im «Hinterholz» brütet, ist ein Erfolg. Als erfreuliches Omen darf auch die aussergewöhnliche Beobachtung eines singenden Schwarzkehlchens am 17. Juni 2005 im Gebiet «Schleipfet» gewertet werden.

Für die Sicherung der biologischen Vielfalt spielen Naturschutzgebiete noch heute eine zentrale Rolle. Als «Überlebensinseln» dienen sie gleichzeitig auch als Ausbreitungszentren, von welchen seltene Arten neue, geeignete Lebensräume wieder besiedeln können. In einer kurzen Übersicht werden nachfolgend die bedeutendsten Naturschutzgebiete von Oltingen mit ihren Besonderheiten vorgestellt.

Naturschutzgebiet «Röti-Rumpel»

Das Naturschutzgebiet «Röti-Rumpel» gehört zweifellos zu den ältesten und bedeutendsten Naturschutzgebieten des Kantons. Auf eigene Initiative begründete Emil Weitnauer in den 50er-Jahren des letzten Jahrhunderts ein kleines Reservat, indem er sich erfolgreich um die Pacht des Bereiches mit dem Föhrenwäldchen in der Hangmitte bewarb. Die rechtliche Unterschutzstellung der ca. 60 Aren grossen Fläche wurde von der Arbeitsgemeinschaft für Natur- und Heimatschutz Oltingen beantragt. Am 2. Juli 1962 stimmte die Gemeindeversammlung diesem Antrag zu und am 2. Oktober 1962 stellte der Regierungsrat das betreffende Gebiet unter kantonalen Schutz (Regierungsratsbeschluss Nr. 2802). Eine erste Erweiterung auf ca. 150 Aren erfolgte zehn Jahre später (Regierungsratsbeschluss Nr. 2256 vom 25. Juli 1972). Dank des Einverständnisses von Daniel Bitterlin, Eigentümer der «Rumpel-Weide», konnte die Schutzgebietsfläche 2001 schliesslich auf 10,15 ha erweitert werden

#	Name	#	Name
1	Straussblütige Margerite	8	Wachtelweizenscheckfalter
2	Hummelragwurz	9	Himmelblauer Bläuling
3	Bienenragwurz	10	Kleiner Eisvogel
4	Gemeine Kugelblume	11	Veilchenperlmuttfalter
5	Deutscher Enzian	12	Schachbrett
6	Spinnenragwurz	13	Hainenveilchen Perlmuttfalter
7	Blutströpfchen	14	Kaisermantel

15 Akelei

16 Maiglöckchen

17 Engelwurz oder Brustwurz

18 Bergaster mit Roter Keulenschrecke

19 Abbisskraut

20 Rotflüglige Schnarrheuschrecke

21 Warzenbeisser

22 Heidengrashüpfer

23 Bienenwolf

24 Pinselkäfer

25 Bergfink

26 Goldammer

27 Grasfrosch

28 Neuntöter

NATUR

(Regierungsratsbeschluss Nr. 1609 vom 16. Oktober 2001). In seinem heutigen Umfang reicht das Naturschutzgebiet vom «Rumpel» bis zum «Chalberweidli». Trotz einiger Verluste ist der Kernbereich aus naturschützerischer Sicht nach wie vor am wertvollsten. Insgesamt wurden hier auf kleiner Fläche rund 140 Pflanzenarten nachgewiesen, darunter 19 Orchideen- und 2 Enzian-Arten. Im Verlaufe der vergangenen 20 Jahre scheinen Vielfalt und Häufigkeit der Orchideen im Kernbereich zwar abgenommen zu haben. Dank der verschiedenen Aufwertungsmassnahmen (Ausholzen der Feldgehölze, Extensivierung der umgebenden Wiesen- und Weideflächen) haben die Orchideen jedoch die westlich und nördlich angrenzenden Flächen wieder neu besiedelt und sich insgesamt stark vermehrt. Als bedeutendste Pflanzenarten sind zu nennen: Bienen-Ragwurz *(Ophrys apifera)*, Hummel-Ragwurz *(Ophrys holosericea)*, Spitzorchis *(Anacamptis pyramidalis)*, Wohlriechende Handwurz *(Platanthera chlorantha)*, Herzblatt *(Parnassia palustris)*, Silberdistel *(Carlina acaulis)*, Gemeine Kugelblume *(Globularia punctata)* und Deutscher Enzian *(Gentianella germanica)*. Nachgewiesen, aber 2005 nicht mehr festgestellt, sind ferner: Spinnen- und Fliegen-Ragwurz *(Ophrys sphecodes und Ophrys insectifera)*, Schwärzliche Orchis *(Orchis ustulata)*, Gemeine Sumpfwurz *(Epipactis palustris)*, Gemeines Katzenpfötchen *(Antennaria dioeca)* und Gefranster Enzian *(Gentianella ciliata)*.

Im Kerngebiet des Naturschutzgebietes wurden bisher insgesamt 29 Tagfalter- und 3 Widderchen-Arten beobachtet (inkl. Dickkopffalter). Allerdings scheint hier die Artenvielfalt in den letzten 15 Jahren ebenfalls weiter abgenommen zu haben. So notierte S. Blattner 1989 insgesamt 21 Arten. W. Huber beobachtete 2005 hingegen noch 17 Arten. Dabei ist von Bedeutung, dass gerade die beiden sehr seltenen Arten Wachtelweizenscheckenfalter *(Melitaea athalia)* und Rotbraunes Wiesenvögelchen *(Coenonympha glycerion)* heute fehlen. Erfreulicherweise ist hingegen der Bestand der Rotflügeligen Schnarrheuschrecke *(Psophus stridulus)* erhalten geblieben. Diese interessante Heuschreckenart kommt im Baselbiet nur an drei Orten vor. Weitere besondere Arten sind der Warzenbeisser *(Decticus verrucivorus)*, eine grosse Heuschreckenart, und die Heideschnecke *(Helicella)*. Gelegentlich brütet auch der Neuntöter *(Lanius collurio)* im Gebiet. Als Neststandort benötigt er dornenreiche Hecken oder Gebüschgruppen.

Abb. 1: Kernbereich des Naturschutzgebietes «Röti-Rumpel» mit einer typischen und artenreichen Magerwiese von nationaler Bedeutung. Im Vordergrund erkennbar sind Geflecktes Knabenkraut (lila), Margerite und Berg-Klee.

NATUR

Abb. 2: Eine seltene Magerwiesen-Art ist der Deutsche Enzian (Naturschutzgebiet «Röti-Rumpel»).

Durch die Erweiterung weist das Naturschutzgebiet heute zusätzliche Lebensraumtypen mit unterschiedlichen Lebensgemeinschaften auf. Interessant ist das «Rumpelflüeli» mit einer zwar kleinflächigen, aber charakteristisch ausgebildeten Felskopf-Vegetation. Typische Arten sind: Edel-Gamander (Teucrium chamaedrys), Berg-Gamander (Teucrium montanum), Gemeines Sonnenröschen (Helianthemum nummularium), Hügel-Waldmeister (Asperula cynanchica), Rundblättrige Glockenblume (Campanula rotundifolia), Hufeisenklee (Hippocrepis comosa), Wacholder (Juniperus communis) und Alpenkreuzdorn (Rhamnus alpinus). Der feuchte Wiesenbereich zwischen dem «Rumpelflüeli» und dem «Chalberweidli» konnte vor der Verwaldung gerettet werden. 2001 und 2002 wurde der mannshohe Eschenaufwuchs in zwei Etappen gerodet, sodass sich heute wieder eine blütenreiche Hochstaudenflur mit Kohldistel (Cirsium oleraceum), Moor-Spierstaude (Filipendula ulmaria) und Sumpfdotterblume (Caltha palustris) etablieren konnte. Gut vertreten sind hier die Perlmutterfalter mit Kaisermantel (Argynnis paphia), Veilchenperlmutterfalter (Boloria euphrosyne), Grosser Perlmutterfalter (Argynnis aglaja) und Märzveilchenfalter (Argynnis adippe).

Wegen dieser grossen Artenvielfalt ist heute das Gebiet «Röti-Rumpel» im Entwurf des Bundesinventars der Trockenwiesen und -weiden von nationaler Bedeutung als national bedeutsames Objekt erfasst. Zur langfristigen Sicherung der speziellen Naturwerte dieses Naturschutzgebietes wäre der Einbezug der westlich angrenzenden Wiesenbereiche eine wichtige Aufwertungsmassnahme.

Naturschutzgebiet «Ried»

Die Waldwiese «Oberes Ried» war Mitte der 80er-Jahre des letzten Jahrhunderts infolge Nutzungsaufgabe völlig verbracht. Christoph Völlmin erkannte rechtzeitig den bedrohten Wert dieses Objektes und begann aus eigener Initiative, die Fläche wieder zu mähen. Heute hat diese Magerwiese ebenfalls nationale Bedeutung. Eine Besonderheit des «Ried» ist – wie der Name sagt – der Quellaufstoss mit seiner an ein Hangried erinnernden Sumpf-Vegetation. Als Rarität wächst hier ein kleiner Bestand des Breitblättrigen Wollgrases (Eriophorum latifolium), und 2005 beobachtete W. Huber die Gemeine Keiljungfer (Gomphus vulgatissimus), eine seltene Libellenart. Typische Arten für Magerwiesen sind: Wiesen-Zweiblatt (Listera ovata), Stattliche Orchis (Orchis mascula), Geflecktes Knabenkraut (Dactylorhiza maculata), Langsporige Handwurz (Gymnadenia conopsea), Grünliches Breitkölbchen (Platanthera chlorantha), Bienen-Ragwurz (Ophrys apifera), Deutscher Enzian (Gentianella germanica, 2005 noch 1 Exemplar!), Gefranster Enzian (Gentianella ciliata), Silberdistel (Carlina acaulis), Berg-Aster (Aster amellus), Trauben-Pippau (Crepis praemorsa), Stengellose Kratzdistel, (Cirsium acaule), Spargelerbse (Tetragonolobus maritimus), Gelblicher Klee (Trifolium ochroleucon), Strand-Pfeifengras (Molinia arundinacea). Typische Pflanzen der Feuchtstandorte sind: Sumpfdotterblume (Caltha palustris), Sumpfbaldrian (Valeriana dioica), Sumpf-Kratzdistel (Cirsium palustre), Hirsen-Segge (Carex panicea) sowie die verschiedenen Binsen-Arten. Auffallend ist hier die grosse Vielfalt an Schmetterlingen, wobei verschiedene Arten nur in Einzelexemplaren vorkommen. Hervorzuheben sind folgende Arten: Veilchenperlmutterfalter (Boloria euphrosyne), Hainveilchenperlmutterfalter (Boloria dia), Grosser Perlmutterfalter (Argynnis aglaja), Märzveilchenfalter (Argynnis adippe), Wachtelweizenscheckenfalter (Melitaea athalia), Westlicher Scheckenfalter (Melitaea parthenoides), Roter Scheckenfalter (Melitaea didyma), Zwergbläuling (Cupido minimus),

NATUR

Himmelblauer Bläuling *(Polyommatus bellargus)*, Hufeisenkleeheufalter *(Colias alfacariensis)*, Beilfleck-Widderchen *(Zygaena loti)*, Skabiosenschwärmer *(Hemaris tityrus)* und Pantherspanner *(Pseudopanthera macularia)*. Insgesamt wurden hier 26 Tagfalter-Arten und 3 Widderchen-Arten festgestellt. Um diesen wertvollen Schmetterlingslebensraum weiter aufzuwerten, wurde südöstlich des Gebietes ab Winter 2002/2003 mit der Auflichtung der ehemaligen Waldwiese begonnen.

Naturschutzgebiet «Chlapfen»

Im Zonenplan Landschaft ist der bewaldete Südhang des «Chlapfen» als Naturschutzzone ausgeschieden. Auf den flachgründigen, trockenen Stellen wächst ein sogenannter Weissseggen-Buchenwald, dem viele Eichen und Mehlbeerbäume beigemischt sind. Typisch für diese Waldgesellschaft sind folgende Pflanzenarten: Schwalbenwurz *(Vincetoxicum hirudinaria)*, Gemeine Akelei *(Aquilegia vulgaris)*, Blaugras *(Sesleria varia)*, Weisse Segge *(Carex alba)*, Nickendes Perlgras *(Melica nutans)*, Maiglöckchen *(Convallaria majalis)* und Breitblättriges Laserkraut *(Laserpitium latifolium)*. Auf den tiefgründigeren, wüchsigen Standorten kommt hingegen der Lungenkraut-Buchenwald vor. Am «Chlapfen» stellte E. Weitnauer als weitere Besonderheit einen kleinen Bestand des geschützten Blausterns *(Scilla bifolia)* fest. Ob dieser Bestand heute noch vorhanden ist, kann jedoch nicht mit Sicherheit gesagt werden, da eine Nachsuche im März 2005 ergebnislos verlief. Vereinzelt wächst hier auch der Seidelbast *(Daphne mezereum)*. Entlang der Waldwege fliegen im Sommer als typische Wald-Schmetterlinge der Kaisermantel *(Argynnis paphia)* und der Kleine Eisvogel *(Limenitis camilla)*. An den offeneren Stellen trifft man zudem den Braunen Waldvogel *(Aphantopus hyperanthus)* an, ein Tagfalter, welcher auf Magerwiesen häufig zu beobachten ist. Im Frühling ertönt am «Chlapfen» der charakteristische Gesang des Waldlaubsängers *(Phylloscopus sibilatrix)*. Dieser, vom Aussehen her unscheinbare Vogel, ist seit den 90er-Jahren des letzten Jahrhunderts aus ungeklärten Gründen sehr selten geworden. Aufgrund dieser besonderen Naturwerte und der engen Verzahnung mit den bedeutsamen Magerwiesen «Ried» und «Röti-Rumpel» ist vorgesehen, das Gebiet im Rahmen des kantonalen Programms «Naturschutz im Wald» als Waldreservat unter kantonalen Schutz zu stellen und dabei wesentlich zu vergrössern.

Naturschutzgebiet «Romatten»

Im Rahmen der Felderregulierung wurde auf der «Schafmatt» entlang des Emdmattbächlis das Naturschutzgebiet «Romatten» geschaffen (zusammen mit dem Wassermattbächli). 1976 stellte der Regierungsrat das Gebiet unter kantonalen Schutz (Regierungsratsbeschluss Nr. 2670 vom 10. September 1976). Im Zusammenhang mit dem Bau der neuen Transitgas-Leitung konnte das Naturschutzgebiet von 4,56 ha auf 7,71 ha erweitert werden (Regierungsratsbeschluss Nr. 2791 vom 15. November 1994). Das durch mehrere Feldgehölze reich strukturierte Gebiet präsentierte sich um 1985 in einem artenarmen Zustand. Deshalb wurde 1991 ein Pflegeplan erarbeitet. Dank spezifischer Pflegeeingriffe (Gehölzpflege) und der angepassten Pflege konnte das Naturschutzgebiet sichtbar aufgewertet werden. Die artenarmen Fettwiesen-Bereiche haben sich zu farbenprächtigen Blumenwiesen entwickelt, mit den typischen Arten wie Margerite *(Leucanthemum vulgare)*, Feld-Witwenblume *(Knautia arvensis)*, Habermark *(Tragopogon pratensis)*, Gemeine Flockenblume *(Centaurea jacea)*. Entlang des Emdmattbächlis wächst eine schöne Hochstaudenflur mit Moor-Spierstaude *(Filipendula ulmaria)*, Bach-Nelkenwurz *(Geum rivale)*, Kohldistel *(Cirsium oleraceum)*, Engelwurz *(Angelica silvestris)*, Eisenhutblättrigem Hahnenfuss *(Ranunculus aconitifolius)* und Sumpfdotterblume *(Caltha palustris)*. Erwähnenswert sind ferner Geflecktes Knabenkraut *(Dactylorhiza maculata)*, Berg-Flockenblume *(Centaurea montana,* 1 Expl.), Zitter-Pappel *(Populus tremula)* und Traubenkirsche *(Prunus padus)*. 2005 wurden 10 Tagfalter- und 3 Widderchen-Arten festgestellt. Interessante Arten sind: Ampfer-Grünwidderchen *(Adscita statices)*, Kleines Fünffleckwidderchen *(Zygaena viciae)*, Senfweissling *(Leptidea reali)*, Brauner Feuerfalter *(Lycaena tityrus)*, Rundaugenmohrenfalter *(Erebia medusa)* und Hopfenwurzelbohrer *(Hepialus humuli)*. In den Gebüschen brüten regelmässig Goldammer *(Emberiza citrinella)* und in den letzten Jahren auch der Neuntöter *(Lanius collurio)*. Als Nahrungsplatz ist das Gebiet für Vögel generell wichtig zu jeder Jahreszeit. So hielten sich hier beispielsweise am 21. März 2005 Rotdrossel *(Turdus iliacus)*, Singdrossel *(Turdus philomelos)*, Hausrotschwanz *(Phoenicurus ochruros)*, Heckenbraunelle *(Prunella modularis)*, Sumpfmeise *(Parus palustris)*, Bergfink *(Fringilla montifringilla)* und Goldammer *(Emberiza citrinella)* als Nahrungsgäste auf. Der kleine Weiher an der Schafmattstrasse dient Grasfröschen *(Rana temporaria)* und Molchen als Laichgewässer. Trotz seiner geringen Grösse kann hier im

NATUR

März eine beachtliche Grasfrosch-Population beim Laichgeschäft beobachtet werden.

Naturschutzgebiet «Geissfluh»

Mit rund 963 m ü. M. ist die Nordwest-exponierte «Geissfluh» der höchste Punkt im Gemeindebann. Weil in dieser Höhenlage (Übergangsbereich zur oberen montanen Höhenstufe) die Temperaturen niedriger und die Niederschläge höher sind, treten hier neue Pflanzenarten auf, die weiter unten fehlen oder natürlicherweise nur punktuelle Vorkommen aufweisen, wie zum Beispiel: Quirlblättrige Weisswurz *(Polygonatum verticillatum)*, Alpenmasslieb *(Aster bellidiastrum)*, Vogelbeerbaum *(Sorbus aucuparia)*. Typische Waldgesellschaften der montanen Höhenstufe sind der Tannen-Buchenwald am Nordhang und der Blaugras-Buchenwald im trockenen, Südwest-exponierten Kuppenbereich. Das Felsband der «Geissfluh» ist vom Wald stark eingewachsen. Die typische Felsvegetation ist deshalb nur spärlich entwickelt. Immergrünes Hungerblümchen *(Draba aizoides)*, Weisser Mauerpfeffer *(Sedum album)*, Langstielige Distel *(Carduus defloratus)*, Breitblättriges Laserkraut *(Laserpitium latifolius)*, Zypressen-Wolfsmilch *(Euphorbia cyparissias)* und Rundblättrige Glockenblume *(Campanula rotundifolia)* sind charakteristisch für den Felskopfbereich. Die im Zonenplan ausgeschiedene Naturschutzzone umfasst neben dem Felsband auch den Blaugras-Buchenwald. Auf solch schuttreichen, schlecht wüchsigen Standorten bleibt die Buche weit hinter ihren Wuchsleistungen zurück. Als niederwüchsiger, lichter Stockausschlagwald weist dieser Waldtyp hier ein besonderes Erscheinungsbild auf. Die zum Teil mehrstämmigen Stockausschläge zeugen von der früheren Bewirtschaftungsweise als Niederwald.

Naturschützerisch wertvoll ist auch der Waldrandbereich im Gebiet «Hinter Geissflue». Zwischen Weg und Waldrand befindet sich ein Magerwiesen-Rest mit mehreren typischen Magerwiesen-Arten, wie Gemeine Kreuzblume *(Polygala vulgaris)*, Zittergras *(Briza media)*, Rostkovs Augentrost *(Euphrasia rostkoviana)*, Abbisskraut *(Succisa pratensis)*, Gelbes Labkraut *(Galium verum)*, Geflecktes Knabenkraut *(Dactylorhiza maculata)*, Wiesen-Zweiblatt *(Listera ovata)* und Stattliche Orchis

Abb. 3: Blumenreiche Fromentalwiese im Naturschutzgebiet «Romatten» mit Margeriten (weiss), Acker-Witwenblume (lila) und Zottigem Klappertopf (gelb).

NATUR

(*Orchis mascula*). Gemeiner Frauenmantel (*Alchemilla vulgaris*), Engelwurz (*Angelica silvestris*), Bach-Nelkenwurz (*Geum rivale*), Moor-Spierstaude (*Filipendula ulmaria*) und Sumpf-Baldrian (*Valeriana dioica*) zeigen feuchtere Bodenverhältnisse an. Besonders wertvoll ist die Wegböschung. Hier gedeihen Gemeiner Wundklee (*Anthyllis vulneraria*) und Gefranster Enzian (*Gentianella ciliata*, 83 Expl. 2005). Da dieser Standort aufgrund der Nordexposition schattig ist, sind die Schmetterlinge nicht reichhaltig vertreten. Bedeutsam ist jedoch das Vorkommen des Rundaugenmohrenfalters (*Erebia medusa*). Verschwunden ist hingegen der Baumpieper (*Anthus trivialis*), ein lerchenähnlicher Vogel, welcher 1987 im Gebiet noch vorkam.

Abb. 4: Typischer Blaugras-Buchenwald im Naturschutzgebiet «Geissflue» mit einem rasenartigen Teppich des Blaugrases auf dem Waldboden. Zur Brennholzgewinnung wurden früher viele Waldflächen als Niederwälder genutzt, das heisst, sie wurden jeweils in kurzen Perioden von 20 – 30 Jahren abgeholzt (auf den Stock gesetzt). Die Baumstrünke bildeten in der Regel wieder mehrere Jungtriebe. Heute sind solche mehrstämmigen Stockausschläge der Buchen Zeugen dieser historischen Bewirtschaftungsweise.

Naturschutzgebiet «Schleipfet»

Mit einer Fläche von 3,11 ha zählt das Naturschutzgebiet «Schleipfet» zu den kleinen Naturschutzgebieten. Aufgrund der sehr schönen Blumen- und Magerwiese sowie seiner Bedeutung als Trittstein-Biotop stellte der Regierungsrat das Gebiet am 15. März 2005 unter kantonalen Schutz (Regierungsratsbeschluss Nr. 421). Obwohl die Orchideen – abgesehen von einem Exemplar der Helm-Orchis – fehlen und die Enziane heute vermutlich nicht mehr vorkommen (Gefranster und Deutscher Enzian waren 1987 noch vorhanden), sind die Magerwiesen-Flächen sehr schön entwickelt. Interessant ist das Vorkommen von Hainveilchenperlmutterfalter (*Boloria dia*), Rotrandbär (*Diacrisia sannio*) sowie der beiden Käferarten Pinselkäfer (*Trichius sp.*) und Bienenwolf (*Trichodes sp.*). Im Frühling fällt das Gezirpe der Feldgrillen (*Gryllus campestris*) auf und im Sommer die grosse Schar von Schachbrettfaltern (*Melanargia galathea*) und Grossen Ochsenaugen (*Maniola jurtina*).

Abb. 5: Das Naturschutzgebiet «Schleipfet» zeichnet sich aus durch ein kleinräumiges Mosaik von Magerwiesen, Fromentalwiesen, Feldgehölz und hochstämmigen Obstbäumen. Aufnahme von Nordosten (Gebiet des «Rebenhofes»).

NATUR

Ausblick

Im Zonenplan Landschaft sind weitere Naturschutzzonen ausgewiesen in den Gebieten «Löracher» (Wald gegen die Talweiher), «Rüchlig» (Feldgehölze mit Wiese), «Zig» (kleine Magerwiese) sowie im Bereich der «Schafmatt». Nicht geschützt sind hingegen die ökologisch wertvollen Obstgärten im Bereich der Kläranlage und um das Siedlungsgebiet. Dank dieses Netzes an Naturschutzgebieten und den Massnahmen des ökologischen Ausgleichs hat sich die biologische Vielfalt in Oltingen in den letzten Jahren wieder etwas erholt. Diese positive Entwicklung ist die Frucht der gemeinsamen Bestrebungen von Gemeinde, Kanton und Grundeigentümern. Die Erfolge zeigen, dass der eingeschlagene Weg richtig ist und die schrittweise Umsetzung der noch erforderlichen Massnahmen zu weiteren Verbesserungen führen würde. An erster Stelle steht die von der Gemeinde beantragte Ausscheidung eines grossflächigen Waldreservates vom «Chlapfen» bis zur «Schafmatt» sowie die Erweiterung der «Röti». Wichtig wäre ferner die Ausdehnung und Aufwertung der kleinen Naturschutzgebiete sowie der Ausbau des ökologischen Ausgleichs im Landwirtschafts- und auch im Siedlungsgebiet. Sollte es gelingen, die landschaftsprägenden Hochstamm-Bestände, welche das Dorf umgeben, sowie die charakteristische Dorfflora zu sichern und zu erhalten, wären dies weitere, bedeutende Erfolge. Gewinnerin wäre aber nicht nur die Natur, denn eine intakte und vielfältige Landschaft ist ein wesentlicher Faktor für eine hohe Lebensqualität.

Paul Imbeck-Löffler

Amt für Raumplanung (David Rolli)

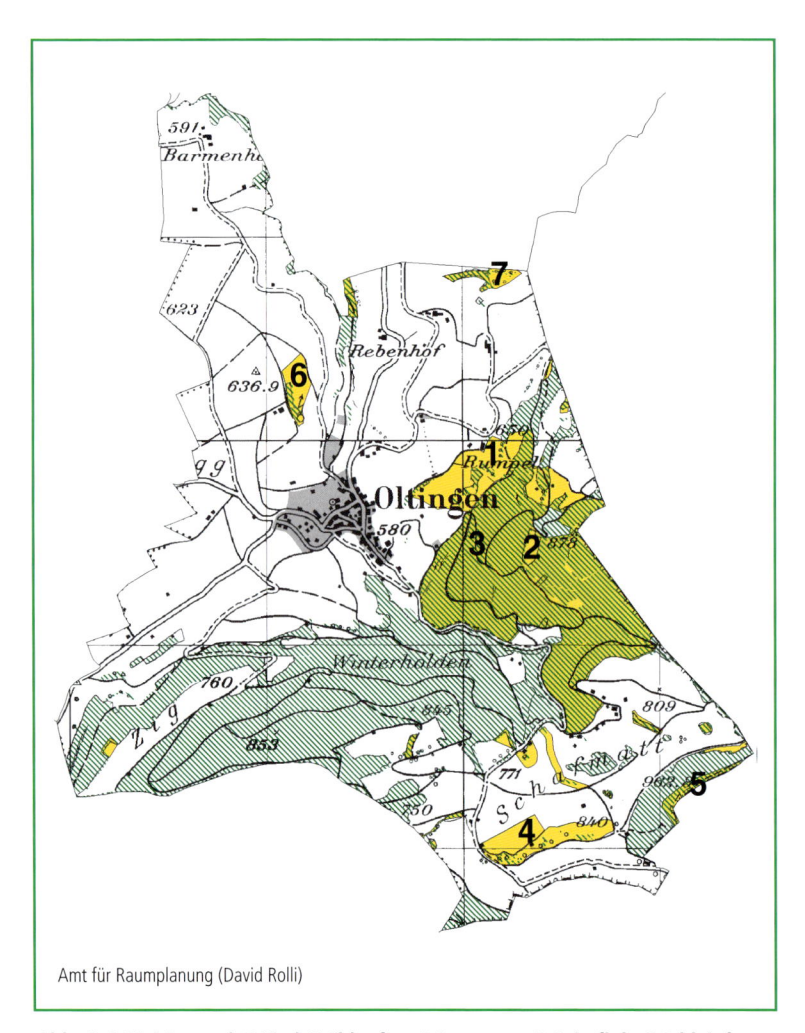

**Abb. 6: 1 Röti-Rumpel, 2 Ried, 3 Chlapfen, 4 Romatten, 5 Geissfluh, 6 Schleipfet, 7 Fridhag (Gelb = Naturschutzgebiete / Grün schraffiert = Wald)
Reproduziert mit Bewilligung von swisstopo (BA067770).**

Quellennachweis

Amstutz Marcel, Imbeck Paul, Weitnauer Emil: Naturschutzinventar Gemeinde Oltingen, unpubliziert, Amt für Raumplanung, Abteilung Natur und Landschaft, 1987.

Huber Werner, Imbeck Paul: Schmetterlingsbeobachtungen auf verschiedenen Wiesen in Oltingen, unpubliziert, Amt für Raumplanung, Abteilung Natur und Landschaft, 2005.

Heinis Fritz, Hofer Hans-Rudolf, Weitnauer Emil: Verzeichnis der Blütenpflanzen im Reservat «Röthi», unpubliziert, Amt für Raumplanung, Abteilung Natur und Landschaft, 1977.

Regierungsratsbeschluss Nr. 2802 vom 2. Oktober 1962 betreffend die Aufnahme des Areals «In der Röthi» ins kantonale Inventar der schützenswerten Naturdenkmäler, Amt für Raumplanung, Abteilung Natur und Landschaft.

Regierungsratsbeschluss Nr. 2256 vom 25. Juli 1972 betreffend die Erweiterung und Aufnahme des Pflanzenschutzgebietes «Röthi» in das Inventar der geschützten Naturdenkmäler, Amt für Raumplanung, Abteilung Natur und Landschaft.

Gewerbe

GEWERBE

Gewerbe und Handwerksbetriebe

Im Wandel der Zeit

Grössere Gewerbebetriebe existierten in Oltingen noch nie. Es waren fast ausschliesslich Handwerker, die ihr Auskommen vor allem im eigenen Dorf hatten. Eine Ausnahme bildeten die Heimposamenter, die für die Seidenherren in Basel arbeiteten. Die alten Handwerksbetriebe, wie zum Beispiel Hutmacher, Glaser, Leinenweber, sind verschwunden.

Das älteste Gewerbe war wohl die Müllerei, die schon im 13. Jh. betrieben wurde. In «Martireiners» Haus (Nr. 15) soll eine Schleife gestanden haben, die ebenfalls mit einem Wasserrad betrieben wurde. In der oberen Mühle wurde nebst der Getreidemühle später auch noch eine Ölmühle betrieben. Am Standort des späteren Restaurants Hirschen soll über kurze Zeit eine Färberei in Betrieb gewesen sein. Die Posamenterei war jedoch das meistverbreitete Handwerk im Dorf. (Näheres darüber im Unterkapitel «Posamenterei».)

Abb. 1: Schmiede im Oberdorf, Vater und Sohn beim Schmieden (Hans Gysin-Bitterli, Hans Gysin-Gysin)

Abb. 2: Schmiede im Oberdorf, Entfernen der Hufeisen (v. links n. rechts: Hans Gysin-Gysin, Fritz Gysin-Rüdin, Hans Gysin-Bitterlin, Hans Gysin-Baumann)

Abb. 3: Eine zweite Schmiede war an der Hauptstrasse 58 (v. links n. rechts: Arnold Lüthy-Schaffner, Paul Lüthy-Gysin, Emil und Marie Gysin-Gerber (Odemheinis), Marie Gysin (s Schmidemarie)

GEWERBE

Schon im Jahre 1276 wird in Oltingen eine Taverne erwähnt. Auch eine oder zeitweise zwei Bäckereien sollen existiert haben. Aufgrund des regen Fuhrbetriebs und Pferdeverkehrs über die Schafmatt gab es gewerbliche Fuhrhalter und auch mindestens zwei Schmieden. Die alte Schmiede neben dem Gasthaus Ochsen, mit ihren traditionellen Einrichtungen, in der über viele Jahrzehnte Pferde beschlagen und alles, was zur Fuhrhalterei gehörte, geschmiedet wurde, ist ein noch vorhandener Beweis dafür.

Eine Statistik zeigt die Existenz und Entwicklung der meisten Gewerbe, die im 18. und 19. Jh. im Dorf betrieben wurden.

	1776	1799	1862
Schuster	2	3	1
Schneider	5	3	0
Leinenweber	3	3	0
Kappenmacher	2	2	0
Zimmermann	2	3	2
Schmiede	2	1	1
Steinhauer	3	2	1
Wagner	0	3	3
Schreiner	0	2	3
Glaser	1	1	0
Sattler	1	1	1
Metzger	0	3	2
Küfer	0	2	1

Nicht in dieser Statistik enthalten sind die vorerwähnten Gewerbe wie Müller, Wirt, Bäcker und die Heimposamenter.

Handel getrieben wurde nur mit dem, was in bescheidenem Rahmen verkauft respektive zum täglichen Leben benötigt wurde. Fuhrhalter, Bauern aus dem Dorf, brachten mit Pferdefuhrwerken Waren in und aus dem Dorf und belieferten die Läden. Die wenigen verkauften land-

Abb. 4: Haus des Schuhmachers (mit ↓ markiert). Im Vordergrund mit der Schürze der Schuhmacher Martin Buess-Ehrsam. Das Schuhmacherhaus wurde 1964 abgebrochen.

wirtschaftlichen Erzeugnisse waren Hafer, Korn, Heu und Kartoffeln. Hie und da wurden auch Holz und aus der Sandgrube ab und zu Tuffsteine verkauft. Eingeführt wurden, je nach Bedarf der Bevölkerung, etwa spezielle Lebensmittel sowie Gewürze und Wein für die Läden und Tuchstoffe für den Tuchladen, den es eine Zeit lang gegeben hat.

1930 begann die Wirtschaftskrise, und die Heimposamenterei ging immer mehr zurück. Auch die übrigen Gewerbe machten einen grossen Wandel durch. Viele Waren wurden industriell angefertigt. Die Entwicklung der Landwirtschaft hatte dabei ebenfalls einen Einfluss, da die Bauern ihre Betriebe mehr und mehr zu einer vollen Existenz entwickeln konnten und somit je länger je weniger auf Nebeneinkünfte aus Kleinhandwerken angewiesen waren. Im Laufe der Fünfzigerjahre stellten auch die beiden Mühlen ihren Betrieb ein. Viele Handwerker betrieben nebenbei auch noch etwas Landwirtschaft. Dazu gehörten die Schreinerei der Gebrüder Waldmeier, die Säge, die Schmiede, der Wagner («Sagereris»). Vollerwerbsbetriebe waren dagegen bis Ende der

GEWERBE

Sechzigerjahre: Burris Gemüseanbau mit Obst- und Gemüsehandel und mit dem Transportgeschäft, «Schrynerhanse» Laden (Hans und Elvira Gysin-Baumann) mit dem Camionagebetrieb und die Zimmerei Gloor.

In den folgenden Jahren entstanden wieder neue Betriebe und andere Handwerksbetriebe wurden eingestellt. Ende der Sechzigerjahre gründete Willi Gysin (Ochsewilli) neben seinem Gasthof ein Baugeschäft, das er bis 1977 betrieb und das danach als Gysin + Lüthy AG weitergeführt wurde. Mitte der Siebzigerjahre stellte die Schreinerei Waldmeier ihren Betrieb ein. Die Schmiede stellte ebenfalls das Beschlagen von Pferden ein und führt heute nur noch kleinere Schlosser- und Reparaturarbeiten aus. Auch die Wagnerei wurde in den Sechzigerjahren eingestellt. Der Laden von «Schrynerhanse» wurde ebenfalls nach 40 Jahren Betrieb 1991 geschlossen, und der Laden der Konsumgenossenschaft kämpft ums Überleben. Auch die Zimmerei existiert nicht mehr. Die Firma Burri hat den Obst- und Gemüsehandel eingestellt. Auch die Transportfirma der Familie Burri, die in den Siebziger- und Achtzigerjahren eine Blütezeit erlebte, in der mehr als 10 Lastenzüge im Einsatz waren, führt nur noch spezielle Logistikaufträge in kleinerem Rahmen aus und ist nicht mehr in Oltingen, sondern in Tecknau ansässig. Anstelle der verschwundenen Gewerbebetriebe sind in den letzten Jahren allerdings diverse neue kleine Betriebe entstanden.

Paul Lüthy-Schaffner

Quellennachweis

Heimatkunde von Oltingen 1863, Samuel Schilling

Aus Unterlagen und Dokumenten von E. Weitnauer

Posamenterei

Während fast 200 Jahren spielte die Posamenterei in unserem Dorf eine grosse Rolle. Sebastian Gass brachte ca. 1750 den ersten Webstuhl von Basel nach Oltingen, seine Familie bekam daher den Dorfnamen «Basimänters». Die letzten Nachkommen dieser Familie, Walter und Anna Gysin, zogen 1973 mit ihrer Familie nach Ormalingen.

1754 waren es 3 Stühle: einer gehörte hiesigen (Basler) Herren, einer fremden Herren und einer einem Arbeiter. Meist waren jedoch nicht die Arbeiter Besitzer der Webstühle, sondern die Seidenfabrikanten. Diese lieferten auch die Seide zum Weben und übernahmen die fertig gewobenen Bändel.

Die Posamenterei wurde in der Regel zusammen mit der Landwirtschaft betrieben. Die Seidenbänder waren Mode- und Luxusartikel, und der Absatz war deshalb grossen Schwankungen unterworfen, so dominierte bald die eine, bald die andere Beschäftigung. Die ersten Webstühle wurden mit einer Webstange, die sich auf der Vorderseite des Webstuhles befand, von Hand angetrieben. Diese schwere Arbeit wurde hauptsächlich von Männern ausgeübt. Die Frauen und zum Teil auch Schulkinder halfen beim Flicken der feinen Fäden und beim «Spüeli» machen. Der Verdienst der Posamenter war gering, 1830 wird ein Taglohn von Fr. 1.30 angegeben. In diesem Lohn waren auch die mitarbeitenden Familienangehörigen eingerechnet. Für ein Paar Schuhe musste 5 Tage gearbeitet werden. Dieser geringe Verdienst war aber oft die einzige Einnahmequelle. Die Landwirtschaft diente hauptsächlich der Selbstversorgung, denn ein Verkauf der landwirtschaftlichen Produkte war, wegen der fehlenden Absatzmöglichkeiten, fast nicht möglich.

Die gewobenen Bändel wurden in Holzkisten verpackt und nach Wenslingen gebracht. Dort übernahm der Bott, Vertrauensmann der Fabrikanten und Transporteur der Bändel, die Ware und transportierte diese mit «Ross und Bottewaage» nach Basel. Letzter Fuhrmann in Oltingen war «dr Wägmacherhans» (Hans Gysin-Erny), letzter Bott in Wenslingen

GEWERBE

war Christian Bieri-Brönnimann. Wenn gewünscht, nahm der Bott auch landwirtschaftliche Produkte für Verwandte in Basel mit. Auf dem Rückweg brachte er die Spulen mit der Seide für eine neue «Rechnung» (Auftrag) mit. Auch der hart verdiente Lohn wurde ihm von den Seidenherren zur Auszahlung anvertraut. Ab 1928 übernahm dann ein grauer Saurer Lastwagen diese Transporte. Als nur noch wenige Webstühle in Betrieb waren, wurden die fertigen Bändel direkt vom Visiteur mitgenommen.

Die Arbeit der Posamenter wurde durch die Visiteure oder Stuhldiener kontrolliert. Diese Herren waren geachtet, aber auch gefürchtet. Von ihrer Zufriedenheit, oder auch ihrem Wohlwollen, hingen oft die Aufträge ab.

A mene cholte und räägnerische Herbschtdag ischs gsii. Dr Vatter und die ölteri Schweschter häi gwoobe. Mir drei Buebe sy uf dr Chouscht ghocket. Do chunnt us dr Chuchi die anderi Schweschter yne und rüeft: «Dr Fluebacher chunnt.» Das isch dr Visiteur gsii. D Stüel wärde abgstellt, e paar Sydefääde vom Liggbank uf d Syte gläit und zue öis säit me: «Buebe, häit ech still!» Scho stoot dr Visiteur i dr Stube, goot zum erschte Stuel und Bändel wärde kontrolliert. E Autorität stoot do, e Abgeordnete vo de Heere z Basel. Aber öis Buebe macht das no käi Ydruck. Dr eint stüpft der ander und lut lache mer i die Stilli yne. Dr Visiteur cheert si um und säit: «Use Buebe!» Mir haues. Aber duss reklamiere mer. «Cha dä öis us dr äigene Stube jaage?»

Anzahl Webstühle in Oltingen

1754	1770	1786	1856	1910	1930	1950	1974
3	11	24	96	105	75	15	3

Abb. 1: Lohnabrechnung

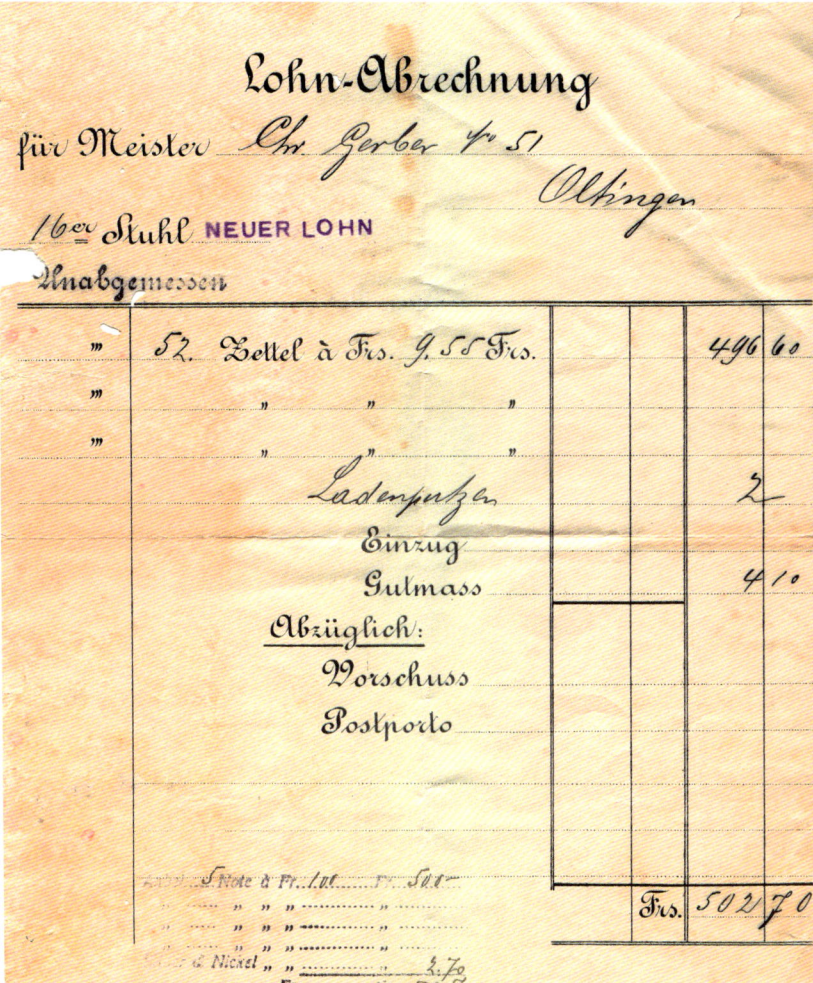

GEWERBE

Als 1905 in Oltingen der elektrische Strom eingeführt war, wurden auch die Webstühle auf maschinellen Betrieb umgestellt. Von dieser Zeit an waren vermehrt Posamenterinnen an der Arbeit. 1910 erreichte die Anzahl der Stühle ihren Höhepunkt. In den Dreissigerjahren nahmen die Webstühle, vor allem wegen Veränderungen in der Mode, rapid ab. Die jüngeren Leute fanden mehr und mehr besser bezahlte Arbeit. Auch die Landwirtschaft verzeichnete durch die neuen Absatzmöglichkeiten einen langsamen Aufschwung. So wurden die Posamenter/innen immer älter. Ein Webstuhl nach dem andern wurde stillgelegt. Die letzten Weberinnen waren Marie Dähler, Liseli Gloor und Lina Gysin-Weitnauer (Wägmachers Lina).

Abb. 2: Lina Gysin-Weitnauer am letzten Webstuhl

Der Webstuhl von Lina war am längsten in Betrieb, er wurde 1975 von der Firma Senn, Ziefen, die Eigentümerin war, als Zeitzeuge der Gemeinde geschenkt. Er wurde im damals leerstehenden Oberschulzimmer aufgestellt. Am legendären Dorffest 1976 wurde durch die drei noch rüstigen Weberinnen, die damals zusammen 241 Jahre alt waren, wieder gewoben. Nach einer Ruhepause, zerlegt im Schulhauskeller, fand der Webstuhl 1985 seinen Ehrenplatz im Heimatmuseum Oltingen, dort ist er von Paul Schaffner (Sämi Paul), Anwil, und René Hasler, Gelterkinden, fachmännisch restauriert und wieder montiert worden. Seither weckt er immer wieder das Interesse von vielen Museumsbesuchern und erinnert unsere Generation an die wechselvolle Geschichte der Posamenterei.

> S Karline und dr Chrischte häi gwoobe und dernäbe no echly buuret. Äinisch häi sy e nöii Rächnig (ein Arbeitsauftrag für den Posamenter) überchoo. S Karline und e Nochbere sy am Adräie gsii und do isch im nöie Ytäiler gstande: Die roote Bändel eso breit und eso vill Schütz, und die blaue dito und die gääle dito.
>
> Zoobe säit s Karline zum Ma: «Du, was häisst äigetlig dito?» «Zäig äinisch dr Ytäiler!» säit dr Chrischte und luegt lang dry, aber er wäiss es au nid. Do ment äs: «Muesch halt moorn uf Basel abe go frooge; die Rächnig prässiert und dr Bott fahrt jo erscht übermoorn.» Mönderisch isch er früe noem Fuere abmarschiert und isch zum Znacht wider umme cho. «He nu, bisch ämel wider zrugg und - was häisst jetz das dito?» Dr Chrischte lacht: «Du bisch e Chue und ich dito!»

Hans Lüthy-Schaub

Quellennachweis

versch. Unterlagen Staatsarchiv

Gespräch mit Hans Dähler

Anekdoten von Emil Weitnauer

GEWERBE

Mühlen und Säge

Obere Mühle, Säge und «Öli» (Ölmühle)

Die obere Mühle wird 1281 erstmals erwähnt. 1372 war sie im Besitz der Grafen von Thierstein-Farnsburg. Im Jahre 1444 wurde sie an den Stammvater der Oltinger Gysin, der aus Läufelfingen kam, an Hans Gyse verkauft. 1569 wird sie als Mahlmühle mit 3 Mahlgängen betrieben. Es wird auch eine Beimühle erwähnt, bei der es sich vermutlich um eine Hanfreibe gehandelt haben muss.

1769 wurde sie von einem Martin Rickenbacher erworben und wurde 1782 bis auf die Grundmauern abgebrochen und neu aufgebaut. 1825 ging die Mühle in den Besitz des Sohnes Heinrich über. Er stellte bald darauf ein Gesuch an die Behörde, am Standort der Beimühle eine Säge zu bauen. Nach diversen Bedenken von verschiedenen Seiten wurde schliesslich die Baubewilligung erteilt und daraufhin die heute noch bestehende Säge gebaut. Bald darauf wurde auf der anderen Seite des Wasserrades die «Öli» gebaut und beides mit einem neuen Wasserrad von 6.68 m Durchmesser angetrieben. 1855 wurde der Betrieb aufgeteilt, und einer der beiden Söhne übernahm die Mühle und der andere die Säge und «Öli».

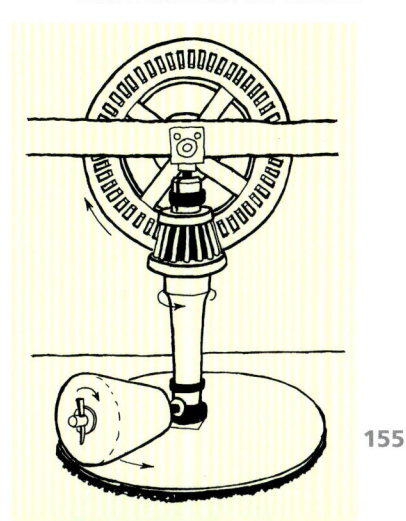

Abb. 3: «Öli»-Stein

1913 baute der Nachkomme des Sägers, Hans Rickenbacher-Lehner das Wohnhaus an die bereits bestehende und ursprünglich zur Mühle gehörende Scheune an. 1930 wurde die baufällige «Öli» bis auf die heute noch stehenden Grundmauern abgebrochen. Hans Rickenbacher, der Sohn von Hans Rickenbacher-Lehner, betrieb die Säge bis ins Jahr 1988.

Abb. 4: «Dr Sagerhans» (Hans Rickenbacher) beim Einrichten

Abb. 1: «Öli»

Abb. 2: Hanfreibe der Ölmühle

GEWERBE

Abb. 5: Innenansicht der Säge (Hans Rickenbacher)

Abb. 6: Das Wasserrad der oberen Mühle, 2006

Die obere Mühle wurde bis ins Jahr 1876 durch Gottlieb Rickenbacher, Sohn des Heinrich, weiterbetrieben. 1876 wurde Jakob Gass neuer Besitzer, er verstarb jedoch bereits ein Jahr später. Die Mühle wurde darauf verpachtet und im Jahre 1891 durch die Erben an Samuel Schilling, den Oltinger Lehrer, verkauft. Sein Sohn Jakob betrieb die Mühle bis zu seinem Tod 1932. Seine Frau Rosa heiratete darauf einen Ernst Frutig, und sie betrieben die Mühle weiter bis zu ihrem Verkauf 1941 an Rudolf Gass. Dieser betrieb die Mühle noch weitere 10 Jahre, worauf das Mahlen von Brotgetreide aufgegeben werden musste. Daraufhin wurde dann noch einige Jahre Futtergetreide gebrochen, allerdings nicht mehr mit dem alten Mahlwerk.

GEWERBE

Untere Mühle

1597 wurde die untere Mühle durch einen Zacharias Gysin gebaut. Trotz Widerstand und Protest durch den oberen Müller wurde der Bau durch die Obrigkeit schliesslich bewilligt.

Abb. 7: Türinschrift der unteren Mühle

1629 starb dieser Zacharias Gysin. Die folgenden Jahre sind durch sehr regen Besitzerwechsel beschrieben. Es war eine schwierige, krisenreiche Zeit für das Müllergewerbe. Gegen Ende des 18. Jahrhunderts, unter der Führung der Familie Gysin, ergab sich eine Wende zum Besseren. Die Familie Gysin betrieb die Mühle in 4 Generationen während mehr als 100 Jahren. 1822 wurde die Mühle durch einen Hans Jakob erneuert und umgebaut. 1838 wurde das neue Wohnhaus («Müllerheirechs») auf der andern Seite der Mühlegasse an die bestehende Scheune, die zur Mühle gehörte, angebaut. 1881 wurde sie dann von einem Sebastian Gass gekauft. Seine Frau Anna war eine Verwandte der früheren Besitzer Gysin. Nach seinem Tod 1892 ging sie in den Besitz seiner Kinder. Schon ein Jahr später, 1893, erwarb dann Walter Rickenbacher den Betrieb. Sein Vater Heinrich war der obere Müller. 1903 wurde dann Adolf Gysin neu-

Abb. 8: Adolf Gysin (Müllerdölf)

er Besitzer, er war davor Pächter der oberen Mühle. Er führte den Betrieb bis zu seinem Tod 1948. Danach betrieb sein Sohn, ebenfalls Adolf, die Mühle noch kurze Zeit weiter, bis sie, wie die obere Mühle, Anfang der Fünfzigerjahre stillgelegt wurde.

Paul Lüthy-Schaffner

GEWERBE

Die Sagistiftung

Die Oltingerinnen und Oltinger dürfen stolz auf ihr schönes Dorf sein. Immer wieder halten Wanderer inne, sei es vor einem sanft renovierten Bauernhaus, einem sorgfältig gepflegten Garten, oder sie geniessen den prächtigen Blick von der Bühlstrasse auf die intakte, idyllische Dachlandschaft. Die wenigsten Besucher werden jedoch bemerken, dass Oltingen noch mehr zu bieten hat als eine wohlerhaltene, historische Bausubstanz, denn unauffällig zurückversetzt zwischen den Häusern an der Schafmattstrasse liegt die mit Wasserkraft betriebene Sägemühle, die von weitem wie ein gewöhnlicher Lagerschuppen aussieht. Doch dieser Eindruck täuscht gewaltig, denn auf der 1826 gebauten «Sagi» werden noch immer Stämme in Bretter und Balken zersägt wie anno dazumal. Dass die alte, durch ein sogenanntes oberschlächtiges Wasserrad angetriebene Gattersäge noch funktioniert, ist zwei engagierten Männern, dem Lehrer Emil Weitnauer und dem damaligen Gemeindepräsidenten Hans Dähler, zu verdanken.

Am 22. Juli 1988 wurde die Sagistiftung gegründet, deren Zweck es ist, den Erhalt der von Hans Rickenbacher (Sagerhans) noch bis zu seinem Tod im Jahr 1997 betriebenen Sägemühle für die Nachwelt sicherzustellen. Hans Rickenbachers Schwester Sophie hat wesentlich dazu beigetragen, dass er in den Verkauf an die Stiftung einwilligte. Es ist ihr ein grosses Anliegen, dass die Säge ihres verstorbenen Bruders erhalten bleibt. Die Stiftung wird getragen vom Heimatmuseumsverein Oltingen-Wenslingen-Anwil, dem Lions Club Farnsburg und der Gemeinde Oltingen. Ohne die beträchtliche finanzielle Hilfe des kantonalen Lotteriefonds, der kantonalen Denkmalpflege und des Baselbieter Heimatschutzes hätte die Stiftung den Kaufpreis für die «Sagi» allerdings nicht sicherstellen können. 1989 organisierte der Stiftungsrat ein «Sagifest», welches derart erfolgreich war, dass damit umfangreiche Reparaturarbeiten finanziert werden konnten. Der damals erzielte Reingewinn bildet den Grundstock des Stiftungskapitals, von dem laufende Reparaturen gedeckt werden.

Um dem Stiftungszweck zu genügen, hat ein möglichst regelmässiger Betrieb der «Sagi» absolute Priorität, weil andernfalls das Wasserrad einseitig austrocknen und in der Folge nicht mehr rund laufen würde. Dabei kann die Stiftung auf den unschätzbaren Einsatz ihrer Säger zählen. Zur Zeit (2007) sind dies die beiden langjährigen Säger Hans Dähler und Willy Lang sowie die «Säger-Lehrlinge» Hans Rickenbacher (Glaserhans) und Hans Lüthy (Junkerhans) (Abb. 9), welche das alte Sägerhandwerk in die Zukunft führen werden. Viele Stunden ihrer Freizeit opfern die vier Männer freiwillig und unbezahlt, sei es, um die Sägearbeit während einer der regelmässigen Führungen zu demonstrieren oder auch «nur» für die wöchentliche «Bewegungstherapie» des Wasserrades (Abb. 10).

Damit die Sägemühle betriebsbereit bleibt, sind regelmässige Unterhalts- und Reparaturarbeiten notwendig, an denen sich Mitglieder des Lions Club Farnsburg und des Stiftungsrates während des alljährlichen Arbeitstages aktiv beteiligen. Peter Ruepp (Anwil) organisiert und leitet diese Arbeiten jeweils umsichtig und professionell.

Trotz engagiertem Einsatz der Säger und aller anderen Helfer bleibt ein Wermutstropfen zurück: Die Säge ist nur mit Wasserkraft allein und ohne Unterstützung eines Elektromotors nicht funktionsfähig. Der Grund dafür ist einerseits das zu klein dimensionierte Wasserrad und andererseits die zu geringe Wassermenge. Es möge deshalb unsere Zukunftsvision sein, das heutige Wasserrad einmal durch ein neues ersetzen zu können, das die Masse des ehemaligen Originalrades haben soll. Die Realisierung

Abb. 9: Die langjährigen Säger sowie die «Säger-Lehrlinge» von links nach rechts: Willy Lang, Hans Dähler, Hans Rickenbacher, Hans Lüthy

GEWERBE

Abb. 10: Hans Dähler, der neue «Sagerhans», beim Einrichten für den nächsten Schnitt während einer «Sagi»-Führung.

eines solchen Vorhabens dürfte allerdings nicht ganz einfach sein, da die Kosten für die Herstellung und Montage eines neuen Wasserrades von fast 7 m Durchmesser schätzungsweise rund Fr. 100000.– betragen. Wer mehr über die «Sagi» und die einst eng mit ihr verknüpften zwei Dorfmühlen erfahren möchte, dem sei die Broschüre «Säge und Mühlen von Oltingen» empfohlen (Weitnauer et al. 2003). Sie kann bei der «Sagi» oder im Heimatmuseum bezogen werden.

Urs Max Weber
Präsident Sagistiftung

Quellennachweis

Weitnauer E., Gisi M., Gisi H. (2003), Säge und Mühlen von Oltingen.
    2. Auflage, 48 S.

Wirtshäuser, Restaurants

Gasthaus zum Ochsen

Erstmals wird im Jahre 1276 in Oltingen eine Taverne, sehr wahrscheinlich der heutige Ochsen, erwähnt. Reisende, die über die Schafmatt zogen, erhielten dort Speise und Trank. Diese Taverne gehörte den Herren von Heidegg, wobei die Wirte von den Besitzern jeweils ernannt wurden und alle 2 Jahre wechseln mussten, eine sogenannte Wechselwirtschaft.

Abb. 1: Wie die Schrifttafel über dem Eingang des Ochsens zeigt, ist das Gebäude in seiner heutigen Form im Jahre 1589 erstellt worden.

GEWERBE

Der offene Kellerabgang vor dem Haus führt einerseits zur Kellertüre und andererseits zur ehemaligen «School» im Nachbargebäude Nr. 7 (s Schmitts Huus). Dieses Gebäude mit der Metzgerei und dem hinten angebauten, gewölbten ehemaligen Baderaum gehörte ursprünglich ebenfalls zum Ochsen. Eine Türöffnung von der Wirtsstube zu «Schmitts» Stube, die bei den letzten Renovationsarbeiten des Restaurants zum Vorschein kam, zeugt von dieser Verbindung.

> Anfang des 18. Jahrhunderts wurde das Bad im Ochsen eröffnet. Der Hirschenwirt beschwerte sich kurz darauf beim Landvogt, dass der Ochsenwirt Hans Gysin dieses Bad ohne Bewilligung eingerichtet habe. Der Ochsenwirt rechtfertigte sich jedoch damit, dass man festgestellt habe, dass das Wasser sehr heilsam sei. Dem Fuhrmann Jakob Gysin habe ein Bruch am Fuss grosse Komplikationen bereitet. Auf Anraten von Dr. Zwinger habe er seinen offenen Bruch in aufgewärmtem Wasser von der Ochsenquelle gebadet. Der Fuss sei innert kürzester Zeit geheilt. Daraufhin hätten verschiedene Ehrenleute aus Oltingen und Umgebung darum gebeten, in diesem Wasser baden zu dürfen, was ihm dann der Obervogt auch bewilligt habe.

Die Quelle, der «Furzbrunne», des Gasthauses Ochsen liegt auf der Sommerseite gegen den Chlapfen und wurde mit 4 «Deuchel» in die Badestube geleitet. Das Quellwasser treibe Blasen durch den After, berichtete der Geschichtsschreiber Scheuchzer, daher der Name Furzbrunnen. Der mineralische, alkalische Gehalt gebe dem Wasser eine auflösende, absorbierende und stärkende Wirkung. Der unangenehme faulende Geruch werde von den Alkalien hervorgerufen.

Aus der Inschrift über dem Eingang kann entnommen werden, dass im Jahre 1821 renoviert und umgebaut wurde und dass die damaligen Besitzer Samuel Gysin und Anna Buess waren. 1897 wurde dann ein weiteres Mal renoviert, und zwar durch den damaligen neuen Besitzer Karl Rickenbacher.

Der hintere Saalanbau im Ochsen wurde vor ca. 100 Jahren gebaut. Er wurde für Tanzanlässe benutzt und diente bei Militäreinquartierungen als Unterkunft. Der Ochsensaal diente auch viele Jahre regelmässig als Unterkunft für Ferienlager von Stadtkindern.

Im Erdgeschoss des Anbaus unter dem Saal wurde eine handbetriebene Kegelbahn erstellt, was Anfang des letzten Jahrhunderts anscheinend in den meisten Wirtschaften Mode war.

> Diese Kegelbahnen befanden sich meistens in einem Schopf oder unter einem Vordach. Die Bahn bestand aus einem ca. 30 cm breiten Holzbrett, auf dem die Kugel rollte. Die Holzkegel wurden vorne auf einer Eisenplatte, dem sogenannten Riis, aufgestellt. Als Kegelstandortbezeichnungen waren kleine Löcher im Riis, in die die kleinen Eisenbölzchen, die in der Standfläche der Kegel eingeschlagen waren, hineinpassten. Das Stellen der Kegel sowie das Zurückrollen der Kugeln über zwei im Gefälle montierte Rundhölzer wurden von den Mitspielern oder von einem entlöhnten Steller von Hand ausgeführt.

GEWERBE

Abb. 2: Gasthaus Ochsen, Aufnahme Sommer 1942

Abb. 3: Willi und Josi Gysin im Restaurant Ochsen, ca. 1962

Der Sohn Arnold übernahm von seinem Vater Karl Rickenbacher den Betrieb und führte ihn weiter bis zu seinem Tod. Danach wirtete seine zweite Ehefrau Elsbeth mit ihrem Sohn Walter Rickenbacher. Im Jahre 1958 gaben die beiden den Betrieb auf und verkauften ihn an den jungen Oltinger Willi Gysin und seine Frau Josi Gysin-Melotti. Ihr Sohn Marcel Gysin ist heute Besitzer der Liegenschaft. Bereits die Eltern Gysin verpachteten den Betrieb in den letzten Jahren vor der Übergabe, und die Verpachtung läuft nun auch im Besitz von Marcel Gysin weiter.

Abb. 4: Hausspruch, Restaurant Hirschen

Restaurant Hirschen

Im Jahre 1699 erteilte der Landvogt der Farnsburg einem Hieronimus Imhof von Liestal die Erlaubnis, in Oltingen eine neue Taverne zu errichten. Der Vogt wies darauf hin, dass im Passdorf Oltingen eine weitere Taverne nötig sei. Die neue Wirtschaft sollte eine Ergänzung zur Wechselwirtschaft im Ochsen sein und man hoffte, ein Betrieb auf privater Basis werde auch etwas gehobeneren Ansprüchen gerecht.

Imhof erbaute nun, trotz Ablehnung der Oltinger Bevölkerung, an der Durchgangsstrasse zur Schafmatt, die damals noch über den Hügel und die Bauerngasse führte, das Restaurant Hirschen. Der Ochsenwirt und die meisten Oltinger machten ihm jedoch das Leben schwer, und der neue Wirt zog bald darauf seine Konsequenzen und verkaufte den Hirschen an Jakob Gass von Oltingen und zog weg. Gass hatte schon früher einmal als Wechselwirt im Ochsen gewirtet.

Doch es kehrte kein Friede ein. Die Streitigkeiten zwischen dem neuen Wirt des Hirschens und dem damaligen Ochsenwirt Hans Gysin gingen weiter. Man machte sich gegenseitig schlecht und machte sich die Gäste streitig, wo man nur konnte. In jene Zeit fällt auch die Initiative des Ochsenwirtes, mit seinem eröffneten Bad und seiner angepriesenen Heilquelle, dem Furzbrunnen, die Gäste anzulocken. Daraufhin verliess auch dieser Hirschenwirt seine Wirkungsstätte bald wieder und überliess das Feld einem andern.

Erst mit dem neuen Wirt, einem jungen Sebastian Gysin, kehrte Frieden ein. Die Familie Gysin wirtete bis ins Jahr 1739 auf dem Hirschen. Danach wurde die Wirtschaft an eine Familie Gass verkauft. 1805 wurde dann die ganze Liegenschaft von einer Familie Rickenbacher gekauft, und zwar von den Vorfahren von «Hirzejoggis». Der Besitz wurde an zwei Nachkommen, zwei Brüder, aufgeteilt. Es wird erzählt, dass der eine Bruder im oberen Stock und der andere im unteren Stock gewirtet haben soll, was erneut zu Unfrieden führte.

Abb. 5: Hinterseite des Restaurants Hirschen, Aufnahme Sommer 1942

GEWERBE

Nachdem um 1880 die neue Strasse von der Dorfmitte zum Hinterdorf beim Pfarrhaus erstellt wurde, lag der Hirschen nun nicht mehr an der Durchgangsstrasse. Ausserdem hatte der Schafmattübergang an Bedeutung verloren.

Abb. 6: Restaurant Hirschen mit Saalanbau ca. 1972

Vor ca. 100 Jahren wurde ein Saal angebaut und im Schopf darunter eine handbetriebene Kegelbahn erstellt. In dem Saal fanden nach Theaterveranstaltungen im Gemeindesaal und nach dem Eierläset Tanzanlässe statt. Ausserdem diente der Saal dem Militär als Unterkunft.

Die Wirtschaft mit Wohnung im Parterre und mit dem Scheunenanteil wurde schliesslich im Jahre 1912 vom damaligen Wirt Reinhard Rickenbacher «Hirzereiner» an den jungen, frisch verheirateten Rudolf Gysin, der von «Schryners» stammte, für damals stolze 14000 Franken verkauft. «Hirzereiner» zog dann vorerst nach Basel, kaufte dann später Land in der Hofmatt und baute dort das Höflein (s Storchenäscht). Der neue Wirt Rudolf Gysin hatte einen schweren Start: Ein halbes Jahr nachdem er die Wirtschaft übernommen hatte, gebar seine Frau, die aus dem Ochsen stammte, Zwillinge, die beiden Kinder und die Frau starben kurz nacheinander. Später heiratete er dann wieder und konnte die Wirtschaft weiterführen. Sein Sohn Ruedi Gysin-Gysin wirtete mit seiner Frau Elsy bis zur Aufgabe des Gastwirtschaftsbetriebes im Jahre 1962.

1983 brannte der Saalanbau im Hirschen ab und wurde 1987 durch einen neuen Anbau mit Wohnung ersetzt.

Restaurant Traube

In der Heimatkunde Schilling wurde bereits 1863 eine Wirtschaft im damaligen Sprachgebrauch als Pinte erwähnt, doch es ist fraglich, ob es sich schon um die Traube gehandelt hat.

Die untere Wirtschaft zur Traube wurde nach jüngeren Angaben erst Ende 19. Jh. erstellt respektive an das bestehende alte Wohnhaus angebaut. Jakob Gysin-Lüthy erbaute diesen neuen Restaurantanbau. Er betrieb nebenbei auch noch eine Fuhrhalterei. Werner, einer seiner 6 Söhne, führte dann den Betrieb nach seinem Tode weiter. Er erlernte dann noch den Metzgerberuf und erbaute Anfang der Vierzigerjahre die Metzgerei auf der anderen Strassenseite.

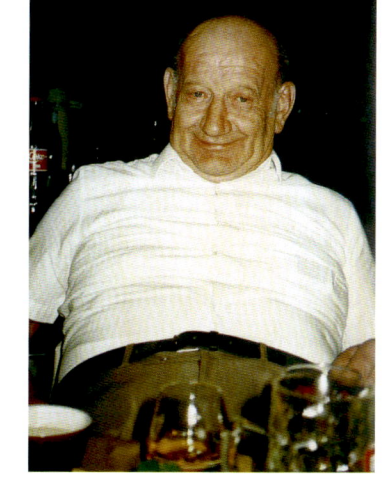

Abb. 7: Arnold Gysin (Trübelnoldi, Postadems)

GEWERBE

Auch sein Sohn Arnold, «dr Trübelnoldi», erlernte den Metzgerberuf und betrieb beides nach dem Tod des Vaters 1955 weiter. 1998, einige Jahre nachdem er die Metzgerei aufgegeben hatte, hörte er auf zu wirten. Er verpachtete die Wirtschaft und starb 1999. Nach dem Tod des Bruders Werner Gysin wurde die Liegenschaft im Besitz der Erbengemeinschaft durch Paul Lüthy, einem Nachkommen der Familie, gekauft. Das Restaurant wird weiterhin in Pacht betrieben.

Paul Lüthy-Schaffner

Abb. 8: Restaurant Traube

Quellennachweis

Aus der Geschichte Baselland, «Ein Stück Baugeschichte des Dorfes Oltingen» von K. Gauss, 1931

Befragung von älteren Oltingern, ehemaligen Wirten, Verwandten und Nachkommen

Dorfläden

Geschichte

In den durch Teuerung, Verdienstlosigkeit und Zollsperren geplagten Krisenjahren um 1845 kam es im Kanton zu verschiedenen Zusammenschlüssen von Gewerbe- und Handwerks-Gattungen. In Basel wurde 1845 der Allgemeine Consum Verein ACV gegründet, in Liestal wurde später (auf Initiative von Nationalrat Gschwind und Strafanstaltsdirektor Heinis) der Konsumverein Liestal gegründet. Diese genossenschaftlichen Vereine waren eigentliche Selbsthilfeorganisationen der verarmten Bevölkerung in schwierigen Zeiten. Natürlich wurden sie als mächtige Konkurrenz von den eingesessenen Verkaufsläden angefeindet.

Gründung der Konsumgenossenschaft
Wir schreiben das Frühjahr 1917, der erste Weltkrieg zieht sich in die Länge und der Handel scheint unberechenbar, da keimt auch in Oltingen die Idee, einen genossenschaftlichen Laden zu betreiben, so wie es die Nachbarn von Rünenberg und Wenslingen vormachen. Und im Protokoll der Gründungsversammlung vom 25. Mai 1917 ist notiert: «Der leitende Grundgedanke des Konsumvereins ist demnach Schutz seiner Mitglieder vor Übervorteilung und Gleichberechtigung aller am Gewinne des Verbrauchs, was als natürliches Ziel unserer Volkswirtschaft betrachtet werden muss». Aus heutiger Sicht geht die Entwicklung ausserordentlich schnell vonstatten: Innerhalb von 4 Wochen oder 3 Generalversammlungen sind die rechtlichen und finanziellen Grundlagen geregelt, und das Ladenlokal ist am heutigen Standort im alten Schulhaus eingemietet. Ein Ladenkorpus und Ladengestelle werden am 5. Juli ausgeschrieben, Eingabefrist ist der 9. Juli, Ladeneröffnung am 6. August! Zu dieser Zeit bestehen als Familienbetrieb oder Nebenerwerb zwei Handlungen im Dorf, nämlich bei «s Becke» im Haus Nr. 8 und bei «s Murerfritze» im Haus Nr. 47 (vormals bei «s Glünggis» im Haus Nr. 46), wo man sich eindecken kann mit den Dingen des täglichen Bedarfs. In 69 Häusern beherbergen rund 90 Haushaltungen etwa 470 Einwohner. Da wird die Neugründung einer Konsumgenossenschaft wohl Staub aufgewirbelt

GEWERBE

Hauptstrasse 8 (s Becke)	Handlung	Arnold & Emilie Gysin-Gass	ca. 1855 – 1920/21
Herrengasse 46 (in Glünggis Haus)	Handlung	Salome Gysin (Matte Sali)	bis 1917
Herrengasse 47	Handlung	Salome Gysin (Matte Sali)	
Herrengasse 47 (s Murerfritze)	Handlung	Fritz & Rosa Buess-Eschbach	bis 1942
Hauptstrasse 42	Konsum	Konsumgenossenschaft Oltingen mit den leitenden Verkäuferinnen:	seit 1917
		Lydia Beugger (Sigerschte Lydi)	1917 – 1920
		Emilie Gysin (Gärberheinis)	1920 – 1923
		Mina Waldmeier (Konsum Mini)	1923 – 1964
	Volg ab 1981	Ruth Lüthy (Junkers)	1964 – 1996
		Theres Catto-Gysin (Schmitts)	1996 – 2002
		Erna Walt	2003 – 2007
		Beatrix Gysin & Doris Gysin	2007 –
Hauptstrasse 22	Handlung	Ernst & Frieda Burri-Rickenbacher	1948 – 1950
Hauptstrasse 33	Handlung	Hans & Elvira Gysin-Baumann	1950 – 1991
Hauptstrasse 19	Metzgerei	Thomas Rickenbacher	seit 1997

haben, wenn innert einem Monat 67 Haushaltungen ihre Mitgliedschaft beantragen! Eine erdrückende Konkurrenz. Zumal diese Mitglieder zur Treue aufgerufen sind und sich diese Treue auch auszahlt: Am Ende des Geschäftsjahres wird jeweils der Ladengewinn entsprechend der im Mitgliederbüchlein eingetragenen gekauften Ware verteilt (nicht in Bargeld, sondern in Ware). Das macht dann etwa, je nach Geschäftsgang der Genossenschaft, 5 – 10 % aus. Allerdings wird nur solche Ware ins Büchlein geschrieben, die genügend Gewinn bringt, um den Rabatt zu finanzieren. Nehmen wir zur Veranschaulichung den Eintrag aus dem Protokoll der GV vom Februar 1922, so heisst es dort:

«…der Umsatz im Jahr 1921 beträgt rund Fr. 44 000.–, wovon Fr. 25 131.70 auf eingeschriebene Ware entfallen. 4 % Rückvergütung auf diese Summe ergibt Fr. 999.40; bei einem Reinüberschuss von Fr. 1 132.75 bleiben noch Fr. 133.35 für den Reservefonds.»

Aus der vorgängigen Verwaltungssitzung tönt es: «Es wäre wünschenswert, dass der Zucker auch eingeschrieben werden könnte. Doch ist der Verkaufspreis dermassen niedrig angesetzt, dass es nicht wohl möglich ist.»

Die Festsetzung der einschreibeberechtigten Waren wie überhaupt der Verkaufspreise und der gesamte Wareneinkauf ist Sache der Verwaltung der Konsumgenossenschaft. Und in diese Verwaltung sind der Gemeindeschreiber, der Lehrer, ein Schreiner und vier andere einflussreiche Leute gewählt. Und sie finden auch das erste Verkaufslokal, bestimmen die Einrichtung, finden eine Verkäuferin mit Bürgschaft fürs Warenlager, besorgen einen Zimmerofen und rüsten gemeinsam das nötige Brennholz, wagen mit beginnender Stromversorgung den Versuch, den Laden elektrisch zu heizen (aber es kostet zu viel), bestellen alle notwendige Ware, vom Mehl übers Geschirr zu den Schuhen und den Garbenseilen bis zum Petrol, ja sogar Leichenhemden sind vorhanden. Es werden Aktionen und Abschreibungen bestimmt, Verkaufspreise festgesetzt und das Rechnungswesen geführt, Kontakte zu den Nachbargenossenschaften und dem Verband schweizerischer Konsumgenossenschaften (VSK) gepflegt und genutzt und die Inventaraufnahme gemacht. Auch wird mal

GEWERBE

mit einem Lieferanten ein Rechtsstreit ausgefochten oder mit einem Bäcker unterwegs ein günstigeres Lieferabkommen ausgehandelt. Zur Koordination dieser Aufgaben ist wöchentlich eine Sitzung angesetzt, manchmal genügt auch eine im Monat.

Wenn die bestellten Dörrzwetschgen zu spät geliefert werden und sich dann schlecht verkaufen lassen und grau werden, werden sie halt gereinigt, getrocknet und wohltätig verschenkt… Es ist eine sehr lebhafte Zeit, und der Verwalter steuert das Ladenschiff zu Beginn wohl sehr hart am Wind und muss für zu grossartige Bestellungen, die er «im Grossbetriebswahn» getätigt hat, selbst aufkommen. Die Verluste der Verkäuferin aufs Warenlager sind mit Fr. 1106.51 noch grösser als ihr Jahresverdienst von Fr. 960.– (+ Fr. 50.– Gratifikation), wovon sie aber laut Protokoll nur Fr. 800.– bezahlen muss. Verwalter und Verkäuferin verlassen im Januar 1920 den Konsumverein.

Aber kehren wir zurück zu den Jahreszahlen von 1921: Wir finden Buchungen für Fuhrlöhne von Fr. 607.90, für Verwaltungskosten von Fr. 824.40 und für den Lohn der neuen Verkäuferin von Fr. 1940.– verzeichnet. Ausserdem ist noch auf eine besondere Schwierigkeit hingewiesen: Infolge der allgemein sinkenden Preise hat das Warenlager an Wert verloren und es sind Abschreibungen von fast Fr. 2800.– zu verkraften, trotz Verminderung des Lagerbestandes um 30 % auf Fr. 14 000.–. 1922 ist mit einem Jahresumsatz von Fr. 36 000.– der Geschäftsgang deutlich besser (!) und es gelingt, die Bankschuld von Fr. 15 000.– auf

Abb. 1: Mina Waldmeier (Konsum Mini), Ladenleiterin von 1923 – 1964

Fr. 10 000.– zu reduzieren, immer mit dem Ziel, möglichst bald schuldenfrei zu werden. Zu dieser Zeit beträgt der Schuldzins 5 %, der Habenzins 3 – 4 %. Bis Ende der Zwanzigerjahre geht es finanziell beständig bergauf und fürs 1929 beträgt der Jahresumsatz Fr. 71 035.90; die Schulden sind längst bezahlt.

Die Dreissigerjahre beginnen mit grösserer Arbeitslosigkeit und tieferen Umsätzen, 1932 sind es noch rund 56 000 Franken, 1935 noch 51 000 Franken; und als Gründe werden der allgemeine Preisrückgang und das «fahrplanmässige Auftauchen des Migros-Lastwagens» auf dem Postplatz genannt. Aber ab 1937 geht es wirtschaftlich wieder bergauf, und 1939 steht der Umsatz schon bei 80 000 Franken, auch teuerungsbedingt.

Aus den Dreissigerjahren illustrieren folgende Protokoll-Einträge den Zeitgeist:

Die Verkäuferin arbeitet sechs Tage in der Woche von früh bis spät und kriegt einen Wochenlohn von Fr. 30.– plus 1 % vom Umsatz. Ab Januar 1931 hat sie eine Woche bezahlte Ferien, Krankheitsabsenz ist unbezahlt, und eine Unfallversicherung wird erst 1937 abgeschlossen. Eine zweite bezahlte Ferienwoche erkämpft sich Mina Waldmeier an der GV Januar 1938 «für 15 Jahre Dienst und anderes mehr».

Der Verband schweizerischer Konsumgenossenschaften (VSK) spendiert jeder örtlichen Konsumgenossenschaft eine Ferienwoche für eine Person. Diese Ferienwoche wird gewöhnlich unter den zehn umsatzstärksten Kunden/Familien ausgelost oder vom Vorstand einer erholungsbedürftigen Person zugesprochen.

Die Migros ist eine lästige Konkurrenz: Nicht genug, dass sie regelmässig mit ihrem Lastwagen aufkreuzt, betreibt sie bei Hermann Rickenbacher (Michelmännis) eine Ablage. Diesem Genossenschafter wird eine Verwarnung zugestellt wegen Verletzung der Genossenschaftsinteressen, und er erhält im Laden seine Einkäufe vorderhand nur noch gegen Bargeld. Der Ausgang der Geschichte ist leider im Protokollbuch nicht vermerkt, doch habe er diese Migros-Ablage dann aufgegeben.

GEWERBE

1934 wird der erste Kühlschrank angeschafft, weil im Vorjahr viele Würste verdorben sind. Überhaupt taucht dieses Bemühen um Einführung von Neuerungen im Interesse der Dorfbevölkerung immer wieder auf. Es wird mit Petrol, Saatgut, Düngemittel und Thomasmehl gehandelt, sogar Schlachtvieh wird vermittelt, auch Geräte wie Rückenspritze oder Konservendosendeckel werden angeschafft und ausgeliehen, und selbstverständlich kann man im Laden telefonieren. Nur zur Anschaffung einer Sämaschine wird nicht Hand geboten, «das gehöre zu einer landwirtschaftlichen Genossenschaft».

Das kantonale Lebensmittelinspektorat bemängelt zu hohe Feuchtigkeit im Ladenlokal. Die Ladeneinrichtung ist veraltet und die Platzverhältnisse sind eng. Da der Hausbesitzer Chr. Gerber (Schuelchrischte) sich nicht an einem Umbau beteiligen will, bietet er das halbe Haus (Parterre ohne Keller, aber mit ¼ Estrich) für Fr. 6500.– zum Kauf an. Ein Hausbrief regelt Rechte und Pflichten beider Parteien. Ende Mai 1938 ist der Hausteil gekauft und bezahlt, Mitte Juni liegen alle Offerten auf dem Tisch, und die Arbeiten werden sogleich ausgeführt, so dass Ende September der neue Laden eingeräumt und frisch inventarisiert den Betrieb aufnehmen kann. Die Renovationskosten betragen Fr. 10 505.35 und sind mit 9 % staatlich subventioniert. Trotz Umbau bleibt der Jahresumsatz stabil!

Im Dezember 1939 ist der Gemeindesaal bis auf weiteres mit Militär belegt und nicht frei für eine ordentliche GV. Der 2. Weltkrieg hat die Schweiz förmlich eingekesselt und viele der Oltinger Männer leisten Militärdienst. Ein Grossteil der heimischen Arbeit muss also von den Frauen geleistet werden. So wahrscheinlich auch im Ladenbetrieb. Auch wenn es nicht ausdrücklich geschrieben steht, muss man doch annehmen, dass das Bestellwesen jetzt von der Verkäuferin erledigt wird, denn Vorstandssitzungen sind nur noch wenige pro Jahr. Der Geschäftsverlauf ist günstig, und Kriegszeiten bringen oft Teuerung mit sich. Und wegen der Teuerung und dem aufwändigen Markenkleben verlangt die Verkäuferin 15 % mehr Lohn. Aktuell hat sie monatlich Fr. 120.– plus 1 % vom Umsatz. An der GV beantragt der Vorstand nur 10 % Erhöhung, aber die Versammlung bewilligt der Verkäuferin ihre 15 % und 10 % für den Vorstand. Im Februar 1942 kauft die KGO (Konsumgenossenschaft Oltingen) den Spezereiladen von Fritz Buess-Eschbach (Murerfritz) samt Ware und Mobiliar. Dieser Laden führte im Unterschied zum Konsum Markenartikel, was bei Schokolade eben spürbar war.

Als Anfang 1945 wegen Teuerung die Verkäuferin wieder mehr Lohn fordert, wird er kurzerhand an den Umsatz gebunden mit einem Satz von 3,5 %. Damit muss sie jetzt auch die Ladenaushilfe entlöhnen. Ein Jahr später werden der Verkäuferin 4,5 % vom Jahresumsatz zugesprochen für sämtliche Ladenpersonalkosten wie eigener Lohn, Aushilfen, Ferienvertretungen, allfällige Lehrtochter, Markenkleben etc. Der Jahresumsatz hat sich übrigens während des Krieges prächtig entwickelt – teils wegen der Teuerung, teils vielleicht auch wegen der Truppen im Dorf – nämlich von etwa 80 000 Franken 1939 auf rund 115 000 Franken 1945. 1948 ist er auf 130 000 Franken und stagniert dann bis 1956.

Elviras Laden im Unterdorf
Im März 1948 eröffnet Ernst Burri für etwa 2 Jahre einen Spezereiladen und gibt ihn dann weiter an Hans und Elvira Gysin (Schrynerhanse) im Unterdorf, wo er bis 1991 weiter besteht. Elvira ist gelernte Verkäuferin, und mit guter Beratung und Bedienung versteht sie es, sich einen Kundenstamm zu bewahren. Zwischen ihr und den Verkäuferinnen der Konsumgenossenschaft besteht ein gutes Einvernehmen: Wenn bei einer etwas fehlt, schickt diese die Kundschaft ins andere Geschäft. Auch Brot- und Backwaren werden abgesprochen.

Abb. 2: Elvira und Hans Gysin-Baumann in ihrem Laden

GEWERBE

Metzgerei
Ebenfalls nach dem Krieg hat der «Trübelnoldi» seinem Restaurant Traube eine Metzgerei angegliedert, die er bis Mitte der Achtzigerjahre betreibt. Nachher muss man das Fleisch in Wenslingen beim Metzger Lehner holen. 1997 eröffnet Thomas Rickenbacher an der Hauptstrasse 19 seine Metzgerei, wo er gute und günstige Ware anbietet, so dass seine Stammkundschaft auch von anderen Dörfern her kommt.

Ferienwoche für treue Kunden

Die jährliche Ferienwoche – gestiftet vom VSK (Verband schweiz. Konsumvereine) und ausgelost von der KG Oltingen unter ihren besten Kunden – ist sehr beliebt und eine ausgezeichnete Motivation zur Kundentreue. An der GV 1949 verlangt die Versammlung, dass die KG Oltingen einer zweiten Person die Ferien bezahlt. Ab diesem Zeitpunkt wählte der Vorstand also den einen Feriengast selber und der andere Ferienplatz wird weiterhin unter den 6 Höchstbezügern ausgelost. Die Ferienorte sind meist Weggis oder Jongny am Genfersee. Bis 1960 ist die Hälfte der Mitglieder schon mal in den Genuss dieser Ferienaktion gekommen.

Ab der GV 1955 werden sämtliche Waren ins Mitgliederbüchlein eingetragen, auch wenn die Rückvergütung dadurch prozentual tiefer wird. Im Februar 1956 erlischt die örtliche Elektragenossenschaft, und die Glühbirnen müssen jetzt wieder geführt werden, die früher «ums Verworgge» aus dem Sortiment genommen werden mussten.

Im Jahr 1958 gibt es eine Umsatzzunahme von 19 %!! Im Protokollbuch findet sich leider keine Angabe von Gründen. Bis 1976 steigt jetzt der Umsatz jährlich um 8000 bis 30000 Franken… eine goldene Zeit! 1962 übernimmt der Laden den Milchmarkenverkauf für die Milchgenossenschaft und das Bierdepot vom schliessenden Restaurant Hirschen.

1964 kündigt die Verkäuferin Mina Waldmeier nach über 40 «Ladenjahren» auf Ende Geschäftsjahr, und Ruth Lüthy (Junkers) kann am 1. November das Amt nahtlos übernehmen, war sie doch schon fünf Jahre Aushilfsverkäuferin.

> 1955 wird die Gratiswurst zur GV wieder einmal abgeschafft, mit dem Erfolg, dass ohne ein «Bhaltis» immer weniger Mitglieder an die Versammlung kommen. Also gibt es an der GV bald einen Zweifränkler für jedes anwesende Mitglied.

Ein Ladenumbau oder gar Neubau wird erwogen, da das Korsett des alten Ladens zu eng wird; günstigste Lage für einen eventuellen Neubau wäre Fritz Rickenbachers (Sagereris) Baumgarten, falls nicht das ganze Haus Nr. 42 gekauft werden könne. Ganze acht Jahre dauert es denn auch, bis der Hauskauf 1970 zustande kommt, allerdings noch ohne Stall und Scheune.

1971 erfolgt der Ladenumbau mit Fassadenrenovation. Eine vollständige elektrische Beheizung ist nicht möglich, da das Stromnetz im Dorf zu schwach ist. Doch für einige Speicheröfen reicht es, und so bleibt halt noch ein Holzofen im Laden. Diverses gebrauchtes Ladeninventar kann beim Umbau des Konsums in Gelterkinden günstig erworben werden. Der Ladenumbau kostet inklusive Tresor gerade 100 000 Fr.

Abb. 3: Ruth Lüthy (Ladenleiterin 1964 – 1996) und Bethli Gysin (Verkäuferin 1970 – 1992)

GEWERBE

Neue Flaggen werden gehisst
Etwa in dieser Planungs- und Umbauzeit des Ladens wurde auch die Dachorganisation VSK (Verband schweizerischer Konsumvereine) umgewandelt und in die neue Coop Schweiz überführt, vorerst mit wenig Neuerungen, ausser der Einführung von Nettopreisen und damit der Abschaffung der Rückvergütungen. Doch am 16. Dezember 1976 ist eine ausserordentliche GV nötig, denn per 1. Januar 1977 wird die KG Oltingen von der Coop Schweiz ausgeschieden. Das heisst, Coop ist nur noch Lieferant der Ware, und zwar zu 4 % höherem Preis, und liefert nur noch 3 statt 6 Mal pro Woche. Und auch Zeitung, Plakate und Revisorenberichte sind nicht mehr erhältlich. Der neue Vertrag ist von Coop Schweiz schon aufgesetzt und muss für das Weiterbestehen des Ladens sofort akzeptiert werden, sonst gibt es nach Neujahr gar keine Lieferungen mehr. So wird halt dem neuen Vertrag von der GV zugestimmt.

> Es braucht einiges, bis sich der Präsident Hans Weitnauer bereit findet, das Coop-Signet zu entfernen. Erst als Coop mit einer Gerichtsklage droht, wird das Schild beseitigt.

Abb. 4: Konsumgenossenschaft Oltingen, 2006

Aber es kommt noch besser: Im Sommer 1980 kündigt Coop Schweiz den Liefervertrag von 1976 per Juni 1981. Trotz zähesten Verhandlungen ist nichts zu machen, Coop wird nicht weiter liefern. Die Suche nach einem neuen Lieferanten ist aufwändig, und die Entscheidung zwischen Usego und Volg wird gemeinsam mit den Rünenbergern unternommen.

Volg gewinnt das Rennen dank besserer Warenqualität und höherer Marge. Etwa zur gleichen Zeit wird an der GV vom 3. März 1981 der Kauf von Scheune und Stall zum Haus Nr. 42 für Fr. 15 000.– gutgeheissen; schliesslich ist ja der Jahresumsatz eben wieder um 6 % gestiegen. Und dass der Wechsel von Coop zu Volg kein Fehler war, belegt der weitere Umsatzanstieg von 9 % auf über 500 000 Franken.

Nach diesem turbulentesten 51. Jahr als Vorstand – 26 davon als Präsident – stellt Hans Weitnauer an der GV vom 11. März 1982 sein Amt zur Verfügung. Zum neuen Präsidenten gewählt wird Hans Gysin-Bürgin (Spilhof), der schon 25 Jahre als Rechnungsführer im Vorstand amtet und in allen Belangen Bescheid weiss. Gleichzeitig wird eine dritte Frau in den 5-köpfigen Vorstand gewählt (diese inoffizielle «Zauberformel» gilt bis heute).

In den folgenden Jahren wird arrondiert, das heisst, eine neue Käsevitrine belebt das Geschäft, diverse Versicherungen werden optimiert, Dach und Kamin instand gestellt, Teuerungsausgleich automatisiert («wie Gemeinde»), Aufschnittmaschine ersetzt, Bauschulden geregelt, Kühlzelle installiert, die gesetzliche Betriebsvorsorge eingeführt, vom Nachbarn das Wegrecht erworben und der Vorplatz schön und gut gepflästert, kurz: der Laden ist wohlgeordnet und die Umsätze steigen…es herrscht Hochkonjunktur, bis 1987. Aber 1988 geht es ja schon wieder aufwärts, auch wenn der plötzliche Tod des Präsidenten verkraftet werden muss.

Der ergänzte Vorstand meistert die Situation mit kundiger Beratung der Buchprüfer. Die 90er-Jahre beginnen mit einem neuen Gesamtumbau mit Anschluss an die Fernheizung der Gemeinde. Jetzt tritt der Laden in einem hellen und modernen Gewand auf, ganz nach dem zukünftigen Volg-Motto «frisch und fründlich». Nach wie vor steigen die Umsätze, aber doch etwas zaghafter. Um die Jahrtausendwende ist die Stagnation dann offensichtlich, die Umsätze sind rückläufig, aber noch gehen die Rechnungen fast auf.

GEWERBE

Die aktuelle Situation

Heute, anfangs 2006, leben wir in einer Zeit mit schnellen Entwicklungen und viel Verkehr. Die Dividenden steigen, doch die Arbeitslosenzahlen bleiben recht hoch und die Handwerkerlöhne stagnieren seit über zehn Jahren. Man spart, und es gibt Plakate mit dem Aufdruck «Geiz ist geil»… Viele Mütter und Hausfrauen arbeiten ausserhalb des Dorfes. In Gelterkinden, Sissach, Aarau und Olten sind die nächstgelegenen Einkaufszentren. Noch billiger könne man nur noch in Rheinfelden/Deutschland einkaufen. Und bald sollen Aldi und Lidl ihre ersten Filialen in der Schweiz eröffnen. Der frisch umgebaute Migros-Markt in Gelterkinden gleicht geradezu einem Einkaufstempel, mit seinen vier Meter hohen glänzenden Getränkestapeln. Zwar etwas klein im Vergleich mit einem EU-Einkaufszentrum, dafür umso gepflegter. Und nebenan ist noch das heimelige Coop-Zentrum, auch gut besucht…

Die meisten Dorfläden haben in dieser Situation Schwierigkeiten. Die grossen Zentren sind beim Publikum beliebt – «Shoppen» ist Freizeitvergnügen, «das Einkaufszentrum ist Erlebniswelt» - und ihre Lohnkosten sind im Verhältnis zum Umsatz viel tiefer, die Transportkosten viel günstiger und die Arbeitsabläufe viel rationalisierter als in einem kleinen Dorfladen. Bei soviel Konkurrenz haben schon einige Dörfer ihre Dorfläden verloren, und die Einwohner müssen jetzt auswärts einkaufen, auch wenn sie dafür das Postauto benützen müssen. Noch ist es bei uns in Oltingen nicht soweit, auch wenn wir seit Jahren gegen drohende Verluste kämpfen und die finanzielle Situation zunehmend enger wird. Unsere Kunden müssen nicht aus dem Dorf fahren zum «posten», und dies ist besonders für ältere Leute und Familien mit Kindern ein einsichtiges Argument. Risiko, Zeit- und Kostenaufwand für die Fahrt ins Einkaufszentrum und zurück wird von den Konsumenten im Allgemeinen nicht in die Rechnung mit einbezogen. Aber unserem Laden fehlt dieser Umsatz.

Die Dorfläden haben noch andere Argumente auf ihrer Seite, wie z. B. persönliche Beratung, persönliche Kontakte und sozialer Dorf-Treff. Gerade dies ist Existenzberechtigung und zählt in einem Dorf. Auch in Oltingen. Um die Existenz des Dorfladens zu sichern, müssen die Dorfbewohner halt wieder vermehrt im eigenen Laden einkaufen; nicht immer, aber immer öfter und immer mehr. Denn eigentlich sind die meisten Dorfbewohner auch Genossenschafter. Und als solche sind sie mitverantwortlich für den Laden und seine Zukunft.

Zukunft

In der Zukunft sehen wir unseren Dorfladen als gut besuchtes Geschäft, das die gängigen Artikel für den täglichen Gebrauch in guter Qualität und zu günstigem Preis anbietet. Die Dorfbevölkerung steht hinter ihrem Laden und benützt ihn rege. Beim täglichen Einkauf trifft man sich hier und kann Neuigkeiten austauschen oder Unternehmungen organisieren. Auch die Dorfvereine sind interessiert an der gegenseitigen Unterstützung beim Planen und Einkaufen für ihre Feste. Dank diesem Gebrauchtwerden bleibt unserem Dorf der Laden noch lange nützlich.

Hermann Rumpf

Quellennachweis

Gespräche mit Zeitgenossen und Unterlagen des Museumsvereins

Protokollbücher der Konsumgenossenschaft Oltingen

«Nah dran, weit weg», Geschichte des Kantons Basellands», Band 5, Seiten 62 und 66 ff.

Abb. 5: Das Verkäuferinnen-Team, 2007 (v.l.n.r.) Beatrix Gysin, Leonie Verdan, Doris Gysin, Fränzi Gysin

GEWERBE

Das Oltinger Gewerbe stellt sich vor

Architekturbüro

Paul Lüthy-Schaffner, Schafmattstr. 68

Umbau eines Abbruchobjekts in Oltingen 1994

Ursprüngliche Firmengründung 1. Februar 1977, Gysin + Lüthy AG, Baugeschäft und Architekturbüro. Ab 01.01.2000 führt Max Gysin das Baugeschäft als Gysin + Lüthy AG und Paul Lüthy führt durch Abspaltung das Architekturbüro Lüthy Bauplanung GmbH als Einmannbetrieb weiter.

Es werden vor allem Planung und Bauleitung im Wohnungsbau und in der Landwirtschaft ausgeführt. Die Firma ist auf Umbauten von alten Wohnhäusern, mit Anbauten und Erweiterungen, aber auch auf Einfamilienhäuser, neue Ställe und Stallumbauten spezialisiert. Auch die Ingenieurarbeiten werden zusammen mit einem Statiker durch die Lüthy Bauplanung GmbH ausgeführt. Wirkungsfeld ist vor allem Oltingen und die nähere Umgebung.

Die meisten Bauvorhaben im Dorf der letzten 30 Jahre konnten durch die Firma Lüthy geplant werden.

LÜTHY Bauplanung GmbH OLTINGEN
Architektur Bauleitung Bauberatung Ingenieurarbeiten
von Neubauten, Umbauten, Sanierungen

GEWERBE

Baugeschäft

Gysin + Lüthy AG, Hauptstrasse 49

Neubauten
Umbauten
Renovationen
Fassaden

Fassadensanierung mit Altbau-
verträglichem mineralischem
Veputz an der denkmal-
geschützten Liegenschaft
«Hirschen» in Oltingen.

Das Baugeschäft von Willi Gysin-Melotti wurde ab dem 1. Februar 1977 von Max Gysin und Paul Lüthy weitergeführt und 1980 in die Gysin + Lüthy AG umgewandelt. Am 1. Januar 2000 spaltete sich das Geschäft in den von Max Gysin betriebenen Baubetrieb, der weiterhin den Namen Gysin + Lüthy AG trägt, und das durch Paul Lüthy geführte Planungsbüro auf.

Spenglerei, Fachbetrieb für Badumbau, Sanitäre Anlagen

Thomas Weitnauer, Angerweg 165

Die Firma T. Weitnauer Spenglerei, Sanitäre Anlagen, wurde 1990 von Thomas Weitnauer als Einzelfirma gegründet. Als Werkstatt dienten in der Anfangsphase die alten Ställe auf dem Rumpelhof. 1992 erfolgte der Neubau von Werkstatt und Wohnhaus am Angerweg in Oltingen.

1994 wurde die Firma in eine GmbH umgewandelt und seit 1999 ist sie ein geprüfter Badumbau-Fachbetrieb der Fachvereinigung Umbau Schweiz.

Im Betrieb arbeiten Thomas Weitnauer, Ehefrau Sigrid Weitnauer und Martin Nann.

Ab heute wohnen Sie im Bad.

BADUMBAU FACHBETRIEB
FUS-GEPRÜFT
FACHVEREINIGUNG UMBAU SCHWEIZ

Baden kann schöner sein, als Sie es sich vorstellen können.
Lassen Sie sich unsere neuesten Bad-Ideen
doch einmal vorführen.

Keine Angst! Wir spritzen nicht mit Wasser,
sondern beraten Sie einfach kompetent.

T.WEITNAUER GmbH

Spenglerei
Fachbetrieb für Badumbau
Sanitäre Anlagen

Angerweg 165
4494 Oltingen
Tel. 061/991 00 31
Natel 079/356 75 17

www.badumbau-fachbetrieb.ch

GEWERBE

Sanitäranlagen

Peter Meili, Herrengasse 46

Malergeschäft

Ueli Gysin, Obere Lehmattstrasse 161

Plattenbeläge

Daniel Bitterlin, Schafmattstrasse 6

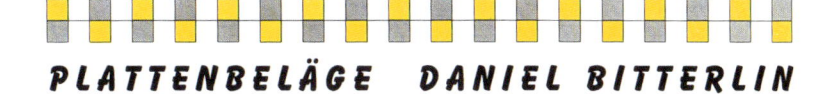

PLATTENBELÄGE DANIEL BITTERLIN

Daniel Bitterlin, selbständig seit 1998, empfiehlt sich für Plattenleger- sowie kleinere Verputzarbeiten und Silikonabdichtungen.

– *Saubere Arbeiten zu guten Konditionen*

Ueli Gysin

Nach 3-jähriger Lehre als Baumaler machte ich mich im Frühling 1985 selbständig.

Es macht mir sehr viel Spass, für meine treue Kundschaft tätig zu sein. Unser Gewerbe hat sich in den letzten Jahren durch die Verwendung von umweltfreundlichen, wasserverdünnbaren anstelle von lösemittelhaltigen Produkten verändert.

Malerarbeiten verlagern sich immer mehr auf Renovationen von Altliegenschaften.

Trotz steigendem Preisdruck werde ich meine Arbeiten weiterhin mit grosser Freude ausführen.

GEWERBE

Bildhauer

Kersten Käfer, Angergasse 173

Mönchspforte (Graugussskulptur)

Priestergrab in Aesch (Jurakalkstein)

Kersten Käfer lebt und arbeitet seit 1995 als Bildhauer und Maler in Oltingen.

Werdegang:
– aufgewachsen und Schulbesuch in Liestal
– Vorkurs Schule für Gestaltung, Basel
– Bildhauerausbildung Schule für Gestaltung und im Atelier von Albert Schilling, Arlesheim

Aktuelle Arbeiten:
Brunnenanlagen, Restaurationen, Grabsteine und Ganzguss-Skulpturen. Ausstellungen im In- und Ausland.

Landschaftsgärtner

Toni Weber, Schafmattstrasse 75

Plattenbelag

Steinmauer

Einmann-Gartenbaubetrieb seit 1996.
Kundschaft und Arbeitsgebiet bis Basel-Stadt.

Gartenunterhalt, Gartenumgestaltungen
Spezialgebiete: Natursteinarbeiten, Trockenmauern, Plattenbeläge sowie Obstbaumschnitt

GEWERBE

Blautannenkultur

Ruedi und Susi Eschbach, Schafmattstrasse 9

Blautannenkultur

Ernst Eschbach setzte im Frühling 1957 die ersten 100 Blautannen aus Holland. Bis 1966 standen 1500 Tannli im Steinenbrunnen und Rain. Nach 10 Jahren konnte man die ersten Zweige schneiden. Als Abnehmer fand man Gärtner, Wiederverkäufer und Privatkunden.

Ab Oktober bis Dezember werden die Tannli geschnitten. Am meisten Zweige braucht es auf Allerheiligen für die Gräber und im Advent für Gestecke. 1969 setzten wir die ersten Blautannen-Sämlinge für Weihnachtsbäume. Nach 8 Jahren sind sie ca. 1 ½ m hoch und schmücken an Weihnachten viele Stuben.

1976 übernahmen Ruedi und Susi Eschbach den Betrieb. In den letzten Jahren reduzierte sich der Baumbestand der grossen Tannen durch Pilzerkrankung und Borkenkäferbefall auf ein Drittel. Die Bewirtschaftung wird in Zukunft hauptsächlich auf die Aufzucht von Weihnachtsbäumen ausgerichtet.

Schmiede

Rolf Gysin, Schafmattstrasse 7

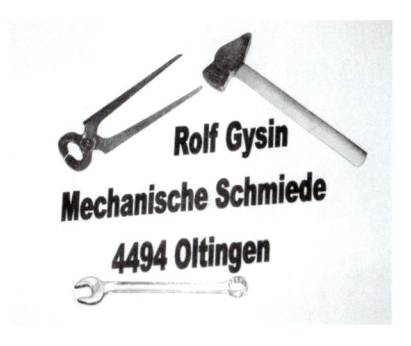

Rolf Gysin und Hans Gysin

Seit 1973 wird die Schmiede im Nebenerwerb von Rolf Gysin unter Mithilfe seines Vaters Hans Gysin betrieben.

Ausgeführt werden hauptsächlich Schlosser- und Reparaturarbeiten.

GEWERBE

Trachtenschneiderin, Kursleiterin für Krippenfiguren

Bethli Weitnauer-Berner, Herrengasse 36

Baselbieter Festtagstracht

Mein erlernter Beruf ist Damenschneiderin. Da ich immer Freude hatte an Trachten und dem Brauchtum, machte ich in Sissach eine Zusatzausbildung als Trachtenschneiderin.

Ich nähe und sticke Baselbieter Sommer-, Winter- und Festtagstrachten für Frauen und Mädchen, blaue Halbleinenblusen («blaue Hemmli» oder «Bottebluse») und Gilets für Männer und Knaben.

Für Riehen und Bettingen nähe und sticke ich Frauentrachten und Männerblusen.

Später habe ich die Ausbildung als Kursleiterin für bewegliche Krippenfiguren absolviert. Mittlerweile kann man im Altersheim Ormalingen, in Kirchen und in manchen Weihnachtsstuben solche Figuren bewundern.

Trachtenschneiderin

Marianne Gysin-Handschin, Spielhof 27

Spielhof - Oltingen

Baselbieter Tracht

näht für Sie, kant. anerkannnte Trachtenschneiderin

Fam.
M. & J. Gysin-Handschin,
Spielhof, 4494 Oltingen
Tel./ Fax. 061 991 94 16/14 spielhof@bluewin.ch

Ausbildung: Damenschneiderin-Lehre und Trachtenschneiderin mit Abschluss der kant. Vereinigung Baselland, 1992. Selbständig seit 1992.

Ich nähe für meine Kundschaft: Baselbieter Festtrachten, Sonntagstrachten, Sommertrachten, Burgunderblusen für die Männer und empfehle mich für diverse Änderungen.

GEWERBE

Schneiderei

Nicole Weisskopf-Lüthy, Schafmattstr. 70

SCHNEIDEREI
Näharbeiten aller Art

Schneiderei
Näharbeiten aller Art

Nicole Weisskopf-Lüthy
Schafmattstrasse 70
4494 Oltingen
Tel. 061/991 00 29
Nat. 079/567 57 45

Im September 2004 habe ich meine Schneiderei eröffnet.

Ausbildung und Werdegang: Lehre als Damenschneiderin im Lehratelier in Liestal, Damenschneiderin in einem Atelier in Basel und im Nähcenter in Liestal, wo ich auch im Laden mitarbeiten konnte. Nach einer Zweitausbildung habe ich auch Nähkurse durchgeführt.

Nebst Neuanfertigungen und Änderungen nähe ich auch Vorhänge, Kostüme und mache Flickarbeiten usw.

Consulting

Patrik Hürlimann, Sandgrube 79

HÜRLIMANN CONSULTING
CH-4494 Oltingen   Sandgrube 79   Tel. 061 991 90 10

– Software-Engineering im Bankenwesen

– elektronischer Feldkalender für Landwirte

Konsumgenossenschaft

Lebensmittelgeschäft, Hauptstrasse 42

Oise Lade – Die Einkaufsmöglichkeit in Ihrer Nähe

Sie finden bei uns alles für den täglichen Bedarf.
Wir freuen uns auf Sie!

Volg frisch und fründlich

KONSUMGENOSSENSCHAFT OLTINGEN

Die Konsumgenossenschaft Oltingen hat das Ziel, in unserem Dorf eine Einkaufsmöglichkeit für den täglichen Bedarf zu bieten. Sie betreibt den Laden gegenüber vom Schulhaus. Er wird hauptsächlich von Volg beliefert. Backwaren und Fleisch liefern auch regionale Geschäfte. Die meisten der hier wohnhaften Familien sind Mitglieder.

Der Laden dient auch als sozialer Treffpunkt und bereichert dadurch unser Dorf.

GEWERBE

Metzgerei

Fleisch- und Wurstwaren, Partyservice, Störmetzgerei

Thomas Rickenbacher, Hauptstrasse 19

1995 schloss Thomas Rickenbacher die dreijährige Berufslehre als Metzger ab. Anschliessend war er für ein Jahr im Fleischverkauf tätig.

Als 20-Jähriger begann er mit dem Kundenmetzgen und fing bald darauf an, selber Fleischerzeugnisse herzustellen und diese im neuen eigenen Laden beim elterlichen Hof zu verkaufen.

Heute beliefert er auch noch Restaurants, Läden und betreibt einen Partyservice.

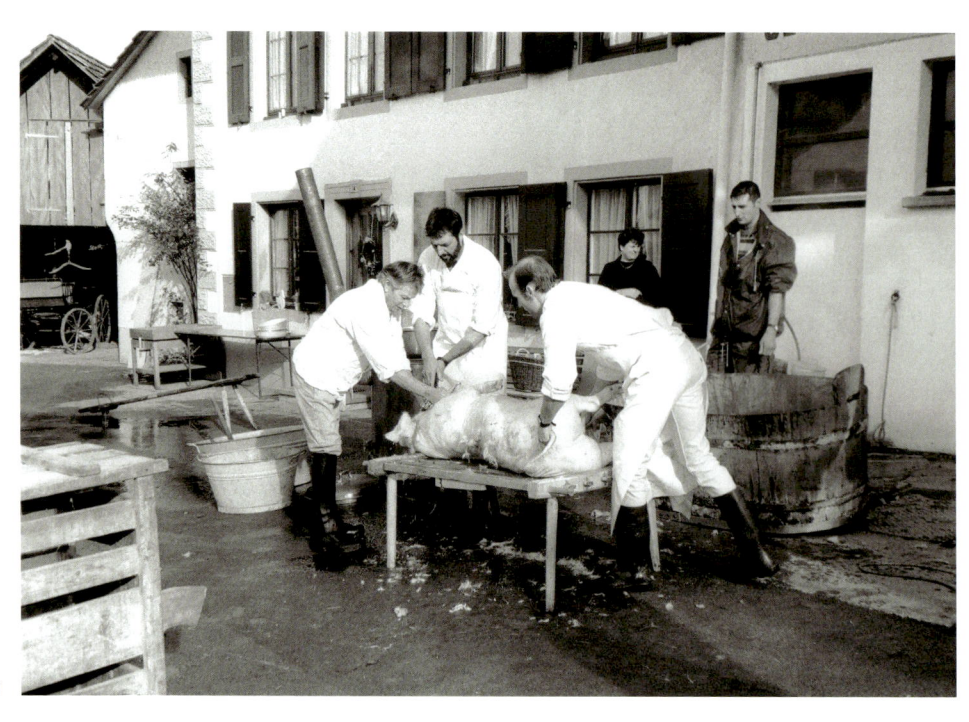

Metzgerei Rickenbacher

Störmetzgerei

GEWERBE

Gasthaus zum Ochsen

Daniel Bitterlin, Schafmattstrasse 6

Gasthaus zum Ochsen

Daniel Bitterlin
Schafmattstr. 6
4494 Oltingen
Tel. 061 991 03 10

Das Restaurant Ochsen hat 7 Tage in der Woche geöffnet. Der Saal im Obergeschoss (Danny's Chuchichäschtli) kann für die verschiedensten Anlässe genutzt werden.

Spezialitäten:
Frische Forellen: vom Wasserbecken direkt in die Pfanne und «Buurebrot» aus dem Holzofen

Restaurant Traube

Dieter Lüthy, Hauptstrasse 26

Restaurant mit Bar

Gartenwirtschaft

Der gemütliche Treffpunkt für Jung und Alt

Restaurant mit Bar

«Sääli» für Spiele und Sport am TV

Gartenrestaurant

7 Tage geöffnet ab 17.00 Uhr / Fr und Sa bis 2.00 Uhr

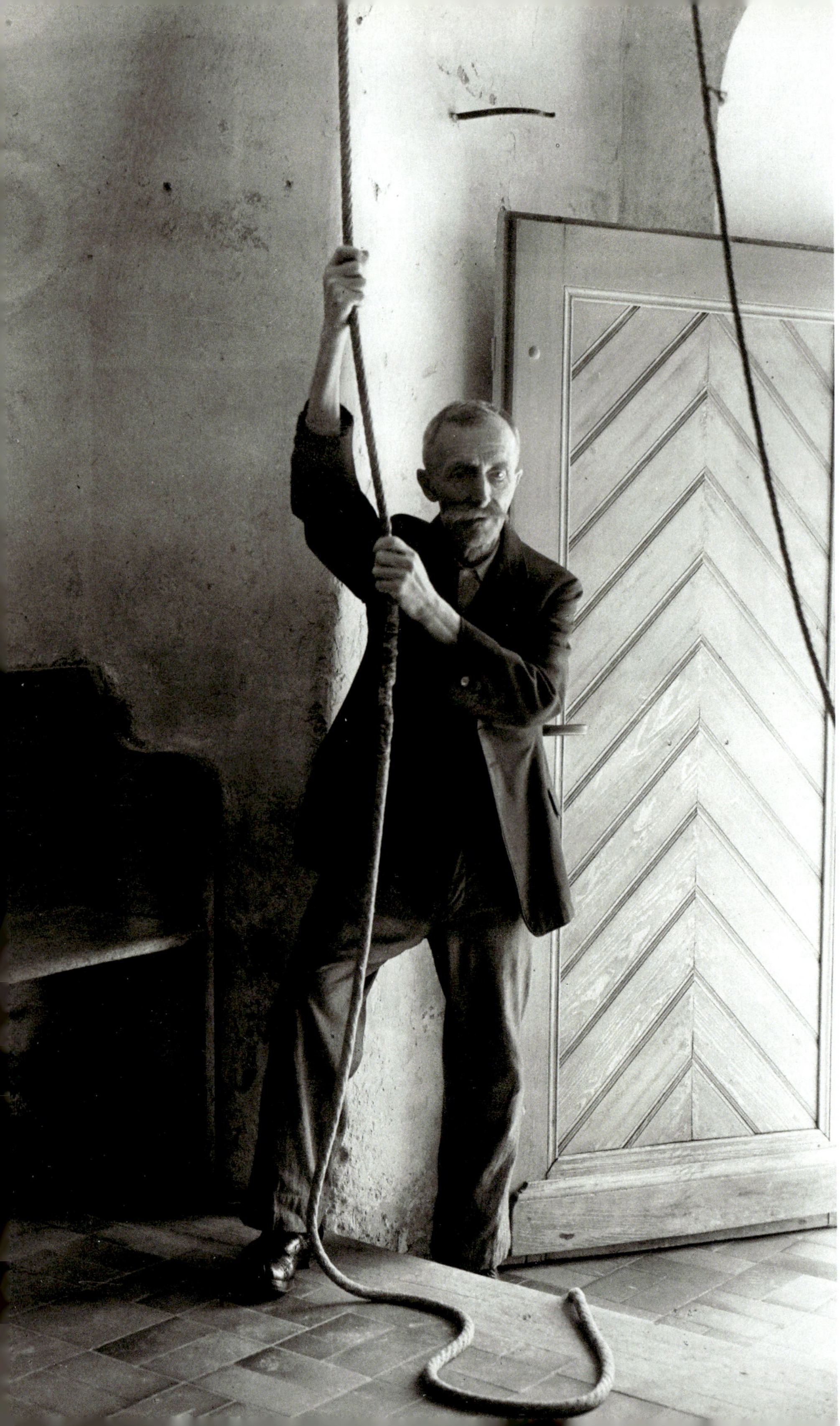
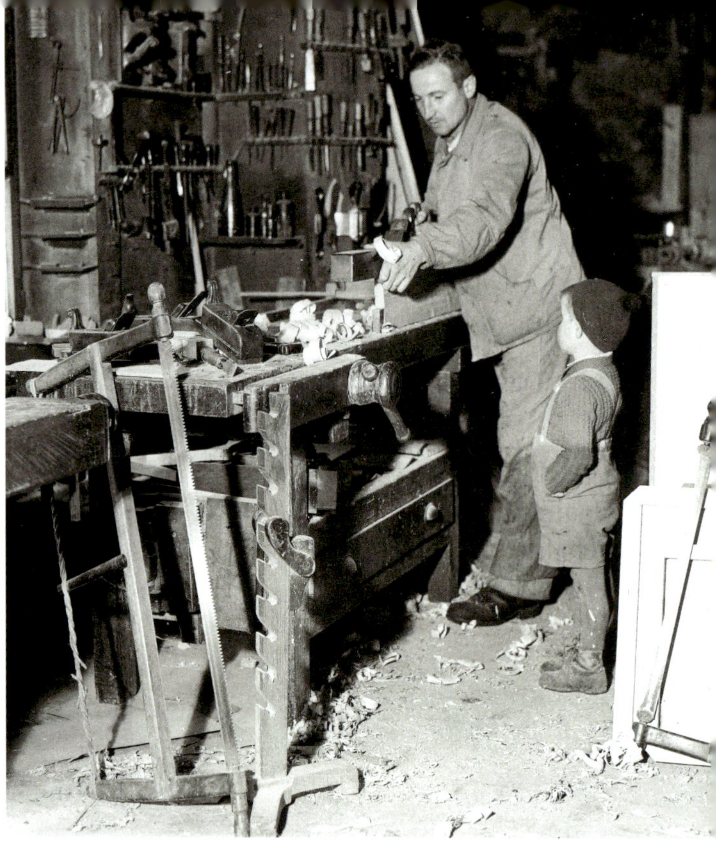
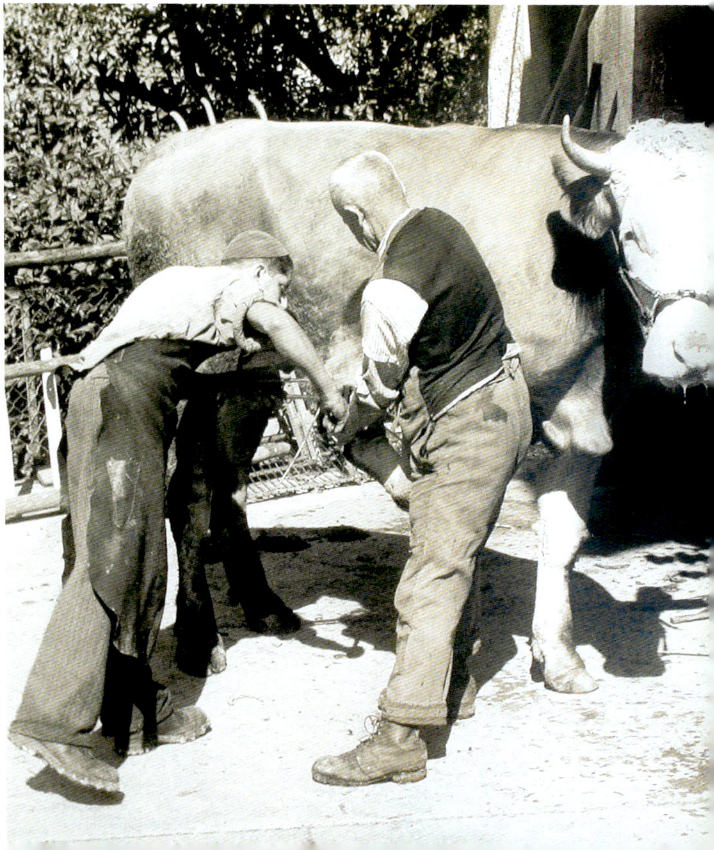

Siedlung und Haus

Baugeschichte

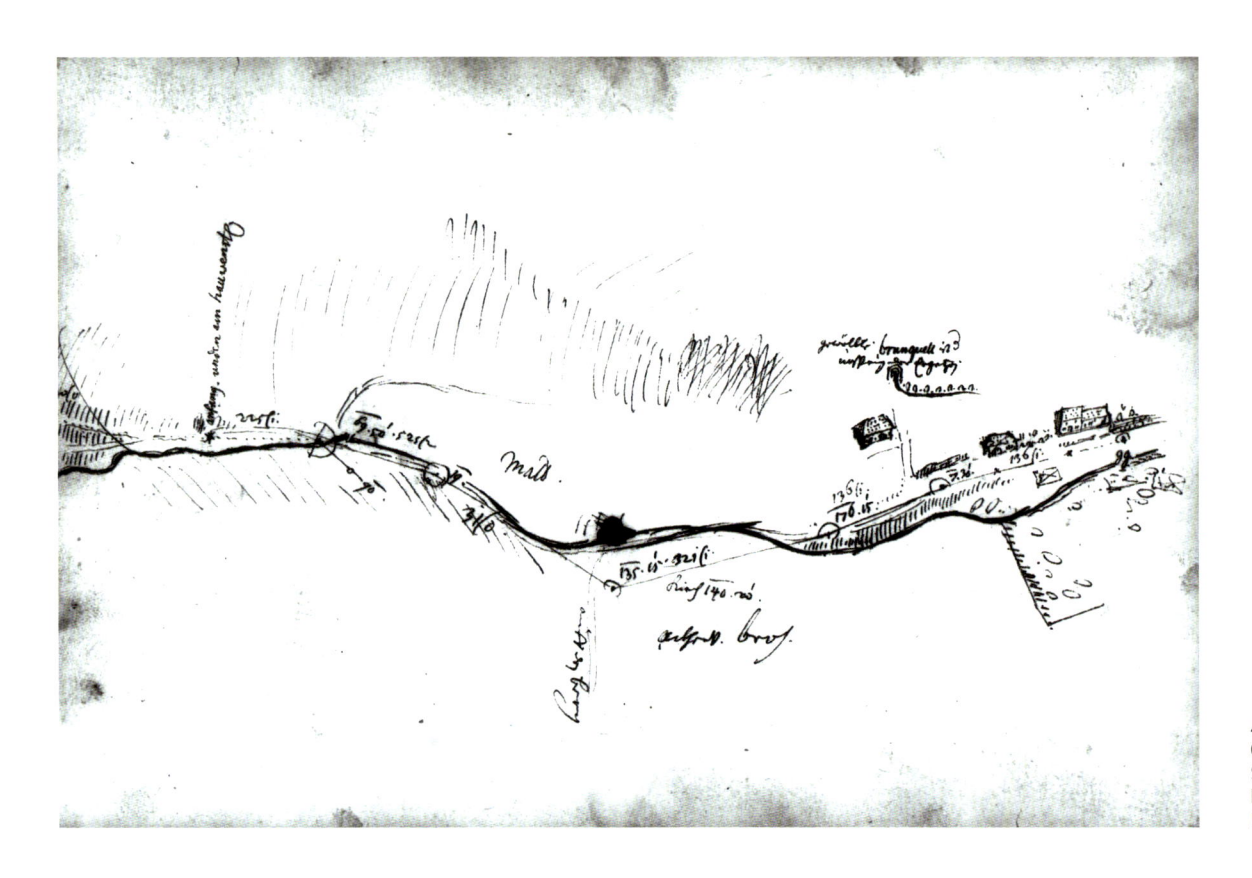

Abb. 1: Oberer Dorfteil mit «Risi» (eingezeichnet sind u. a. die Sandgrube ganz rechts und schräg links oben die Gallislochquelle), Federskizze v. G. Fr. Meier, 1680

1. Allgemein Baugeschichtliches

In alten Schriften sind nebst Kirche und Pfarrhaus lediglich die Mühlen, das Grosse Haus und die Sandgrube erwähnt.

Oltingen erlebte in der 2. Hälfte des 16. Jahrhunderts bis ins 17. Jahrhundert hinein eine aussergewöhnliche Blütezeit der Baukultur. In wenigen Jahren sind ein Gasthaus, eine Mühle, das neue Pfarrhaus und eine Reihe anderer stattlicher Steinhäuser gebaut worden.

SIEDLUNG UND HAUS

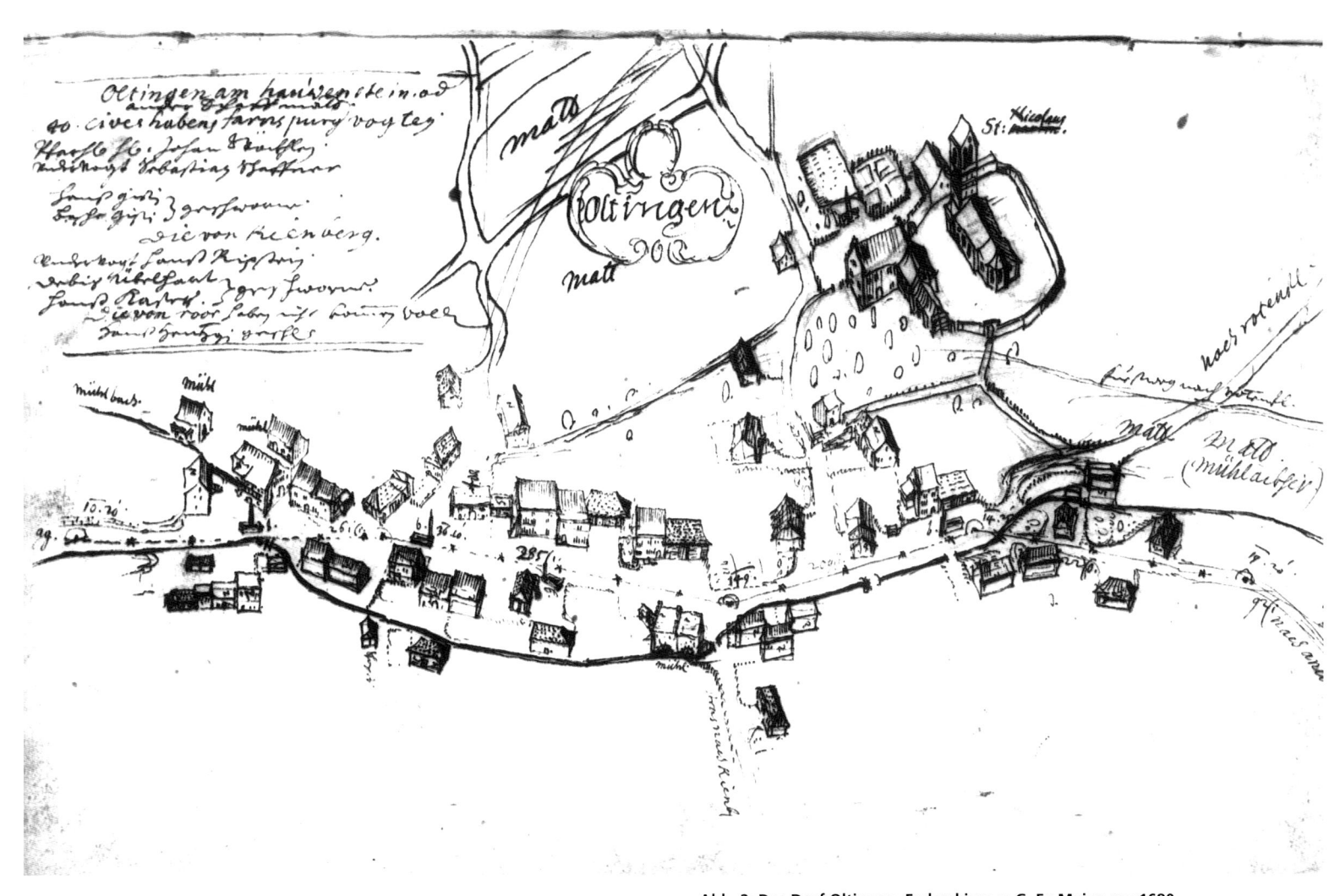

Abb. 2: Das Dorf Oltingen, Federskizze v. G. Fr. Meier, um 1680

SIEDLUNG UND HAUS

Abb. 3: Hauptstrasse 66 / 67, Bauerngasse 64, Sommer 1942

Abb. 4: Hauptstrasse 49, Sommer 1943

Für diese, für Baselbieter Dörfer einmalige Entwicklung war sicher der Ausbau des Passüberganges über die Schafmatt nach dem Beitritt Basels zur Eidgenossenschaft ausschlaggebend. Bei einem Grossbrand im Jahre 1769 wurden 5 Häuser, vermutlich Holzhäuser, zerstört, die nachher durch Steinbauten ersetzt wurden. Der Stil der grossen Steinbauten ist eigenwillig, besonders die grossen Giebel mit den Taubenschlägen trifft man weder anderswo im Baselbiet noch im angrenzenden Aargau an.

Abb. 5: Herrengasse, Sommer 1942

Mühlen und Säge

Die obere Mühle wird bereits 1281 bei einem Besitzerwechsel erwähnt. Im Jahre 1444 erwarb Hans Gyse von Läufelfingen, der Stammvater der Oltinger Gysin, die obere Mühle. 1569, als Mahlmühle, besass sie 3 Mahlgänge. Im Jahr 1597 wurde trotz heftigem Widerstand des oberen Müllers die untere Mühle gebaut. Bis 1769 blieb die obere Mühle im Besitz der Familie Gysin. Die Wasserstube mit dem Wasserrad befand sich beim ursprünglichen Gebäude noch ausserhalb an das Hauptgebäude angebaut. Dieses war ein um ein Stockwerk niedrigeres, längliches Gebäude, und der First verlief, gemäss Federskizze von G. Fr. Meyer 1680, in nordsüdlicher Richtung und nicht, wie jetzt, von Ost nach West.

Nach der Familie Gysin war ein Martin Rickenbacher neuer Besitzer. Er riss das Gebäude 1782 praktisch vollständig ab und baute es wieder neu auf. Der Neubau bekam einen wesentlich grösseren Mühleraum und das «Kett», die Wasserstube mit dem Wasserrad, wurde in das Gebäude integriert. Über dem Erdgeschoss wurden 2 Geschosse mit 2 Wohnungen gebaut und darüber die Dachgeschosse mit Kornschütte. Nach mehreren Besitzerwechseln ging die obere Mühle 1941 an Rudolf Gass über.

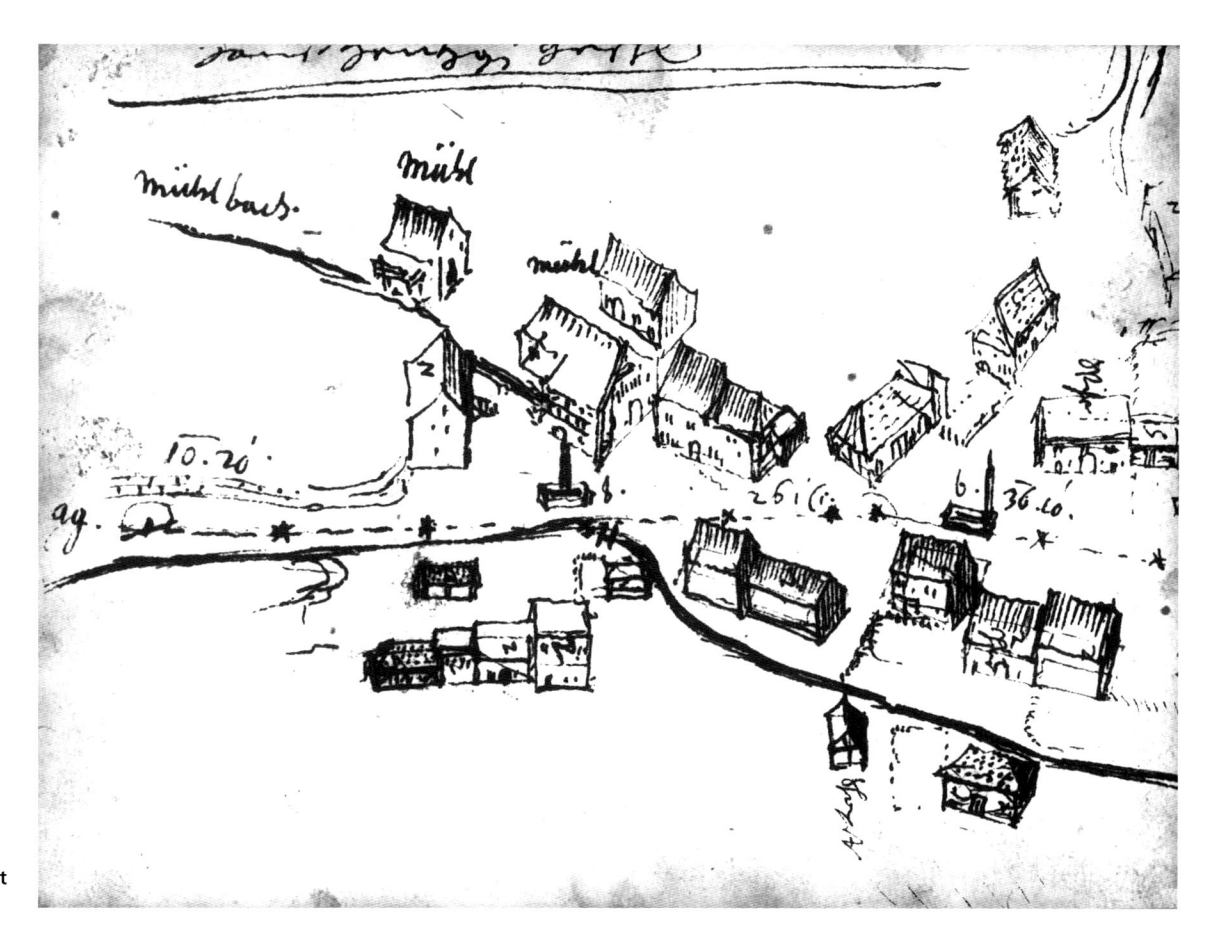

Abb. 6: Mittel- und Oberdorf, Ausschnitt der Federskizze v. G. Fr. Meier, 1680

1975 verkaufte die Familie Gass die Liegenschaft an den Basler Architekten Christoph Martin und dieser, ohne je darin gewohnt zu haben, verkaufte sie 1986 weiter an den heutigen Besitzer Franz Herzog. F. Herzog hat diesen Bau seither mit sehr viel Eigenleistung in den verschiedensten Handwerkssparten vor dem Zerfall bewahrt. Der baufällige Riegelanbau auf der Säge-Seite (mit Arthur Börlins Zimmer) wurde teilweise abgebrochen und umgebaut. Die Wohnungen wurden unter Beibehaltung der alten Bausubstanz ebenfalls renoviert. Auch der Mühleraum wurde renoviert und in seinem ursprünglichen Zustand erhalten, allerdings ohne Mahlwerk, das nur noch zu einem kleinen Teil vorhanden war. Das Wasserrad ist ebenfalls noch vorhanden, kann aber in seinem baufälligen und zum Teil verschütteten und verkalkten Zustand nicht mehr betrieben werden.

Abb. 7: Obere Mühle, 1942

Abb. 8: Untere Mühle, 2006

Auch die untere Mühle erfuhr immer wieder bauliche Veränderungen. Ursprünglich befand sich ein unterschlächtiges Wasserrad auf der Hinterseite des Hauses im Bereich des Baches. Bereits im 18. Jh. wurde die Wasserstube an die Giebelseite des Hauses verlegt. Das unterschlächtige Wasserrad wurde durch ein oberschlächtiges Rad ersetzt, und das Wasser, das für den Antrieb gebraucht wurde, wurde vor dem Haus Nr. 9 aus der Ergolz abgezweigt und in einem Kanal hinter den Häusern Nr. 13 und 14 mit sehr wenig Gefälle durchgeleitet.

Die Erben des letzten Besitzers, Adolf Gysin, verkauften die Liegenschaft 1972 an R. u. K. Zinkernagel. Die beiden Wohnungen im 1. und 2. Stock werden seither als Wochenend- und Ferienwohnungen genutzt, der Mühleraum ist ohne Mühleneinrichtung nach wie vor erhalten geblieben. Wasserrad und «Kett» als Anbau zwischen Gebäude und Mühlegasse wurden in den Fünfzigerjahren abgebrochen und durch einen neuen Anbau ersetzt.

Die beiden Mühlen wurden bis ca. 1960 betrieben, zuletzt nur noch zum Brechen von Futtergetreide.

SIEDLUNG UND HAUS

1826 wurden die Ölmühle («Öli») und die Säge gebaut. Wie auf der Federskizze von G. Fr. Meyer ersichtlich ist, stand bereits 1680 an diesem Standort eine Beimühle der oberen Mühle. Das Grundgemäuer der «Öli» mit dem Gewölbekeller steht heute immer noch. «Öli» und Säge wurden mit dem gleichen Wasserrad angetrieben. Die «Öli» wurde bis ca. 1890 betrieben und später bis auf die heute noch sichtbaren Reste abgebrochen.

Die Säge wurde in ihrer ursprünglichen Form erhalten. Sie wird heute noch zur Demonstration für viele interessierte Besucher mit dem Wasserradantrieb betrieben. Dank der gegründeten Sagistiftung kann die Säge in gutem Zustand erhalten und unterhalten werden.

Wohnhäuser

Die ältesten Häuser des Dorfes sind Ende 16. und im 17. Jahrhundert gebaut worden. Sie haben sehr steile, gotische Spitzgiebeldächer und waren früher zum Teil vermutlich mit Stroh gedeckt. Auf verschiedenen Dächern fand man auch immer wieder Biberschwanzziegel aus jener Zeit.

«S Gross Huus»

Die Entstehungszeit dieses Gebäudes war lange umstritten. Aufgrund von Holzanalysen des Dachstuhles hat man nun festgestellt, dass das Holz für das Gebälk 1513/14 geschlagen wurde. Die angebaute Scheune trägt die Jahrzahl 1618, und das angebaute Haus auf der Nordseite Nr. 52 dürfte ebenfalls aus der Zeit Ende 16. Jahrhundert stammen. Beweise dafür liefern die Steinsäule im Erdgeschoss und die Federskizze v. G. Fr. Meyer. Beim angebauten Haus Nr. 56, «Vogels Huus», handelte es sich sehr wahrscheinlich um eine Zehntenscheune. Dieses wurde um 1840 zum heutigen Wohnhaus mit Scheune umgebaut.

Es wurden schon sehr viele Hypothesen zur Entstehung des Grossen Hauses aufgestellt, die wahrscheinlichste ist die, dass das Haus für die Untervögte Gysin erbaut worden ist. 1613 werden erstmals ein Baschi und ein Daniel Gysin als Eigentümer des Grossen Hauses erwähnt, wobei es sich aber nicht mehr um die Untervögte handelte.

Sandgrube

Das Haus in der Sandgrube dürfte wahrscheinlich um 1626 gebaut worden sein und zwar durch einen von Böckten zugezogenen «neuwe Bur» Ulrich Gass. Schon bald darauf im Jahr 1629 wird als neuer Besitzer Heini Witnauer erwähnt. Nach weiteren Besitzerwechseln wird es schliesslich vom oberen Müller Sebastian Gysin gekauft und 1767 von dessen Sohn Martin, der Metzger war, übernommen. Es kam danach nochmals in den Besitz der Familie Gass und erst später durch Einheirat wieder an einen Enkel von «Metzgermarti» und damit für lange Jahre in den Besitz dieser Familie, von der es auch den Namen «s Metzgers Huus» erhielt. Im kalten Winter 1939/40 ist die alte Scheune bei Wasserauftauversuchen in Brand geraten und vollständig abgebrannt, worauf an deren Stelle die heutige Scheune gebaut wurde.

Baumaterialien

Die meisten dieser sehr alten Häuser, allen voran das Grosse Haus und die Sandgrube, wurden fast ausschliesslich mit Kalktuffsteinen gebaut. Als Besonderheit gilt die Sandgrube, deren Hinterseite bis über den ersten Stock hinaus gar nicht gemauert, sondern direkt aus dem Tufffelsen herausgehauen wurde. Mit den herausgehauenen Steinen konnten dann die hohen Spitzgiebel aufgemauert werden.

Dieser aus der Gallislochquelle abgelagerte Tuffsteinfelsen, der sich vom «Büel» bis zur oberen Mühle hinunter erstreckt, konnte in schönen Quadern abgetragen, zugehauen und zugesägt werden. Dieser Stein wurde in der Sandgrube abgebaut. Es wird vermutet, dass diese Steingrube der Grund für die rege Bautätigkeit im 16. und 17. Jh. war. Der Tuffstein hat gegenüber den kompakten Kalkfels-Bruchsteinmauern ausserdem einen sehr guten Wärmeisolationswert.

SIEDLUNG UND HAUS

Bei Häusern aus dem 19. Jahrhundert trifft man meist auf ein Gemisch von Tuffsteinen, gelben Wenslinger oder Anwiler Kalksteinplatten und grauen Oltinger Risikalkplatten. Die Tuffsteine stammen vermutlich oft aus Abbrüchen von Häusern. Bei den letzten Bruchsteinmauerwerkhäusern aus der Zeit Ende 19. und Anfang 20. Jahrhundert wurden nur noch Wenslinger-, Anwiler-, Risi- oder Wegenstettsteinplatten verwendet.

Weitere alte Gebäude

Die ältesten, mit Jahrzahlen versehenen Häuser von Oltingen sind Nr. 49 «Stöffis Huus» mit Jahrzahl 1581 über der Türe, Nr. 69 und 70 mit der Jahrzahl 1599 in einem Fenstersturz und der alten Steinsäule im Erdgeschoss. Die in ein Wohnhaus umgebaute Scheune Nr. 74, «Heirechbaschis Schüüre», trägt die Jahrzahl 1613. Eines der ältesten Häuser ohne Jahrzahl ist sicher «s Becke Huus», Nr. 8, eine Untersuchung des Gebälkes ergab, dass das Bauholz in den Jahren 1558/59 geschlagen wurde. Ebenfalls zu den ältesten Häusern zählt «s Martireiners Huus», Nr. 15. Es besass ursprünglich, wie auf alten Stichen ersichtlich ist, zwei Treppengiebel und in der Federskizze von G. Fr. Meyer (1680) ein Wasserrad, man vermutet für den Antrieb einer Schleife.

Weitere Häuser, die in ihrer heutigen Form bereits sehr lange stehen, sind (Federskizze G. Fr. Meyer) an der Herrengasse Nr. 35, 36, 37 und «Schrynerhanse Huus» Nr. 33. Die meisten andern Gebäude waren sehr wahrscheinlich Holzhäuser mit Strohdächern, die später durch Steinhäuser mit Ziegeldächern ersetzt wurden.

Ein Teil der Häuser hatte ursprünglich nur das steile Spitzgiebeldach und erhielt erst später eine Würge im Dach, um auf der Traufseite durch Aufstockung Fenster einbauen zu können, oder die Häuser erhielten in einem weiteren Umbau ein komplett flaches Dach ohne Würge. Die grossen Dachräume wurden ursprünglich zur Lagerung des Kornes als Kornschütte genutzt.

Neue Hinterdorfstrasse

Um 1880 wurde die neue Strasse von der Dorfmitte zum Hinterdorf beim Pfarrhaus erstellt. Vorher war dort nur ein schmaler Fussweg zur Kirche gewesen. Diese neue Strasse wurde nun anstelle der Bauerngasse zur Durchgangsstrasse.

Ein spezielles Gebäude, das an dieser neuen Strasse lag, ist Ende der Vierzigerjahre abgebrochen worden: Es handelte sich dabei um das «Buuchhuus» (Waschhaus), das zum «Grosse Huus» gehörte. Das «Buuchhuus», in dem die Familien des Grossen Hauses früher ihre Wäsche besorgten, lag gegenüber von «Sagereris» Hausecke auf dem Niveau von «Glasers» Garten. Die Strasse war an dieser Stelle sehr eng.

> Die abgeschnittene Hausecke an «Sagereris Huus» (Nr. 59) zeugt noch davon, dass man diese Hausecke «strafen» musste, um bei Beerdigungen mit dem Sarg ohne Probleme durch das schmale Weglein am Hause vorbeizukommen.

Abb. 9: «S Buuchhuus vom Grosse Huus», 1947

SIEDLUNG UND HAUS

Abb. 10: Luftaufnahme von Oltingen um 1949

SIEDLUNG UND HAUS

Nach dem Abbruch des Waschhauses wurde die Strasse an dieser Stelle etwas verbreitert, und man erstellte die jetzige Betonstützmauer, um die Durchfahrt der Postautos zu ermöglichen.

> Weil die Gärten durch den Bau der Strasse zerschnitten und verkleinert wurden, entstand bei den Anstössern grosse Gegenwehr, sodass der «Odemheini» drohte, den ersten Besten, der an dieser Strasse arbeiten würde, mit dem Gewehr kalt zu machen. Aber auch diese Wogen haben sich bald wieder geglättet, und die Strasse wurde gebaut.

Aussenhöfe

Die landwirtschaftlichen Aussenhöfe haben sich im Laufe der Jahre sehr verändert. Alte Höfe sind verschwunden und neue sind entstanden. Zu den ältesten Höfen, die heute noch bestehen, zählt sicher der Rumpelhof, der früher als Sennhof bezeichnet wurde. Er soll im 18. Jh. dem Basler Handelsmann Birr und im 19. Jh. noch seiner Tochter gehört haben. Später übernahm der Senn Gerber das Anwesen. Der Wohnteil war ursprünglich nur eingeschossig und wurde 1866 aufgestockt. Unterhalb des Wohnhauses mit der später angebauten Scheune steht die alte Scheune mit der Jahrzahl 1685. Sie ist unlängst zu einem Wohnhaus umgebaut worden.

Der Mattenhof wurde ursprünglich auf dem Land des Rumpelhofes gebaut. Er ist auf dem Stich von Em. Büchel von 1756 eingezeichnet. Er wurde mit dem angebauten Wohnteil 1918 erweitert. Der Rebenhof an

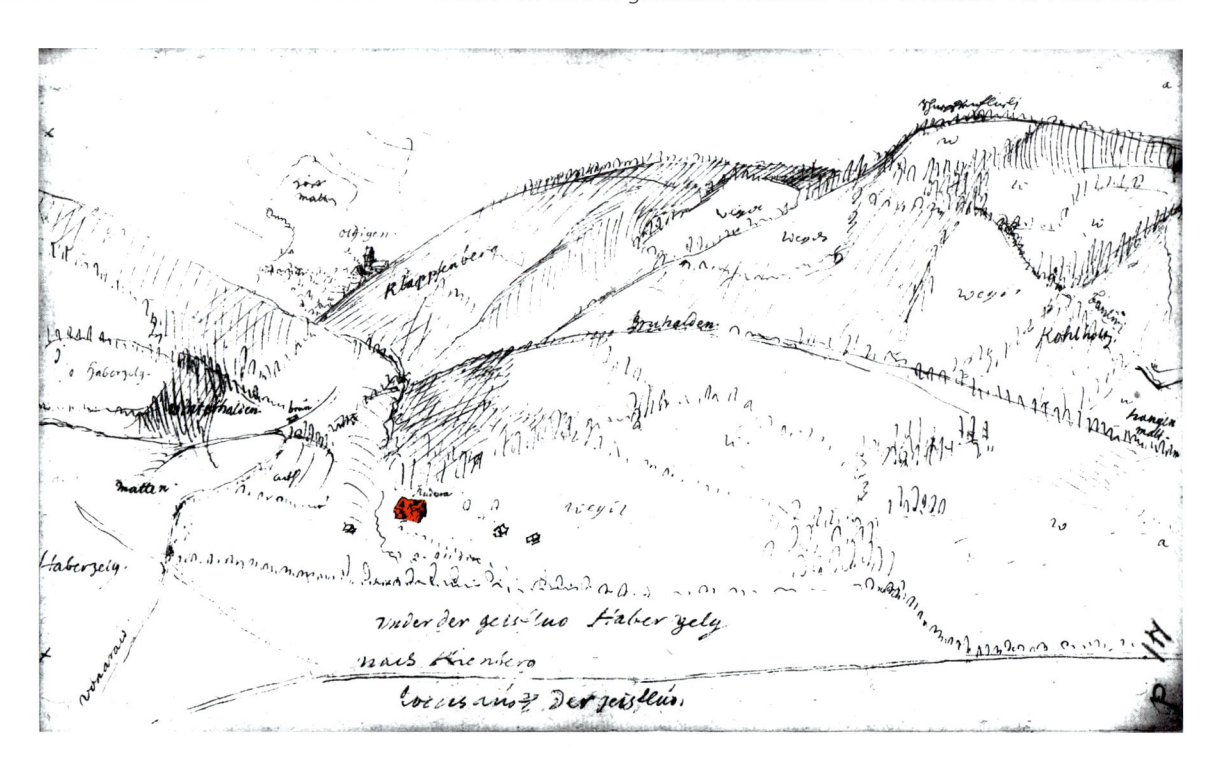

Abb. 11: Blick von der Geissfluh: rot gekennzeichnet der heute nicht mehr existierende Hof auf der Schafmatt
(Federskizze v. G. Fr. Meier, 1680)

SIEDLUNG UND HAUS

der Anwilerstrasse wurde erst im 19. Jh. und der Spilhof 1907 erstellt. Im Zusammenhang mit der 1. Felderregulierung ca. 1950 entstand der neue Barmenhof. Bei der 2. Regulierung sind dann Anfang der 70er-Jahre die Höfe Fohren, Eimatt und Bärenacker gebaut worden und etwas später auch noch der Vogelhalden- und der Egghof.

Alte Höfe, die nicht mehr stehen, waren der Hof auf der Schafmatt, der Hof Röthe und der alte Barmenhof. Der Hof auf der Schafmatt muss in der Gegend «Altschür»/«Bärenacher» gestanden haben. Er war im Besitz eines Oberst Emanuel Faesch. Gegen Ende des 18. Jahrhunderts wurde die Sennerei auf der Schafmatt aufgegeben, und das Land wurde an die Oltinger Bauern verkauft. In der Folge entstanden die 13 Heuhäuschen, in denen das Bergheu bis in die 60er-Jahre beim Heuen eingelagert und im Winter heimgeholt wurde. Der Hof Röthe stand dort, wo heute der Weidstall in der «Röti» steht. Ein weiterer Hof war der Barmen, ganz an der Banngrenze zu Rothenfluh. Er brannte 1899 nieder.

Baugeschichtliches aus der Neuzeit

Nach dem 2. Weltkrieg, als der wirtschaftliche Aufschwung begann, hinterliess dies auch in Oltingen seine Spuren. Vorerst wurde mit dem Aufschwung in der Landwirtschaft ein Grossteil der Scheunen und Ställe den damaligen Möglichkeiten entsprechend umgebaut. Bei diversen Scheunen, wo dies möglich war, wurden Hocheinfahrten ein- und angebaut. Bei vielen wurden betonierte Jauchegruben gebaut, die die mit Brettern ausgekleideten Lehmlöcher ersetzten. Neue Futterwände mit grossen Barrenlöchern und betonierten Krippen sowie neue betonierte Stallgänge mit Lägern und Schlitzröhren wurden erstellt. Viele Ställe erhielten grössere Fenster, um endlich ein wenig Licht in die dunklen Höhlen zu bringen.

In den Fünfziger- und Sechzigerjahren wurde dann auch mehr und mehr an den Wohnhäusern umgebaut. Um den höheren Ansprüchen der Leute gerecht zu werden, setzte ein Boom beim Bad- und WC-Einbau ein. Die alten Bretterverschläge der Plumpsklos in den Schöpfen hinter den Häusern verschwanden, auch die Badewannen und -zuber in den Waschküchen verschwanden damit nach und nach. Der Waschtag, an dem mühsam von Hand gewaschen wurde, gehörte bald der Vergangenheit an, und die ersten Waschautomaten hielten Einzug. Die erste Maschine im Dorf war eine Gemeinschaftswaschmaschine des Frauenvereins im Schulhauskeller. Fast das ganze Dorf konnte nach einem Wäscheplan waschen.

Auch die Küchen wurden modernisiert, die alten Gussholzherde, die Rauchfänge und die Wassersteine verschwanden, die Holz-Elektro-Kombiherde hielten Einzug und Chromstahlspülen wurden eingebaut.

Auch die Situationen in den Familien änderten sich. Früher lebten 2 bis 3 Generationen der Familien im gleichen Haushalt zusammen, und man suchte Lösungen, um in 2 getrennten Wohnungen wohnen zu können.

In vielen Häusern wurden Estriche, Schöpfe und Scheunen ausgebaut, und manche Häuser wurden innen komplett umgebaut und erneuert. Die Fassaden sollten jedoch erhalten bleiben, dafür sorgt die kantonale Denkmalpflege und seit einigen Jahren auch die Ortskernkommission. Es wurde darauf geachtet, dass unser prächtiger Dorfkern von nationaler Bedeutung nicht unschön und unpassend verändert oder gar verschandelt wurde. Es konnten fast durchwegs gute Lösungen gefunden werden. Das wunderschöne Ortsbild von Oltingen findet immer wieder Bewunderung von Wanderern und anderen Besuchern. Grosse Mehrfamilienhäuser mit mehreren Wohnungen entstanden deshalb nicht, und es blieb bei 2 umgebauten ursprünglichen Wohnhäusern und Scheunen, in denen sich heute in einem 4 und im andern 5 Wohnungen befinden.

Auch der Einfamilienhausbau entwickelte sich in bescheidenem Rahmen. Die ersten drei Einfamilienhäuser des Dorfes wurden Ende der Vierzigerjahre in der Weihermatt und in der Lehmatt und etwas später im Herrenboden erstellt.

Mit der Zonenplanung und dem erschlossenen Baugebiet in der Lehmatt entstanden dann dort im Laufe der letzten 40 Jahre langsam die heute bestehenden Einfamilienhäuser.

Landwirtschaftsbetriebe gibt es nur noch wenige im Dorfkern. Ein paar Landwirte haben ausgesiedelt (siehe Aussenhöfe), und einige Bauernbetriebe wurden aufgegeben. Fünf der im Dorf verbliebenen Betriebe

SIEDLUNG UND HAUS

haben am Dorfrand Ställe errichtet. Im Dorfkern selbst gibt es kein Stück Vieh mehr. Die alten Viehställe werden lediglich noch zur Pferdehaltung verwendet. Doch der Vorwärtstrend geht weiter. In fast allen Viehbetrieben wurden die Scheunen und Ställe um- und neugebaut, aus Anbindeställen wurden Freilauf- respektive Boxenlaufställe.

Da im Dorf immer noch einiger ungenutzter oder zu wenig genutzter Raum vorhanden ist, dürfte sich der Trend, die vorhandenen Häuser und Ökonomiegebäude zu Wohnzwecken umzubauen und zu nutzen, noch weiter fortsetzen, eine sinnvolle Entwicklung, die zur Erhaltung der alten Häuser beiträgt.

Da die Baulandreserve ziemlich beschränkt ist, wird sich auch der Einfamilienhausbau weiterhin in bescheidenem Rahmen entwickeln. Dasselbe trifft auch auf die Gewerbezone zu.

Paul Lüthy-Schaffner

Quellennachweis

Heimatkunde von Oltingen 1863, Samuel Schilling

Ein Stück Baugeschichte des Dorfes Oltingen, K. Gauss, 1931

Die Kunstdenkmäler des Kantons Basel-Landschaft III, H. R. Heyer, 1986

Aus der Geschichte von Oltingen von Emil Weitnauer. Zeitschrift Jurablätter

Öffentliche Werke

Schulhäuser

Gemäss Heimatkunde von S. Schilling von 1863 hatte man im 18. Jahrhundert noch kein eigentliches Schullokal. Der Schulmeister unterrichtete zum Teil in seiner eigenen Wohnstube. 1809 konnte der Pfarrhausspeicher, das heutige Haus Nr. 43, zu einer Schulstube und einer Lehrer- und Armenwohnung im Erdgeschoss umgebaut werden. Die Jahrzahl 1810 an der Kellertüre bestätigt diesen Umbau. Der Platz in diesem ersten Schulhäuslein wurde bald zu eng, und 1824 stellte die Gemeinde den Antrag zum Bau eines neuen Schulhauses.

Abb. 1: Zeichnung um 1850, Kirchengruppe und altes Schulhaus

SIEDLUNG UND HAUS

Das erste offizielle Schulhaus wurde 1826 an das bestehende Schulhäuslein angebaut und diente bis 1909 als Dorfschulhaus. Im unteren Stock befand sich die Lehrerwohnung mit 2 Zimmern, einer Küche und einem Keller, einem Feuerspritzenraum und einem kleinen Viehstall. Im oberen Stock befanden sich das Schullokal und die Wohnstube des Lehrers.

Nach dem Bau des heutigen Schulhauses 1909 ging das Gebäude in Privatbesitz über. Im oberen Stock war eine Wohnung und im Erdgeschoss der Dorfladen. Die Konsumgenossenschaft hat unterdessen das ganze Gebäude mit Laden im Parterre und Wohnung im 1. Stock erworben.

Ein grosses Werk für die Gemeinde bahnte sich an, als die Erziehungsdirektion im Jahre 1906 darauf hinwies, dass es auf die Dauer nicht mehr haltbar sei, von der Kinderzahl her, die Gesamtschule mit allen 8 Klassen in einem Schulzimmer mit einem Lehrer zu betreiben. Es wurde vorerst gefordert, das alte Schulhaus umzubauen und zu erweitern, oder ein neues Schulhaus zu bauen. Laut Berechnungen des kantonalen Hochbauinspektors würde der Umbau mit Erweiterung etwa Fr. 22 150.– kosten. Ein Schulhausneubau kostete nach Angaben eines Architekten, der verschiedene Schulhausneubauten im Baselbiet realisiert hatte, ca. Fr. 40 000.–. Um sich ein genaues Bild machen zu können, besichtigten der Gemeinde- und der Schulpflegepräsident das neue Schulhaus in Itingen.

Für den Neubau musste zuerst der Standort bestimmt werden. Die ehemalige Pfarrmatte, im Besitz von Kirchen- und Schulgut, bot sich als Bauplatz an und wurde bald als idealer Standort angesehen. Ein weiterer Standort im Günterst in der Nähe des Spielhofneubaues wurde zwar diskutiert, aber nicht weiterverfolgt.

Die Stimmung im Dorf und auch in der Behörde ging ganz klar in Richtung eines Neubaues, und an der Gemeindeversammlung vom 7. Juli 1907 wurde der Schulhausneubau beschlossen. Der Planungsauftrag wurde an Wilhelm Brodtbeck, Architekt in Liestal, vergeben. Es wurde eine Planungskommission mit 9 Mitgliedern aus Gemeinderat und Schulpflege gewählt. Mitglieder dieses Gremiums waren: Johannes Gass (Hansuelis), Sebastian Gysin (Spilhof), Samuel Gysin (Schmidwäbers), Pfarrer Burckhardt, Arnold Gysin-Gass (Becke), Emil Gysin-Buess, Christian Gerber (Post), Rudolf Gysin-Waldmeier (Gärberheinis), Rudolf Gass-Grieder (Gassschnyders). Es wurden weitere neu erstellte Schulhäuser in Hölstein, Niederdorf und Erlinsbach besichtigt.

Der Landerwerb von der Kirchen- und Schulgutverwaltung wurde mit 2000 m² à Fr. 1.25 beschlossen. Kostenberechnungen von ersten Projekten beliefen sich auf ca. Fr. 43 000.–. Im November 1907 wurde anlässlich der 9. Kommissionssitzung und anschliessend von der Gemeindeversammlung das definitive Projekt genehmigt.

Der Aushub der Baugrube, das Graben der Steine in der Steingrube an der alten Schafmattstrasse unterhalb Wägenstett wurde von der Gemeinde in Frondienst ausgeführt. Die Tannen für das Bauholz wurden im Oltinger Wald geschlagen, «Grien» für den Beton wurde in der Risi abgebaut und gebrochen, und diese Arbeiten wurden an Oltinger im Akkord vergeben. Oltinger Fuhrhalter führten Steine und Grien im Akkord. Das Sägen des Bauholzes wurde vom Oltinger Säger ausgeführt. Die Preisverhandlungen verliefen sehr zäh, die einheimischen Unternehmer erwiesen sich als schwierige Verhandlungspartner. Es ergaben sich auch bei der späteren Ausführung der Aufträge noch diverse Schwierigkeiten.

Im Frühling 1908 wurde mit den Grabarbeiten begonnen. Vorgängig musste das Bächlein, das der Strasse entlang lief, eingedolt werden. Im April begann man mit den Maurerarbeiten. Der nasse und weiche Baugrund führte zu Schwierigkeiten. Es mussten Holzpfähle in den Boden gerammt werden, über die dann nach damals neuzeitlicher Methode Streifenfundamente betoniert wurden. Zudem wurden den Fundamenten entlang Drainageentwässerungsrohre verlegt. Der gesamte Aushub betrug 415 m³.

Während des Baus des Kellergeschosses wurde beschlossen, im Keller ein sogenanntes Schulbad einzurichten, bestehend aus Duschebrausen mit jeweils darunterstehenden, galvanisierten flachen Wannen. Nicht nur die Schüler, sondern auch die Dorfbevölkerung konnten dort an bestimmten Tagen duschen.

Im Juni sprach der Kanton eine Anleihe von Fr. 50 000.–, die als Baukredit ab 1910 zurückbezahlt werden musste. Auch gewisse Pannen und

SIEDLUNG UND HAUS

Unstimmigkeiten waren nicht zu vermeiden. Der Fuhrmann Jakob Gysin, Rest. Traube, der Steine vom Wägenstett auf den Bauplatz führen sollte, kam seinen Verpflichtungen nicht nach. Es wurden kurzfristig andere Fuhrmänner eingestellt. Das führte zu diversen Streitigkeiten, und es musste der Gerichtspräsident Gerster aus Gelterkinden zu Rate gezogen werden. Zu guter Letzt musste der Streit vor Gericht geregelt werden.

Am 1. August 1908 konnte jedoch die Aufrichte des Schulhauses gefeiert werden. Für dieses Fest bestellte man bei Buess Weinhandlung in Sissach 100 Liter Wein. Den Handwerkern wurde im Ochsen ein «Zoobe» inkl. Getränk zu Fr. 1.50 serviert.

Für die Steintreppen beim Ausseneingang und für die hintere Treppe im Gang wurden Granitquader vom Gotthard für Fr. 365.– inkl. Frachtkosten gekauft. Bei einer Zwischenberechnung beliefen sich die Baukosten nun auf ca. 55 000 – 60 000 Franken.

Am 11. Juli 1909 wurde das Schulhaus mit einem Fest für die Dorfbevölkerung eingeweiht. An einem Umzug wirkten die Kinder und die Dorfvereine mit, und jeder Oltinger erhielt einen halben Liter Wein und die Kinder Wurst mit Brot. Die Schlussabrechnung der gesamten Kosten betrug Fr. 55 981.50.

Der nachträglich eingebaute Dusche- und Baderaum im Keller wurde von den Schülern jeweils an Samstagen, aber nicht jeden Samstag benutzt. Der Heizofen, in Form eines grossen Wäscheofens mit Warmwasseraufbereitung, wurde angefeuert und die Unter- und Oberschule konnten nacheinander duschen. Diese Anlage wurde bis ca. Ende der 50er-Jahre benutzt.

Abb. 2: Vor der Schulhauseinweihung 1909

Abb. 3: Duschwanne des Schulbades

SIEDLUNG UND HAUS

Abb. 4: Bauabrechung des Schulhauses

Zusammenstellung der Kosten für das neue Schulhaus:

I.	Bauplatz	Fr. 2322.50 Rp
II.	Grabarbeit	" 396.—
III.	Steineführen	" 1475.—
IV.	Anderweitige Fuhrlöhne	" 55.—
V.	Für Ausmessen des Bauplatzes	" 17.50
	Griensieben für Beton	" 161.25
	Fertigungskosten für den Bauplatz	" 7.50
	Total Maurerarbeiten	" 18280.25
	" Zimmerarbeiten	" 9350.—
	" Schreinerarbeiten	" 3129.40
	" Glaserarbeiten	" 2190.40
	Gypserarbeiten	" 2392.70
	Dach	" 2292.10
	Spenglerarbeiten	" 465.—
	Malerarbeiten	" 1272.60
	Steintreppen	" 364.95
	Tür und Fenstereinfassungen	" 1219.—
	Eisengefälk	" 1732.20
	Zementböden in den Lehrsälen	" 949.50
	Hafnerarbeiten	" 448.65
	Feuerherd & Aschenbehälter	" 219.70
	Schmied & Schlosserarbeiten	" 122.60
	Abortanlage	" 1423.55
	Verschiedenes Baumaterial	" 726.30
	Anderes Material	" 35.20
	Einschätzen des Schulhauses	" 33.—
	Uebertrag	" 50612.75

	Uebertrag	Fr. 50612.75 Rp.
	Wasserleitung	190.40
	Elektrische Beleuchtungsanlage	726.35
	Inserationskosten	29.75
	Aufrichtung, Schätzung und Taglöhne	232.90
	Einweihung	151.—
	Plan & Bauleitung	2614.10
	Prozesskosten	760.—
	Ofen	530.15
	Schulbänke	200.—
	Lehrerpulte	184.—
	Bestuhlung im Gemeindesaal	336.50
	Huthaken	13.60
	Total	55981.50

SIEDLUNG UND HAUS

Die ersten baulichen Veränderungen am Gebäude erfolgten 1969 mit dem Einbau der Zentralheizung und des Öltankraums im Keller.

Im Jahre 1978 wurde die Mehrzweckhalle angebaut, was wieder zu diversen Umbau- und Anbauarbeiten im Keller für die Heizungs- und die Lüftungsanlage der Halle führte.

Anfang der 80er-Jahre wurden Renovationsarbeiten im Gang und Treppenhaus ausgeführt, und die ehemaligen Lehrerwohnungen wurden umgebaut, erneuert und erweitert. Das frühere Gemeinderatszimmer über dem Schulgang im EG wurde als Zimmer zur Westwohnung geschlagen.

1991 wurde eine Schnitzelheizungsanlage für den Wärmeverbund mit dem Schnitzelsilo unter dem Schulhausvorplatz eingebaut.

Nach dem Bau des Feuerwehrmagazins 1995 (mit Saal im 1. Stock) wurde der Gemeindesaal im 2. Stock aufgehoben. Der Saal wird seither als

Abb. 6: Die drei Schulhausstandorte

Abb. 5: Schnitzelheizung

Schulraum genutzt. Er diente früher auch als Singlokal und wurde in den Anfängen als Theatersaal und sogar als Kinosaal des Schweizer Schul- und Volkskinos genutzt. Vor dem Turnhallenbau war der Schulhausvorplatz auch zugleich Turnplatz mit Sandfeldern und Turngeräten für die Schule und die Turnvereine.

Alte Wacht

In der Mitte des Dorfes, auf der Wacht, war an «Vogels» Haus (Nr. 56) an den Südgiebel das Wachthäuslein angebaut. Darin wohnte im oberen Stock noch bis Ende 19. Jahrhundert der letzte Dorfwächter Abraham Haas. Der Wächter hatte die Funktion des Dorfpolizisten und des Nachtwächters. Er blies die Stunden und führte die letzten Gäste aus den Wirtschaften nach Hause, wo nötig manchmal mit ernsten Ermahnungen. Er verkündete Neuigkeiten und Anzeigen. Mit einer Glocke zog

SIEDLUNG UND HAUS

er durchs Dorf, um die Bekanntmachungen auszuschellen und auszurufen. Nach dem Ableben des Abraham Haas diente das Wachthäuschen viele Jahre als Feuerwehrmagazin. Ende der 60er-Jahre wurde das Feuerwehrmagazin in die Gemeindescheune verlegt und das Wachthäuschen wurde vom Kanton gekauft. Es musste aus Gründen des Engpasses in der Strassenkurve, vor allem wegen den Postautos, im Jahre 1967 abgebrochen werden. Die Konturen des Daches können immer noch bei genauem Hinsehen am Giebelverputz erkannt werden.

Abb. 8: Gemeindescheune

Gemeindescheune

Anstelle der Gemeindescheune stand ursprünglich die Scheune des Traubenwirtes, der dort die Pferde seiner Fuhrhalterei und das Vieh untergebracht hatte. 1920 brannte die Scheune bei einem starken Gewitter, das einen Kurzschluss auslöste und infolgedessen einen Brand entfachte, nieder. Die Gemeinde kaufte die Brandruine und baute 1922 das Gebäude auf die alten Mauern wieder auf.

Abb. 7: Wachthäuslein / Spritzenhaus (abgebrochen am 2. Mai 1967)

> 1920, beim Kurzschluss im Transformatorenhaus an der Schneidergasse, geriet das Haus an der Herrengasse 45 und die Scheune des Traubenwirts in Brand. Die Feuerwehr konnte nicht beide Brände gleichzeitig löschen, und so musste man ohnmächtig zusehen, wie die Scheune bis auf die Grundmauern niederbrannte.

SIEDLUNG UND HAUS

Ein Einstellraum diente lange Zeit als Fuhrwerkeinstellraum, während der Obsternte wurden dort vom Obstbauverein auch Früchte angenommen, und später diente er als Postautogarage für den Postautobesitzer Lang, Rünenberg. Die anderen Einstellräume im Parterre wurden im Laufe der Jahre für verschiedene Zwecke genutzt: von 1967 – 1995 als Feuerwehrlokal, als «Mosti» und als Futtergetreidemühle («Brächi») der Maschinengenossenschaft, später als Notschlachtlokal. Zurzeit dient einer dieser Räume als Kadaversammelstelle. Die übrigen beiden Räume werden von der Gemeinde als Werkhof benutzt.

Der obere Stock wurde in den ersten Jahren nicht ausgebaut. 1944 stellten die Vereine den Antrag, das Gebäude zu einer Turnhalle umzubauen und zu erweitern. Es wurde eine Planungskommission gewählt und ein Projekt erstellt, die Verwirklichung kam aber nicht zustande. Stattdessen wurde 1947 der Dachstock auf einfachste Weise zu einem Turnlokal, das bis 1978 benutzt wurde, ausgebaut. Bei militärischen Einquartierungen, was in den 50er- und 60er-Jahren meistens zweimal 2 bis 3 Wochen pro Jahr der Fall war, diente der Raum als Schlaflokal. Für das Militär wurde hinten eine WC-Anlage angebaut, und der Raum des Schlachtlokals diente als Waschraum.

Neues Feuerwehrmagazin

1994/1995 baute man das neue Feuerwehrmagazin. Ein wesentlich grösseres Projekt mit zusätzlichen Wohnungen, Schnitzelheizungsanlage und Zivilschutzräumen scheiterte an den zu grossen Kosten. Das heutige Feuerwehrmagazin verfügt im unteren Stock über ein Büro, WC, der Heizung mit Wärmepumpe und im oberen Stockwerk über einen Versammlungsraum mit Küche und WC-Anlage. Dieser Raum wird rege benutzt für Sing- und Theaterproben, als Versammlungsraum der Gemeinde und für andere Organisationen. Momentan wird er zudem einen Tag in der Woche als Kleinkinderhort «Müslistube» benutzt und kann ausserdem für private Feste gemietet werden. Im Dachstock befindet sich das Archiv des Museumsvereins.

Mehrzweckhalle

Bereits in den 40er-Jahren wurde der Wunsch nach einer Turnhalle in der Bevölkerung laut. 1944 wurde mit einem Projekt für den An- und Umbau der Gemeindescheune ein Versuch gestartet, der dann aber nicht verwirklicht werden konnte.

1971 konnten von Arthur Börlin im Herrenboden 29,49 a Boden für den Turn- und Sportplatz erworben werden. 1976 wurde ein erstes Projekt mit Hallenstandort hinter dem Schulhaus am Standort des jetzigen Hartplatzes genehmigt.

Abb. 9: Neues Feuerwehrmagazin

Abb. 10: Profile des ersten Mehrzweckhallenprojektes, das Projekt wurde von der Denkmalpflege abgelehnt.

SIEDLUNG UND HAUS

Die Denkmalpflege bestand jedoch darauf, dass der Standort der Anlage möglichst zurückhaltend in den Hang hinein verlegt wurde, um die Sicht auf die Kirchenanlage nicht durch einen dominant hervortretenden Komplex zu beeinträchtigen.

Abb. 11 und 12: Im Jahre 1977 wurde der Bau der jetzigen Mehrzweckhalle von der Gemeinde beschlossen und 1977/78 ausgeführt, ein mutiges und grosses Werk für die kleine Gemeinde.

Abb. 13: Schwierigkeiten nach dem Aushub, als der Hang mit der darüberliegenden Strasse ins Rutschen kam, gaben gleich zu Beginn den Kritikern recht.

SIEDLUNG UND HAUS

Die Anlage wurde 1979 eingeweiht und ist eine grosse Bereicherung des Dorflebens. Für die vielen Turn- und Sportvereine und auch für die Schule ist die Anlage von grossem Nutzen. In der Mehrzweckhalle finden regelmässig Theater-, Gemeinde-, Vereins- und Kirchenanlässe statt.

Nachdem lange genug über diverse Mängel, um nicht zu sagen Fehlplanungen, gewettert worden war, legte man im Jahre 1999, nach 20 Jahren, nochmals Hand an. Dusche- und Garderobeanlagen, Küche und Office und die Gemeindekanzlei wurden um- und angebaut, und der Vortrakt der Halle wurde für die Unterbringung des Kindergartens aufgestockt.

Somit konnte die Anlage nun zur Zufriedenheit aller von den Kinderkrankheiten entledigt und wesentlich aufgewertet werden.

Zivilschutzanlage

Gemäss Auflage des Bundes musste die Gemeinde eine kommunale Zivilschutzanlage mit ca. 300 Plätzen erstellen. 1983 genehmigte die Gemeindeversammlung das Projekt unter dem Vorplatz der Mehrzweckhalle mit der nötigen Krediterteilung. 1985 wurde die Anlage gebaut und der Vorplatz mit den Parkplätzen darauf wieder erstellt.

Abb. 14: Mehrzweckhalle und Sportplatz

Abb. 15: Kläranlage

Kanalisation und Kläranlage

1956 wurde die Gemeinde vom Kanton ein erstes Mal aufgefordert, ein generelles Kanalisationsprojekt zu erstellen. Zur damaligen Zeit liefen vor allem die Küchenabwässer und die Abwässer der Waschküchen und der wenigen schon vorhandenen Badzimmer direkt in den Bach. Die WC-Abwässer liefen praktisch alle in Jauchegruben oder Klärschächte. Da das Dorf noch nie vermessen worden war, existierten zu diesem Zeitpunkt noch keine genauen und rechtsgültigen Pläne des Dorfes. Das Kanalisationsprojekt konnte erst nach der Vermessung und zusammen mit dem ebenfalls neu zu erstellenden Strassennetz- und Zonenplan erstellt werden.

Trotzdem wurde dann 1960 erstmals ein Entwurf eines Kanalisationsprojektes ausgearbeitet, der aber unter den gegebenen Voraussetzungen sehr ungenau war und keineswegs verbindlich sein konnte. Zudem war das Projekt auf eine Einwohnerzahl von 1200 ausgerichtet, was wohl den damaligen Wachstumsprognosen zuzuschreiben war.

SIEDLUNG UND HAUS

Das neue Gewässerschutzgesetz des Bundes, das 1971 in Kraft treten sollte, verpflichtete alle Gemeinden, ihre gesamten Abwässer zu kanalisieren und zu reinigen. Im Zuge der laufenden Felderregulierung mit voraussichtlich anschliessender Grundbuchanlegung war das Dorf vermessen worden, und damit waren die Voraussetzungen für ein Kanalisationsprojekt geschaffen. An der Gemeindeversammlung vom 30. Oktober 1969 wurden nun der Strassennetzplan, der Zonenplan und das Kanalisationsprojekt genehmigt.

Das ganze Werk der Kanalisation musste über mehrere Etappen und Jahre verteilt durchgeführt werden. Durch das ganze Dorf mussten tiefe Gräben für die Abwasserkanäle, die Schächte und die jeweiligen Hausanschlüsse ausgebaggert und zum Teil von Hand gegraben werden. Im Anger unterhalb des Dorfes wurde eine Kläranlage gebaut, in die das Schmutzwasser geleitet wurde, um es danach geklärt in die Ergolz abzuleiten. 1974 schliesslich wurde das Werk vollendet und vollständig in Betrieb genommen.

Paul Lüthy-Schaffner

Quellennachweis

Heimatkunde von Oltingen 1863, Samuel Schilling

Protokoll Baukommission Schulhaus 1907 – 1910

Jubiläumsschrift 700 Jahre Eidgenossenschaft, H. Dähler, H. Lüthy, 1991

Dokumente der Gemeinde

Aus der Geschichte von Oltingen, E. Weitnauer

Interviews mit älteren Oltingern

Zonenplanung

Revision Siedlungsplanung 2006

Der Mensch beansprucht seinen Lebensraum auf vielfältige Weise, er gestaltet und verändert, er bebaut und bewohnt ihn. Die Zielsetzungen, die gesetzlichen Bestimmungen, Ansprüche der Bevölkerung sowie Ansprüche an die Umwelt haben sich ebenfalls gewandelt.

Der Zonenplan von 1970 ist in die Jahre gekommen. Verschiedene Anpassungen sind im Laufe der Jahre erfolgt. Ein neues kantonales Raumplanungs- und Baugesetz, welches seit 1998 in Kraft ist, definiert den Spielraum und die Möglichkeiten für die Zonenordnung der Gemeinden ebenfalls neu.

Das Ortsbild von nationaler Bedeutung, die historische Kirche mit ihrer Umgebung, die Bautätigkeit der letzten Jahre und weitere Zielvorstellungen gaben den Rahmen für die Revisionsarbeiten der Siedlungsplanung im Jahre 2006.

Was bedeutete dies konkret? Ist das bestehende Baugebiet für die kommenden Jahre ausreichend? Wie können wir den wertvollen Ortskern erhalten, und wie kann eine Weiterentwicklung stattfinden? Welche gesetzlichen Bestimmungen müssen eingehalten werden? Diese und weitere Fragen haben den Gemeinderat und die Ortskernkommission bei der Ausarbeitung der Zonenvorschriften beschäftigt.

Untersuchungen über Bautätigkeit, Bevölkerungsentwicklung sowie Entwicklungstendenzen haben gezeigt, dass die Grösse des Baugebietes im Jahre 2006 den Bedarf an Bauland für die nächsten 15 Jahre abdeckt. Das eidgenössische Raumplanungsgesetz definiert diese Zeitspanne für die Festlegung der Bauzonengrösse.

Im Jahre 2005 und 2006 sind in intensiven Planungsphasen die neuen Zonenvorschriften Siedlung entstanden.

Abb. 1: Zonenplan Siedlung Oltingen

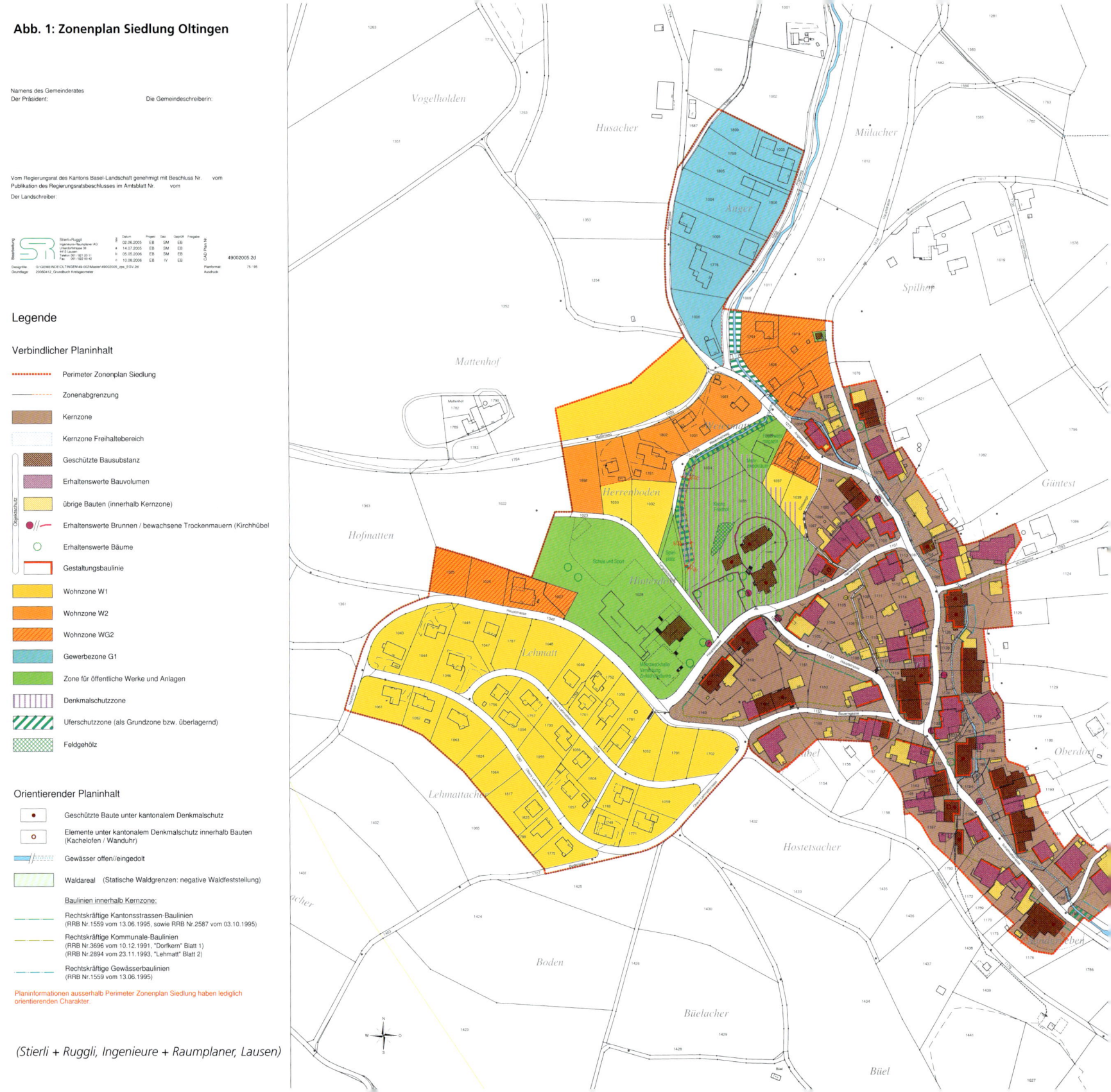

Namens des Gemeinderates
Der Präsident: Die Gemeindeschreiberin:

Vom Regierungsrat des Kantons Basel-Landschaft genehmigt mit Beschluss Nr.   vom
Publikation des Regierungsratsbeschlusses im Amtsblatt Nr.   vom
Der Landschreiber:

Legende

Verbindlicher Planinhalt

- Perimeter Zonenplan Siedlung
- Zonenabgrenzung
- Kernzone
- Kernzone Freihaltebereich
- Geschützte Bausubstanz
- Erhaltenswerte Bauvolumen
- übrige Bauten (innerhalb Kernzone)
- Erhaltenswerte Brunnen / bewachsene Trockenmauern (Kirchhübel)
- Erhaltenswerte Bäume
- Gestaltungsbaulinie
- Wohnzone W1
- Wohnzone W2
- Wohnzone WG2
- Gewerbezone G1
- Zone für öffentliche Werke und Anlagen
- Denkmalschutzzone
- Uferschutzzone (als Grundzone bzw. überlagernd)
- Feldgehölz

Orientierender Planinhalt

- Geschützte Baute unter kantonalem Denkmalschutz
- Elemente unter kantonalem Denkmalschutz innerhalb Bauten (Kachelofen / Wanduhr)
- Gewässer offen//eingedolt
- Waldareal (Statische Waldgrenzen: negative Waldfeststellung)

Baulinien innerhalb Kernzone:
- Rechtskräftige Kantonsstrassen-Baulinien (RRB Nr.1559 vom 13.06.1995, sowie RRB Nr.2587 vom 03.10.1995)
- Rechtskräftige Kommunale-Baulinien (RRB Nr.3696 vom 10.12.1991, "Dorfkern" Blatt 1) (RRB Nr.2894 vom 23.11.1993, "Lehmatt" Blatt 2)
- Rechtskräftige Gewässerbaulinien (RRB Nr.1559 vom 13.06.1995)

Planinformationen ausserhalb Perimeter Zonenplan Siedlung haben lediglich orientierenden Charakter.

(Stierli + Ruggli, Ingenieure + Raumplaner, Lausen)

SIEDLUNG UND HAUS

Der neue Zonenplan zeigt neben den Wohnbauzonen und der Gewerbezone den Ortskern mit seinen wertvollen Elementen und differenzierten Nutzungszuweisungen. Weiter zu nennen ist die Kirche mit ihrer schützenswerten Umgebung, welche mit einer Denkmalschutzzone belegt wurde. Bestimmungen im Zonenreglement regeln die künftige Nutzung der verschiedenen Zonen und legen den baulichen Rahmen innerhalb des Siedlungsgebietes fest.

Im Speziellen zu erwähnen ist der historische Dorfkern, welcher im Inventar der schützenswerten Ortsbilder der Schweiz als Ortsbild von nationaler Bedeutung genannt wird. Das Ortsbild ist geprägt von der gesamthaft geschlossenen, durchwegs traufständig angeordneten Bebauung. Die ausserordentlich hohen architekturhistorischen Qualitäten ergeben sich aus der grossen Zahl gut erhaltener, kaum zu anderen Zwecken umgenutzter Kernbauten und Aussenräume. Und trotzdem soll eine Weiterentwicklung stattfinden und möglich sein. Mit neuen detaillierten Kernzonenvorschriften sind die wertvollen Bestandteile des Ortskernes gewürdigt worden. Festlegungen im Zonenreglement zu den erhaltenswerten und geschützten Einzelobjekten, Regelungen über mögliche bauliche Erweiterungen und Erneuerungen sowie Gewährleistung der Umgebung definieren die Nutzung der entsprechenden Räume im Ortskern.

Ausserhalb des Ortskernes hat sich die Zonenordnung bewährt. Wohnnutzung und Gewerbebauten haben sich in den vergangenen Jahren in den entsprechenden Zonen etabliert. Es ist eine leicht zunehmende Bautätigkeit in den letzten Jahren zu beobachten, neue Wohnbauten sind entstanden, die Einwohnerzahl nahm zu.

Die Bevölkerung ist im Laufe der Revisionsarbeiten miteinbezogen worden. Im Rahmen eines Mitwirkungsverfahrens konnte sie Anregungen und Einwände an den Gemeinderat richten. Am 5. September 2006 hat die Einwohnergemeindeversammlung die neuen Planungsinstrumente zur Siedlungsplanung, bestehend aus dem Zonenplan und dem Zonenreglement Siedlung, einstimmig beschlossen.

Die Erschliessungsplanung, welche ebenfalls ein Bestandteil der Revisionsarbeiten war, ist bereits in einer früheren Phase angepasst, von der Gemeindeversammlung beschlossen und vom Regierungsrat im Jahre 2005 genehmigt worden. Der Strassennetzplan definiert das öffentliche Strassennetz der Gemeinde, er macht Aussagen über die Art und Funktion der Strassen und Wege. Das dazugehörende Strassenreglement findet Anwendung in den Bereichen Planung, Finanzierung, Kostenbeteiligung, Unterhalt etc.

Ein Ausblick – die nächsten Entscheidungen: Die neuen Planungsinstrumente der Siedlungsplanung bilden die kommunalen planungsrechtlichen Grundlagen zur Lenkung der Siedlungsentwicklung und der Bautätigkeit für die nächsten 15 – 20 Jahre. Ein weiterer Planungsschritt wird die Überprüfung der Zonenvorschriften Landschaft sein, welche es an neue Randbedingungen anzupassen gilt.

Edith Binggeli-Strub

Quellennachweis

Raumplanungs- und Baugesetz (RBG) und Verordnung zum Raumplanungs- und Baugesetz (RBV) vom 8. Januar 1998

ISOS, Inventar der schützenswerten Ortsbilder der Schweiz

Nutzungsdichten / Kapazitätsreserven innerhalb Baugebiet, Erhebung Stierli + Ruggli, Ingenieure + Raumplaner AG, Lausen, vom 18. Januar 2005, Untersuchung im Rahmen der Revisionsarbeiten

Bundesgesetz über die Raumplanung vom 22. Juni 1979

SIEDLUNG UND HAUS

Öffentlicher Verkehr

Ende des 19. Jahrhunderts war der öffentliche Verkehr noch kein Thema und kein Bedürfnis. Die meisten Einwohner in Oltingen waren Bauern oder ernährten sich durch Heimarbeit (Posamenterei). Deshalb gab es noch keine Berufspendler.

Abb. 1: Bis am 14. März 1928 fuhr diese Postkutsche von Rünenberg nach Tecknau.

Die Freizeitaktivitäten (wenn es denn welche gab) fanden im eigenen Dorf oder in der näheren Umgebung statt und konnten zu Fuss erreicht werden. Auch die Schule besuchten die Oltinger von der ersten bis zur achten Klasse im eigenen Dorf. Die Weiterbildung absolvierte man in Form von Berufs- und Wanderjahren ausserhalb des Dorfes.

Als zu Beginn des 20. Jahrhunderts die Industrialisierung auch ins Baselbiet kam, wurden die neuen Arbeitsplätze durch Berufspendler besetzt. Auch in Oltingen pendelten die ersten Arbeiter, allerdings mussten sie den ersten Abschnitt bis zum Bahnhof Tecknau täglich zu Fuss gehen.

SIEDLUNG UND HAUS

Ein paar Eckdaten zum Postauto-Betrieb:

1849	Das Pferdepostnetz entsteht.
1906	Der erste Automobilpostkurs zwischen Bern und Detlingen wird am 1. Juni in Betrieb genommen.
1919	Die Strecke über den Simplon wird eröffnet.
1919/20	Die Passlinien am San Bernardino, Julier und Grimsel werden eröffnet.
1923	Das Dreiklanghorn ertönt erstmals auf den Bergpoststrassen.
1924	Die Reisepost hat inzwischen 169 Fahrzeuge im Einsatz.
1927	39 Gebirgsstrassen werden zu Bergpoststrassen erklärt.
1928	Am Maloya setzt die Post die erste Schneeschleuder zugunsten des Winterbetriebes ein.

Post News, November 2005

Ab 1. Juli 1855 fuhr von Oltingen eine Pferdepost nach Sissach und ab 18. Mai 1891, nach Eröffnung der elektrischen Schmalspurbahn Sissach – Gelterkinden, bis Gelterkinden. Sie diente jedoch hauptsächlich dem Transport von Briefen und Paketen und nur in geringem Masse dem Personenverkehr. Am 8. Januar 1916 wurde die Hauenstein-Basislinie eröffnet, von da an fuhr die Kutsche zweimal täglich nach Tecknau.

Am 15. März 1928 fährt erstmals ein Postauto von Rünenberg nach Tecknau und auch von Tecknau nach Oltingen. Somit wurde Oltingen im Zuge der Motorisierung sehr gut in den öffentlichen Verkehr eingebunden. Dies ist vor allem dem damaligen Postautohalter von Rünenberg, Johann Lang, zu verdanken.

Am 27. März 1946 beschloss die Gemeindeversammlung, die unterste Remise der Gemeindescheune an Postautohalter Hans Lang zu vermieten. Nach dem Umbau wurde dort ein Postauto stationiert, das die Strecke Oltingen – Tecknau bediente. Ab Winterfahrplan 1946 wurde Max Wirz, Wenslingen (Robeli Max), Postautochauffeur. Damit wurde es möglich, schon kurz nach 6 Uhr einen Kurs zu führen. Viele Pendler konnten so den öffentlichen Verkehr benutzen.

Abb. 2: Fahrplan Pferdepost von 1927/28

SIEDLUNG UND HAUS

Abb. 3: Das erste Postauto nach Oltingen, 15.03.1928

Abb. 4: Fahrplan Autopost von 1928

Abb. 5: Postauto ab 1946

SIEDLUNG UND HAUS

Seit den 60er-Jahren wurde der öffentliche Verkehr aufgrund der gestiegenen Bedürfnisse stark ausgebaut. Mehr Pendler, ausgelagerter Schulbetrieb, Weiterbildung, externes Sportangebot und die übrigen Freizeitaktivitäten waren Gründe für die steigende Nachfrage.

Ein Bedürfnis konnte jedoch bis heute nicht ganz befriedigend gelöst werden. Einerseits sind die Bedarfszeiten für Verbindungen in den Abend- und Nachtstunden sehr gross, andererseits sind aber die Frequenzen sehr gering. Idealerweise würde dies Einzelfahrten während der ganzen Nacht bedeuten, was verständlicherweise nicht bezahlt werden kann.

Im Jahre 2005 wurde seitens des Kantons ein Abbau der Leistungen im öffentlichen Verkehr auf der Linie 103 (Gelterkinden – Oltingen) bekannt gegeben. Dies führte zu starken Reaktionen in der Bevölkerung, und mit Hilfe der betroffenen Gemeinden und der *Postauto Nordwestschweiz** konnte der Kanton überzeugt werden, die Strecke 103 auf dem alten Leistungsniveau zu belassen.

Abb. 6: Postautos von Peter Lang

Auch in der Zukunft wird der Spardruck im öffentlichen Verkehr immer wieder zu reden geben. Da die Nachfrage in den letzten fünf Jahren eher zu- als abgenommen hat, wird die Zukunft der Linie 103 kaum in Frage gestellt, auch wenn ein kostendeckender Betrieb nicht möglich sein wird.

Auszug aus der Poststellenchronik

1849	Beim Übergang des Postwesens vom Kanton an den Bund Zustellung in Oltingen durch den Boten Jph. Brodbeck, der am Dienstag, Donnerstag und Samstag von Sissach aus auch Böckten, Gelterkinden, Rothenfluh, Anwil, Wenslingen, Zeglingen, Kilchberg, Rünenberg und Tecknau bediente.
1855	Reorganisation des Dienstes durch die KPD Basel. Zustellung täglich durch die neu errichtete rechnungspflichtige Ablage in Oltingen selbst.

Postlokale

1855 – 1871	Restaurant Traube (Postadems)
1871	Hauptstrasse 41 beim Schmidwäberbaschi
1883	Hauptstrasse Nr. 34
1914	Hauptstrasse Nr. 14 (Christian Gerber)

*Die Post gründet per 01.01.2005 die PostAuto Schweiz AG

Ewald Gysin
Hans Lüthy-Schaub

Quellennachweis

Post News, November 2005

Angaben von Peter Lang, Wenslingen

Historisches Archiv und Bibliothek PTT

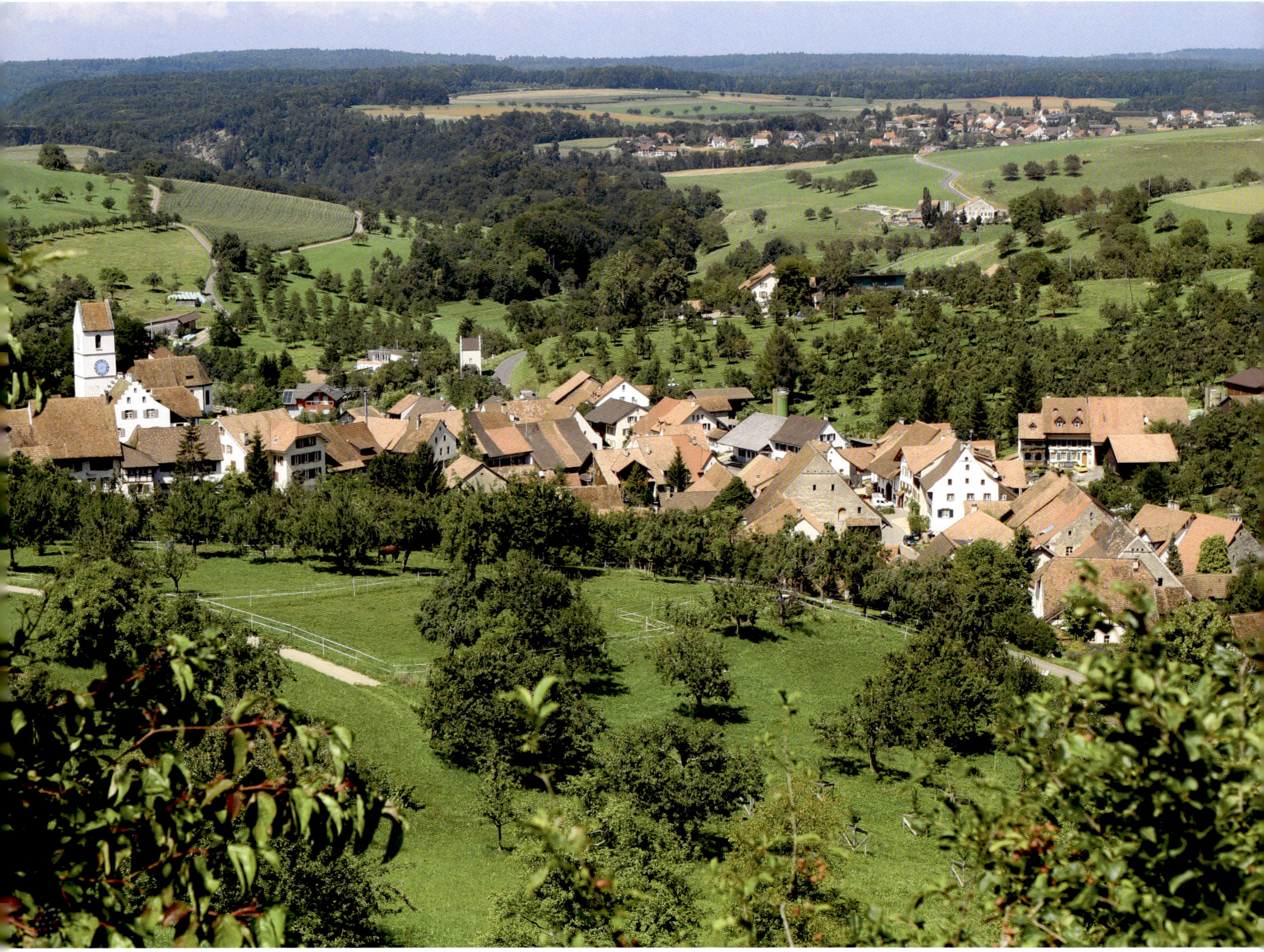

Bevölkerung

BEVÖLKERUNG

Bekannte Persönlichkeiten

Hans Gysin, «Dr Metzgerhans»
1882 – 1969

Abb. 2: «D Sandgrube», von A. Weisskopf, 1969

Abb. 1: Hans Gysin

BEVÖLKERUNG

Fragte man in Oltingen nach einem Hans Gysin, so bekam man als Antwort nur ein Schulterzucken. Dieser Name war zu Lebzeiten des Bauerndichters einer der häufigsten im Dorf. «Dr Metzgerhans» aber, den kannten alle.

Das Dorf Oltingen und sein Haus in der Sandgrube waren seine Heimat. Schmale Wege und Treppen aus Tuffstein führten durch den terrassenförmig angelegten Garten. Von der schattigen ersten Ebene mit vielen Farnen, Hirschzungen und Efeu bis hinauf in die Sonne, zu den mannigfaltigen Blumen, Gartenstauden und Bäumen. Vom kühlen, nach Äpfeln riechenden Gang trat man in die sonnige Stube, wo einem das leuchtende Gelb eines Goldregens durch das Fenster entgegenstrahlte.

Diese Stube war auch seine Dichterwerkstatt. Hier brachte er seine Gedanken zu Papier, und diese Papiere mussten nicht unbedingt unbeschriebene Blätter sein. Nein, auch Kalenderblätter oder Taschenkalender dienten zur Niederschrift seiner Gedichte. Draussen, in seinem geliebten Garten, kamen ihm auch seine ernsten und lustigen Einfälle. Hier widerspiegelte sich sein Leben mit seinen schattigen und sonnigen Seiten und der Hoffnung auf ein immer wieder neues Erblühen, sei es in kräftigen Farben oder in eher blassen, unscheinbaren Tönen von zierlichen Pflänzchen.

Abb. 3: Im Garten der Sandgrube (Haus Nr. 79) mit Kindern und Nachbarskindern

BEVÖLKERUNG

Seine Enkelin erinnert sich:

Als ich geboren wurde, war mein Grossvater schon 78 Jahre alt. Als aktiven Bauern habe ich ihn nicht mehr erlebt. Für mich war der Grossvater ein Teil dieser Stube und entweder lesend oder schreibend hinter dem robusten Sekretär oder auf dem Kanapee daneben anzutreffen. Er hatte aber immer Zeit für mich oder meine Nachbarsgspändli. Er setzte sich, wann immer wir wollten, zu uns aufs Kanapee und erzählte Geschichten. Keine Märchen, sondern eben Geschichten, sei es aus seiner Jugendzeit, aus der Schweizer Geschichte, griechische Sagen oder aus der Bibel. Er war ein sehr gläubiger Mann, und ich glaube, er kannte die ganze Bibel auswendig. Für mich hatte die Zeit, als Grossvater noch ein Junge gewesen war, etwas Geheimnisvolles und Schönes. Als kleines Mädchen hätte ich mich gerne in einer Zeitmaschine dorthin zurückversetzen lassen, so lebendig wurden diese Jugenderinnerungen geschildert. Auch die Schweizer Geschichte hat er mir näher gebracht. Mein Bild, das ich damals von Winkelried hatte, mit den vielen Speeren in der Brust, ist mir bis heute im Gedächtnis haften geblieben. Und stimmte mein Grossvater das Lied «Ich hatte einen Kameraden, einen besseren findst du nicht» an, hatte ich am Schluss bestimmt immer mit den Tränen zu kämpfen. Auch gebastelt hat er mit mir. Als Bastelmaterial dienten Naturmaterialien von Feld und Garten. Für meinen Grossvater war die Advents- und Weihnachtszeit sehr wichtig. Ich muss wohl ungefähr 8 Jahre alt gewesen sein, als er einen Kürbis aus dem Garten holte. Dieser wurde nun gemeinsam ausgehöhlt und Fenster wurden hineingeschnitten, daraus sollte ein Stall mit Krippenfiguren entstehen. Danach marschierten wir in die Risi und holten «Läi» (Lehm). Die daraus entstandenen Figuren wurden in den Kürbisstall gestellt, und eine Kerze erhellte zum Schluss die heilige Familie samt Hirten und Schafen. An Heiligabend durfte ich immer ein von Grossvater vertontes Weihnachtsgedicht vorsingen. Die ersten zwei Strophen lauteten:

> Chömet alli, chömet mit,
> Mir wai zume Ställi hütt.
> Eseli hets dinn und Rind,
> Aber au es härzigs Chind!
>
> S Chindli isch gar chly und zart;
> Halber ischs vo öiser Art,
> Aber ganz ischs doch nit glych:
> S isch halt usim Himmelrych!

Wägwarte 1953

Im Herbst 1969 sollte auch wieder gebastelt werden. Grossvater hatte dicke, hohle Pflanzenstängel im Garten abgeschnitten, und diese wurden zum Trocknen auf den Ofen gelegt. Im Oktober musste er jedoch ins Spital und die getrockneten Röhren lagen ungenutzt in der Stube. Mein Grossvater kam nicht mehr nach Hause. Er starb Mitte November.

Geboren wurde Hans Gysin am 14. April 1882 in Oltingen. Seine Jugendzeit verbrachte er mit 6 jüngeren Geschwistern in der Sandgrube (Haus 79) und zeitweise auf dem Nebenhof Barmen. Sein um 2 Jahre jüngerer Bruder Sebastian wuchs in Rothenfluh auf. Nach der obligatorischen Schulzeit an der Dorfschule Oltingen wurde er Bauer. Bauer war er mit Leib und Seele, und das, ohne je eine bäuerliche Ausbildung genossen zu haben. Eine landwirtschaftliche Schule gab es zu dieser Zeit noch nicht. Schon mit 17 Jahren musste er mit den ersten Schicksalsschlägen fertig werden. In der Nacht vom 12. auf den 13. Juni 1899 brannte der Hof Barmen nieder. Der 13-jährige taubstumme Bruder Emil kam in den Flammen um. Im August desselben Jahres starb seine Mutter im 41. Lebensjahr.

BEVÖLKERUNG

Herbst

Herdenglockenläuten,
Süsser Apfelduft.
Silberfäden gleiten
Durch die klare Luft.

Lange Mondennächte,
Zauberhaftes Wehn:
Durch des Tales Schächte
Nebelfrauen gehn.

Tief im Walde: Sterben.
Bleiches Laub vertropft,
Wie ein heilges Werben
Leis ans Herz mir's klopft.

Feldblumen 1920
Lieder eines Landmannes

Aus dem Vorwort des Dichters:

Wenn Menschen etwas Feines in die Hand nehmen, verliert es leicht von seinem Glanz und, so fürchte ich, haben auch die Feldblumen von ihrem Schmelz verloren. Und doch will ich es wagen, mein Sträusslein darzubieten. Es ist nicht aus fremder ferner Erde, noch in des Südens Zaubergärten gesammelt, sondern in den Feldern und Wäldern meiner Heimat. Ich hoffe, dass es noch etwas vom Erdgeruch behalten hat und von der grossen Herrlichkeit, die Gott auf die Blumen des Feldes gelegt hat.

Nach dem Tod seines Vaters 1921 war es für Hans Gysin selbstverständlich, dass er sich um seine 3 noch verbliebenen taubstummen Brüder und seine jüngste kränkliche und geistig zurückgebliebene Schwester kümmerte. Auch seine ledige Schwester Marie wohnte noch lange Zeit im gleichen Haus. Sein Bruder Sebastian wanderte nach Indien und später nach Amerika aus.

Erst mit 41 Jahren, am 14. November 1923, heiratete er die Nachbarstochter Katharina Gysin. Seine liebe Frau Käthy hat ihn nicht gehindert, seinen Weg zu gehen und zeigte grosses Verständnis für sein Dichten. Sie ist ihm in Freud und Leid treu zur Seite gestanden. Aus dieser Ehe gingen 5 Kinder hervor.

Abb. 4: von links nach rechts
stehend die Kinder Eva, Annekäthy, Helmine, Vreni und Hans
sitzend Käthy und Hans Gysin-Gysin

Seine Tochter erinnert sich:

Vater hatte bei uns Kindern eine Sonderstellung. Nur mit Mutter fochten wir unsere Kämpfe aus. Ich kann mich nicht erinnern, dass Vater je mit uns geschimpft hätte. Er hatte ein ruhiges, bedächtiges und ausgeglichenes Wesen. Jeder Konfrontation wusste er aus dem Weg zu gehen. Eine «Bääsi» meinte einmal: «Weisch, dr Hans het e ufregendi Ruei!» Fürs Streiten war er nun einmal nicht geschaffen. Wir bekamen nie ein scharfes Wort von ihm zu hören. Trotzdem hatten wir Respekt, ja sogar eine gewisse Hochachtung vor ihm. Doch er stellte sich nicht, unerreichbar für uns, auf einen Sockel, sondern er redete mit uns über seine Gedichte und Geschichten. Auf dem Feld trug er immer ein Notizbüchlein bei sich und wenn «Frau Muse ihn geküsst hat», wie er sich ausdrückte, wurden seine Einfälle und Gedanken eingetragen. Die bäuerliche Arbeit in der Natur liebte er. Lange Zeit wurden alle Arbeiten von Hand ausgeführt, denn er wollte die Erde noch spüren. Er konnte es fast nicht verwinden, als sein Sohn, der mit der Zeit gehen wollte, das Säen maschinell erledigte. Vater nahm uns auch oft mit zu Vorlesungen, die er in Nachbarsgemeinden hielt oder beim Blauen Kreuz. Seinen Sorgen und auch seinen Freuden machte er nicht laut Luft, sondern schrieb sie sich abends, wenn die Arbeit in Feld und Stall erledigt war, von der Seele. Er war aber auch ein Mann mit festen Grundsätzen. So rauchte er nicht und war ein treuer Blaukreuzler. Seine Jugend wurde geprägt durch die Alkoholsucht seines Vaters, der sich erst im Alter zur Abstinenz bekehren liess. Der Blaukreuzverein war für ihn sehr wichtig. Oft setzte er sich auch mit Alkoholikern zusammen und versuchte mit ihnen, einen Weg aus ihrer Sucht zu finden.

Abb. 5: Lesung an einer Generalversammlung des Frauenvereins Oltingen

Es Wunder

I saje Sömli us der Hand
Uf s umebrochnig Acherland.
Die Sömli sy gar munzig chlai
Und schyne läblos we ne Stai.
I decke süferlig se zue,
Jetz cha-n-i wytters nüt me tue.

Gäb s nit e wunderbari Chraft
Wo haimlig jetz dra wytter schafft,
So wurd nit so-nes Wunder gscheh,
Es Wunder, jedes cha s jo gseh:
Das Sömli, winzig chly und tod;
Es läbt, bricht dure, uferstoht!

Wägwarte 1953

BEVÖLKERUNG

1959 starb Hans Gysin jun., der Sohn des Bauerndichters. Die ganze Familie Gysin trug schwer am Verlust des einzigen Sohnes.

Die Schwiegertochter erinnert sich:

Im März 1951 heiratete ich H. Gysin jun. und zog in das grosse Haus in der Sandgrube. Mein Schwiegervater war ein ruhiger, bedächtiger und belesener Mann. Sein Glaube an Gott war nicht gespielt, sondern er lebte ihn auch. Als mein Mann 1959 starb, liess er mich in bäuerlichen Belangen gewähren. Er hat sich nie eingemischt. Trotz seiner 77 Jahre konnte ich immer auf Vaters Mithilfe im Bauernbetrieb zählen. Sieben Jahre lang konnten wir den Landwirtschaftsbetrieb noch aufrechterhalten. Er war mir aber auch sonst eine grosse Hilfe. Meinen Kindern war er ein guter Grossvater, ja sogar ein Vaterersatz. Nie hat er gemurrt, wenn ihn die Kinder beim Schreiben unterbrochen haben. Immer war er für sie da, und auch sonst unterbrach er sein Schreiben und Lesen gerne, wenn seine Hilfe gebraucht wurde. Gerne denke ich auch an die Weihnachtsabende zurück, an denen Vater immer eine von ihm neu verfasste Weihnachtsgeschichte vorlas. Vorgelesen wurde auch an kalten Wintertagen, wenn es draussen schneite und sich die Frauen mit Flicken und Stricken in der warmen Stube beschäftigten. Meinen Geburtstag vergass er nie. An diesem Tag warteten immer ein Blumenstrauss aus dem Garten und ein Gedicht von Vater für mich auf dem Stubentisch.

Am 10. November 1969 starb Hans Gysin, 87-jährig, im Kantonsspital Liestal.

Löimunszügniss

Dr Holdersepp, dä spart no znacht im Traum,
Füehrt syni Gäscht zus Nochbers Chriesibaum.

Jagd syni Chüeh uf ander Lütte Land,
Vrchauft im Some gut e Drittel Sand.

Si Milch isch we dr Himmel, haiterblau.
(Im Wasserma gebore, sait si Frau)

E Durlips i dr Ankeballe, das macht schwer!
(Bim Usloh fryli gits jo doch nit mehr!)

Dr Chümi chaner spolte, i zwe Teil,
Um s Gält isch ihm dr Lyb und d Seel no feil.

Er bollet, as er nit e Hund mues ha,
Drnäbe isch er ganz e rächte Ma!

Wägwarte 1953

Seine Mitmenschen sieht er mit offenen Augen. Er sieht Freud und Leid und zeigt mit feinem Humor und Verständnis auch die menschlichen Unzulänglichkeiten.

Aus dem Vorwort «Am Wääg noo»

BEVÖLKERUNG

GLÜCKWUNSCH

Me seit vom Glück, da wünsch sehr uns,
Es syg vergänklig as we Glas.
Mir aber wünsche dir es Glück
Wo nit goht wenes Glas i Stück,
Nei, pis mr hebt i Freud und Drang,
Es ganzis, langis Läbe lang.

Und will die Sach esa jetz isch
As du nis unsi Tochter bisch
So wünsche mir jo as dünne Heil
Natürlig ganz vo Härze teil;
Dys Leid, es wär jo uns nu schwer,
Dys Glück isch as wenns unsers wär!

DINI OLTIGER: VATTER UND MUETER.

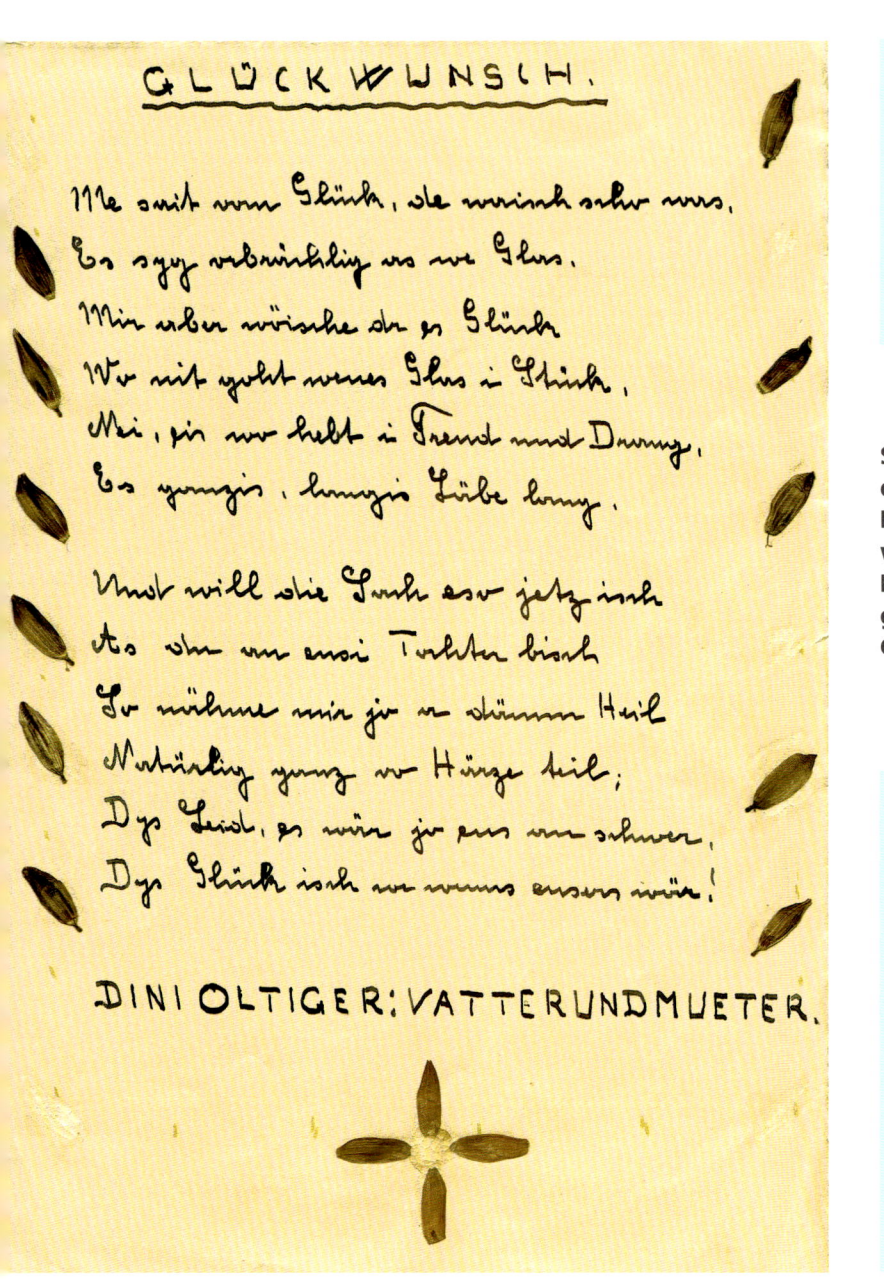

Us im Spruchbüechli

E männgi olti Chue ghöörts nid gäärn,
Wenn me se dra maant,
Ass si au äinisch es Chalb gsy isch.

Am Wääg noo 1997

Seine Worte in Prosa und Poesie sind nicht gemacht, sondern erlebt, ein Stück Leben dieses liebenswerten, stillen Mannes und seiner Oberbaselbieter Heimat selbst. Gelebt wirklich zwischen Himmel und Erde, fest verwurzelt in Brauch und Denkart in der Scholle seiner Hügel und aufgegangen, reif geworden in der Demut und Gläubigkeit vor Gott.

(Ernst Boerlin, Regierungsrat, im Jahreswechsel 1952/53)

Neujohrsgebätt

Gib is:
Chinderauge, wo no Wunder gsäje!
Chinderlippe, wo nit d Wort vrdräje!
Chinderohre, wo dys Rüefe ghöre!
Chindersinn, wo si nit lot vrstöre!
Chinderfüess, wo no dr Heimet sträbe!
Chinderhänd, wo härzlig gärn no gäbe!
Chinderhärz, wo vo dr Liebi läbe!

Am Mühlibach 1969

BEVÖLKERUNG

1920 erschien das Bändchen **«Feldblumen, Lieder eines Landmannes»**. Ausser zwei Gedichten in Mundart waren alle in schriftdeutscher Sprache abgefasst. Verlag: W. Loepthien-Klein, Meiringen (vergriffen)

1926 erschien **«Der rot Tüüfel»** im Blatt des Vereins abstinenter Schweizer Bauern, Grosshöchstetten und 1927 in «Freiheit», Blätter zur Bekämpfung des Alkoholgenusses, Lausanne (vergriffen)

1928 **«Der rote Teufel»**, Schweizerische Gemeinnützige Gesellschaft, Zürich (vergriffen)
«Le Diable Rouge», Traduction libre de Ch. Mamboury, Lausanne o. J. (vergriffen)

1931 **«Der Dragonerheiri»**, eine Geschichte, die das Leben schrieb. Verlag: Gotthelf-Verlag, Bern (vergriffen)

1939 **«Der guet Bricht»**, Buchdruckerei Landschäftler AG, Liestal (vergriffen)

1940 **«Dr guet Bricht»** (Bibeltexte in Mundart), Verlag: Landschäftler, Liestal (vergriffen). In Zusammenarbeit mit Pfr. Karl Sandreuter und Pfr. Jacques Senn, 2. Auflage 1961

1953 erschien die **«Wägwarte»**, ein gebundenes Buch mit Illustrationen von Walter Eglin, Verlag: J. Schaub-Buser AG, Sissach (vergriffen)

1966 erschien die Zeitschrift **«Schwyzerlüt»**, Sondernummer Hans Gysin, Verlag: AG Buchdruckerei B. Fischer, Münsingen (vergriffen)

1968 wurde das Büchlein **«Heiligi Nacht»** mit fünf Weihnachtsspielen herausgebracht. Eigenverlag des Verfassers (vergriffen)

1969 erschien das 2. gebundene Buch **«Am Mühlibach»** mit Gedichten und Geschichten, einige Wochen nach seinem Tod. Kommissionsverlag: Lüdin AG, Liestal, 2. u. 3. Auflage 1970, 1973 (vergriffen)

1997 erschien dank den Bemühungen seines Schwiegersohnes Walter Schaub-Gysin das Buch **«Am Wääg noo»** mit Gedichten, Sprüchen, Spielen und Erzählungen. Für die Mundartschreibweise zeichnete Robert Schläpfer verantwortlich. Verlag: Sauerländer (erhältlich beim Heimatmuseum Oltingen und bei Schaub Medien AG, Sissach)

Mehrere seiner Gedichte wurden auch vertont (siehe «Am Wääg noo» S. 362 u. 363).

2007 **«Dr Profeet gilt doch öppis im Vatterland»**, CD, herausgegeben vom Heimatmuseum Oltingen – Wenslingen – Anwil anlässlich des 125. Geburtstages von H. Gysin (erhältlich beim Heimatmuseum Oltingen)

Verena Burri-Gysin

Quellennachweis

Interviews mit Annekäthy Schaub-Gysin und Elisabeth Gysin-Riggenbach

Gedichte: Feldblumen 1920, Wägwarte 1953, Am Mühlibach 1969, Am Wääg noo 1997

Lebenslauf: «Am Wääg noo» und familieninterne Recherchen

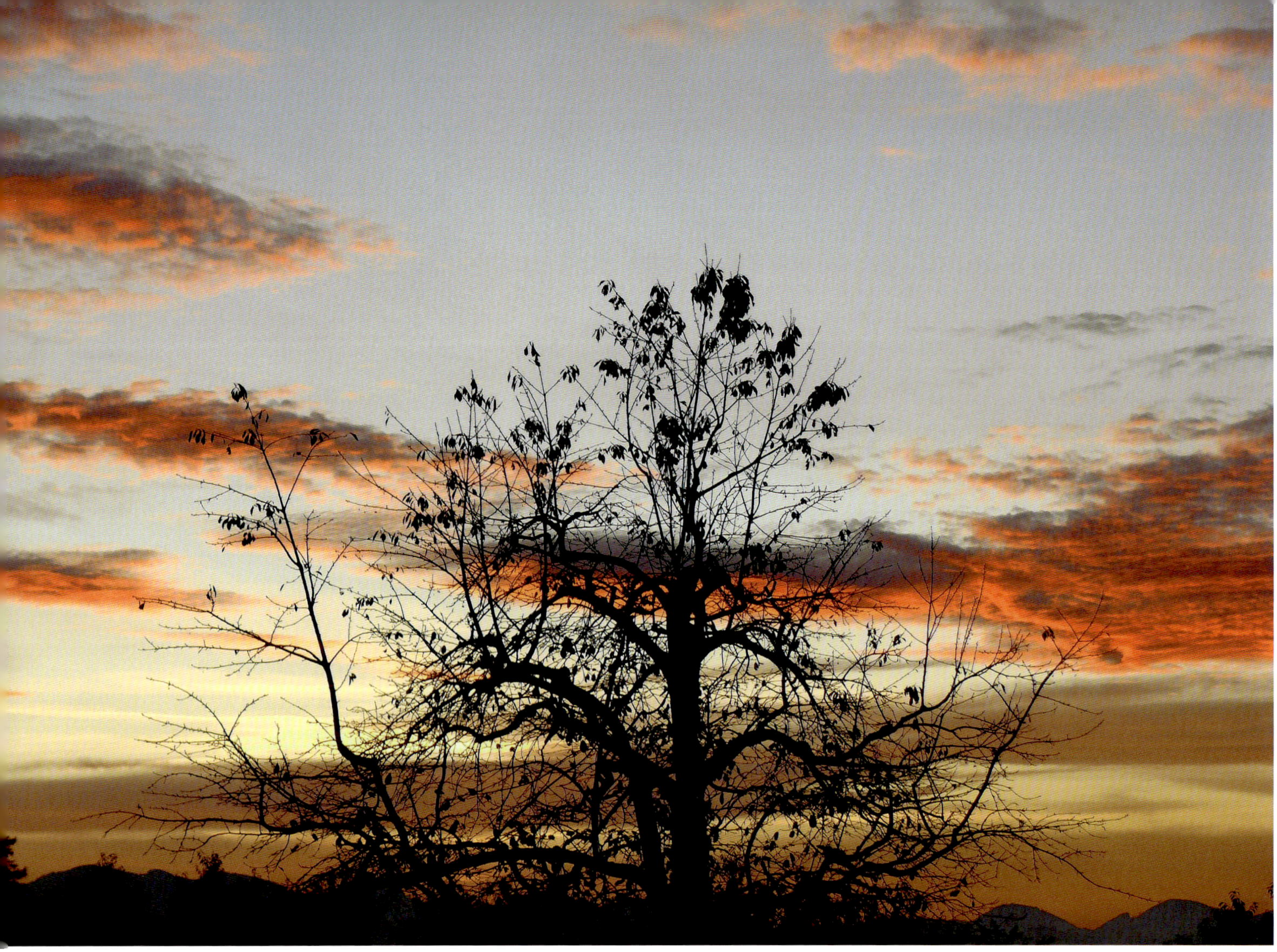
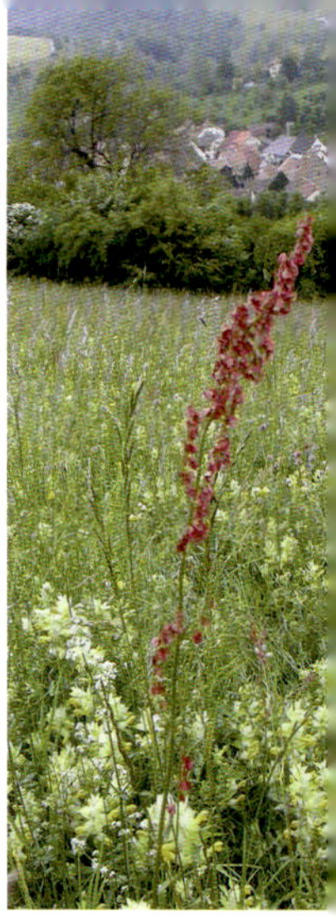
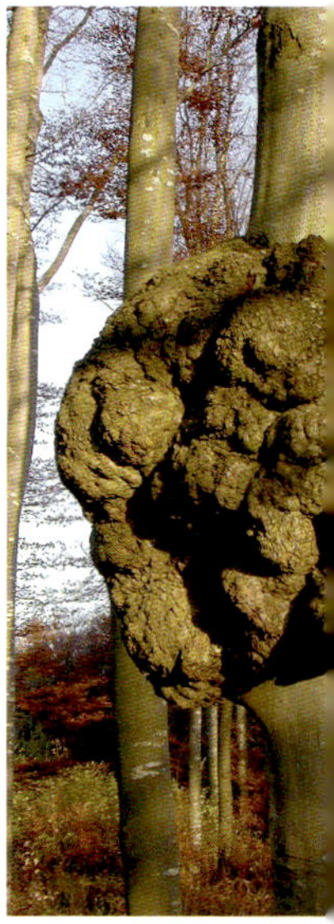
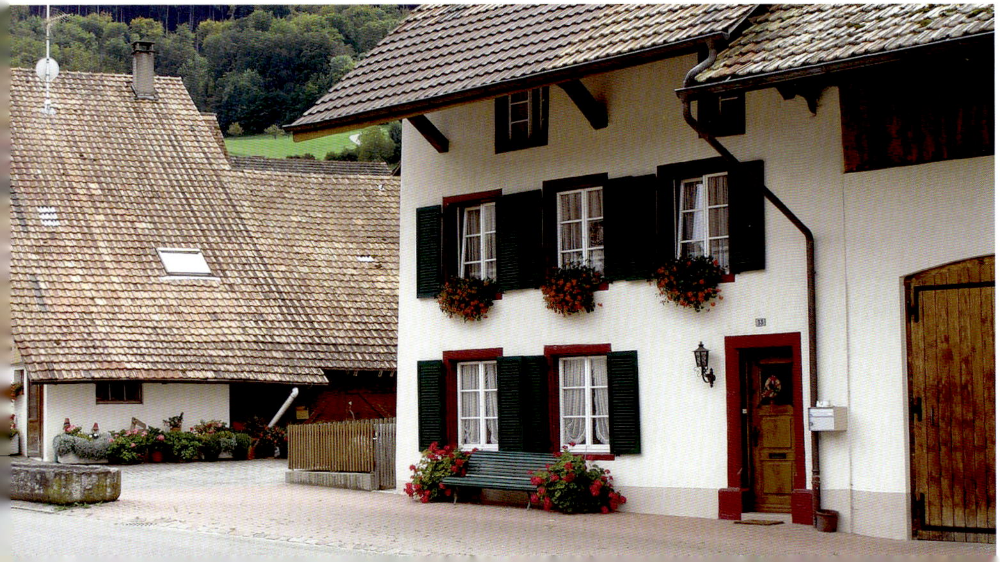
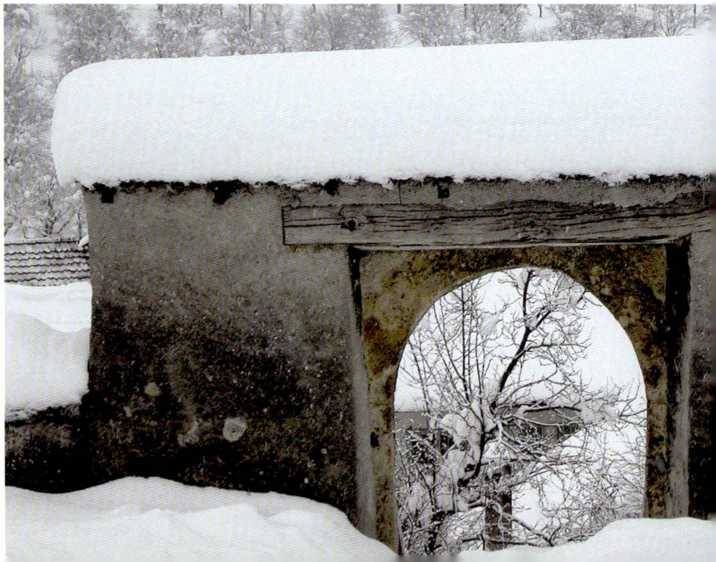

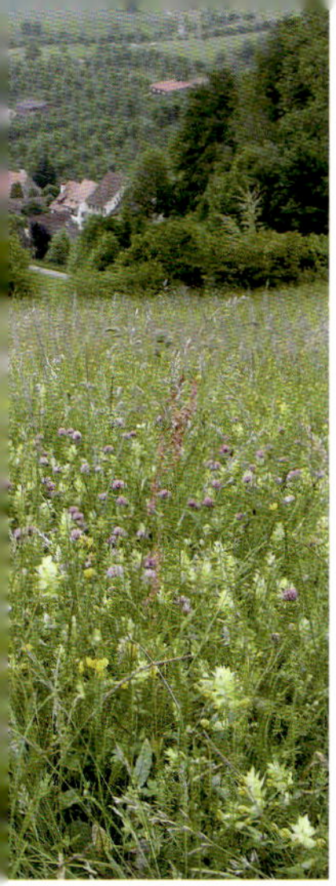
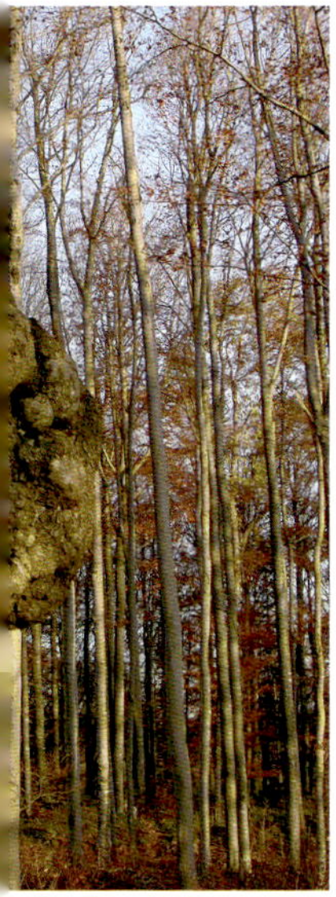
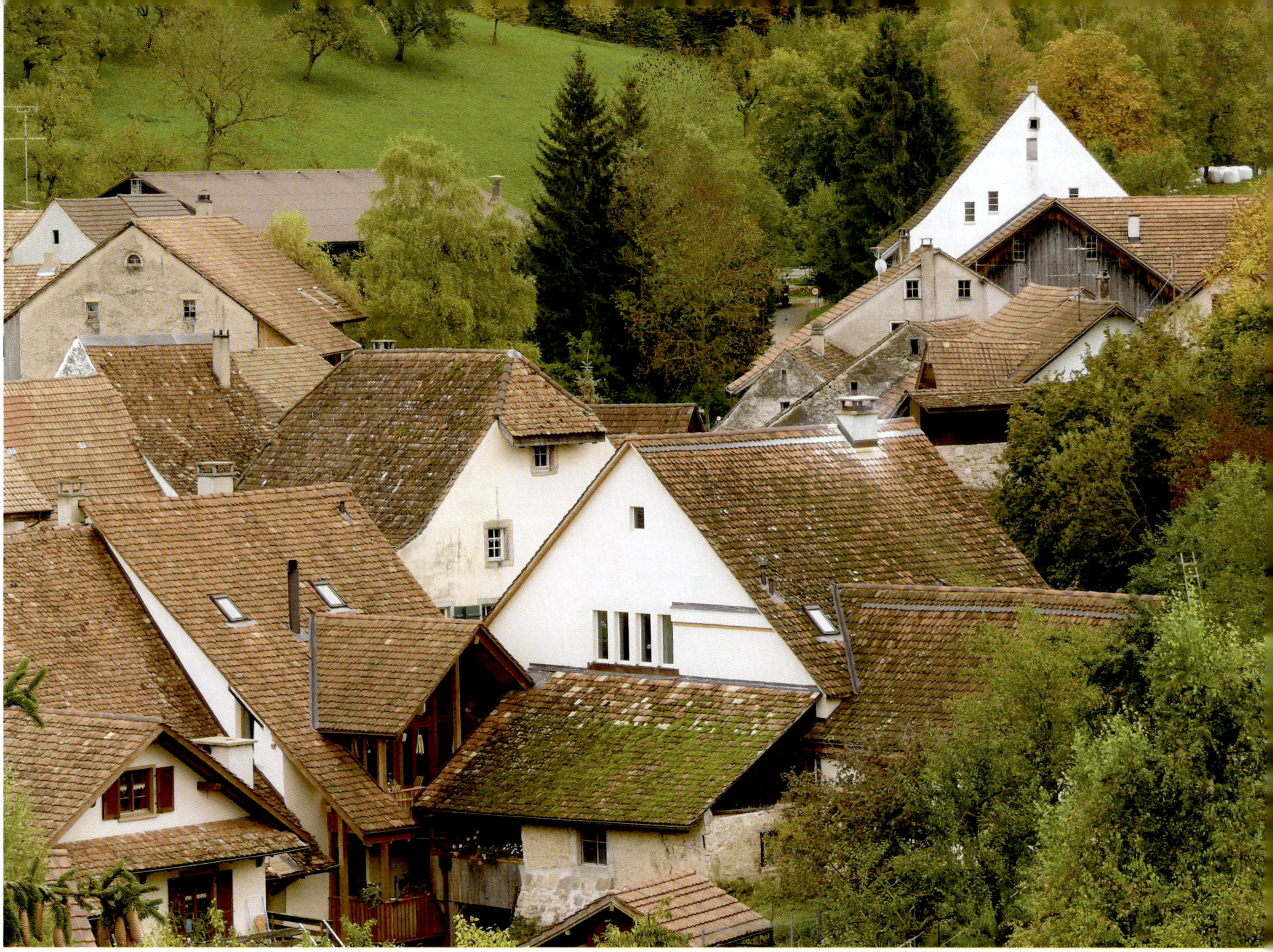
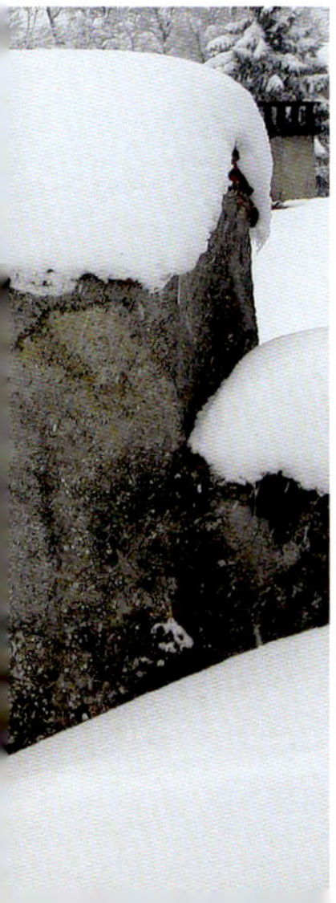
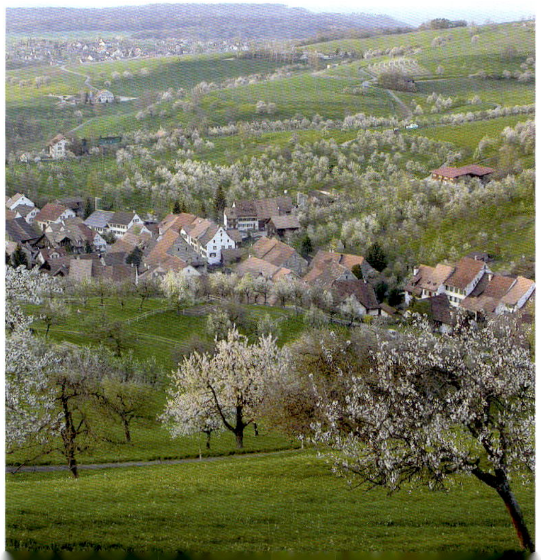
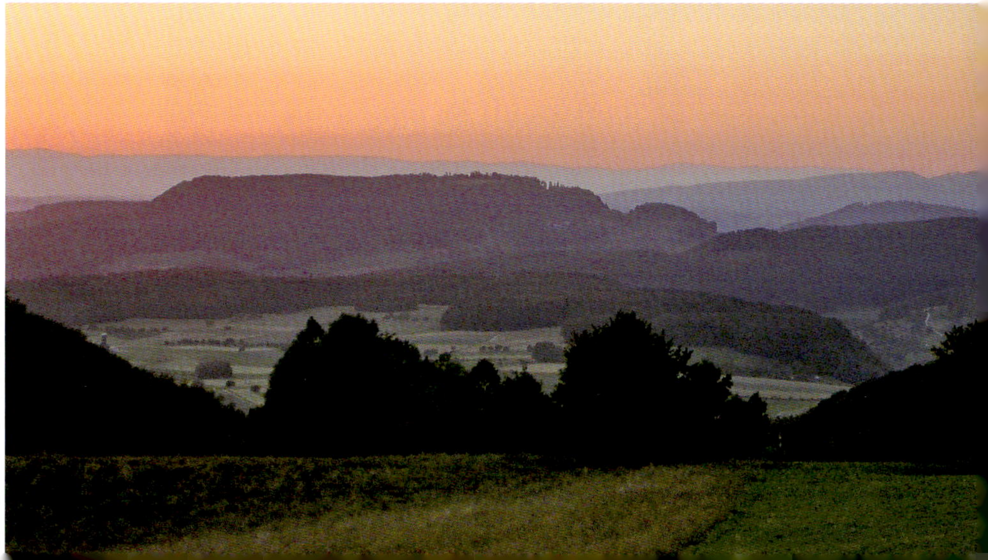

BEVÖLKERUNG

Emil Weitnauer

1905 – 1989
Universität Basel: Dr. phil. h. c., 1977

Abb. 1: Emil Weitnauer

Emil wurde am 17. Februar 1905 in Oltingen BL geboren, als zehntes Kind einer armen Posamenter-Bauern-Familie. Nach seiner Geburt starb die Mutter, Verwandte und Nachbarsfrauen halfen der Familie in den ersten, schweren Wochen. Eine Frau meinte, als sie das schwache Knäblein in der «Zaine» auf der warmen «Kunst» beim Kachelofen ansah: «O je, wie giengs däm Büebli guet, wenn's au chönnt stärbe.» Die jüngsten Geschwister kamen zu Verwandten und Emil ins Nachbarhaus, ins Pfarrhaus. Da besorgte ihn die Magd Elise, und er blieb bei ihr, bis er die zweite Klasse besuchte. Am liebsten würde er jetzt Erinnerungen aus dieser ersten Jugendzeit erzählen: vom gütigen, aber gestrengen Pfarrer Burckhardt, seiner Schwester Anna, dem Leben mit Tante Elise im Pfarrhaus, im Pfarrhof mit dem Brunnen unter der alten, grossen Linde und dem Pfarrgarten. Von der Schule hat er noch den Geruch der ersten Schiefertafel in der Nase, und der erste Buchstabe, den er lernte, war ein I, wie Igel. 1912 fuhr Tante Elise mit Emil und einem jüngeren Knaben Hans, vom Armenerziehungsverein, in ihre Heimat Bibern SH zurück. Beide Buben mussten für zwei Ziegen sorgen, das Futter beschaffen und sie auch melken. Zur Erntezeit hiess es so viele Ähren auflesen, dass die kleine Familie im Winter eigenes Brot zu essen hatte. In der Schule ging es Emil sehr gut, er liebte seinen Lehrer, der mit seinen Schülern oft durch Feld und Wald spazierte. So lernte er die ersten Blumen kennen. Aber auch die ersten Vogelgesänge wurden ihm bekannt. Ende 1915 starb Tante Elise, und Emil kam zurück nach Oltingen zu seinem Grossvater, Vater, 2 Schwestern und 3 Brüdern.

Dank der Fürsprache des Oberlehrers erlaubte der Vater, dass Emil in die Bezirksschule nach Böckten durfte. So begannen für ihn wieder neue Zeiten, aber auch starke körperliche Anstrengungen, denn ein Schulweg bedeutete zweieinhalb Stunden Fussmarsch, also fünf Stunden am Tag. Gut, dass am Mittwoch frei war für die Religionsstunde in Oltingen und für Schulaufgaben. Später erhielt er dann mit der Hilfe von Herrn Pfarrer Burckhardt in Basel ein Velo. Doch im Winter hiess es wieder wandern. Um halb sechs bei Nacht, Schnee und Kälte fort und um halb sieben abends wieder zu Hause. Dann noch Schulaufgaben? Nach zwei Jahren Bezirksschule durfte Emil nach Vorschlag des Lehrers und nach Zusicherung für finanzielle Hilfe vom früheren Dorfpfarrer Burckhardt in der Evangelischen Mittelschule Schiers GR in die dritte Realklasse eintreten. Eine neue Welt tat sich für ihn auf mit Internat, neuen Kameraden, Lehrern und Bergen mit ihren Schönheiten, andern Blumen und Tieren. So

BEVÖLKERUNG

kam er 1919 wieder daheim fort und begann 1920 seine Seminarzeit. Dass Biologie mit ihren verschiedenen Fächern ihm grosse Freude und am wenigsten Mühe machte, war klar. Von den Schulreisen durchs Bündnerland erzählte er oft mit Begeisterung. Auch sonst wurde viel gewandert und oft allein, über Seewis auf den Vilan, über Stels aufs Kreuz, nach St. Antönien, Schuders und bis auf die Scesaplana. Gross war seine Freude, als er zum ersten Mal Alpenrosen heimschicken konnte. In den meisten Ferien durfte er heimreisen, doch selbstverständlich mit dem Bummelzug, denn der Schnellzug kostete Zuschlag. Sein «Sackgeld» war sehr knapp. In dieser Beziehung war er der Ärmste der Klasse. Doch konnte er solches eine Zeitlang nebenbei verdienen mit Schuhputzen für reiche Basler Söhnchen, Speisesaal bohnern für andere und Gartenarbeit, die eigentlich eine Strafe war, er aber für fünfzig Rappen die Stunde andern abnahm. Mit grossem Interesse besuchte der junge Mann naturwissenschaftliche Vorträge von auswärtigen Referenten und Professoren. Doch war darin die Aufklärung, das Heil der Menschen und die Evolutionstheorie das Beglückende, so lehnte er diese Kerle ab, sollten sie doch wissen, dass dem Menschen Grenzen gesetzt sind und dass hinter den Naturgesetzen und der Evolution ein Geist stehen muss, für all das Wunderbare in der Schöpfung, ein Geist, der schafft und lenkt.

Abb. 2: Hausrotschwanz

Nach der Abschlussprüfung, die damals für die Baselbieter und Glarner vom Seminar Schiers in Glarus stattfand, wurde Emil 1924 an die Schule Ormalingen BL gewählt. Er hatte die dritte bis fünfte Klasse mit dreiundfünfzig Schülern zu unterrichten. Ja, wie meisterte der Neunzehnjährige diese Arbeit? Er lernte «schwimmen», musste sehr streng sein, und es gab sicher auch Strafen, die nach heutigen Begriffen psychologisch falsch waren. Doch gelang es ihm, einen guten Klassengeist aufkommen zu lassen, der auch bald sogenannte Exkursionen durch Feld und Wald erlaubte, wie er sie in Bibern als Schüler selbst erlebt hatte. Die Berichte des Inspektors wurden von Jahr zu Jahr besser, ja sogar gut. Natürlich war Emil auch Organist und Dirigent. Dies gehörte einfach zum Dorfschulmeister. «Me hets eifach müesse chönne.» Doch machte ihm diese Nebenarbeit grosse Freude.

Auf den 1. Januar 1928 wurde Emil Weitnauer als Lehrer der ersten bis vierten Klasse – Unterschule – in seine Heimatgemeinde Oltingen berufen. (Näheres zu seiner Tätigkeit als Lehrer in Oltingen kann im Unterkapitel «Schule im Wandel» nachgelesen werden.)

Es war selbstverständlich, dass der neue Lehrer Dirigent des Gemischten Chores wurde und bei Theateraufführungen auch Regisseur und Coiffeur war. Als Organist hatte er alle vierzehn Tage zu spielen und besorgte dies fünfzig Jahre lang. Bei Hochzeiten war er dann gewöhnlich noch Fotograf.

1930 war für sein Leben ein ganz entscheidendes Jahr. Da durfte er seine liebe Frau Sophie Rüdin aus Gelterkinden in seine Wohnung im Schulhaus mitnehmen. Die Oltinger Glocken, die er kannte und selbst schon oft geläutet hatte, erklangen nun ganz persönlich für ihn, für ihre Hochzeit. Nun war er endlich daheim! Daheim in seinem Heimatdorf, in seiner Landschaft, die er sich von Blume zu Blume, von Strauch zu Strauch, von Baum zu Baum, von Tier und besonders von Vogel zu Vogel erobert hatte. Zu zweit konnte man nun diese Landschaft durchwandern. Ein neues Leben begann mit dem Zentrum «Daheim». Hier war Liebe, Wärme, Geborgenheit. Mochte es draussen stürmen, er konnte kämpfen, bekennen, als Aussenseiter dastehen, dies machte nichts mehr. Daheim war Ruhe. Nestwärme – endlich – höchste Zeit. Dem jungen Paar wurden drei Kinder geschenkt. Alle drei gingen die ersten vier Jahre zum Vater in die Schule. In der Schulstube war er der Herr Lehrer, wie für die andern. Auch sie gaben ihm die Hand: «Adie Herr Lehrer», und erst auf der Treppe zur Wohnung war er wieder der Vater. Doch auch beim Mittagessen hiess es etwa: «Du, Muetter, dr Lehrer het gsait.» Obschon sie bei ihm zur Schule gingen, wurden beide Söhne auch wieder Lehrer.

Noch in den dreissiger Jahren fiel der erste Wermutstropfen in den Freudenbecher der jungen Familie. Emil musste sich nach einer Nierenbeckenentzündung und nachfolgenden Koliken operieren lassen und dabei eine Niere hergeben. Voll Zuversicht und Vertrauen zu Professor Sutter in Basel überstand er alles sehr gut. Dabei hatte er Zeit, alle vier Evangelien mit den Erklärungen von Professor Schlatter, die ihm der schon alte und kranke Pfarrer Burckhardt brachte, zu lesen und hatte auch Zeit zum Nachdenken und Überlegen für seine weitern Arbeiten und Einsätze. Es war eine Zeit mit wichtigen Entscheidungen, und auf einmal war es auch ganz klar: «Mys Läbe hätti jetz chönne fertig sy, isch mer aber neu gschänkt. Wie chan i us Dankbarkeit drfür wyter schaffe mit myne Tälänt, wo mer gschänkt sy?»

Nachher wurde er Mitglied der neu entstandenen Kirchenpflege Oltingen-Wenslingen-Anwil. Er war lange Jahre Kirchenpflegemitglied, davon 30 Jahre Präsident. Zur ersten Zeit gehörte auch die Renovation der Kirche, die er als Präsident der Baukommission mitleitete. Er war fest davon überzeugt, dass unter dem Gipsverputz Fresken vorhanden waren, obwohl weder mündliche noch schriftliche Überlieferungen existierten. «Euse Schuelmeischter spinnt», hiess es im Dorf. Hinterm Ofen kratzte er spröden Verputz weg, und Farbe wurde sichtbar. Bei der Renovation spaltete er mit einem Beil den Verputz der Wände weg, und Bild um Bild, Gestalt um Gestalt aus dem fünfzehnten Jahrhundert kam hervor. Vom Kampf um die Erhaltung der Fresken will er nicht erzählen, denn da waren einfache Leute dafür und dagegen, Sachverständige dafür, Theologen dafür und vehement dagegen. Nachdem der Kanton die Kosten der Restauration zu übernehmen versprochen hatte, entschied sich die Kirchgemeinde in offener Abstimmung für die Erhaltung der Fresken.

Emil war Mitbegründer des Kantonalen Vogelschutzverbandes, gehörte zum Natur- und Tierschutz, leitete Exkursionen für botanisch und ornithologisch Interessierte, gründete die Kantonale Arbeitsgemeinschaft für Natur- und Heimatschutz, in der alle interessierten Verbände wie Bienenzüchter, Jäger und andere mitmachten. Er konnte in seiner Heimatgemeinde eine Wiese mit Orchideen unter Naturschutz stellen lassen. So kamen auch im Dorf Häuser unter Denkmalschutz. An der Kantonalen Landwirtschaftlichen Schule erteilte er Bienenkunde und war auch Mitglied bei der Jägerprüfungskommission. Er war auch einige Jahre Mitglied des Landrates. Dies alles im Dienste seiner Heimat, zur Erhaltung der Vielfalt von Pflanzen und Tieren, der Schönheit der Landschaft und des Dorfes, alles mit Freude und grossem Einsatz.

Abb. 3: Küken mit Ei

Sein eigentliches Hobby aber waren die Beobachtung und Erforschung der Lebensgewohnheiten der Mauersegler oder «Spyren», die Ende April, anfangs Mai zu uns kommen und Ende Juli, anfangs August wieder wegziehen. Unterm Schulhausdach hatte er zuerst eine kleine Kolonie aufgebaut und war so bei den Beobachtungen immer zu Hause. Seine Frau wusste, wo er war, und konnte ihn jederzeit rufen. Bei diesen Beobachtungen während mehr als vierzig Jahren konnte er alte vage

Abb. 4: Mauseglerkopf

dazu Freude bereiten. Dabei war er im Element und konnte begeistern! Themen waren etwa: «Mit offenen Augen durch meine Heimat.» – «Wunder und Schönheiten der Schöpfung.» – «En eifältige Kärli luegt sy Heimet a.» (Den wollten sie doch sehen, und die Turnhalle war voll.)

Aber es ging nach Claudius: «Lasst uns einfältig werden und vor dir hier auf Erden wie Kinder fromm und fröhlich sein.» Oft wurde ein solcher Vers am Schluss des Vortrages auch gesungen. «…denn die Erde ist des Herrn.» Dieses Wissen, besser gesagt, dieser Glaube, gäbe dem Natur- und Umweltschutz erst die richtige Grundlage für die Verantwortung allen Lebens, im Grunde genommen dem Schöpfer gegenüber, aber auch die Kraft zum Kampf, neben den wissenschaftlichen Erkenntnissen, die ja auch nötig sind für die richtige Art des Einsatzes, zum wirklichen Schutz unserer Heimat.

Beobachtungen bestätigen und viele ganz neue Tatsachen finden, zum Beispiel Ortstreue, Paartreue, Hungerschlaf der Jungvögel, Nachtflüge der Brutvögel mit Beobachtungen vom Flugzeug und vom Ballon aus. – «Dä Spinner!» – Aber auch Beobachtungen am Radar mit Veröffentlichungen in den Fachzeitschriften. Die Universität Basel verlieh ihm 1977 in Anerkennung der geleisteten, wissenschaftlich wertvollen Arbeiten den Dr. h. c. Nachher folgte eine Zusammenfassung als Büchlein «Mein Vogel». Ein einundzwanzigjähriger Mauersegler flog in seinem Leben mindestens 3 868 000 Kilometer. «Und das ohni ei Service, das isch Schöpfig und nit mönschligi Technik.» Nicht Intelligenz leitete diese Arbeit, sondern gute Einfälle, Treue zur Arbeit, zielstrebiges Forschen und Nicht-beirren-Lassen durch Literatur oder Rückschläge.

Seine ersten Fotoaufnahmen waren schwarz-weiss, mit einem 9/12-Plattenapparat, den ihm sein väterlicher Freund und Biologe Dr. h. c. Hans Noll geschenkt hatte. In über sechshundert Vorträgen mit eigenen Dias erzählte Weitnauer von den Wundern und der Schönheit der Schöpfung, aber auch von unserer Verantwortung ihr gegenüber. Tausenden von Menschen konnte er mit seinen Bildern und dem Erzählen

Abb. 5: Mauersegler im Kasten

BEVÖLKERUNG

1970 wurde Emil Weitnauer nach sechsundvierzig Dienstjahren pensioniert. Doch schon drei Jahre vorher baute er mit seiner Frau zusammen ein eigenes Heim in der Röti. Dass dies möglich wurde? – Dankschön! – Dankschön aber auch seiner lieben Frau, seiner wirklichen Lebensgefährtin, zu allen Zeiten, bei allen Zweifeln und bei allen Einsätzen und

Abb. 7: Waldohreule

Arbeiten. Er wusste auch von Joh. Peter Hebel: «...und s'git no Sachen änedra», und glaubte, dass er sich dann am Ende ohne Furcht fallen lassen durfte, nicht ins Leere gleiten, sondern aufgefangen werde, von der Kraft, die ihm auch im Leben geholfen hatte.

Emil Weitnauer †

Emil Weitnauer starb am 15. Juli 1989.

Quellennachweis

«Das Wichtigste in meinem Leben» (Bekannte Frauen und Männer erzählen), herausgegeben von Hans Schaffner, Blaukreuz-Verlag Bern, 1983

Das Buch «Mein Vogel», erschienen 1980, kann im Heimatmuseum in Oltingen erworben werden.

Abb. 6: Schleiereule

BEVÖLKERUNG

Ein Oltinger Original

«Dr Duri»

Arthur Börlin
1893 – 1981

Bis zu seinem 6. Lebensjahr wohnte Duri auf dem Hof Barmen. Als der Hof 1899 abbrannte, zog die Familie Börlin ins Dorf und kaufte das Haus Hauptstrasse Nr. 30 neben der Familie Gloor. Den einzigen Sohn Arthur nannten die Leute im Dorf nur den «Barmen Duri».

Duri half den Bauern im Dorf und betrieb auch selbst noch ein wenig Landwirtschaft. Besonders häufig war er bei der Familie Gysin (s Schmitts Hans und Bertha) anzutreffen. Er ging ihnen auf dem Feld oder auch in der Schmiede zur Hand. Als Gegenleistung dafür führten sie sein Heu in die Scheune und halfen ihm, wo Not am Manne war. Im Winter stellten sie Duri in ihrer Werkstatt einen Platz zum Körbe flechten zur Verfügung.

Abb. 1: Vor der Schmiede: Hans Gysin (Schmitts), Jakob Gysin (Schmitts), Arthur Börlin (Duri)

Als Duri wieder einmal bei «Schmitts» zum Mittagessen eingeladen war, gab es eine Fleischsuppe. Duri betrachtete lange seinen Teller. Er schien nach etwas zu suchen. Auf einmal schlug er mit der Faust auf den Tisch und fragte: «Wo isch dr Garte?» Duri vermisste wohl das Gemüse oder zumindest etwas Schnittlauch in seiner Suppe. Dieser Ausspruch wurde nun sofort in den Spruchwortschatz der Oltinger aufgenommen.

Er war Mitglied beim örtlichen Schützenverein und ein guter Schütze, und beim Gemischten Chor war er Passivmitglied. Ansonsten war er ein eigenartiger und eigensinniger Kerl. Er wurde schnell wütend, wenn es nicht nach seinem Kopf ging.

Abb. 2: Arthur Börlin und Liseli Gloor-Beugger

Die Nachbarsfamilie benötigte mit der Zeit immer mehr Platz, da die Söhne eigene Hausstände gründeten, und die Börlins traten nun ihr Häuschen an die Familie Gloor ab. Duri kaufte den Anbau in der oberen Mühle und zog mit seiner Mutter, «dr Chrischtene», dort ein. Nachdem seine Mutter gestorben war, übernahm die im ersten Stock wohnende Familie Gass die Wohnung der Börlins, und Duri behielt nur noch eine Kammer ohne Wasseranschluss für sich. Der Rest der Wohnung wurde an die Familie Ernst und Anni Rickenbacher vermietet. Duri hatte jedoch das Recht, in deren Küche Wasser zu holen oder auch sich zu waschen.

Eine andere Episode ereignete sich auf einer Reise des Gemischten Chors. Duri war als Passivmitglied auch mit dabei. Die 2-tägige Reise führte auf den Stoos, und man übernachtete in einem Gasthof. Duri hatte seinen Durst nicht nur mit Wasser gelöscht, und als es dann um den Zimmerbezug ging, war er wohl schon recht betrunken. Auf jeden Fall war es mit der Nachtruhe bald vorbei. Duri polterte und schrie mitten in der Nacht. Was war nur passiert? Um das herauszufinden, mussten zwei Oltinger Männer zuerst über den Balkon in Duris Zimmer gelangen. Und was sahen sie da? Duri umklammerte den Schlafzimmerschrank und wollte ihn nicht mehr loslassen. Der nachtwandelnde Duri war beim Heuen, und der vermeintliche Heuwagen, also der Kasten, drohte umzukippen. «Hebedn», schrie er immer wieder, bis es den zwei Männern gelang, den Duri zu wecken.

BEVÖLKERUNG

Müsterli aus der oberen Mühle

Zur Zeit, als Anni (s Ochseanni) und Ernst Rickenbacher (Glasers) im obersten Stock der Mühle wohnten (1946 – 1954), hauste Duri in einem Zimmer nebenan. Meistens am Sonntag, wenn die Kinder aus der Kinderlehre kamen und sich die Familie Rickenbacher am Mittagstisch versammelt hatte, um den Sonntagsbraten zu geniessen, kam Duri in die Küche geschlurft, zog sein Hemd aus und wusch sich am «Schüttstein». Da kann man nur sagen: «E Guete».

Meistens kam Duri mehr oder weniger angetrunken vom Wirtshaus nach Hause. In einer kalten Winternacht hörte Ernst Rickenbacher plötzlich etwas ächzen und poltern. Draussen fand er den Duri halb «blutt» auf einer neu aufgeschichteten «Schytterbigi» liegend. Er hatte sich schon halb ausgezogen und wollte ins Bett. Ernst rief nach seiner Frau, und gemeinsam versuchten sie, ihren Mitbewohner vor dem sicheren Erfrierungstod zu retten. Das war jedoch keine einfache Sache, da sich Duri mit Händen und Füssen und wüsten Verwünschungen gegen seine Rettung zur Wehr setzte.

Abb. 3: Duri blickt aus seinem Zimmerfenster in der oberen Mühle

BEVÖLKERUNG

Abb. 4: In jungen Jahren war Duri doch tatsächlich Mitglied in der Blaukreuzmusik Oltingen (Aufnahme 10.09.1911)
1 Hans Gysin (Basimänters), 2 Knecht Hersberger bei Baschis,
3 Hans Buess (Murerfritze), 4 Fritz Buess-Eschbach, 5 Traugott Rickenbacher (Sagers),
6 Arthur Börlin (Duri), 7 Hans Beugger-Wirz (Sigerschte), 8 unbekannt,
9 Ernst Gloor, 10 Reinhard Weitnauer (Zimbers), 11 Arnold Gysin (Postadems),
12 Walter Buess-Schaffner, 13 unbekannt

Man kann sich vorstellen, dass der Duri für manchen dummen Streich hinhalten musste. Bei einer feucht-fröhlichen Feier im «Ochse» schnitt man ihm die Krawatte ab. Auch die Nachtbuben erlaubten sich manchen Spass mit Duri. Eines Nachts wurde es ihm zu bunt. Er schoss mit der Pistole aus dem Fenster und versuchte so, die Plaggeister zu vertreiben.

Im Alter lebte der Duri hauptsächlich von Konserven oder von den Mahlzeiten, die ihm die Familie Gass ab und zu brachte. Seine gestapelten, ungewaschenen Teller und Konservenbüchsen lockten auch diverse Nagetiere an. Ein Besuch in Duris Schlag war also nichts für Leute mit schwachen Nerven, denn diese putzigen Tierchen waren überall. Er machte sich auch einen Sport daraus, diese flinken Nager zu fangen. Besonders stolz präsentierte er seinen Nachbarn eines Tages eine weiss-schwarz gefleckte Ratte.

Gegen Ärzte hatte Duri grundsätzlich eine Abneigung. Eine eitrige Blutvergiftung überlebte er jedoch auch ohne medizinische Hilfe, und das, obwohl seine Behausung alles andere als sauber war. Auch seine Schlafstätte war einfach. Um sich im Winter warm zu halten, schichtete Duri einfach alle Kleider auf das Bett und kroch darunter.

Riggi (Marie Gass-Rickenbacher) war stolz auf die zwei «Zeinen» Weissrüben, die sie fein säuberlich geschält hatte. Bis zur Weiterverarbeitung wurden sie zugedeckt oberhalb der Treppe gelagert. In der folgenden Nacht hatte der Duri wieder einmal einen «Dirgel» im Kopf und die ganze schöne weisse Pracht rollte die Treppe hinunter in den Dreck.

Abb. 5: Arthur Börlin und Marie (Riggi) Gass-Rickenbacher

BEVÖLKERUNG

Ja, der Duri hielt die Leute im Haus auf Trab. «Es brennt, es brennt», schrie er eines Nachts. Er hatte vergessen, seinen Einsteckkocher auszuschalten. Das Gerät überhitzte, das Essen kochte vollständig ein und das Ganze brannte durch die Tischplatte hindurch. Die darunter befindliche Schublade mit Inhalt fing Feuer. Rasch entwickelte sich Qualm und Rauch. Ohne die rasche Hilfe von Hansruedi Gass würde die obere Mühle vielleicht heute nicht mehr stehen. Geistesgegenwärtig packte er den brennenden Tisch und warf ihn mitsamt dem Kocher zum Fenster hinaus in den Schnee.

Grosszügig war er, der Duri, besonders wenn er genug Alkohol intus hatte. Sein ganzes Geld wollte er nach seinem Tod dem Gemischten Chor und der Gemeinde vermachen. Dass sein ganzes Erbe in ca. 53 Teile aufgeteilt wurde, der Gesangverein sowie die Gemeinde leer ausgingen, hat er jedoch nicht mehr erlebt.

Verena Burri-Gysin

Quellennachweis

Tonaufnahmen vom Frauenverein Oltingen

Interviews mit Ernst Rickenbacher, Dorli Gass-Brodbeck, Hans Dähler-Gerber, Hans Gysin-Gysin (Schmitts), Elisabeth Gysin-Riggenbach, Christian Lüthy

Bürgergeschlechter

Das Geschlecht Gysin

Man schrieb das Jahr 1444. In der ganzen Schweiz herrschte Kriegszustand. Die Eidgenossen kämpften gegen die Armagnaken, das gefürchtete Söldnerheer des französischen Königs, auch «die Schinder» genannt. In Oltingen ging das Gerücht um, «es ruck e halbi oder ganzi Räuberbandi us em Elsis aa». In der oberen Mühle war der Müller erkrankt und starb kurz darauf an einem Nervenfieber. Die Mühle musste verkauft werden und schon bald fand sich ein Käufer aus Läufelfingen. So kam es, dass der Müller Hans Gysin und seine Frau Elsa mit ihrem Kind in der oberen Mühle Einzug hielten. «Mitznee isch zwaar nid eso vil gsy, dr Huusroot het ufime Läiterwaage Platz gha.»

Der Stammvater Hans Gysin wurde bald ein angesehener Mann. So stiftete er für seine Jahrzeit der Kirche und dem Priester einige Gefälle (Einkünfte), Mahlzeiten und ein gutes Priestergewand. Seine Frau Elsa schenkte ihm drei Söhne: Niklaus wurde Geistlicher, Jakob siedelte auf das Hofgut Adliken bei Läufelfingen und Hans II., der erstgeborene Sohn und Erbe des väterlichen Gutes, wurde Müller in Oltingen. Er führte demzufolge das Oltinger Gysin-Geschlecht fort. Seine Frau, die Anna Schnyder (Klein Hans) gebar ihm fünf Söhne. Frydlin, Ulin und Anthonj starben schon als Kinder, und Cleuwj (Klaus) hatte keine männlichen Nachkommen. So wurde das Geschlecht nur durch den fünften Sohn, Hans III., weitergeführt. Er verheiratete sich mit Ännelin Gass und übernahm dann, dem Beruf seines Vaters treu bleibend, die Mühle von Oltingen.

Die Müller-Familie Gysin war vermögend und ihr Ansehen stieg ständig. Dem Ehepaar Hans Gysin III. und Ännelin wurden vier Kinder geschenkt: Frydlin, Hans, Baschen und Margareta.

Die drei Söhne, **Frydlin, Hans** und **Baschen** sorgten nun für den Fortbestand des Oltinger Gysin-Geschlechts.

BEVÖLKERUNG

Frydlin Gysin (4)
† 1569
⚭ VERENA RYSSER † 1561

Hans Gysin IV (5)
✶ 1499　† 1579
⚭ ?
⚭ 1543 BARBARA BERNHARD † 1564
⚭ 1569 VERONICA SIGRIST † 1577

Bascken Gysin (6)
✶ 1517　† 1607
⚭ 1551 MAGDALENA LÄNDY † 1603

Hans Gyse III (3)
✶ 1470　† 1538
⚭ ÄNNELIN GASS † 1557

Hans Gyse II (2)
✶ UM 1440–50
⚭ ANNA KLEIN HANS SCHNYDER

Hans Gyse (1)
† 1493
ELSA, SYN WYB

6. Bascken Gysin, Untervogt
5. Hans Gysin IV, Geistlicher, Untervogt
4. Frydlin Gysin, Kriegsmann, Untervogt
3. Hans Gyse III, Müller
2. Hans Gyse II, Müller in Oltingen
1. Hans Gyse, Müller von Läufelfingen ziergent gon Oltingen ums Jar 1444

Bürgergeschlecht Gysin
Oltingen

Stammbaum

✶ Geburtsjahr
† Todesjahr
⚭ Jahr der Eheschliessung / Eheschliessung mit

KALLIGRAPHIE　ASTRID MEYER

Frydlin (* ? – †1569)

Der älteste Sohn wurde Untervogt von Oltingen. Er war ein Kriegsmann und hat offenbar mit dem Basler Aufgebot 1513 bei Novara mitgefochten. Er hatte sehr unruhiges Blut und wurde wohl deshalb bald seines Amtes enthoben. Weitz: «Unrüewig hut, huoret, wirdt des Ampts entsetzt». Frydlin hatte vier Söhne. Jakob, der älteste, kaufte die Mühle in Gösgen und wurde dort für 5 Pfund als Bürger aufgenommen. Heinrich und Peter blieben in Oltingen und übernahmen die elterliche Mühle. Diese drei Söhne hatten zwischen sieben und neun Kinder. Baschen, der Jüngste, zog nach Suhr und wurde dort Untervogt.

Hans IV (* 1499 – †1579)

Seine Eltern ermöglichten ihm den Besuch der Schule in Sissach. Mit 19 Jahren ging er an die Universität Basel, wurde später Kaplan zu Buckten (wohl Beuggen) und vielleicht auch Chorherr von Schönenwerd. Es wird vermutet, dass der Geistliche Hans Gysin wohl die Absicht hatte, in Schönenwerd Chorherr zu werden, es wegen der Umwälzungen in der Reformationszeit jedoch vorzog, den weltlichen Stand anzunehmen und nach seinem Heimatort Oltingen zurückzukehren. Er wurde anstelle seines älteren Bruders, der seines Amtes enthoben worden war, Untervogt. Nebenbei entwickelte er offenbar eine rege Geschäftstätigkeit, sodass er sein ererbtes Vermögen beträchtlich vermehren konnte.

1543 wurde seine Eheschliessung mit Barbara Bernhard im Kirchenbuch von Oltingen verzeichnet. Das muss seine zweite Ehe gewesen sein, denn im Taufregister fand sich ein nachträglicher Eintrag, der darauf hinwies, dass 1542 schon ein Kind mit dem Namen Baschen getauft wurde. Über die erste Ehefrau ist jedoch nichts bekannt. Der zweiten Ehe mit Barbara Bernhard aus Zofingen entsprossen 14 Kinder. 1564 wurde Oltingen von der Pest heimgesucht. 10 Kinder des Untervogtes starben als Kleinkinder oder an der Pest und mit den Kindern starb auch die Mutter. Nur vier Nachkommen (2 Töchter und 2 Söhne) aus diesem Kindersegen überlebten. Im Alter von 70 Jahren heiratete er seine Magd Veronica Sigrist. Von 1570 bis 1576 wurden aus dieser Ehe vier Kinder getauft, 1 Sohn und 3 Töchter.

In seinem 1572 abgefassten Testament führt Hans Gysin «Gülten» (Schuldbriefe) und Bodenzinsen auf, die sich auf rund 50 Gemeinden verteilen, vom Fricktal über das Oberbaselbiet bis an den Hallwilersee und ins Bernbiet. Das gesamte Vermögen belief sich auf rund 18000 Pfund, wofür er jedes Jahr 1600 Pfund Zinsen erhielt. Zum Vergleich: Das 1600 erbaute neue Pfarrhaus kam mit allem Drum und Dran auf 1453 Pfund zu stehen. Hans Gysin war also ein schwerreicher Mann.

Baschen (* 1517 – †1607)

Mit 34 Jahren heiratete er Magdalena Ländy. Aus dieser Ehe gingen 10 Söhne und 6 Töchter hervor. Baschen übernahm das Amt des Untervogts von seinem 18 Jahre älteren Bruder Hans.

Mit der fünften Generation der Gysin wuchs das Geschlecht in Oltingen immer mehr an. Es ist deshalb nicht verwunderlich, wenn wir in einem Brief des Farnsburger Landvogts an die Obrigkeit aus dem Jahre 1593 lesen:

«…*Bastean Gysin der Untervogt von Oltingen und sein Sohn Zacharias, der Müller, haben mich berichtet, demnach sich jre haushaltungen gestercket und sie die brüeder sampt den jren gemehret und inn zimlicher anzahl seyen, also das sie sich uff jren güetern jn die lenge vürohin nit begehen noch erhalten möchten, und er Zacharias sonderlich anderstwohin seiner gelegenheit nach ziehen müeste. So seyen sie vorhabens, EGE underthenigklich zu ersuchen und zu bieten, das dieselb gnedigst jme zulassen und vergönnen wöllte zu Oltingen eini Mülen an das orth da etwan eini Schliffin gestanden, zu erbauwen…*»

Das Geschlecht hatte sich tatsächlich vermehrt, und bereits waren einige abgewandert nach andern Baselbieter Gemeinden, nach Aarau, Suhr, Zofingen und Niedergösgen. Der im Schreiben des Landvogts erwähnte Zacharias Gysin konnte in Oltingen bleiben. Er erhielt nach einigen Jahren des Wartens – gegen den erbitterten Widerstand des oberen Müllers, seines Cousins – 1596 die Erlaubnis, in Oltingen eine zweite Mühle, die untere Mühle, zu bauen, und damit war sein Auskommen gesichert.

Es ist der Erwähnung wert, dass beide Mühlen während Jahrhunderten im Besitze der Gysin blieben: Die obere Mühle 1444 – 1769, also 325 Jahre, immer vom Vater auf den Sohn vererbt. Die untere Mühle 1597 – 1955, allerdings mit zwei Unterbrüchen von insgesamt rund 70 Jahren im 17. bzw. 19. Jahrhundert.

«As Nookomme vom Hans und dr Elsa läbe hüt no über zwänzg Gysifamilie z Oltige.»

Verena Burri-Gysin

Übrige Bürgergeschlechter

Oltingen hat über 1600 Bürger/innen. Viele davon wissen wahrscheinlich gar nicht, wo ihr Heimatort liegt.

Das erste Bürgerrechtsgesetz des Kantons datiert vom 24. August 1835. Alle Personen, die vor diesem Datum das Bürgerrecht in einer Baselbieter Gemeinde hatten, galten als Bürger «durch Abstammung». In Oltingen sind das folgende Namen: Beugger, Börlin, Buess, Eschbach, Gass, Gerber, Gysin, Lehner, Lüthy, Mohler, Rickenbacher, Schaub, Schneider, Schweizer, Weitnauer.

Die Bürgergemeinde Oltingen war sehr zurückhaltend mit Einbürgerungen. Bis 1956 erhielten die Familien Broglin (1916, Wittnau AG), Ceresola (1956, Italien, verh. mit Lina Rickenbacher, Ochsen), Grab (1914, Deutschland), Zlotos (1934, Polen), Zores (1922, Deutschland) und Zumkehr (1936, Deutschland) das Oltinger Bürgerrecht.

Zwischen 1967 und 1972 machten verschiedene, in Oltingen wohnhafte Familien vom Angebot der erleichterten Einbürgerung Gebrauch:

Hans und Sophie Gloor-Gysin, Herbert und Elisabeth Hug-Ludwig, Fritz und Tabitha Pfaff-Lüthy, Willy und Frieda Thommen-Frei, August und Martha Waldmeier-Buess, Fritz und Flora Waldmeier-Lüthy, Willy und Rosmarie Waldmeier-Gysin.

Als Dank für ihre langjährigen Verdienste in der Gemeinde erhielten Hans Dähler-Gerber (1984), Willy Lang-Rickenbacher (1987) mit ihren Frauen das Bürgerrecht geschenkt.

Einbürgerung von Ausländern 1957 – 2006:

26. Mai 1970, Herbert und Myrtha Schweitzer-Melotti, Österreich, wohnhaft in Tecknau.

18. Dezember 2002, Mehmet Urun. Er ist der Sohn einer Asylantenfamilie, die viele Jahre bei uns gewohnt hatte. Sein Einbürgerungsgesuch stellte Mehmet, als die Familie in Oltingen wohnte. Bei der Einbürgerung wohnte er in Tecknau.

Das Bürgerregister von Oltingen zieren allerdings auch Namen wie Cakir, Kvalpi, N'diaye, Reischenböck usw. Diese Menschen wurden eingebürgert, weil ihre Frauen oder Männer das Oltinger Bürgerrecht hatten. Die Gemeinde hatte hier keinen Einfluss.

Im folgenden Abschnitt wird versucht, die ursprüngliche Herkunft der häufigsten alten Oltingernamen zu ermitteln. Angaben dazu lieferten u. a. Christoph Gerber, Heini Rickenbacher, Gelterkinden und Hans Weitnauer, Dokumente aus dem Staatsarchiv sowie Kirchenbücher von Oltingen. Der Artikel ist eine Momentaufnahme, durch intensivere Nachforschungen könnten vielleicht noch frühere Daten gefunden werden.

BEVÖLKERUNG

Gass:

In der Baugeschichte des Dorfes Oltingen von K. Gauss steht: Am 31. Dezember 1626 wurde dem «neuwen Bur» von Böckten, Uli Gass und seiner Frau Elsa geb. Salathe eine Tochter geboren. Vermutlich war er der Erbauer der Sandgrube. Weiter heisst es: «Meteorartig wie die Familie erschienen ist, ist sie auch aus Oltingen wieder verschwunden. Es ist sehr wohl möglich, dass die ganze Familie von der Pest, die 1628 und 1629 wütete, hingerafft wurde.» Sicher einer aber überlebte die schreckliche Seuche. Ein Hans Gass, Müller, verkaufte am 7. Hornung 1650 die untere Mühle an Baschen Gass. Hans Gass zog nach dem Verkauf der Mühle nach Liestal. Sein Enkel Jakob stellte 1732 ein Gesuch um Wiedereinbürgerung in Oltingen, das aber abgelehnt wurde. 1745 kam wieder ein Hans Jakob Gass von Böckten in die Sandgrube. Wann die erste Familie Gass eingebürgert wurde, ist nicht bekannt, es muss aber vor 1650 gewesen sein.

Gerber:

Der erste Gerber kam aus Sumiswald, wahrscheinlich als Knecht auf die Siedlung «Hof» auf der Schafmatt. Das Bürgerrecht von Oltingen erhielten sie am 28. Oktober 1757. Um 1770 war Christian Gerber Lehensmann des Rumpels.

Gysin:

Die Familiengeschichte Gysin wird zu Beginn dieses Unterkapitels behandelt.

Lüthy:

Caspar Lüthy aus Lauperswil im Emmental kam 1756 als Knecht nach Oltingen. Am 12. Mai 1760 verheiratete er sich mit «Baschi Buessens Tochter». Die Familie wurde am 18. Jänner 1777 eingebürgert.

Rickenbacher:

Die Rickenbacher stammen ursprünglich aus Rünenberg, ab 1500 dort nachweisbar. Der Name wurde zeitweise auch Riggenbacher geschrieben.

1769 kaufte Martin Rickenbacher aus Zeglingen die obere Mühle. 1770 verheiratete er sich mit Barbara Buess aus Wenslingen, im gleichen Jahr wurde er auch Bürger von Oltingen.

Weitnauer:

Seit 1478 ist das Geschlecht Weitnauer in Basel erwähnt. Schon 1625, das Datum ist nicht zu entziffern, wurde in der Kirche Oltingen ein gesundes Söhnlein von Heinrich Witnauer getauft. «Schon am 26. September 1629 sass Heini Witnauer auf der Sandgrube, zeugte, um mit der Bibel zu reden, Söhne und Töchter und blieb mindestens bis 1665 in seinem schönen Hause» (Gauss). Das Datum der Einbürgerung in Oltingen ist nicht bekannt.

> Wie kamen die Weitnauer nach Oltingen? Der Seniorchef der Firma Weitnauer, Tabakwaren in Basel, hat Hans Weitnauer erzählt, bei seiner Familie sei einmal ein Dienstmädchen von Oltingen gewesen. Ein Sohn habe sich in das Mädchen verliebt. Ein Dienstmädchen als Schwiegertochter sei aber nicht erwünscht gewesen. Die Liebe war aber stärker als die Familienbande, und das Liebespaar zog zu den Eltern des Mädchens nach Oltingen.

Hans Lüthy-Schaub

BEVÖLKERUNG

Quellennachweis

Am Wääg noo, Erzählung «Döört unden i der Müli» von Hans Gysin, S. 227, 1997

Jurablätter Nr. 5 / 1976: Das Dorf Oltingen, «Die Anfänge des Geschlechts Gysin von Oltingen»

Familienforschung über das Geschlecht Gisi-Gisin – Gysi-Gysin, von Margrit und Hans Gisi-Gysin, Wenslingen

Aufzeichnungen nach der «Gyseorum Genealogia» des Anthony Weitz, Geistlicher in Oltingen 1595 – 1629, im Jahrzeitenbuch Oltingen, 1613

Das Vermächtnis des Hans Gysin, *1499 – †17.09.1579, Untervogt in Oltingen, von M. u. H. Gisi-Gysin, Wenslingen 1992

Stammbaum der Gysi aus Zofingen, Stand 1990

Daniel Bruckner, Versuch einer Beschreibung historischer und natürlicher Merkwürdigkeiten der Landschaft Basel, Basel 1762

Staatsarchiv Baselland, Liestal, Lade 21, E.1

Mireille Othenin-Girard, Werdegang und sozialer Aufstieg der Müllerdynastie Gysin in: Ländliche Lebensweise und Lebensformen im Spätmittelalter, Liestal 1994

Staatsarchiv Basel-Landschaft:
Verzeichnis der Familiennamen der Bürger des Kantons Basel-Landschaft (1938)
Familiennamenbuch Kanton BL (1991)
Kirchenbücher Oltingen
Baugeschichte von Oltingen, K. Gauss, 1931

Säge und Mühlen von Oltingen, Emil Weitnauer, Oltingen, Margrit und Hans Gisi-Gysin, Wenslingen, 1989

Heini Rickenbacher, Gelterkinden: Stammbaum der Familie Rickenbacher

Zivilstandsamt Sissach

Dorfnamen

Viele Dorfnamen entstanden durch Beruf oder Tätigkeit, andere sind ans Haus gebunden. Einige sind aus Zusammensetzungen von Namen entstanden. Die Dorfnamen veränderten sich auch, es wurden Wörter weggelassen, andere hinzugefügt.

Dorfnamen	**Namenerklärung**
Hansuelis (Nr. 1)	Hans / Ueli
Hanselijoggis (Nr. 2)	Hans / Jakob
Robis (Nr. 4)	Robert
Heirechsämis (Nr. 4)	Heinrich / Samuel
Ochse (Nr. 6), Ochseanni, Ochsewilli etc.	Gasthaus zum Ochsen
Schmitts (Nr. 7)	Schmiede
Becke (Nr. 8)	Bäcker
Summerruedis (Nr. 9)	«S Summerruedis Ruedi» (* 1882) pflegte zu sagen: O, wenn doch ume all Summer weer!
Schryners (Nr. 11)	Schreiner
Broglischange (Nr. 12)	Broglin / Jean
Hermis (Nr. 13)	Hermann
Martireiners (Nr. 15)	Martin / Reinhard
Müllerdölfis (Nr. 16)	Müller / Adolf
Gassschnyders (Nr. 17)	Gass / Schneider

BEVÖLKERUNG

Dorfnamen	Namenerklärung
Basimänters (Nr. 17)	Erste Posamenter im Dorf
Müllerheirechs (Nr. 19)	Müller / Heinrich
Michelmännis (Nr. 21)	Michael / Hermann
Förschters (Nr. 23)	Förster
Postadems (Nr. 26)	Post / Adam (erste Postannahmestelle im Dorf)
Sigerschte (Nr. 31)	Sigrist
Schrynerhanse (Nr. 33)	Schreiner / Hans
Wägmachers (Nr. 34)	Wegmacher
Schnyderheinis (Nr. 35)	Schneider / Heinrich
Lüthyjoggis (Nr. 35)	Lüthy / Jakob
Zimberkarlis (Nr. 36)	Zimmermann / Karl
Junkers (Nr. 37)	Nachfahren der «Edlen von Oltingen» oder gemäss nachstehender Anekdote.
Schmidwäbers, Sämis (Nr. 41)	Schmied / Weber, Samuel
Schmittskarli (Nr. 41)	Schmiede
Schuelchrischtes (Nr. 42)	altes Schulhaus / Christian
Hansjoggis (Nr. 43)	Hans / Jakob
Zimbers (Nr. 45)	Zimmermann
Glünggis (Nr. 46)	Etwas weit ausgefallene «Chutte», von der der Träger sagte, «die glunggli rächt».
Gärberruedis (Nr. 46)	Gerber / Ruedi
Murerfritze (Nr. 47)	Maurer / Fritz
Steihauers (Nr. 48)	Steinhauer
Stöffis (Nr. 49)	Stefan
Mohlers (Nr. 50)	Maler

Dorfnamen	Namenerklärung
Gablers, Gablerjokebs (Nr. 50)	Holzgabeln- und Holzrechenhersteller
Sennchrischteruedi (Nr. 51)	Sennerei Rumpel / Christian / Ruedi
Sennchrischtes (Nr. 52)	Sennerei Rumpel / Christian
Gärberheinis (Nr. 54)	Gerber / Heinrich
Glasers (Nr. 54)	Glaser
Vogels (Nr. 56)	Vogelsteller (Vogelfänger)
Odemheinis (Nr. 58), Schmidemarie, Schmideernst etc.	Adam / Heinrich Schmiede
Sagereris (Nr. 59)	Säger / Erhard
Hirzejoggis (60)	Rest. Hirschen / Jakob
Hirzeruedis (60)	Rest. Hirschen / Ruedi
Hirzefritze (Nr. 61)	Rest. Hirschen / Fritz
Stöffibaschis (Nr. 62)	Stefan / Sebastian
Martibaschis (Nr. 63)	Martin / Sebastian
Heinis (Nr. 64)	Heinrich
Lüthynoldis (Nr. 68)	Lüthy / Arnold
Lüthywerners (Nr. 69)	Lüthy / Werner
Martis (Nr. 69)	Martin
Heirechbaschis (Nr. 70)	Heinrich / Sebastian
Sagers (Nr. 75)	Säger
Metzgers (Nr. 79)	Metzger
Broglis (Nr. 66, seit 1950 Nr. 95)	Broglin
Hirzereiners (Nr. 118)	Rest. Hirschen / Reinhard

(Die Dorfnamen sind in Oltinger Mundart geschrieben.)

BEVÖLKERUNG

Abb. 1: Auf den Seiten 234/235 werden zu den Dorfnamen die Nummern der Häuser angegeben, in welchen die Dorfnamen ihren Ursprung haben oder hatten.

BEVÖLKERUNG

Zum Dorfnamen Junkers gibt es noch folgende Anekdote:

> Ein Oltinger hatte einen kleinen Handel, welcher aber mit der Zeit einen solchen Umfang annahm, dass der gute Mann, behufs Hausierens, seine Handelsgegenstände statt auf seinen Rücken auf den eines Esels lud und nun im Besitz desselben freudetrunken ausrief: «Jetz junkerets bald!»

Höfe

Dorfnamen	Namenerklärung
Tschaggels, Barmes	Jacques (Jakob), Hof Barmen
Rumpels	Rumpelhof (Sennerei)
Räbes	Rebenhof
Schnydermartis und Schmittsbaschis, Spilhof	Schneider / Martin und Schmiede / Sebastian, Spilhof (Spielhof)
Mattes	Mattenhof

> Dr Liechti mues Liecht mache
> Und dr Lütti lütte.
> Dr Chueni isch nümm Chüejer hütte.
> Dr Pfyfersämmi isch nümm Pfyfer.
> Dr Sattlerbaschi isch nit Sattler.
> Dr Müllerheirech isch nümm Müller.
> Dr Zimberhans isch nit Zimberma.
> Dr Schrynerjoggeli isch nit Schryner.
> Dr Wagnerruedi isch kä Wagner.
> Dr Wägmachergotti isch nit Wägmacher.
> Dr Metzgerbaschi isch nit Metzger.
> Dr Förschterueli isch kä Förschter.
> Dr Hächlerschnider isch kä Hächler
> Dr Pasimänterhans pasimäntet nit.*
> Dr Schuelmeistersämmi isch kä Schuelmeister.
> Dr Schuehmachermarti isch kä Schuehmacher.
> Dr Schnyderheiri isch kä Schnyder.
> Dr Steihauerdölfi isch kä Steihauer.
> Dr Vogelhermann isch kä Vogelsteller.
> S Vogts Hans isch kä Vogt.
>
> *Hans Gysin*
>
> *Auch Basimänter, basimänte, Baselbieter Wörterbuch, 2001

Hans Weitnauer-Berner

Quellennachweis

Heimatkunde Oltingen 1863, Samuel Schilling
Baselbieter Sagen 1976, S. 204, Nr. 500
Gespräche mit älteren OltingerInnen

«Oltigerdütsch»

Die Sprache am Fuss der Schafmatt

> «Eis aber hesch mer do glo, Mueter ... d'Sprooch,
> und wo ni die ghör, bisch au du mer nooch.
> I gseh, i gspür di wider. Fosch a läbe!»

So formuliert es zwar nicht ein Oltinger, sondern der Wenslinger Dichter Traugott Meyer. Aber das Phänomen, das er anspricht, zählt natürlich auch für das Nachbardorf. Und es ist eine besondere Muttersprache, die in Oltingen gesprochen wird, gleichsam ein eigener Baselbieter Dialekt, der so nur in der Südostecke des Kantons vorkommt und sich in verschiedenen Wörtern, aber auch in Betonungen, im Kürzen oder Längen von Silben deutlich von seiner Umgebung abhebt. Zu beobachten bzw. zu hören ist das beispielsweise beim Wort «abe», wo das «a» ebenso kurz ausgesprochen wird wie in «ab». Auch bei den Wörtern «Hose» oder «sibe» werden das «o» bzw. das «i» ganz kurz gesprochen. Andrerseits ist in zwei Wörtern die Kürzung unterblieben: So wird das «ü» bei «nüt» (nichts) ebenso lang ausgesprochen wie das «y» bei «wyss» (weiss). Als weitere typische Eigenart ist zu erwähnen, dass in den Wörtern «in» und «an» das «n» geschwunden ist. Man sagt also «i go i d Schuel» oder «a s Konzärt». Schliesslich – und das gehört für viele, die den Oltinger Dialekt hören, wohl zum auffälligsten – wird ein «a» zu einem «o», zum Beispiel «Solz» für Salz. Und aus dem «ä» wird ein «ö»: So sind die ältern Leute in Oltingen eben «die öltere Lüt». Die Mundart der drei Dörfer auf dem Plateau – Anwil, Oltingen, Wenslingen – ist fast gleich; hörbare und auffällige Differenzen ergeben sich zur Sprache in den Nachbardörfern Rothenfluh, Zeglingen, Tecknau und Gelterkinden.

Einige der Eigenheiten soll der folgende Text veranschaulichen:

«**Z Oltige**» werden an den Kirschbäumen «**Chriesi**» gepflückt. Am liebsten steigt man bei schönem Wetter, also wenn «**d Sunn schyynt**», «**uf d Leiteren ue, Spränzel um Spränzel**». Einfacher ist es, wenn die Bäume auf ebenem Land stehen, es also nicht so «**högerig**» ist. Niemandem in Oltingen käme es «**z Sinn**», während der Kirschenernte «**Suurrüebe**» (weisse Rüben, Sauerkraut) zu essen, denn dieses Gemüse, das man in der «**Stande**» konserviert, gehört in die Winterszeit und eignet sich sehr gut als Beilage zur «**Metzgede**». Ausgangs Winter, zur Fasnachtszeit, werden «**Chnüüblätz**» und «**Traufele**» im Öl schwimmend gebacken. Im Frühling strecken bald «**d Baderli**» ihre Köpfchen gegen das Sonnenlicht, und «**Weijefäkte**» lassen ganze Wiesen gelb werden. An den Bäumen klettert das «**Äbhöi**» hoch, die Kinder spielen wieder mit «**Chrückerli**», und «**d Spyyre**», mit ihren eleganten «**Fäckte**», fliegen um den «**Chilleturm**» herum. Die Kinder gehen «**i d Schuel**». Der Lehrer sagt: «**Mendsch, de chausch das scho begryfe?**», wenn er nicht ganz sicher ist, ob ein Schüler etwas schon verstehe, aber er «**doolet**» es nicht, dass die Kinder ihre Hausaufgaben nicht machen. Am späteren Abend, wenn «**d Bätzytglogge**» längst verstummt ist, sieht man es am Horizont noch «**wätterläichne**» und fragt sich, «**öb s ächt noch chunnt cho gwittere.**» Falls es möglich ist, «**reicht**» man «**nones Fueder Heu**», bevor es zu regnen beginnt.

Nicht mehr alle jüngeren Oltingerinnen und Oltinger gebrauchen aktiv die typischen Ausdrücke; sie gehen verloren, genau so wie auch das Bewusstsein, dass man die Zahl 2 beugt, denn eigentlich gilt es zu sagen: «**Zwee Manne, zwo Fraue, zwöi Chind**».

Diese sprachlichen Eigenheiten lassen sich wohl am ehesten durch die geographische Randlage erklären. Damit verbunden waren wohl auch persönliche Verbindungen zu den angrenzenden Gebieten auf der andern, der östlichen Seite des Juras, mit deren Vertreterinnen und Vertreter die Oltinger in früheren Jahren vermehrt Kontakte und Austausch pflegten. Diese Tatsache gilt in ähnlicher Weise auch für den Dialekt in Biel-Benken oder Schönenbuch – also am andern Ende des Kantonsgebiets. Von seiner Geschichte und seiner Entwicklung her unterscheidet sich Oltingen – wie Wenslingen und Anwil – nicht von den andern Dörfern des Bezirks Sissach.

BEVÖLKERUNG

Dass sich der ursprüngliche Dialekt während langer Zeit relativ gut erhalten hat und dass er auch gepflegt wurde, mag daran liegen, dass die Dörfer auf dem Plateau nicht in gleicher Weise gewachsen sind, wie andere Gemeinden im Baselbiet. Seit etwa zwei Generationen vermischen sich allerdings die Dialekte. Das hängt natürlich damit zusammen, dass die Familien stärker durchmischt sind. Galt früher eine Frau schon aus einem der Nachbardörfer, die durch Heirat nach Oltingen kam, als «Frömdi», so stammt die heutige Bevölkerung zu einem guten Teil nicht mehr genuin aus Oltingen. Zudem hat die Mobilität zugenommen und sind durch auswärtigen Schulbesuch und Ausbildung stärker Einflüsse von aussen spürbar.

Es zeigt sich aber auch, dass die Sprache sich wandelt. Dem hat sich Traugott Meyer eher widersetzt. Er pflegte in seinen Gedichten und Geschichten einen «archaisierenden» Dialekt. Er schrieb eine Mundart, die schon zu seinen Lebzeiten kaum mehr so gesprochen wurde. Ihm ging es – und das auch aus Gründen der Zeitgeschichte – um das Bewahren der Tradition. Der Wandel der Sprache ist auch ein Zeichen dafür, dass die Sprache in Bewegung ist. Das ist an sich weder bedauerlich noch erfreulich, aber es zeigt, dass die Sprache, das gesprochene Wort, etwas Lebendiges ist.

Umso bedeutsamer ist es, dass es schriftliche Zeugnisse aus einer früheren Zeit gibt, welche die Merkmale dieses besonderen Dialektes (obwohl in geschriebener Form) noch in sich tragen. Allen voran gilt es da an Hans Gysin zu erinnern, den Oltinger Dichter (vgl. den Artikel zu Hans Gysin im Unterkapitel «Bekannte Persönlichkeiten»). Er legt mit seinen Geschichten und Gedichten ein Zeugnis von seiner Muttersprache ab. Dass er eigentlich in seiner herkömmlichen Sprache schreibt, das wird besonders deutlich, wenn man in der Dezember-Nummer des Kirchenboten 1939 den Artikel «Das Evangelium auf Baselbieterdeutsch» liest. Hans Gysin hat die eigentliche Übersetzungsarbeit geleistet, die Pfarrer Karl Sandreuter (Frenkendorf) und Jacques Senn (Waldenburg) haben ihn theologisch beraten. Im erwähnten Artikel heisst es: «Hans Gysin in Oltingen hatte dem Ganzen die Schreibart und den Klang der Oltinger Mundart gegeben. Da der Gebrauch des Büchleins auch für das mittlere und untere Baselbiet vorgesehen ist, so musste die Mundart der Gegend unter der Schafmatt umgestellt werden in die allgemein gebräuchliche Sprache des basellandschaftlichen Mittellandes.» Wobei allerdings die Frage erlaubt sei, was damit wohl für eine Sprache gemeint gewesen sei.

Zum Schluss kommt hier Hans Gysin selbst zu Wort – mit einem für ihn so typischen Gedicht, das seine Glaubensüberzeugung zum Ausdruck bringt. In der 1953 veröffentlichten «Wägwarte» (Gedichte und Prosa) schreibt er unter dem Titel «Glaube»:

Glaube

Dä wo am Himmel alli Stärne länkt
Und uf dr Aerde-n-alli Blüemli tränkt,
Wo jedim Tierli git sys täglig Brot,
Wo d Stilli syn isch und der Sturm wo goot,
Wo s Meer vrhebt ass nit darf übre Rand,
Dä het au öisi Fäde-n-i dr Hand.

Aer wird s scho ränke, glaubet ume dra,
Wes vor ihm rächt isch und we är s will ha.
Aer het s rächt grichtet, lang scho, s Wältezyt,
Blos öisi Auge kenne d Zeiger nit
Und öisi Ohre ghöre s Zyt nit schloo:
Mr müeses glaube ass doch rächt wird goo!

Markus B. Christ-Weber

Quellennachweis

Gysin Hans	Der guet Bricht, Liestal 1939
	Dr guet Bricht, Liestal 1940
	Wägwarte, Liestal 1953
Meyer Traugott	Us Härz und Heimet. Gesammelte Werke Bd. 5, Verlag Sauerländer 1989
Schläpfer Robert	Die Mundart des Kantons Baselland. Kantonale Drucksachen- und Materialzentrale Liestal, 1955

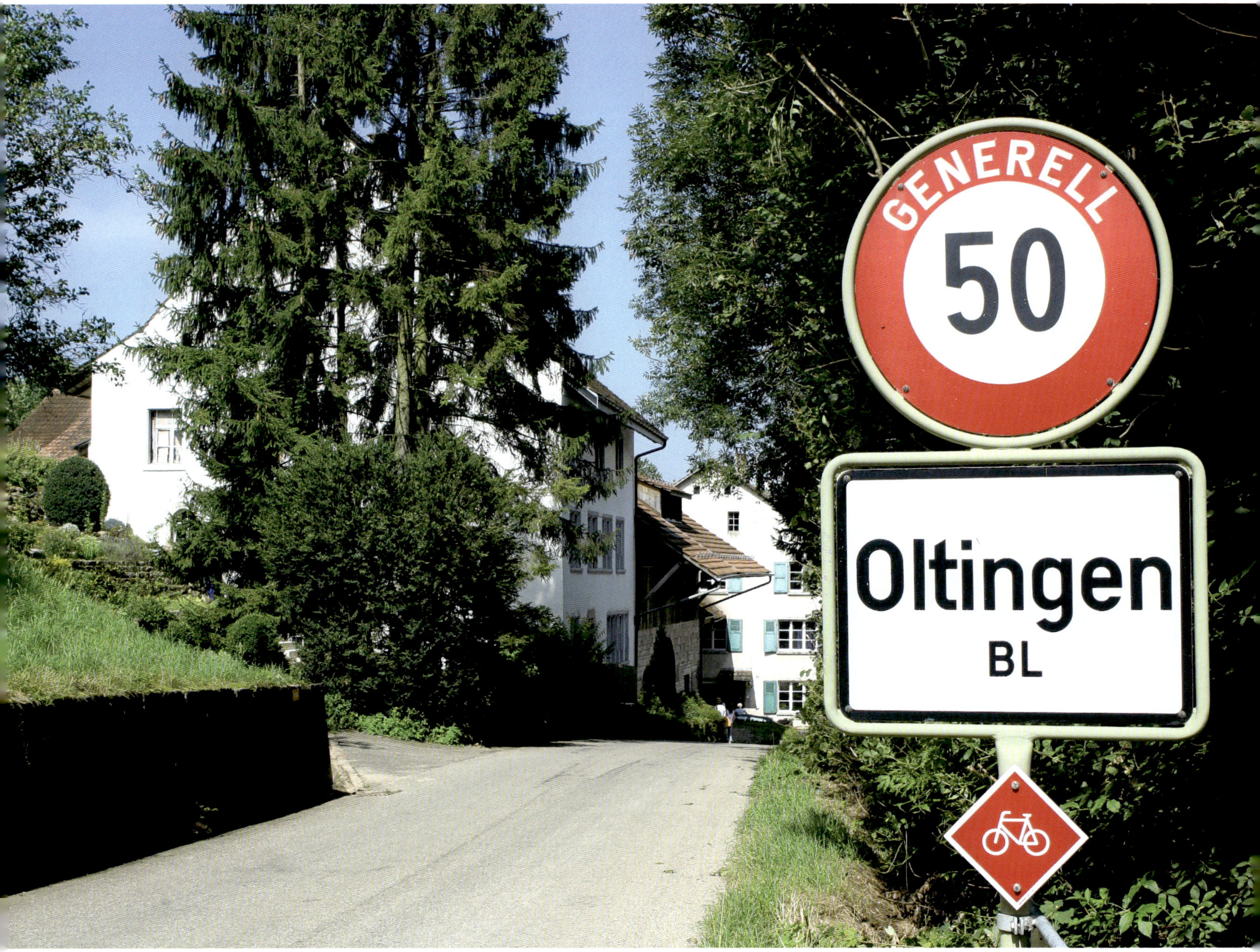
GENERELL
50
Oltingen
BL

Kultur und Freizeit

Bräuche

Oltingen ist ein Dorf, in dem alte Traditionen noch gepflegt werden. So sind etwa die Holzgant, der Banntag oder der Eierläset fest im Dorfleben verankert. Dennoch gibt es Bräuche, die in den vergangenen Jahren aus dem Dorfleben verschwunden sind oder heute nicht mehr in der ursprünglichen Form existieren.

«Metzgede»

Die «Metzgede» für und mit den Nachbarn ist ein Brauch, der noch bis Mitte des 20. Jahrhunderts rege gepflegt wurde. Fast in jedem Haushalt hielt man zur Verwertung von Rüstabfällen und Resten ein oder zwei Schweine. «Zweimal im Jahr schlachtete man früher eine Sau», erzählt der 84-jährige Paul Gass, «einmal vor Weihnachten und einmal im Frühling. Die Störmetzger, von denen zeitweise bis zu drei unterwegs waren, kamen vorbei und schlachteten das Tier direkt auf dem Hof.» Von einem Schwein sei, im Gegensatz zu heute, praktisch alles verwertet worden: «In der Küche wurden Blut- und Leberwürste gemacht.» Da es damals noch keine Kühlräume gegeben habe, habe man kaum Möglichkeiten gehabt, das Fleisch zu lagern. Darum war es Tradition, dass man an Verwandte oder Nachbarn immer einen Teil der «Metzgede» verteilte. Dafür habe man dann aber auch etwas zurückerhalten, wenn andere ein Tier geschlachtet hätten.

Man habe bei einer «Metzgede» auch zu einem Wurstmahl eingeladen, erzählt Gass. Etwa fleissige Erntehelferinnen, Helfer und Nachbarn. Es begann mit einer kräftigen Fleischsuppe. Anschliessend gab es den mit Blutwurst gefüllten Magen der Sau, der vom Gastgeber am Tisch aufgeschnitten wurde. Danach kamen Leberwurst, Sauerkraut mit Kesselifleisch und Lederäpfelschnitze. Die klassischen Störmetzger sind heute fast verschwunden. (Eine Ausnahme bildet der Oltinger Metzger, Thomas Rickenbacher, den man noch für eine Schlachtung zu Hause engagieren kann.) «Metzgede» gibt es aber immer noch, vor allem in Restaurants. Und in einzelnen Familien wird auch das Wurstmahl noch gepflegt. Doch wenn heute ein Schwein geschlachtet wird, geschieht dies in der Regel im Schlachtlokal.

Neujahrsweggen

Heute wünscht man sich meist nur noch per Handschlag «es guets Neus». Früher war das anders. Am 31. Dezember wurde in Oltingens Küchen jeweils gebacken, was das Zeug hielt. «Bei uns in der Familie war es Tradition, dass der Vater den Teig knetete», erzählt ein älterer Oltinger. An die ganze Verwandtschaft seien die Weggen danach verschickt worden, 20 bis 30 pro Familie seien es gewesen, so dass die ganze Poststube nach Neujahrsweggen gerochen habe. Auch die nächsten Nachbarn erhielten je einen Weggen. Im Laufe der 50er-Jahre ist diese Tradition langsam gestorben. Weggen werden zwar heute in einzelnen Familien noch immer gebacken. An die Zahlen von früher kommt aber wohl niemand mehr heran.

Abb. 1: Schlachttag, 1945

KULTUR UND FREIZEIT

Fasnacht

Wie viele andere Bräuche mussten auch die Fasnachtsbräuche während der Kriegsjahre eingestellt werden. Etwa Ende der 40er-Jahre ist die Fasnacht in Oltingen aber wieder aufgelebt. Traditionell gab es eine Strassen- und eine Beizenfasnacht im Dorf, zudem kam das Schnitzelbanksingen im Laufe der Jahre wieder auf. Dafür kommen auch heute noch Einheimische und Auswärtige in die Oltinger Beizen.

Bei der Dorffasnacht verkleideten sich die Kinder und Jugendlichen im Dorf. Man ging von Haus zu Haus und liess sich bestaunen. «Du bisch aber es schöns Chluri», bekam man dann zum Beispiel zu hören und erhielt einen Batzen oder etwas Süsses. Am späteren Nachmittag bekam man im Restaurant ein Glas Sirup. Diese Dorffasnacht wird heute nicht mehr gepflegt, die Beizenfasnacht besteht aber immer noch – wenn auch mit weniger Maskierten als früher. Zudem findet seit dem Bau der neuen Turnhalle vor mehr als 25 Jahren am Fasnachtsmittwoch jeweils der Maskenball in der Turnhalle statt.

Holzgant

Früher war es noch nicht so einfach wie heute, an gutes und preiswertes Brenn- und Nutzholz heranzukommen, darum war die Holzgant jeweils ein sehr wichtiger Anlass. Im Vergleich zu heute, wo es nur noch eine Holzgant gibt, gab es früher gleich zwei Ganten. Bei der sogenannten Tannengant wurde Nutzholz versteigert. 40 bis 50 Handwerker seien dann jeweils gekommen, um das beste Holz zu ergattern, weiss ein älterer Oltinger. Bei der Brennholzgant wurde dann das Brennholz versteigert. Das obligate «Zoobe» gehörte natürlich schon früher zur Holzgant.

Die Brennholzgant – früher eine reine Männersache – findet bis heute an einem Samstagnachmittag Ende Februar/Anfang März statt. Mit Traktor und Wagen fahren die Kauflustigen in den Wald zu dem von den Holzern (Waldarbeitern) aufgeschichteten Holz. Jeder kann sich vor Ort von der Höhe der nummerierten Beigen, wie dicht sie geschichtet sind sowie von der Qualität des Holzes überzeugen. Nun wird jede Beige

Abb. 2 u. 3: Gemütliches Beisammensein nach der Holzgant, 2004

(ein oder mehrere Stere) vom Gantmeister (Gemeindepräsident) aufgerufen und an den Meistbietenden verkauft.

Natürlich kommt auch die Geselligkeit nicht zu kurz. Bei einem «Zoobehalt» im Wald wird am offenen Feuer noch eine Wurst gebraten und ein Schluck Wein oder Bier getrunken, von der Bürgergemeinde als Dank für die Kauffreudigkeit spendiert. So standen die Männer schon öfters bis zum Eindunkeln singend um das Feuer, bis die Fahrt wieder heimwärts ging und die Holzgant in einer Wirtschaft im Dorf ihren Ausklang fand.

KULTUR UND FREIZEIT

Abb. 4: Traditioneller Eierläset, 1981

Eierläset

Der Eierläset findet in Oltingen alle zwei Jahre statt. Diesen Brauch führt der Turnverein jeweils an der «Nooschtere», d. h. am ersten Sonntag nach Ostern, durch. Dass Eier mit im Spiel sind, hängt mit dem Ei als Fruchtbarkeitssymbol, dem Ende der Fastenzeit und mit dem herannahenden Frühling zusammen.

Beim traditionellen Eierläset kämpfen die sogenannten «Leser» und die «Läufer» um den Sieg. Während die Leser im Dorf die aneinander gereihten Eier auflesen und in eine Spreuerwanne werfen müssen, laufen die «Läufer» in die Ferne, das heisst in die Nachbardörfer Wenslingen und Zeglingen, und wieder zurück. Begleitet werden sie von zwei Reitern, die kontrollieren, ob die Route und die Pausen eingehalten werden. Wer die Aufgabe zuerst gelöst hat, hat gewonnen. Am Schluss trifft man sich zum gemütlichen «Eiertätsch».

Seit ein paar Jahren gibt es in Oltingen aber nur noch alle vier Jahre den traditionellen Eierläset, denn er wird nun abwechselnd mit einem modernen Eierläset auf dem Turnhallenplatz durchgeführt. Für diesen Geschicklichkeitsparcours lässt sich der Turnverein jeweils allerlei einfallen.

Wie die Tanne, die Eier und die bunten Bänder beim Maibaum, haben die beiden Parteien beim traditionellen Eierläset auch eine symbolische Bedeutung. Die beiden, die Eier auflesen, sind die fleissigen, bodenständigen und heimatverbundenen Burschen, die zum Wohle des Dorfes daheim arbeiten. Die Läufer sind die ruhelosen, die leichtlebigen, die es in die Ferne zieht, die das Dorf quasi im Stich lassen. Darum war früher der Parcours so angelegt, dass immer die Eieraufleser gewannen. Damit wurde symbolisiert, dass wer der eigenen Scholle treu bleibt, letztendlich der Sieger ist. Heute wird die sportliche Note aber in den Vordergrund gestellt, und die Chancen sind für beide Parteien ungefähr gleich.

Abb. 5: Moderner Eierläset, 2007, mit Geschicklichkeitsparcours

KULTUR UND FREIZEIT

Abb. 6: Maibaumstellen 1966

Maibäume

Erwähnt werden Maibäume in Oltingen schon 1727. Der Oltinger Dichter Hans Gysin, geboren 1882, wusste folgendes zu berichten: «Als ich ein Kind war, stahlen die Burschen einander die Bäumchen und versteckten sie, und eine Zeit lang gab es nur Maibäume, wenn der 1. Mai auf einen Sonntag fiel.» Auch in der Gemeindechronik von 1906 wird der Brauch des Maibaumstellens wie folgt erwähnt: Jeweils am ersten Maimorgen sah man bei den Dorfbrunnen einen, nachts zuvor von Mädchen und Knaben gemeinsam hergestellten, mit bunten Bändern prächtig geschmückten Maibaum stehen.

Bis 1899 musste alles Wasser an den Dorfbrunnen geholt werden. Nach der Erstellung der Wasserversorgung verschwanden mit der Zeit auch die Maibäume für einige Jahre.

Neu belebt wurde der Brauch um 1930 vom Dorflehrer Emil Weitnauer. Er ermunterte die jungen Mädchen und Burschen in der Singstunde des Gemischten Chors, diesen Brauch wieder aufzunehmen.

Das Maibaumschmücken und -stellen

Am 30. April, kurz vor dem Einnachten, mussten 2 – 3 Burschen im Wald die Tännchen holen.

Die Dorfjugend war für die Maibäume des Postbrunnens, «Schryners Brunne» und des Ochsenbrunnens zuständig. Der Pfarrbrunnen ging leer aus, weil dort kein Vieh aus dem Dorf getränkt wurde.

Die Bäumchen für den Schul-, Zimber- und Unterdorfbrunnen wurden in der Herrengasse mit Nachbarn und Freunden geschmückt; 1949 bei «Ruedis» auf der Laube, ab 1951 bei «Junkers» in der Stube und ab 1964 bei «Zimberkarlis». Nach Feierabend kamen die Helfer mit ein paar Eiern oder Seidenresten vom Posamenterwebstuhl für die «Zotzle». Die Eier wurden ausgeblasen, gewaschen und mit Seidenquasten versehen. Die Männer schmückten die Bäume mit Seidenbändern, und die Frauen fertigten aus Tannenästen Kränze, an welche die «Zotzle» mit den Eiern gebunden wurden. Die Kränze wurden nun an den Tannenbäumchen befestigt, und fertig waren die Maibäume.

Nach getaner Arbeit gab es Brot, Most und Rühr- oder Spiegeleier von manchmal bis zu 50 Eiern. Gegen Mitternacht ging es nun mit den Maibäumen von Brunnen zu Brunnen. Sie wurden an den Brunnstock gebunden und mit einem Lied begrüsst. Nach dem Maibaumstellen gab es noch einen gemütlichen Ausklang zu Hause mit Kaffee und Kuchen. Es war jedes Mal ein Fest.

Auch die Dorfjugend war mit ihren Maibäumen unterwegs, und auch sie sang und feierte bis in den Morgen.

Seit einigen Jahren werden die Tännchen von der Bürgergemeinde besorgt, und die Maibäume werden in den vom Dorfschmied angefertigten Eisenhaltern am Brunnstock befestigt.

KULTUR UND FREIZEIT

Seit 1984 wird der Schulbrunnen von den Schülern geschmückt. So erhalten sie einen Bezug zu diesem Brauch und geben auch Sorge, dass die Eier nicht zerdrückt werden.

> Am 23. April 1979 wurde in Wenslingen die Direktsendung «Chumm und lueg» vom Fernsehen DRS ausgestrahlt. Weil es den Maibaum-Brauch zu dieser Zeit in Wenslingen nicht mehr gab, wurden die Oltinger von den Organisatoren angefragt, ob sie diesen Brauch zeigen würden. Natürlich machten wir mit, sehr zum Leidwesen der Wenslinger Burschen. Damit unsere schön geschmückten Maibäume heil blieben, mussten wir sie zwischen den Proben einschliessen.

Seit 2003 werden die Maibäume vom Gemischten Chor, den Schülern, dem Turnverein und der Damenriege geschmückt.

Die Bedeutung des Maibaums:

Brunnen	*Wasserspender, Lebenselement*
Baum	*Aufleben der Natur*
Eier	*Fruchtbarkeit*
«Bändel»	*Farbe, Fröhlichkeit (Sie wurden früher im Dorf in Heimarbeit auf Posamenterstühlen gewoben)*
«Sydezotzle»	*Zierde (Quaste aus Resten von Zetteln der Seidenbändel)*

Abb. 7: Maibaum bei «Schryners Brunne», beim Maibaumstellen wird immer noch gesungen und gefeiert.

KULTUR UND FREIZEIT

Banntag

Früher diente der Banntag im Baselbiet dazu, zu kontrollieren, ob die Grenzsteine noch an den richtigen Orten stehen. Laut Aufzeichnungen in Geschichtsbüchern konnte es da schon einmal vorkommen, dass es an der Grenze zu Handgreiflichkeiten kam, wenn zwei Gemeinden aufeinander trafen. In Oltingen erinnert sich aber niemand an einen solchen Vorfall. Der erste Oltinger Banntag der neueren Zeit fand zirka 1935 statt, danach gab es alle fünf Jahre einen – abgesehen von den Kriegsjahren. Heute findet der Oltinger Banntag alle drei Jahre statt, abwechselnd mit den Nachbargemeinden Anwil und Wenslingen.

Die «Banntägler», Einheimische und Heimweh-Oltinger, treffen sich an Auffahrt auf dem Schulhausplatz. Früher teilte man die links und die rechts der Ergolz Wohnenden in zwei Rotten ein. Heute nimmt man es damit nicht mehr so streng, die Routen sind aber gleich geblieben: Der Weg der einen führt Richtung Barmen, von dort der Wenslinger Banngrenze entlang über Egg zum Challofe. Hier beginnt der Zeglinger Bann und der steile Aufstieg auf die Zigflue und dann Richtung Schafmatt. Die anderen wandern bis Unterburg und der Kienberger Grenze entlang über die Senneweid, Schnäpfeflüeli, Höcherütti auf die Schafmatt. Wer genügend Ausdauer hat, geht noch über die Geissflue (Grenze zu Erlinsbach und Rohr SO).

Abb. 8: Banntag, 1968

Abb. 9: Auf der Sennenweid, Bannumgang 2004

Abb. 10: Auf der Geissflue, Bannumgang 2004

Am Schluss treffen sich die beiden Rotten auf dem Parkplatz auf der Schafmatt zum gemütlichen Beisammensein. Und wer den Marsch mitgemacht hat, kann mit einem Bon, den er unterwegs erhalten hat, eine Gratis-Wurst und ein Gratis-Getränk beziehen, offeriert von der Gemeinde.

Begehbarer Adventskalender

Abb. 11: Adventsfenster im «Grosse Huus», Rita Rickenbacher, 2004

Mitte der 90er-Jahre hat in Oltingen ein neuer Brauch Einzug gehalten: der begehbare Adventskalender. Während der Adventszeit geht jeden Tag ein neues Fenster im Dorf auf. Dieses wird von Familien, Geschäften, der Schule oder Einzelpersonen kreativ geschmückt und am zuvor festgelegten Tag geöffnet. Auf freiwilliger Basis kann an diesem Tag zu einer «Stubede» geladen werden – was anfangs gelegentlich zum gegenseitigen Überbieten der reich gedeckten Tische geführt hat. Es ist auch möglich, einfach draussen eine Suppe, Glühwein oder Kaffee zu servieren oder ganz darauf zu verzichten.

Der begehbare Adventskalender ist in Oltingen mittlerweile zu einem schönen Brauch geworden, der es ermöglicht, während der Adventszeit mit Leuten aus dem Dorf in Kontakt zu kommen. Ebenso animiert er zwischen Weihnacht und Neujahr zu manchem nächtlichen Spaziergang den festlich beleuchteten Fenstern entlang.

Konfirmandenbräuche

Die Konfirmation hat in vielen Dörfern nicht nur eine wichtige religiöse Bedeutung, sondern auch eine gesellschaftliche. So ist es noch heute bei manch einer Familie Brauch, dass ein Jugendlicher erst richtig «in den Ausgang» darf, wenn er konfirmiert ist. Damit hat es wohl auch zu tun, dass früher nach der Konfirmation ein sogenannter «Strassenwein» bezahlt werden musste, dies an die nächst ältere Generation der jungen Leute im Dorf.

Dieser Brauch hat sich seit den 70er-Jahren zum Negativen verändert. Nach der Konfirmation am Palmsonntag und dem Abendmahlsbesuch am Karfreitag findet im Wirtshaus ein weiteres Ritual statt. Frischkonfirmierten wird in den Beizen von älteren Burschen Bier spendiert, bis die Jungen masslos betrunken sind. Das Karfreitagsbesäufnis ist eine äusserst umstrittene Sache. Darum sind mittlerweile auch viele frisch Konfirmierte zum Glück nicht mehr gewillt, diesen «Seich» mitzumachen und bleiben am Karfreitag einfach zu Hause oder unternehmen etwas anderes.

Hochzeitsbräuche

Spalierstehen und Sperren sind Bräuche, die anlässlich von Hochzeiten bis heute gepflegt werden. Beim Spalierstehen stehen Vereinsmitglieder, Arbeitskollegen oder Freunde nach der kirchlichen Trauung draussen Spalier. Das heisst, sie bilden links und rechts eine Reihe und halten Gegenstände gegeneinander – zum Beispiel bei einem Turner ein Turngerät. Die Hochzeitsgesellschaft schreitet nach der Trauung durch diese Menschengasse. Damit verbunden ist meistens eine Aufgabe, die das Brautpaar zu erfüllen hat.

Beim Sperren wird die Hochzeitsgesellschaft bei der Weiterfahrt ausserhalb des Dorfes aufgehalten, und es wird dem Brautpaar und den Gästen ein Glas Wein spendiert. Zudem werden Glückwünsche überbracht. Wenn eine im Dorf aufgewachsene Braut einen Auswärtigen heiratete, wurde früher erwartet, dass dieser den Sperrenden eine Art Ablösesumme für das Mädchen bezahlte.

Bereits am Vorabend der Hochzeit pflegten die jungen Männer im Dorf bis Ende der 70er-Jahre den Brauch des Schiessens. Heiratete ein junger Bursche vom Dorf, so schossen oder sprengten die Gleichaltrigen. Dies bedeutete für den Bräutigam, dass er in den Wirtshäusern Hochzeitsbier offerieren musste. Wurde bei einer im Dorf aufgewachsenen Frau

KULTUR UND FREIZEIT

geschossen, so bedeutete das nichts Gutes. Die Frau wurde damit symbolisch aus dem Dorf gejagt respektive geschossen. Heute ersetzt der Polterabend den Brauch des Schiessens, der aus Sicherheitsgründen schon seit längerer Zeit verboten ist.

Bräuche bei Todesfällen

Ist früher in Oltingen jemand gestorben, hat man dem oder der Toten jeweils mit einem Leichenzug die letzte Ehre erbracht. Dieser führte vom Haus des Verstorbenen zum Friedhof. An der Spitze des Leichenzuges trugen vier Männer aus der Nachbarschaft den bekränzten Sarg des Verstorbenen auf einer Bahre, gefolgt von Verwandtschaft und Dorfbewohnern. Da heute die Verstorbenen nicht mehr zu Hause aufgebahrt werden, ist diese Art, den Toten die letzte Ehre zu erweisen, Ende der 80er-Jahre mehrheitlich aus dem Dorfleben verschwunden. Einzig bei Erdbestattungen gibt es heute manchmal noch solche Leichenzüge.

Stefanie Gass
Bethli Weitnauer-Berner
Hannes Gass-Burri
Verena Burri-Gysin

Spiele und Freizeitbeschäftigung in den 1950er-Jahren

Die meisten Eltern waren Bauern oder betrieben nebenher Landwirtschaft. Wir Kinder wurden in der schulfreien Zeit zur Mitarbeit herangezogen. Spielen mit den Kameraden konnten wir zwischen Nachtessen und dem Läuten der Betzeitglocke. Wir spielten oft Verstecken auf dem Schulhausplatz.

Ein anderes Spiel war «Parteien». Eine Partei bekam einen Vorsprung, um sich in einem vorher bestimmten Rayon zu verstecken, zum Beispiel im Oberdorf. Nach einiger Zeit rief die andere Partei laut: «Mer chöme!» Man durfte die versteckte Partei auch auffordern, Antwort zu geben, um sie orten zu können. Ein anderes Versteckspiel war «Schyttlivrband». Dabei wurden drei Holzscheite zusammengestellt. Einer suchte und die andern versteckten sich. Gelang es einem Versteckten, die drei «Schyttli» mit dem Fuss umzuwerfen, bevor er von dem Suchenden entdeckt wurde, begann das Spiel von neuem.

Das beliebteste Ballspiel war «Uri, Schwyz und Unterwalden». Alle Kinder standen oder sassen in einer Reihe nebeneinander. Ein Kind stand vor der Reihe und spielte den Ball jedem zu. Wichtig war, den Ball fangen zu können. Fussball wurde nicht gespielt.

Abends nach dem Betzeitläuten wurde draussen kein Kind mehr geduldet. Sowohl Eltern als auch andere Erwachsene hielten uns zu sofortiger Heimkehr an.

Dafür mussten wir am Morgen früh aus den Federn. Noch vor dem Morgenessen galt es, die Milch ins Milchhäuslein zu tragen, je nach Milchmenge in zwei Kesseln, einer Brente oder einer Kanne. Besuchte man die Realschule Gelterkinden, machte man sich um sieben Uhr mit dem Velo auf den Weg. Um halb acht Uhr begann in Gelterkinden der Unterricht. Der Heimweg am Nachmittag beanspruchte mehr Zeit. In Tecknau schalteten wir bei der Bäckerei Sutter einen Halt ein und verpflegten uns mit einer Glace oder einem Tessinerbrot. Von Tecknau bis Wenslingen stiessen wir das Velo den grössten Teil der Strecke. So liess sich besser plaudern.

Wenn der erste Schnee fiel, stiegen wir aufs Postauto um. Es fuhr am Morgen um sechs Uhr ab und brachte uns abends um sechs Uhr wieder nach Hause. Das Mittagessen nahmen die meisten Kinder in einer Gelterkinder Wirtschaft ein.

Am Sonntagnachmittag ging ich immer «zue de Buebe». Das war eine Gruppe, meist die Klassenkameraden, manchmal auch zwei Klassen zusammen. Wir spielten je nach Wetter draussen (meist im Wald) oder drinnen. Manchmal machten wir «Ruundääfeli». Dazu musste uns eine Familie ihre Küche zur Verfügung stellen. Jeder holte daheim eine Zutat. Meist wurden die «Dääfeli» etwas krümelig, «grummelig», sagten wir. Aber essbar waren sie fast immer. Nur einmal vergruben wir sie im Miststock, weil sie ungeniessbar waren.

KULTUR UND FREIZEIT

Es gab im Jahreslauf feste Anlässe, welche die Gruppe miteinander verbrachte. Den Neujahrsabend verbrachten wir mit Spielen und Essen bei einem Mitglied daheim. Dazu wurden auch die Mädchen der Klasse eingeladen. Der Maibummel fand am ersten Maisonntag statt. Um vier Uhr morgens machten wir uns auf nach der Geissflue. Dort auf «Rächemachersmätteli» schauten wir den Sonnenaufgang an und rauchten unsere ersten verbotenen Zigaretten.

Am Auffahrtstag unternahm die Gruppe einen Ausflug. Das war meist eine grössere Wanderung, manchmal auch eine Velotour. Unseren ersten Auffahrt-Ausflug machten wir als Drittklässler auf den Wisenberg. Wir kamen aber nur bis zum Hof Mapprach. Als wir grösser waren, besuchten wir an einer Auffahrt per Velo das Schloss Wildegg.

Vor dem 1. August bettelten alle grösseren Schulkinder Reisigwellen zusammen und errichteten auf der Guggi das 1.-August-Feuer. Am 1. August begab man sich nach der Feier beim Schulhaus auf die Guggi. Dabei ergab sich im Halbdunkel um das Feuer die erste Gelegenheit, mit dem Schulschatz Hand in Hand ins Feuer zu schauen.

Die soziale Kontrolle im Dorf funktionierte. Man erfuhr meist, wenn jemand über die Stränge geschlagen hatte. Als Konfirmanden besuchten wir an einem Sonntagnachmittag im Gelterkinder Kino Marabu den Film «Die Wüste lebt» von Walt Disney. Eine fromme Frau erfuhr das und meldete es entrüstet dem Pfarrer. In der nächsten Unterrichtsstunde schimpfte er mit uns. Dabei war es unerheblich, dass wir einen wertvollen Naturfilm angeschaut hatten. Entscheidend war, dass wir im Kino gewesen waren, was sich für eine Konfirmandin oder einen Konfirmanden nicht gehörte.

Peter Lüthy †

Quellennachweis

Gesammelte Dokumente von Dr. Ed. Strübin, Gelterkinden

Gemeindechronik 1906, v. Joh. Schaub (Staatsarchiv Liestal)

Gespräche mit Oltingerinnen und Oltingern aus verschiedenen Generationen

Homepage des Kantons Basalland

Das legendäre Dorffest

Abb. 1: Dorffestkleber

Dorffest Oltingen, 6. – 8. August 1976

Eine kleine Gemeinde rüstete sich für ein grosses Fest. Um die Mittel für eine Mehrzweckhalle aufzubringen, hatten die Dorfvereine, unterstützt von den Behörden und der ganzen Bevölkerung, im Frühjahr 1975 beschlossen, ein Dorffest durchzuführen.

KULTUR UND FREIZEIT

Das Dorffest Oltingen: Für die Oltinger, die es miterlebt haben, sind diese drei Tage sicher noch in lebhafter Erinnerung. Schon ein Jahr vor dem Fest gingen die Männer aus dem Dorf in diversen Scheunen, Ställen und Gebäuden ans Werk. Es wurde herausgerissen, aufgemauert und wieder instand gestellt. An den Vorbereitungen wirkten nicht nur ansässige, sondern auch auswärtige Oltinger und Freunde unseres Dorfes mit. Nach der groben Arbeit kam das Verschönern und kreative Ausgestalten. Am Schluss waren die Frauen am Zug, die mit sehr viel Liebe und Hingabe die verschiedenen Lokale schmückten. Nach der Fertigstellung wurde jedes Lokal eingeweiht. Es gab somit neben der Arbeit immer wieder Gelegenheit für ein gemütliches Beisammensein.

Den Auftakt machte der vom Frauenverein organisierte «Mai-Märt». Der Reingewinn betrug stolze Fr. 42 637.45.

Am 6. August 1976 war es dann so weit:

Oltingen präsentierte sich von der besten Seite. Blumengeschmückte Häuser, sauber gewischte Vorplätze, und sogar die Miststöcke hatte man herausgeputzt und mit Versen versehen:

Abb. 2: Grad unde dra uf dr lingge Site
Duet is «d'Sandgruebe» ine bitte
S'git heisse Schingge und Wii
Do cha me sicher gmüetlig si.
(Aus dem Dorffestgedicht von Ernst Gysin)

S ganz Johr byn i verachtet,
Doch hüt wird i betrachtet,
Me butzt um mi und schmückt mi no,
Drum Bsuecher blyb no rächt lang do.

Freu di hüt du alte Mischt,
ass du so schön zwäg gmacht bisch.
Wenn d'Bsuecher fertig si mit Trinke
Chasch wieder fröhlig wyter stinke!

Abb. 3: Jetz wirds erscht echli grüsli
Do stoht dr Häx ihres Hüsli
Kei Angscht, si macht nüt
Isch lieb zu alle Lüt.
(Aus dem Dorffestgedicht von Ernst Gysin)

KULTUR UND FREIZEIT

Auch das Wasserrad der Säge drehte sich wieder wie in alten Zeiten. Man hatte es zu Ehren des Dorffestes instand gestellt. Das Wasserrad war zum Motto des Festes geworden. Auf einer hölzernen Medaille an einem roten Band war das Rad eingebrannt, jeder Besucher durfte es am Eintritt erstehen und sich um den Hals hängen.

Vom Oberdorf bis ins Unterdorf konnten sich die Besucher in 12 originellen Wirtschaftslokalen mit verschiedenen Köstlichkeiten verwöhnen lassen. Eine romantische Beleuchtung aus 500 Lampions diente den Festbesuchern als Wegweiser zu den gemütlichen Lokalen:

Schöpfli, Sandgruebe, Raclettschüüre, Häxehüüsli, olti Sagi, oberi Müli, Bierschwemmi, Ponderosa, underi Müli, Wolfloch und 2 Kaffistuben.

Im Schulhaus, im Zimmer der Oberschüler, wurde ein Stück Oltinger Geschichte wieder aufgefrischt. Geschäftig und laut ging es dort zu. «Dört isch nämlig basimäntet worde». Der Webstuhl, den die Firma Senn der

Abb. 4: Der Aufmarsch der Besucher war überwältigend. Am sonnigen Sonntagnachmittag war auf der Dorfstrasse fast kein Durchkommen mehr. Über 1000 Autos standen auf der Hochebene Richtung Wenslingen.

Abb. 5: Tausende von Leuten waren nach Oltingen geströmt, um den Umzug zu sehen. Das Motto lautete «Landwirtschaft einst und jetzt». Die ältesten Geräte für den Ackerbau und die neuesten Supermaschinen zogen an den Zuschauern vorbei. Auf einem Wagen mit reifem Korn standen Männer mit Dreschflegeln und droschen im Takt.

Gemeinde Oltingen geschenkt hatte, war in Betrieb, und drei Oltinger Frauen wechselten sich beim Weben der schönen Seidenbändel ab.

Wer noch immer Geld in der Tasche hatte, konnte dies an den verschiedenen Verkaufsständen und am Flohmarkt loswerden. Für die Kinder und Jugendlichen wurde auch etwas geboten. Am frühen Samstagmorgen stand das Seifenkistenrennen auf dem Programm, und im Schöpfli gab es laute Musik für die Teenies.

Auch Stars und Prominente durften an so einem Grossanlass nicht fehlen. Am Samstagabend hatte die Sängerin Piera Martell ihren Auftritt im Festzelt, und am Sonntag verteilte das Ski-Ass Heini Hemmi Autogramme am Laufmeter.

KULTUR UND FREIZEIT

Verbraucht wurden unter anderem:

400 kg	Pommes frites
910 Stück	Poulets
1250 kg	Brot
2400 Stück	Brötli (Schlumbergerli)
259 kg	Brotteig
2778 kg	Rinds- und Schweinesteaks
2250 Stück	Bratwürste
1350 Ring	Klöpfer
1680	Schinkenbrote
670 kg	Beinschinken
32 kg	Schinken für Pizzas
71 kg	Bündnerfleisch
131 Laibe	Raclettekäse
29 581 l	Bier
2 360 l	Weisswein
23 200 Flaschen	Mineralwasser

Ein Dorffest ist etwas Wunderbares, aber unser Dorffest war etwas Einmaliges.

Der OK-Präsident Hans Gysin, der Kassier Markus Christ und die ganze Oltinger Bevölkerung konnten zufrieden sein. Fr. 234 835.85 betrug der Reingewinn des Oltinger Dorffestes vom 6. – 8. August 1976. Zusammen mit dem Frühlingsmarkt im Mai konnte die stattliche Summe von Fr. 277 473.30 zugunsten der Mehrzweckhalle verbucht werden.

Verena Burri-Gysin

Quellennachweis

Unterlagen von Bethli Weitnauer, inkl. div. Zeitungsausschnitte
Oltingen, Hans Dähler u. Hans Lüthy, 1991

Kreativität und Kunst

Ausserordentlich kreativ

Oltingen scheint ein fruchtbarer Boden für Kunstschaffende zu sein. Im Verhältnis zu den nur zirka 420 Einwohnern im Dorf hat es ausserordentlich viele kreative und künstlerisch begabte Leute in Oltingen. Und nicht nur das: Sie können es sich auch erlauben, ihre Werke zu präsentieren. So gibt es Ausstellungen, die schon seit einigen Jahren stattfinden wie jene im «Beckehuus». Andere Künstlerinnen und Künstler zogen sich etwas zurück, parallel dazu entstanden neue Angebote, etwa das Handwärchstübli «zum Grosse Huus». Im gleichen Lokal wird auch am «Oltiger Määrt» allerlei Handarbeit präsentiert. Die Heimatkunde zeigt auf diesen Seiten Beispiele der Vielfalt der Oltinger Kreativität.

«Oltiger Määrt»

Vom Mülimärt zum regionalen Oltiger Määrt

Was im Jahr 2001 bescheiden mit dem «Mülimärt» begonnen hat, ist inzwischen ein grosser regionaler Markt mit Dorffest-Charakter geworden. 2007 findet der «Oltiger Määrt» bereits zum fünften Mal statt.

Ruth Herzog war es, die den Startschuss zum «Oltiger Määrt» gab. Im Jahr 2001 initiierte sie, damals noch Gemeinderätin und zuständig fürs Ressort Kultur, den ersten «Mülimärt». An drei Orten (obere Mühle, Töpfli-Egge und Atelier eRa) wurden damals verschiedene selbst gemachte Dinge wie Töpferwaren oder Gewobenes angeboten. Am gleichen Markt verteilte Ruth Herzog einen Brief, in dem sie den Oltingerinnen und Oltingern einen speziellen Dorfmarkt schmackhaft machen wollte. «Mir schwebt ein besonderer Markt vor, der nicht wie üblich auf

KULTUR UND FREIZEIT

der Strasse, sondern unter Dach, das heisst in Häusern und Scheunen stattfindet», hiess es darin. «Weil wir sehr viele kreative Leute im Dorf haben, fand ich, dass es an der Zeit ist, zu zeigen, was diese Leute alles können», sagt Herzog.

Ihre Idee stiess auf offene Ohren: Am 6. und 7. April 2002 fand die erste Ausgabe des «Oltiger Määrt» statt – ein Frühlingsmarkt. Zwei Jahre später, am 17./18. April 2004, ging er zum zweiten Mal über die Bühne. «Es war fast schon wie ein kleines Dorffest», war der Titel der Berichterstattung der Lokalzeitung «Volksstimme» am 20. April 2004 über diesen Markt. Denn zum vielseitigen Angebot an selbst gemachten regionalen Produkten hatten sich nun auch allerlei Beizli und Attraktionen gesellt.

Finanzielle Unterstützung für den Aufbau des Regiomarktes erhielt die Gemeinde Oltingen durch den Verein Erlebnisraum Tafeljura, der die nachhaltige Entwicklung unserer Region fördert. Animiert durch den grossen Erfolg der Zweitauflage beschlossen die Oltinger an einer Nachbesprechung des Marktes, den «Oltiger Määrt» nicht nur alle zwei Jahre, sondern jedes Jahr durchzuführen. An dieser Veranstaltung wurde auch die Marktkommission gewählt (Lydia Gysin, Ewald Gysin, Sarah Lüthy, Hans Rickenbacher und Thomas Rickenbacher). Das Ziel sollte aber dasselbe bleiben: Einen besonderen Markt anzubieten, der sich vor allem durch etwas von anderen Märkten abhebt: «Wir wollen weiterhin ausschliesslich regionale Produkte zum Verkauf anbieten, und der Markt soll im ganzen Dorfkern auch in Häusern und Scheunen stattfinden», so Lydia Gysin.

Diesem Ziel ist die Marktkommission treu geblieben – Ausnahmen gibt es höchst selten. Zum grossen Angebot an selbst gemachten Nahrungsmitteln wie Bauernbrot, Konfitüre, Käse, Sirup oder Schnaps – um nur ein paar Beispiele zu nennen – gesellten sich auch immer mehr Stände mit selbst gemachten Dekorations- oder Gebrauchsartikeln.

Ebenfalls laufend erweitert wurde das Angebot an Attraktionen. Hatte im Jahr 2004 vor allem das mit Muskelkraft betriebene Karussell von sich reden gemacht, bekamen die Besucherinnen und Besucher ein Jahr später das Handwerk eines Seilmachers und eines Käsers zu sehen.

Und im Jahr 2006 wurde das Angebot zusätzlich durch Konzerte bereichert. Insgesamt rund 60 Stände und Attraktionen gab es 2006.

Während der zwei Markttage ist der Oltinger Dorfkern jeweils verkehrsfrei, so dass die Marktbesucherinnen und -besucher ungestört zwischen den Ständen und Beizli zirkulieren können. Die Anbieter wirtschaften jeweils auf eigene Rechnung und entrichten eine Grundgebühr an die Gemeinde, die als Organisator des Marktes auftritt. Bei den ersten Durchführungen wurde ein Teil des Reingewinns einer gemeinnützigen Organisation gespendet, heute können die Anbieter auf freiwilliger Basis einen Beitrag für ein jedes Jahr neu ausgewähltes Projekt spenden. Im Jahr 2005 etwa war dies die Umgestaltung des Kinderspielplatzes.

Es würde den Rahmen dieses Artikels sprengen, wollte man alles aufzählen, das es mittlerweile am «Oltiger Määrt» zu essen, zu trinken, zu sehen, zu hören oder zu kaufen gibt. Auch ist es unmöglich, alle Mitwirkenden zu erwähnen, denn es sind mittlerweile unzählige geworden. So viele, dass es den Anbietern heute möglich ist, mal für eine Ausgabe auszusetzen, wenn ihnen der Aufwand im Vorfeld zu gross wird. Auffallend ist, dass am Markt sehr viele Einheimische mit ihrem Angebot auffahren. Das beweist, dass Oltingen ausserordentlich viele kreative und innovative Leute in der Bevölkerung hat.

Abb. 1: «Oltiger Määrt», 2006

KULTUR UND FREIZEIT

Abb. 2: «Oltiger Määrt», 2006

Die Chancen stehen gut, dass der «Oltiger Määrt» im Dorfleben Oltingens in den kommenden Jahren noch mehr verankert wird, hat er sich doch mittlerweile bei mehreren tausend Besucherinnen und Besuchern einen guten Ruf erschaffen.

Stefanie Gass

Ausstellung im «Beckehuus» und in der oberen Mühle

Hedwig Frey schreibt in der Volksstimme vom 21.11.2006:

Farbenfreude und Formenvielfalt

Im November 2006 hatte in Oltingen wiederum eine überaus reiche Doppelausstellung offen. Ausgestellt waren Trockenblumen und Adventsschmuck, Apartes aus Wolle, Filz und Papier, Foto- und Holzschnittkarten im «Beckehuus» sowie kreativ verarbeitete, natürliche Materialien (Gewebe, Holz, Keramik) in der oberen Mühle.

Schon die markanten Sterne aus Holz auf dem Vorplatz und im Eingangsbereich «vom Beckehuus» weisen darauf hin, dass auch diese Ausstellung, wie jede ihrer Vorgängerinnen, etwas Besonderes war. Engel und Sterne waren nicht nur zahlreich, sondern in ganz neuen Kreationen anzutreffen, mit Körpern aus Holzstücken bis hin zu leicht dahinschwebenden aus Wollfasern und – ebenfalls von Annerös Buess – Zwerge aus Filz schauten keck in die Welt.

Abb. 3: Lydia Gysin, Ausstellung «Beckehuus», 2006

Abb. 4: Ausstellung «Beckehuus», 2006

KULTUR UND FREIZEIT

Die ganze Pracht des vergangenen Sommers hatte Lydia Gysin in ihren immer wieder neuen Trockenblumenbindereien eingefangen. Dazu kamen kulinarische Köstlichkeiten, womit der Reichtum der Natur das Publikum bis hin zur nächsten Blüte- und Erntezeit zu begleiten vermag. Durch die Jahreszeiten begleiten auch die vielfältigen Motive der Foto- und Holzschnittkarten von Willy Engel.

Durch die überlegte und sorgfältige Präsentation wirkt die Ausstellung, die es seit 1993 gibt, trotz des reichen Angebots jeweils locker und angenehm, so dass sie den Besucherinnen und Besuchern Raum lässt zum wirklichen Geniessen.

Wunderbare Gewebe

Geniessen und Wohlfühlen war auch in der oberen Mühle, im einstigen «Müliraum», angesagt. Die wunderbar verarbeiteten Gewebe in warmen, feinen Farben von Julie Bruggmann, Gerda Steiner und Ruth Herzog harmonierten hervorragend mit den variantenreichen Keramiken von Dorothea Brefin und Bea Herzog, die indessen ebenso mit ihrer Raku-Technik und ihrem Flair für Modeschmuck zu begeistern vermochten. Dem lebendigen Werkstoff Holz trug David Gysin mit sorgfältig gearbeiteten Tischen, Stühlen, Regalen und Schränken Rechnung.

Abb. 5 und 6: Ausstellung in der oberen Mühle, 2006

KULTUR UND FREIZEIT

Die Ausstellung im «Beckehuus» wird seit Beginn von Lydia Gysin organisiert. «Ich wollte die Kunstschaffenden, vor allem auch Frauen in unserer Region, dazu animieren, ihr Handwerk zu präsentieren und damit auch ein «Sackgeld» zu verdienen», sagt Lydia Gysin. «Ebenso wichtig ist mir die gute Atmosphäre der Ausstellung und eine schöne Präsentation der Ausstellungsgegenstände.» Aus diesem Grund habe sie sich entschieden, die Ausstellungen in der eigenen Wohnung zu machen. «Die Erfahrung gibt mir recht: Viele Besucher schätzen es, in die Stube eines alten Bauernhauses eingeladen zu werden und nebst dem Besichtigen oder Einkaufen auch die Begegnung mit anderen Besuchern und ein Gespräch zu geniessen.» Meistens wird die Ausstellung mit einem Kaffistübli bereichert, in dem man bei hausgemachtem Kuchen und Getränken gemütlich zusammensitzen kann. Im Laufe der Jahre gab es immer wieder Doppelausstellungen. So war etwa Bea Herzog mit ihren Töpferwaren bereits in der Anfangszeit dabei. Irené Siegenthaler (Skulpturen), Paul Lüthy (Kohlezeichnungen), Ruth Herzog (Verwebtes), Rita Weitnauer (Seidenmalerei), Bethli Weitnauer (Krippenfiguren) und ab und an auch auswärtige Kunstschaffende wirkten ebenfalls bei diversen Ausstellungen mit.

Stefanie Gass

Handwärchstübli «zum Grosse Huus»

Freude am Gestalten, Weben und Schreinern

«Aus Freude an der Handarbeit» ist das Handwärchstübli in Oltingen entstanden. Das sagt Rita Rickenbacher, die das Stübli im «Grosse Huus» gemeinsam mit ihrem Mann Hans und Ruth Herzog betreibt. Am 4. Juni 2006 hatte das Handwärchstübli zum ersten Mal offen, seither ist es immer am ersten Sonntag im Monat von 10.00 – 12.00 und von 14.00 – 17.00 Uhr geöffnet – genau wie das Oltinger Heimatmuseum. Die Besucherzahl variiere jeweils, sagt Ruth Herzog. Da viele Leute spontan vorbei kämen, komme es auch immer darauf an, wie viele Wanderer unterwegs seien. Mit den Verkäufen kann das Team aber zufrieden sein. Die drei betreiben das Stübli ohnehin nicht in erster Linie aus wirtschaftlichen Gründen. Denn die Handarbeit, die hinter all den Artikeln steht, ist mit den angeschriebenen Preisen wohl unterbezahlt. Ein Beispiel: «Ich zähle die Stunden, die ich an einem Krämerladen arbeite, nicht», sagt Hans Rickenbacher. Denn es sei die Freude am Handwerk, die ihn zum Schreinern animiere.

Verkauft werden im Handwärchstübli «zum Grosse Huus» vielseitige Artikel, die sich etwa als Geschenke eignen. Zum Beispiel die Mobiles, die Rita Rickenbacher entwirft und ihr Mann Hans aussägt. Oder die gewobenen Artikel von Ruth Herzog. Spielsachen, Gebrauchs- und Dekorationsartikel, Fotokarten – das Angebot ist vielseitig. «Und wir haben praktisch jeden Monat eine Neuheit im Sortiment», sagt Rita Rickenbacher lachend. Die kreativen Ideen scheinen den drei also noch nicht auszugehen.

Stefanie Gass

Abb. 7: Handwärchstübli «zum Grosse Huus»

Kersten Käfer, Kurzporträt

Bildhauer, Restaurator, Maler, Künstler: Das alles sind Begriffe, die auf Kersten Käfer zutreffen. Ihn in eine feste Sparte einzugliedern, ist unmöglich. Etwas ist jedoch klar: «Wenn ich mir etwas in den Kopf gesetzt habe, dann mache ich es», sagt Käfer. Zum Zeitpunkt des Interviews für diese Heimatkunde war das gerade, schwarze Madonnen zu modellieren. «Etwa zwanzig davon möchte ich machen», so Käfer.

Abb. 8: Skulptur aus Gneis, Abdankungshalle in Liestal, Kersten Käfer

Seit mehr als zehn Jahren wohnt der dreifache Vater (Jahrgang 1955) in Oltingen. Zwei Kinder hat er aus erster Ehe, heute lebt er mit seiner Lebenspartnerin und dem gemeinsamen Sohn «im Anger»: «Hier ist meine Wahl-Heimat. Das Dorf ist wunderschön.»

Und anscheinend inspiriert es ihn. Denn er ist Mit-Initiant eines der grössten künstlerischen Projekte in der Region um Oltingen, des Skulpturenweges. Gemeinsam mit zwei Künstler-Kollegen hat er diesen ins Leben gerufen, weil sie fanden, dass man nicht immer nur in kahlen Fabrikhallen ausstellen sollte. Über 30 Künstler aus den beiden Basel und der Schweiz haben danach während rund einem halben Jahr in der Natur ihre Werke präsentiert. Der Skulpturenweg führte entlang der «Ammeler Weiher». Ins Naturschutzgebiet eingebettet, gab es dort einiges an hoher Kunst zu sehen.

Hohe Kunst, das sind auch die Skulpturen Käfers. Fünf grosse im öffentlichen Raum hat er gemacht, dazu kommen zahlreiche kleinere. Die grossen Skulpturen aus Stein oder Metall, die kleinen aus Blei oder Bronze. Malen tut er auch, aber nur sporadisch. «Ich male nur, wenn ich etwas in mir drin habe, dass ich ausdrücken möchte.» 200 bis 300 Bilder habe er bis heute gemalt, schätzt er – und bis auf rund 20 habe er alle verkauft, sagt er nicht ohne Stolz. Dabei wollte Käfer eigentlich Schaufenster-Dekorateur werden. «Das wäre ich auch heute noch gerne», sagt er und lacht. Aber dieser Zug sei abgefahren.

Stefanie Gass

Quellennachweis

Gespräche mit Ruth Herzog, Lydia Gysin, Rita und Hans Rickenbacher, Kersten Käfer

Berichte aus der «Volksstimme»

Abb. 9: Mischtechnik auf Papier, 1989, 67 x 58 cm, Kersten Käfer

GIB SORG ZUR NATUR
MACH KEINE SCHEISSE

Einige Kunstwerke aus dem Skulpturenweg von Peter Breitenstein (1), Aldo Bonato (2), Peter Thommen (3), Stephan Grieder (4), Judith Motschi und Franz Posinger (5), Manuel Straessle (6), Patrick Leppert (7), Pt Whitfield (8), Tobias Sauter (9)

KULTUR UND FREIZEIT

Vereine

Sportliche Vereine

Turnverein

Entstehung des Turnvereins Oltingen

Bericht von Max Lüthy über die Gründung im Frühling 1937
Drei oder zwei Jahre vor der Gründung des Turnvereins Oltingen besuchten die 16 – 19-jährigen Jünglinge den turnerischen Vorunterricht. Dieser wurde von Hans Bärtschi aus Tecknau ins Leben gerufen und geleitet.

Im Allgemeinen war jetzt die Dorfbevölkerung einer Turnvereinsgründung gegenüber positiver eingestellt als noch vor Jahren, hatten doch die übrigen Vereine Angst, Mitglieder zu verlieren. Auch mussten die jungen Oltinger immer wieder aus den Nachbardörfern hören, dass sie ja 1936 nicht am «Eidgenössischen» teilgenommen hätten, was den Ehrgeiz natürlich zusätzlich anstachelte. Alle Interessierten haben sich daraufhin im Gemeindesaal zusammengefunden und die Gründung eines Turnvereins besprochen. Alles hat geklappt, und die Vereinschargen konnten alle besetzt werden, bis auf den Oberturner. Von den Gründungsmitgliedern hatte begreiflicherweise noch keiner das nötige Rüstzeug für einen solchen Posten. Man war froh und glücklich, dass sich ein sogenannter Wanderoberturner, in der Person des bekannten Albert Frey aus Gelterkinden, zur Verfügung stellte. Mit seiner Geduld, der grossen Erfahrung und mit viel Einfühlungsvermögen gelang es ihm, uns das nötige Rüstzeug und die Freude am Turnen beizubringen.

Turnanlagen
Bei der Gründung standen auf dem Schulhausplatz ein Reck und ein Stemmbalken zur Verfügung. Der obere Boden der Gemeindescheune wurde von den Turnern zu einem Übungslokal umgestaltet. Über 40 Jahre turnte der TV bei schlechtem Wetter und im Winter in diesem gemütlichen Lokal.

Bau der Mehrzweckhalle
Im Juni 1979 konnte die Mehrzweckhalle samt Aussensportanlage eingeweiht werden – vor allem auch für die turnenden Vereine eine grossartige Neuerung.

Der Turnverein heute

Tätigkeitsprogramm
In den letzen Jahren haben die folgenden Aktivitäten einen festen Platz in unserem jährlichen Tätigkeitsprogramm:

Im Frühjahr führen wir jeweils zusammen mit der Damenriege den Maskenball durch. Dieser findet immer am Fasnachtsmittwoch statt. Wir haben dafür vor ein paar Jahren ein Organisationskomitee aus zwei Turnerinnen und zwei Turnern gegründet. Diese teilen sich untereinander die Arbeiten auf. Am Maskenball treten 2 – 4 Guggen auf, und viele Maskierte treiben ihr Unwesen.

Abb. 1: Turnverein Oltingen, 2006

KULTUR UND FREIZEIT

Nach dem Maskenball oder auch vorher steht das Skiweekend auf dem Programm. Dieses wird abwechslungsweise von einer Turnerin und einem Turner organisiert. Alle Mitglieder der Damenriege und des Turnvereins sind herzlich eingeladen.

Nach Ostern findet alle zwei Jahre der Eierläset statt. Dabei wird zwischen dem traditionellen und einem modernen Eierläset abgewechselt. Zum traditionellen Eierläset gehören die Läufer, Fänger, Saublasentreiber, Kartenverkäufer. Beim modernen Eierläset werden die unterschiedlichsten Gerätschaften wie Inline-Skates, Sackkarren etc. eingesetzt.

Ende April richten wir zusammen mit der Damenriege für drei Brunnen die Maibäume her. Am Abend des 30. Aprils werden die geschmückten Maibäume auf die Brunnen verteilt. Jeweils die Jüngsten der Turner tragen die Bäume, während die jüngsten Turnerinnen die Kränze tragen. Auf jedem Brunnen und schon unterwegs werden Lieder gesungen. Anschliessend sitzt man noch gemütlich zusammen, und die von den ausgeblasenen Eiern zurückgebliebene Eimasse wird anschliessend in Form von Rührei vertilgt.

Mitte Mai treffen wir uns am Freitagabend in Sissach, um an der Leichtathletik-Mehrkampf-Meisterschaft (LMM) teilzunehmen. Zu den Disziplinen gehören: 100-m-Lauf, Weitsprung, Kugelstossen, Hochsprung, 1000-m-Lauf.

Jeweils Ende Mai finden die kantonalen Mehrkampf-Vereinswettkämpfe (KMVW) statt. Wir nehmen jeweils an der Wurf- oder Stossdisziplin, der Pendelstafette sowie am Barrenturnen teil. In allen Wettkampfteilen sind wir schon auf dem Podest gestanden.

Meist im Juni finden anschliessend die Bezirks- oder Regioturnfeste statt. Es sei denn, es findet in diesem Jahr ein Kantonales oder ein Eidgenössisches Turnfest statt. Bei den Turnfesten versuchen wir, möglichst alle Turner mindestens einmal einzusetzen. Seit ein paar Jahren besuchen wir zudem noch Turnfeste in anderen Kantonen. Diese Turnfeste haben ihren ganz besonderen Reiz, da sie immer mit einer Reise verbunden sind und man andere Vereine aus der ganzen Schweiz treffen kann.

Anfang August trainieren wir für das Abendmeeting in Kienberg. Dies ist ein ganz besonderer Anlass, nehmen doch ausschliesslich die folgenden Vereine teil: Kienberg, Oberhof, Stüsslingen, Wittnau, Wölflinswil, Anwil, Hemmiken, Wenslingen und Oltingen. Der Wettkampf besteht aus den Disziplinen: 100-m-Lauf, Kugelstossen, Steinstossen, Weitsprung, Hochsprung, Speer oder Schleuderball sowie 1000-m-Lauf. Pro Verein müssen drei Turner jeden Wettkampfteil absolvieren, wobei ein Turner nur in zwei Disziplinen starten darf.

Abb. 2: Barrenvorführung am «Oltiger Määrt», 2006

Auf einer Fahrt ins Blaue wusste nur der Reiseleiter, bei welcher Haltestelle wir aussteigen mussten. Doch auch er war unaufmerksam und nur dank dem Schaffner konnten wir noch rechtzeitig aussteigen. Als der Zug wieder anfuhr, merkten wir, dass wir einen Rucksack zuviel dabei hatten. «Der gehört Tobi,» meinte Andi. Doch Tobi konnte uns nur noch vom fahrenden Zug aus zuwinken. Er war kurz auf der Toilette gewesen und hatte unser Aussteigemanöver verpasst. Zum Glück konnte er bei der nächsten Haltestelle umsteigen und so wieder zu unserer Gruppe stossen.

KULTUR UND FREIZEIT

Ende August findet die zweitägige Turnfahrt statt. Seit geraumer Zeit ist es Brauch, dass nur jeweils der Organisator das Ziel kennt, für die Turner ist es eine Fahrt ins Blaue. Dies führt jeweils zu wilden Spekulationen am Anfang der Reise und jeder versucht, dem Organisator einen Hinweis zu entlocken. Auf den Turnfahrten passieren auch immer wieder lustige und unvergessliche Ereignisse.

Anfangs September nehmen wir an der Bezirksseilziehmeisterschaft und der Bezirkssteinstossmeisterschaft teil. Das schwierigste bei der Seilziehmeisterschaft ist es, genügend Turner zu finden, um teilnehmen zu können und zusätzlich darauf zu achten, dass die Turner die Gewichtslimite einhalten. Wir haben auch schon mit zwei Gruppen teilgenommen.

Danach, auch im September, findet das Schlussturnen statt. Das Schlussturnen wird jedes Jahr von einem anderen Verein des Schafmattkreises (Anwil, Oltingen, Rünenberg, Tecknau, Wenslingen, Zeglingen) durchgeführt. Der durchführende Verein legt die vier Disziplinen fest, wobei ein Sprint, eine Wurf- oder Stossdisziplin enthalten sein muss. Ausserdem gehört die Pendelstafette mit acht Turnern zum Abschluss des Wettkampfs. Es werden Einzelpreise pro Disziplin und der Vereinspreis

> An einer Bezirksseilziehmeisterschaft ereignete sich folgendes: Als die leichte Gruppe des TV Oltingen aufgerufen wurde, herrschte Hektik, weil die Turner verstreut und nicht vorbereitet waren. So mussten wir uns beeilen und ergriffen das Seil. Aber einer fehlte noch, der achte Mann war nicht zur Stelle. Leider bemerkten die restlichen Sieben dies auch nicht. Vielleicht auch, weil der achte Mann ein Joker der älteren Generation war, welcher einspringen musste, damit überhaupt eine leichte Gruppe zustande kam. Der Pfiff ertönte und sieben Oltinger versuchten vergeblich, acht Gegner vom Platz zu ziehen. Trotz dieser Niederlage erreichte die Gruppe noch die nächste Runde.

für den Gesamtsieg vergeben. 2004 fand das Schlussturnen in Oltingen statt. Alle Vorbereitungen für den technischen Ablauf des Wettkampfes sowie für die Verpflegung verliefen sehr gut, bis auf ein kleines Missgeschick:

Der verantwortliche Turner vergass, für die Festwirtschaft das Brot für die Schnitzelbrote zu bestellen. Zum Glück besass der Dorfladen einen neuen, noch nicht sehr rege benutzten Hiestand-Backofen. So kam es, dass für die Schnitzelbrote noch kurzfristig nach den Öffnungszeiten Zwirbelbrote im Volg-Laden gebacken wurden. Das Schlussturnen war gerettet.

> Auf einer anderen Turnfahrt nach Österreich stand Riverrafting auf dem Programm. Jeder musste einen Neoprenanzug anziehen. Ein Turner vergass, den Anzug von der Innenseite auf die Aussenseite zu wenden und lästerte über den Anzug, weil der Reissverschluss auf der vermeintlich falschen Seite angenäht und deshalb schwer zu schliessen sei. Alle waren so sehr mit dem eigenen Anziehen beschäftigt, dass wir das Missgeschick erst beim Gruppenbild entdeckten.

Der letzte wichtige Anlass in unserem Tätigkeitsprogramm ist der Chlausehock. Er findet am Freitag vor oder nach dem 6. Dezember statt. Nach einer mittleren Wanderung von ein bis zwei Stunden kehrt man in einer Gaststätte oder in einem anderen Lokal ein, um den Abschluss des Turnerjahres gemütlich miteinander zu feiern und sich auf die kommenden besinnlichen Tage einzustimmen.

KULTUR UND FREIZEIT

Jahresprogramm
Zusätzlich zu den oben erwähnten Tätigkeiten führt der Turnverein noch weitere Anlässe durch. Diese dienen mehrheitlich dem sozialen Aspekt anstelle des sportlichen. Es sind dies: Kegeln, Minigolf, Jassen, Schwimmen und anderes. Diese Anlässe zählen zum Jahresprogramm. Das Jahresprogramm besteht aus verschiedenen Disziplinen aus dem Tätigkeitsprogramm (z. B. LMM und Schlussturnen) sowie Hindernislauf, Konditionstest etc. und dem Turnstundenbesuch. Der Sieger des Jahresprogramms wird an der Generalversammlung bekanntgegeben und erhält einen Wanderpreis sowie einen persönlichen Preis.

Allgemeines
Das Turnen findet am Dienstag und Freitag von 20.30 Uhr bis 22.00 Uhr statt. Im Sommer wird im Freien geturnt und im Winter in der Halle. Der Sportplatz besitzt eine Leuchtscheinwerferanlage für die dunklen Abende, einen Tartanplatz, Weitsprung-, Hochsprung-, Kugelstossanlage, Rasenplatz und Kletterstangen.

Dem Turnverein sind folgende Riegen unterstellt: Männerriege, Jugendriege und die Skiriege (selbständig).

Wichtige Disziplinen sind: Kugelstossen, Steinstossen, Schleuderball, Speerwurf, Sprint, Weitsprung, Hochsprung, Barrenturnen, Fussball, Unihockey, Badminton und Volleyball.

Ausblick

Der Turnverein wird auch in Zukunft die traditionellen Anlässe pflegen und durchführen. Ein Problem für den Turnverein könnte der fehlende Nachwuchs sein. Daher muss der Turnverein bestrebt sein, die Jugend in der Jugendriege zu fördern und die Lust an der sportlichen Bewegung im Allgemeinen sowie spezifisch im Vereinsturnen zu wecken. Dies ist mitunter schwierig, da die Jugend in Zukunft vermehrt die Möglichkeit besitzt, sich in den unterschiedlichsten Sportarten zu betätigen. Schon jetzt ist die Nachfrage in Fussballklubs sehr hoch. Auch die Nachfrage in Tennisklubs oder Badmintonklubs wird sicherlich steigen.

Deshalb ist es wichtig, diese und weitere Sportarten auch im Turnverein zu betreiben. In einem kleinen Verein führt dies dazu, dass viele Turner zu Allroundern werden müssen oder dürfen.

Michael Ruckstuhl

Quellennachweis

Festschrift «50 Jahre TV Oltingen»

Damenriege

Reigen und Korbball standen bei der Oltinger Damenriege früher auf dem Programm. Heute wird Barren geturnt, werden Fachtests absolviert und werden Steine gestossen – erfolgreich.

Abb. 1: Fahnenweihe 1943, Turnverein: unter Mitwirkung der Damenriege

KULTUR UND FREIZEIT

Gegründet wurde die Oltinger Damenriege im Jahr 1943. 17 Aktive und drei Turner waren laut dem ersten Protokoll an der Gründungsversammlung vom 3. März 1943 anwesend. Hans Gloor wurde zum ersten Oberturner gewählt. Ebenso war er erster Präsident der Oltinger Damenriege. Im selben Jahr fand auch die Fahnenweihe – gemeinsam mit dem Turnverein – statt.

Im ersten Jahr starteten die jungen Frauen bereits zur ersten Turnfahrt. Allerdings war das Reiseziel damals noch nicht ganz so weit entfernt, wie es die heutigen Ziele jeweils sind. Am 30. Mai 1943 um 6.30 Uhr ging es los, wie im Bericht im ersten Protokollbuch steht. Die Wanderung führte die Frauen bei «schönstem Wetter» auf die Bölchenfluh, die sie nach vier Stunden erreichten. Danach ging es hinunter nach Langenbruck. Zum Einkehren reichte es dort allerdings nicht mehr, zu lange hatten sich die Damen mit einem Fussbad im Bach vergnügt. Danach ging es mit dem Waldenburgerli nach Liestal, mit dem Zug nach Tecknau und von dort aus mit dem «Milcherauto» zurück nach Oltingen.

Solche Turnfahrten waren aber damals eher Ausnahme denn Regel. «Uns reichte es schon, dass wir einmal in der Woche turnen gehen konnten», sagt Ruth Lüthy, die von 1951 bis 1961 Präsidentin der Oltinger Damenriege war. Sie hätten damals gar nicht mehr gewollt. Das bestätigt auch Sophie Gysin, Gründungsmitglied und langjährige Leiterin der Damenriege. Auch die Männer hätten nichts dagegen gehabt, dass die Frauen einmal pro Woche ein paar Stunden für sich haben. «Die Gleichaltrigen sowieso nicht», sagt Sophie Gysin und lächelt.

Die ersten Jahre der Damenriege waren laut den Protokollen der Generalversammlungen geprägt von vielen Wechseln im Vorstand und in der Turnleitung. So fand fast an jeder Generalversammlung eine Neuwahl statt. Der Höhepunkt der Generalversammlungen war aber ein anderer: «Wir freuten uns immer wie kleine Kinder auf Brötli und Schüblig an der Jahresrechnung», sagt Ruth Lüthy.

Die Infrastruktur, welche die Damenriege früher zur Verfügung hatte, ist mit der heutigen nicht zu vergleichen. Geturnt wurde in der alten Gemeindescheune im Anger. «Es war ein staubiges Lokal», erinnert sich Ruth Lüthy. Die Turnstunden hätten sie vor allem mit Übungen wie Kniebeugen oder mit dem Einüben von Reigen verbracht. Die Turnkleider nähten die Turnerinnen selbst. «Wir turnten in kurzen Röcken oder kurzen Hosen und weissen Blusen», sagt Elsy Gysin, ehemalige Kassierin des Vereins. Und auch die Röcke für die Reigen hätten sie jeweils selbst genäht. «Überhaupt hatten wir viel Freude an den Reigen», sagt Ruth Lüthy. Vom Walzer- über den volkstümlichen bis hin zum Rössli-Reigen. Diese hat die Damenriege jeweils an Turnfesten, 1.-August-Feiern oder sonstigen Feiern im Dorf wie dem Mattenfest aufgeführt. Ballspiele hätten sie während der Turnstunden auch ab und zu gerne gemacht. Korbball sei die beliebteste Sportart gewesen.

Abb. 2: Anwiler Turnfest 1945: Die Damenriege schmückt die Hörner für die Turner

> Es muss 1957 oder 1958 gewesen sein, da beschloss der Gemeinderat, in diesem Jahr keine 1.-August-Feier durchzuführen. Dieser Beschluss erzürnte die Damenriege, denn sie hatte schon einen Reigen eingeübt. Eine Delegation der Damenriege begab sich an die nächste Gemeinderatssitzung, um den Gemeinderat umzustimmen. Das Ergebnis dieser Einmischung der Frauen in die Politik: Die 1.-August-Feier fand statt.

KULTUR UND FREIZEIT

Heute ist das anders. Die Oltinger Damen spielen nicht mehr Korbball, sie sind eher Volleyball-begeistert. Zudem ist die Oltinger Damenriege mehrfacher kantonaler Meister im Seilziehen sowie im Stein- und Kugelstossen. Auch im Barrenturnen haben die Oltingerinnen unter der Leitung von Andrea Gysin gute Noten erzielt. Einen wichtigen Teil des Turnjahres macht auch das Vorbereiten auf die jeweiligen Fachtests an den Turnfesten aus. Hier ist vor allem Geschicklichkeit, Schnelligkeit und Kondition gefordert. Das Jahresprogramm der Damenriege ist heute umfangreicher als früher. Mehrere Wettkämpfe stehen an, dazu kommen Damenriege-Reise, Skiweekend und Anlässe wie zum Beispiel der Maskenball, den die Damenriege mitorganisiert und durchführt.

Ein Unterschied zur Vergangenheit ist auch beim Preis für die Mitgliedschaft auszumachen. Dieser ist im Laufe der Jahre gestiegen – auch wegen der Teuerung, versteht sich. Kostete es im Jahr 1947 50 Rappen pro Monat dabei zu sein, ist eine Aktivmitgliedschaft heute mit einem Jahresbeitrag von 60 Franken verbunden; auf den Monat gerechnet also fünf Franken. Dieses Geld bezahlen die Damen allerdings gerne, gibt der Verein ihnen doch in Form von abwechslungsreichen Turnstunden und viel Geselligkeit einiges zurück.

Für die Zukunft des Vereins wünscht sich die heutige Präsidentin Sarah Lüthy vor allem etwas: «Wir wollen weiterhin die Kameradschaft gut pflegen und tolle Turnstunden abhalten.» Und mit einem Lächeln ergänzt sie: «Weiterhin Erfolg zu haben, wäre das Tüpfchen auf dem i.»

Stefanie Gass

Quellennachweis

Alte Protokollbücher
Interviews mit Gründungs- und Aktivmitgliedern
Anekdote v. Peter Lüthy

Abb. 3: Damenriege, 2005

KULTUR UND FREIZEIT

Jugendriege

Bevor die Jugendriege in der heutigen Form ins Leben gerufen wurde, wurden die damaligen Jugendlichen im sogenannten Vorunterricht auf Höchstleistungen getrimmt. Man stelle sich den Vorunterricht etwa so vor: Nach der Schule, also mit 15 Jahren, hatte man die Möglichkeit, eine erste turnerische, teilweise aber auch militärische Grundausbildung zu absolvieren. Sie war quasi eine Voraussetzung für einen späteren Beitritt in den Turnverein als aktiver Turner. Die Turnstunde gestaltete sich damals nicht wie heute aus einer Kombination von leichtathletischen Disziplinen, Geräteturnen und Spielen aller Art. Nein, das Turnen beschränkte sich fast nur auf das Training leichtathletischer Disziplinen, welche dann einmal jährlich in Gelterkinden getestet wurden. Wie bereits angedeutet, hatte der Vorunterricht aber auch die Funktion, Jugendliche auf eine spätere Zeit im Militär vorzubereiten. Dazu wurde die Zugschule praktiziert, also das Marschieren in Formation zu Marschmusik.

Abb. 1: Jugendriege, 2006

Für jüngere Oltinger im Schulalter gab es damals, ausser dem Turnen im Schulunterricht, noch keinerlei turnerische Aktivitäten, an welchen sie hätten mitmachen können. Nebenbei sei gesagt, dass sich heutzutage die Begeisterung wohl in Grenzen halten würde, wäre einer der Jugendriegeleiter darauf erpicht, eine Lektion Zugschule zu erteilen. Es war also höchste Zeit, diese eher veraltete Form des Turnens zu ändern.

Die Jugendriege Oltingen wurde 1964 an der Jahresversammlung des Turnvereins von den damaligen Vereinsmitgliedern gegründet. Die Idee zur Gründung hatte der damalige Vorstand, welcher dann an einer Vorstandssitzung alles für die Gründung Wichtige beredete. Zum Schluss wurden die ersten 3 Jugileiter (Bruno Jauslin, Hans Gloor, Hans Rickenbacher) in der Geschichte Oltingens ernannt.

> Gerüchten zufolge waren die damaligen Vorstandsmitglieder von ihrer Idee, eine Jungenriege zu gründen, so begeistert, dass sie bis tief in die Nacht auf dem Mattenhof feierten. Erzählungen zufolge wurde die Gründung der Jugendriege spät in der Nacht vom Vereinspräsidenten Hans Gysin (Stöffibaschis) mit einer Hechtrolle durch den Weihnachtsbaum besiegelt.

Heute existiert die Jugendriege seit bereits 41 Jahren. Geturnt wird nicht gemischt mit Mädchen, sondern entgegen dem allgemeinen Trend ausschliesslich unter Buben. Noch immer ist das Turnen in der Jugendriege eine wichtige Voraussetzung für den späteren Beitritt in den Turnverein. Diese Tatsache definiert auch gleich den Charakter einer jeden Turnstunde, welche fast immer die Schulung einer leichtathletischen Disziplin auf dem Programm hat. Um dabei aber den Spass und die Freude am Sport nicht zu verlieren, wird meist in einer spielerischen Form trainiert.

KULTUR UND FREIZEIT

Nimmt man den Durchschnitt der vergangenen 10 Jahre, so nehmen an einer Turnstunde 15 Jugendliche im Alter zwischen 7 und 15 Jahren teil. Geturnt wird immer am Freitagabend von 19.00 Uhr – 20.30 Uhr. Hier sei erwähnt, dass der interessierte Leser herzlich zum Besuch einer Turnstunde eingeladen ist. Während der Schulferien gönnt sich natürlich auch die Jugendriege eine Pause. Pro Jahr ergeben sich so rund 34 Turnstunden. Die Arbeit des Leiterteams, welches übrigens aus 4 Leitern besteht, wird dabei mit einem fleissigen Turnstundenbesuch der jungen Oltinger belohnt. Die Tatsache, dass rund die Hälfte der Turner nicht mehr als dreimal pro Jahr fehlt, zeigt, dass die Vorstandssitzung im Jahr 1964 eine gute Sache war!

Die Leiter möchten es sich bei dieser Gelegenheit nicht nehmen lassen und allen Jugirieglern für den fleissigen Turnstundenbesuch danken.

Mark Rickenbacher

Quellennachweis

Interviews mit Gründungsmitgliedern

Mädchenriege

D Mäitlirigi sit 1967

1967 beschloss die Präsidentin der Damenriege, H. Gysin, und der damalige Vorstand, eine Mädchenriege zu gründen. Dies auch aus dem Grund, weil die Anzahl Kinder und das Interesse am Turnen von Jahr zu Jahr stiegen. Schon damals war es wichtig, dass die Mädchenriege nicht eine Damenriege «en miniature» sein durfte oder nur zum Zeitvertreib dienen sollte. Es musste von den Jungturnerinnen eine Leistung verlangt werden, und man sollte im Schulturnen eine Steigerung durch das Turnen in der Mädchenriege verspüren.

Die erste Leiterin war Elisabeth Gass. Unter ihrer Leitung nahmen die Mädchen am ersten Turnanlass, dem Oberbaselbieter Mädchentreffen in Gelterkinden, teil. Damals wurden die Jungen und Mädchen noch strikt getrennt. Sie bestritten dort die Disziplinen: Korbball, Hochsprung, Weitsprung, Ballwurf und 80-m-Lauf. Bald darauf stand der Turnerabend im «Dröschschopf» vor der Tür. Es war klar, dass die neu gegründete Mädchenriege ebenfalls mit von der Partie war. Sie führten einen selbsteinstudierten Tanz namens «Shortcake» auf, was von den Mädchen und der Leiterin einiges an Disziplin und Nerven erforderte!

1969 übernahm Susi Jauslin das ehrenvolle Amt der Mädchenriegeleiterin. Weiterhin wurden Leichtathletik, Konditionstraining und Spiele durchgeführt. Ein Jahr später wurde Rita Rickenbacher zur Leiterin gewählt. In diesem Jahr stand vor allem die 1.-August-Feier in Oltingen auf dem Programm. Zu diesem Zeitpunkt waren 20 Mädchen in der Riege. In weissen Pullis, Jupes und Soldatenmützen boten sie an der Feier einen imposanten Eindruck. Mit ihrem rassigen Reigen zum Radetzky-Marsch ernteten sie grossen Applaus und begeisterten das Publikum.

Die Mädchen mussten vom folgenden Jahr an einen Jahresbeitrag entrichten. Dieser wurde auf Fr. 2.– festgelegt (heute Fr. 20.–). Seit 1972 erhalten die Mädchen, unter der neuen Leitung von Ruth Pfaff, ein Präsent für fleissigen Turnstundenbesuch. Dabei werden vier Absenzen pro Jahr akzeptiert. 1976 war Dieter Bertschin bereit, die Leitung der Mädchen zu übernehmen. Die Anzahl der Mädchen wuchs und die Anforderungen an den Leiter stiegen. Mädchen sind ja nicht immer so einfach unter Kontrolle zu halten. Aus diesem Grund wurde ihm ein Jahr darauf Christine Gysin als Ersatzleiterin zur Seite gestellt. Von 1978 – 1983 war Helen Lüthy Leiterin. 1979 durfte sie mit den Mädchen einen Reigen zur Einweihung der Turnhalle einstudieren. Der nächste grosse Anlass war der Mädchenriegetag in Liestal, sie belegten im Korbball den guten vierten Rang. Leider wurde das Korbballspiel nicht weitergeführt.

1982 waren es noch acht Kinder in der Mädchenriege. Trotzdem war der Altersunterschied sehr gross, und es wäre gut gewesen, die Riege in

KULTUR UND FREIZEIT

zwei Gruppen aufteilen zu können. Leider war dies wegen der wenigen Mädchen nicht möglich. Es wurden jedoch weiterhin Nachwuchswettkämpfe in Anwil und Rünenberg bestritten. 1984 übernahm Fränzi Spiess die Leitung. Der nächste Turnerabend stand auf dem Programm.

Es kostete viel Zeit, doch schlussendlich waren alle Beteiligten mit der Darbietung, einer Art «Ängeliballett», zufrieden. Bei den kantonalen Turntagen in Pratteln erreichten sie den sensationellen 1. Rang. Fränzi wurde dabei von Vreni Gysin unterstützt. 1986 wechselte die Leitung erneut, Maya Gysin und Claudia Waldmeier übernahmen sie. Die Mädchenriege hatte wieder Zuwachs erhalten und wurde 1987 in zwei Gruppen aufgeteilt. Die jüngeren und älteren Mädchen waren somit wieder getrennt. Doris Spiess übernahm das Amt der Ersatzleiterin. In diesem Jahr fand das erste Mal der Banago-Cup in Anwil statt. Die Mädchen erzielten dort bei Weitsprung, Lauf und Ballwurf gute Platzierungen.

1989 – 2001 leitete Doris Spiess die Mädchenriege. Sie wurde anfänglich von Carla Schuler, Dagmar Gysin und Pia Gysin, später von Jacqueline Spiess unterstützt.

1992 fand im Rahmen des 50-Jahre-Damenriege-Jubiläums ein Jugendnachmittagswettkampf statt. Es wurden Einzel- und Gruppenwettkämpfe bestritten. Dabei wurden die Disziplinen Hindernisparcours, Weitsprung, Kugelstossen, Ballwurf und Lauf absolviert. Zudem fand in diesem Jahr erneut ein Turnerabend statt. Die grosse Mädchenriege führte dabei erstmals eine Geräteübung vor. Sie zeigten am Boden und auf dem Minitrampolin eine gute Darbietung. Die kleinen Mädchen, alle als Gartenzwerge verkleidet, führten einen Reigen auf.

1993 wurde die Mädchenriege, infolge der tiefen Anzahl Mädchen, wieder zusammengelegt. Zusammen waren es 14 Mädchen. In diesen Jahren wurde dem Geräteturnen und verschiedenen Kraftdisziplinen (Stein- und Kugelstossen) grosse Aufmerksamkeit geschenkt. Dazu hat man aber auch Kondition, Leichtathletik und spielerische Übungen absolviert. An den Wettkämpfen wurden immer wieder gute Plätze erreicht. Um Erfahrungen im Leiten zu sammeln, begannen 1999 die Jungturnerinnen der Damenriege, Irina Gysin und Janine Weitnauer, die Mädchenriege einmal im Monat zu leiten.

2001 demissionierten Doris und Jacqueline nach vielen Leiterjahren. Ihre Nachfolgerin Sandra Dähler konnte das Amt jedoch nicht sehr lange ausüben und Irina Gysin übernahm die Mädchenriege. Zu diesem Zeitpunkt waren es 17 Mädchen in der Riege. Es wurde noch eine zweite Leiterin gesucht, die nach einigen Schwierigkeiten in Karin Rickenbacher gefunden wurde.

Abb. 1: Mädchenriege, 2006

KULTUR UND FREIZEIT

Die Turnstunden gestalten sich bis zum heutigen Zeitpunkt (2006) nach einem Jahresprogramm. Die Mädchen nehmen jährlich am Athletik-Cup in Anwil und am jährlichen Jugendturnfest teil. 2003 gab es sechs Medaillen für gute Leistungen. Zum Turnhallenjubiläum 2004 führten die Mädchen unter dem Motto «Mr boue e Turnhalle» einen malerischen Tanz auf und sprangen nachher diverse Sprünge auf dem Minitramp. Dies brauchte Zeit und Nerven, da es sich herausstellte, dass das Taktgefühl bei den Jüngeren nicht immer vorhanden war.

Karin Rickenbacher gab ihr Amt nach einem Jahr wieder auf. Da niemand als Ersatzleiterin gefunden wurde, musste jedes Damenriegemitglied einmal im Monat helfen, die Mädchenriege zusammen mit Irina zu leiten. Es war schwierig, für einen Wettkampf zu trainieren, da keine Konstanz herrschte. Zudem kam dazu, dass der Altersunterschied immer grösser wurde. So machte es den älteren Mädchen keinen Spass mehr zu turnen. Durch die schwierige Leitersituation konnte die Mädchenriege nicht getrennt werden. Die Leiter versuchten zwar alles, um das Turnen so angenehm wie möglich zu gestalten und auf alle Bedürfnisse einzugehen. Trotzdem hörten die Ältesten mit dem Turnen auf. Die Situation wurde vereinfacht, als sich 2005 Regula Hilber als Hilfsleiterin für zweimal im Monat meldete.

2006 besteht die Riege aus 19 Mädchen im Alter von 9 bis 13 Jahren. Es wird versucht, das Jahresprogramm so differenziert wie möglich zu gestalten und die Mädchen in ihren Talenten zu fördern.

Irina Gysin

Quellennachweis

Jahresberichte der Leiterinnen

Protokolle von Delegiertenversammlungen

Kinderturnen

Einen lückenlosen Übergang vom MUKI-Turnen in die Mädchen- und Jugendriege sollte es geben, so wurde das KITU im April 1999 von Fränzi Gysin ins Leben gerufen. Das Kinderturnen ist Mädchen und Knaben der Vorschulstufe im Alter von 4 ½ – 7 Jahren vorbehalten.

Die erste KITU-Stunde war am 13. April 1999, 14 Kinder kamen zum Schnuppern und «Yneluege». Es war ein voller Erfolg!

Im Sommer 2002 bekam Fränzi in ihrer Leitertätigkeit Unterstützung von Marion Hufschmid, und im Herbst 2005 gesellte sich Renat Schaub noch zum Leiterteam. Die Aufgaben der Leiterinnen sind, die Kinder auf die Mädchen- und Jugendriege vorzubereiten.

Fränzi Gysin-Spiess

Abb. 1: Kinderturnen, 2006

KULTUR UND FREIZEIT

Männerriege

Noch vor der Einweihung der Turnhalle 1979 stand für Hans Gysin (Stöffibaschis) fest, eine Männerriege wird gegründet, nicht als eigenständiger Verein, sondern als Untersektion des TV Oltingen. Ab Herbst 1979 trafen sich nun jeden Montag, unter kundiger Leitung von Hans Gysin, stramme Oltinger Männer.

Die Beteiligung an Bezirks-, regionalen, kantonalen und sogar eidgenössischen Turnfesten ist ein fester Bestandteil der Riege. Ebenfalls wird Faustball gespielt, mit zum Teil beachtlichem Erfolg. So konnten die «Fuschter» 1989 den kantonalen Gruppensieg (Kat. C) feiern.

Seit 1994 leitet Renat Schaub-Wiedmer die Riege, welche sich im Laufe der Jahre doch wesentlich verjüngt hat.

Der Höhepunkt 2004: 4 starke Männer holten sich im Steinstossen den kantonalen Meistertitel.

Jedes Jahr steht auch eine Reise auf dem Programm. Abwechslungsweise werden Ausflüge von einem oder zwei Tagen organisiert. Auch Velofahren und Wandern sorgen für Abwechslung vom Turnalltag. Immer Anfang Dezember, und das schon seit 25 Jahren, kann die Riege ihre Kegelkünste beim «Bänzecheigle» jeweils unter Beweis stellen.

Heinz Mangold-Schaub

Abb. 1: Regionales Turnfest 2000 in Bennwil (Stehend von links nach rechts: Peter Weisskopf, Peter Pfaff, Hanspeter Dähler, Max Gysin, Ueli Weitnauer, Ernst Mehli. Kniend von links nach rechts: Ueli Gysin, Men Schmidt, Heinz Mangold, Hansheini Schaffner)

Quellennachweis

Interviews mit Gründungsmitgliedern

KULTUR UND FREIZEIT

Frauenturnverein

25 Jahre Frauenturnverein Oltingen

Kurz nach der Einweihung der neuen Turnhalle hatten einige nicht mehr ganz junge, aber auch noch nicht altersturnwillige Oltinger Frauen die Idee, eine Frauenriege zu gründen. Gesagt – getan: 2 Frauen gingen von Haus zu Haus, um Mitglieder zu werben, und stiessen auf reges Interesse. Im Januar 1979 traf sich eine stattliche Schar im Restaurant Löwen auf dem Hauenstein zur Gründungsversammlung, und 28 Frauen gründeten den Frauenturnverein Oltingen. Zur ersten Präsidentin wurde Ruth Lang gewählt, als Aktuarin stellte sich Gertrud Gerber und als Kassierin Elvira Gysin zur Verfügung. Unsere erste Leiterin war Margrit Spiess und als Vizeleiterin amtete Rita Beugger.

Die erste Turnstunde fand am 27. Februar 1979 statt. Unsere Statuten vom 08.11.79 wurden vom kantonalen Frauenturnverband am 18.12.79 genehmigt. Die ersten Einnahmen von Fr. 102.– in unserer Kasse stammten aus einer versteigerten Schwarzwäldertorte, gespendet von Cécile Bitterlin. Zusammen mit den 28 Jahresbeiträgen von Fr. 25.– pro Turnerin betrug das Vermögen im ersten Jahr Fr. 802.–. Unsere Leiterin erhielt für 33 Turnstunden im Jahr Fr. 200.– Jahreslohn.

Abb. 1: Reise 1997, Lüdernalp

1983 packte uns zum ersten Mal die Reiselust, und Gertrud Gerber führte uns auf einer Fahrt ins Blaue auf den Beatenberg/Justistal. Weitere Vereinsreisen folgten. Im 2004 führte uns die Jubiläumsreise auf den «Weg der Schweiz» und ins Wellnesshotel in Morschach.

Abb. 2: Turnfest Rünenberg, 1998

Seit 1986 haben wir immer wieder an regionalen, kantonalen, Bezirks- und eidgenössischen Turnfesten teilgenommen oder mitgeholfen.

Präsidentinnen: 1979 – 1985 Ruth Lang
                  1986 – 1991 Gertrud Gerber
                  ab 1992 Ursi Kupferschmied
Leiterinnen: 1979 – 1995 Margrit Spiess (Ehrenmitglied seit 1999)
              1992 – 2001 Margrith Mangold
              ab 1995 Ruth Ruckstuhl
              ab 2002 Sonja Gass

KULTUR UND FREIZEIT

1980 beteiligte sich die Frauenriege zum ersten Mal an einem Turnerabend. Weitere folgten 1987 (TV 50-Jahr-Jubiläum, u. a. mit einem nostalgischen Walzerreigen), 1998 und 2004.

Jedes 2. Jahr am 1. Maisonntag führt die Frauenriege ihren traditionellen «Kuchensonntag» durch. Die Frauenriege half auch beim Sagifest 1989, beim Dörflifest 1995 und bei den Jodlerabenden des Jodlerklubs Farnsburg 2002 und 2005 mit. Mehrere Male wurde die Feldbatterie 36 von der Frauenriege an ihrer Tagung bewirtet.

Abb. 3: 25-Jahr-Jubiläum, 2005

Seit 25 Jahren immer noch als Aktivturnerinnen dabei sind: Ruth Lang, Dorli Gass, Annerös Gysin, Hanni Lüthy, Margrit Spiess und Rosmarie Waldmeier.

Höhepunkte in unserer Vereinsgeschichte waren:

1987 die Verköstigung an der Delegiertenversammlung des Schweizerischen Schweinezüchterverbandes mit Nationalrat Nebiker an der Spitze.

1989 der Apéro im Pfarrgarten anlässlich der Fraktionsreise der SVP Schweiz, mit Bundesrat Ogi, alt Bundesrat Schlumpf und Nationalrat Nebiker.

Usschnitt us em Jooresbricht 1989
(verfasst vo dr Presidäntin Gertrud Gerber)

S Johr 1989 het is vill Abwächslig brocht und ich wött Rückschau halte und alles no einisch zämefasse. Z erscht eusi turnerische Tätigkeite: Vom 23. – 25. Juni ischs Kantonalturnfescht z Sissech gsi, womer mit 3 Gruppe – also alli, mitgmacht hei. Vorhär hei mer in mänger Turnstund güebt uf dä Grossalass und si guet vorbereitet am Sunntigmorge mit Ross und Wage uf Sissech abegfahre. S Dorli het sis Gfährt schön useputzt und mit Blueme geschmückt gha und het is sälber as Ziel brocht. Ich möchte ihm a der Stell ganz härzlig danke.

Am 14. Juni heimer höche Bsuech us Bärn erwartet. Euses Dorf isch geehrt worde dure Bsuech vo dr SVP-Fraktion vo Bärn mit de Herre Bundesrot Ogi und olt Bundesrot Schlumpf. Mir Turnfraue hei d Ehr gha, die höche Gescht z bewirte und mit Spys und Trank z versorge. Es wird wohl öppis einmoligs blybe, dass ä Bundesrot duet Ichehr halte.

Dr Heuet und dr Chriesigünnet si durä gange und drnäbe si d Vorbereitige fürs Sagifescht, wo vom 25. – 27. Augschte stattgfunde het, uf Hochturä gloffe. D Lokal si wieder schön und heimelig zwäg gmacht worde wie am Dorffescht. D Frauerigi het mit der Männerrigi zäme gschpannt und i der Sagischüre gwirtet…

Ausblick

Zurzeit besteht der Verein aus 24 Aktiv- und 17 Passivmitgliedern. Auf dem Jahresprogramm stehen jeweils auch Wandern, Schwimmen, Velofahren, Kegeln, Orientierungslauf, Minigolf spielen, Schlitteln. Besondere gesellige Anlässe sind immer wieder Geburtstagsfestli, Rösslifahrten mit Dorli Gass, Bräteln vor den Sommerferien, Spielabende, Jahresendehock im Steinebrunnen oder in der Skihütte.

Unsere Leiterinnen sind bestrebt, die Turnstunden abwechslungsreich zu gestalten. Meistens beginnen wir mit einem abwechslungsreichen Einturnen zu rassiger Musik. Später folgen Gymnastikübungen zur Stärkung von Rücken und Bauchmuskulatur und zum Schluss darf ein Spiel nicht fehlen.

Rosmarie Waldmeier-Gysin
Margrith Mangold-Schaub

Quellennachweis

Protokolle

Skiriege

Das Skifahren hat in Oltingen eine lange Tradition und ist natürlich eng verbunden mit der Schafmatt, die mit ihren schönen abwechslungsreichen Hängen und ihrer Höhenlage von bis zu 900 Meter über Meer den Skisportbegeisterten Winter für Winter ermöglicht, ihrem Hobby zu frönen. So schulterte denn an den schulfreien Nachmittagen eine stattliche Schar Jugendliche ihre Skis und nahm den dreiviertelstündigen Fussmarsch in Kauf, um «im Bärg obe» Ski zu fahren. An den Wochenenden wurden die Kinder auch von älteren Skisportbegeisterten begleitet, und gemeinsam stieg man die «Oltschüür» oder den «Bärenacher» hoch. Beim Hochtäppeln wurde die Piste präpariert und mit dem Hinuntersausen folgte dann das grosse Vergnügen. Und immer wieder die wichtige Frage: Wer hat die schönsten und schnellsten Skis? Am schnellsten mussten die Latten natürlich für die Rennen präpariert werden, und so wurden vor den traditionellen Schafmattderbys in den Sechziger- und Siebzigerjahren denn auch streng geheime Wachsmischungen zusammengebraut und aufgepinselt wie an Weltmeisterschaften.

Ab Mitte der Siebzigerjahre reifte in einigen Köpfen allmählich der Wunsch nach einem moderneren Transportmittel. Gesagt – getan: Im Winter des Jahres 1978 stand der erste Skilift Marke Borer, Typ «Handschuhkiller», am «Schlattacher». Bei der Talstation bot eine Holzbaracke Schutz vor Schnee und Kälte. Alles mit offizieller Baubewilligung des Kantons, versteht sich. Doch es liegt in der Natur des Menschen, dass er stets nach Besserem und Höherem strebt. In unserem Fall bedeutete dies länger und steiler. Fündig wurde man am «Bärenacher». Zwei Borer-Lifte verrichteten dort von nun an ihren Dienst hintereinander. Es hiess also Umsteigen in der Mittelstation. Die untere Sektion wurde mit drei Scheinwerfern für das Nachtskifahren eingerichtet.

Abb. 1: Skihütte, sogar ein Regierungsrat (Edi Belser) zählte zu unseren Gästen, 02.03.1999

KULTUR UND FREIZEIT

In unzähligen Arbeitsstunden wurde zudem ein «Heuhüsli» zum gemütlichen Bergbeizli mit Cheminée umgebaut. In diese Zeit (1983/84) fällt auch die Gründung der Skiriege als Untersektion des Turnvereins mit insgesamt 18 Mitgliedern und Hans Gysin (Stöffibaschis) als Präsidenten an der Spitze.

So, nun haben wir für längere Zeit Ruhe und können uns auf den Lorbeeren ausruhen, meinten wir. Wäre da nicht ein Inserat in der «Tierwelt» aufgetaucht, das einen gebrauchten Tellerlift aus Adelboden anpries, der haargenau zum «Bärenacher» passte. In die Hände gespuckt und mit vereinten Kräften, bei zum Teil hochwinterlichen Verhältnissen, wurden Fundamente ausgehoben und betoniert, Masten montiert und Kabel gezogen. In der Saison 1987/88 wurde der laut Baubewilligung demontierbare Lift in Betrieb genommen. Nach Saisonende wurde denn auch fleissig demontiert, was uns demontierbar schien. Die fünf Masten mit dem Drahtseil waren jedoch derart massiv und schwer, dass es aus unserer Sicht unmöglich war, sie nach jeder Saison ab- und im Herbst wieder aufzubauen. Doch des Inspektors Auge wacht, und schon bald flatterte eine Verfügung ins Haus, mit der unmissverständlichen Botschaft: Der Lift darf definitiv nur während der Winterzeit stehen bleiben und muss im Frühling demontiert werden! Es folgte ein Hin und Her mit Petitionen, Einsprachen, Wiedererwägungsanträgen etc. Dank gutem Willen aller Beteiligten folgte schlussendlich das grosse Aufatmen mit der Genehmigung der Änderung des Zonenplanes Landschaft durch den Regierungsrat.

Ab 1989 gilt damit das Skiliftareal als Skisportzone, in welcher ein stationärer Lift erlaubt ist. Seither funktioniert der Betrieb recht gut. Trotz schlechter Zukunftsprognosen für das Skifahren in unteren bis mittleren Lagen erlebten wir doch hin und wieder ganz erfreuliche Winter mit zum Teil prächtigen Schneeverhältnissen. Seit der Saison 2004/05 sind wir denn auch stolze Besitzer eines stattlichen Pistenfahrzeuges, das diesen Namen wirklich verdient, und sind damit bestens für jegliche Neuschneemengen gerüstet. Vom Kanton Baselland (Sporttoto) erhielten wir in verdankenswerter Weise sowohl an den Skilift wie auch an das Pistenfahrzeug namhafte Beiträge zugesprochen.

Auch in Jahren mit wenig Skibetrieb haben es die Mitglieder der Skiriege durch die Übernahme diverser Anlässe, wie der traditionellen Herbstviehschau, des Banntages usw., immer wieder geschafft, die laufenden Ausgaben zu decken. Darüber hinaus können nach guten Saisons sogar nach und nach die privaten Darlehen den Mitgliedern zurückbezahlt werden. Doch von Geld verdienen kann hier nicht die Rede sein, vielmehr steht viel Idealismus und die Freude am Skisport im Vordergrund.

Zur Zeit zählt die Skiriege 14 Mitglieder, und wir kämpfen immer wieder mit dem Problem, die anfallenden Arbeiten und den damit verbundenen zeitlichen Aufwand gleichmässig auf die wenigen Schultern verteilen zu können, was leider nicht immer gelingt. Wir blicken jedoch optimistisch in die Zukunft und hoffen auf möglichst schneereiche Winter, um unseren Gästen weiterhin ein paar Tage Skivergnügen in der Region bieten zu können.

Walter Gass-Schaffner

Abb. 2: Hochbetrieb beim Skilift, 02.03.1999

Quellennachweis

Protokolle und Aktennotizen der Skiriege

Akten Baubewilligungsverfahren Skilifte

Auskünfte von Skiriegenmitgliedern

KULTUR UND FREIZEIT

Altersturnen

Gründung

Schon einige Jahre vor der Gründung unseres Altersturnens gab es einige ältere Personen, welche gemeinsam mit den Privatautos ins Bad Ramsach fuhren, um etwas für ihre Gesundheit zu tun. Turnen war angesagt. Später ergab sich diese Möglichkeit in der alten Gemeindescheune in unserem Dorf. Zu dieser Zeit war der Gründer und Initiant unseres Altersturnens, der alt Dorflehrer Paul Zuberbühler, Ortsvertreter der Pro Senectute. Er hatte die Aufgabe, Ältere und Hilfsbedürftige an die richtige Instanz zu verweisen. Der Wunsch der Pro Senectute, auch in Oltingen ein Altersturnen anzubieten, wurde immer grösser. So entschloss sich Paul Zuberbühler im März 1979, ein Rundschreiben an alle über 55-jährigen Frauen und Männer zu richten.

An alle über 55-jährigen Einwohner von Oltingen

Endlich ist es so weit, dass wir zu der am Altersnachmittag angekündigten *Zusammenkunft* der Interessenten *für das Altersturnen* einladen können. Hindernde Umstände haben die Sache bis heute verzögert. Nächsten Montag kann diese Zusammenkunft nun stattfinden. Wir laden alle über 55-jährigen Frauen und Männer, die sich für das Altersturnen interessieren, auf Montag, den 26. März 1979, 14.15 Uhr zu einer Besprechung in die Turnhalle ein. Frau Strasser aus Sissach, die anfänglich die Oltinger Altersturngruppe leiten wird, wird uns dabei genauer orientieren und uns mit einigen Mitgliedern ihrer Sissacher Turngruppe eine Turn-Kostprobe bieten. Anschliessend wird man noch bei Kaffee und Gebäck eine Weile beisammen sitzen. Zu dieser Demonstration und Besprechung laden herzlich ein.

| *Für Pro Senectute:* | *Für das Pfarramt:* | *Für den Frauenverein:* |
| P. Zuberbühler | M. Christ | Sophie Gloor |

Turnen hält fit, auch im Alter. Es wird nämlich nicht, wie viele irrtümlich glauben, nur im Sitzen geturnt. Auch im Stehen, Gehen und in verschiedenen Geschicklichkeitsspielen und Stafetten sind viele noch recht aktiv. Zu Musik turnen spornt an, und in jeder Turnstunde wird auch gesungen. Unglaublich, was die Turnerinnen und Turner in der Gruppe für Leistungen erbringen können, wenn sie sich bei spielerischen und turnerischen Übungen mit verschiedenen Geräten fast vergessen. Es ist schon mal vorgekommen, dass man eine Turnerin von der Sprossenwand herunterholen musste. In turnerischem Übermut war sie hinaufgeklettert, doch das Hinuntersteigen ging dann doch nicht mehr ohne Hilfe.

Dieses Schreiben fand guten Anklang, und das Altersturnen wurde auf die Beine gestellt. Bereits am 2. April 1979 fand die erste Turnstunde in der neuen Turnhalle statt, welche auch zu dieser Zeit eingeweiht wurde. Paul Zuberbühler machte über lange Zeit die Schreibarbeiten und das Kassenwesen. Marie Gysin-Gerber und Anna Rickenbacher-Rickenbacher stellten sich als Rechnungsrevisorinnen zur Verfügung. Anna ist uns in ihrem Amt bis zu ihrem Tode (2005) treu geblieben.

Rückblende

Nebst den regelmässigen Turnstunden wurde auch jährlich eine Reise organisiert. In den letzten Jahren durften auch nicht aktiv Turnende an der Reise teilnehmen, so dass eine stattliche Zahl in einen Car steigen und gemeinsam einen schönen Tag verbringen konnte.

KULTUR UND FREIZEIT

Nach dem Motto «Gemeinsam statt einsam» wird viel Wert auf Beisammensein gelegt, sei es nach der Turnstunde zu einem gemütlichen Plauderstündchen oder einem Jass im Restaurant, sei es bei der traditionellen Jahresrechnung oder zu einer Adventsfeier, wo uns auch einmal ein Sankt Nikolaus mit einem kleinen Geschenk beglückte.

> «Nächstes Mal», so kündete die Leiterin an, «wird die Turnstunde fasnächtlich gestaltet.» Sie hatte schon ein paar lustige passende Übungen und Spiele geplant. Doch sie staunte nicht schlecht, als am darauf folgenden Montag einige der Senioren verkleidet und maskiert erschienen.

Wie in anderen Vereinen und Gemeinden ist die Anzahl Aktiver nicht immer gleich gross. Es gab Zeiten, da waren fast 30 Personen aktiv. 2005 waren es leider nur noch 6 – 8 im Alter zwischen 79 und 91 Jahren, davon immer noch 3 Gründungsmitglieder. Das älteste Aktivmitglied, die Frau des Gründers, war von Anfang an dabei und hatte im 2004 nicht ein Mal gefehlt. Einige konnten wegen Altersbeschwerden leider die Turnstunden nicht mehr besuchen. Sie wurden aber auf Wunsch abgeholt und brachten den Betrag von Fr 3.00, (soviel bezahlte jede und jeder pro Turnstunde) immer mit ins Restaurant. So konnten wir uns finanziell noch über Wasser halten.

Das Altersturnen ist kein Verein mit Statuten, Jahresbeiträgen und Passivmitgliedern. Wir sind eine gemischte Gruppe von Frauen und Männern. Die Frauen tragen zum Turnen keine Röcke mehr, wie in den ersten Jahren. Es erscheinen alle mit langen bequemen Hosen und Turnschuhen. Wir haben uns, wie auch einige andere Gemeinden, per 01.01.1999 von der Pro Senectute als Turnende getrennt. Trotzdem versuchen wir, uns an die an der Jahresrechnung besprochenen Regeln zu halten. Frauen, die einen «Fünfergeburtstag» feiern können, erhalten Blumen, Männer Wein. An einem runden Geburtstag gibt es einen Früchtekorb. Wenn jemand ins Spital eintreten muss, wird er oder sie nicht vergessen. Wer während der Dauer eines Jahres nie oder nur einmal bei den Turnstunden fehlt, erhält ein Präsent. All dies wird, wie auch ein ausführlicher Reisebericht, von der Kassierin und Aktuarin und zum Teil auch von der Leiterin schriftlich festgehalten und an der Jahresrechnung präsentiert.

Leiterinnen nach Frau Strasser:

Ruth Ruckstuhl-Gloor
Margrit Spiess-Gloor
Therese Catto-Gysin
Pia Gysin-Schweizer
Bethli Gloor-Lüthi

Abb. 1: 20 Jahre Altersturnen, 1999

> Lustig geht es zu, im Altersturnen. Davon hatte auch ein Mann gehört, der mit einem Plastiksack der Turnhalle zuschritt. Finken hatte er darin, und mit denen wollte er nun unbedingt auch mitturnen, denn er hatte so viel Positives über das Altersturnen gehört.

KULTUR UND FREIZEIT

Wegen mangelnder Teilnehmerzahl wurde das Altersturnen in der Turnhalle auf den Herbst 2005 aufgelöst.

Gegenwart

Treffpunkt ist momentan der «Müliraum» in der oberen Mühle. Dem zum Teil hohen Alter der Teilnehmenden entsprechend, werden zur Zeit vermehrt Orientierungs-, Reaktions-, Koordinations-, Atem-, Hör-, Seh-, Riech-, Schätzübungen und -spiele gemacht. Auch das Gedächtnis wird trainiert sowie das Aufstehen vom Stuhl, vom Bett oder vom Boden, was nach einem Sturz, auch wenn er ohne Verletzungen verlief, sehr wichtig sein könnte. Spiel, Spass und Gemütlichkeit stehen bei diesen Treffen im Vordergrund.

Zukunft

Wir wünschen uns jedoch, dass wieder jüngere Turnbegeisterte hinzukommen und so ein Turnen in der Turnhalle wieder möglich wird. Es wäre schön, wenn in einem Altersturnen, oder auch Seniorenturn- oder Sportgruppe, wie es im heutigen Sprachgebrauch genannt wird, wieder Gesundheit, Freude und viel Spass vermittelt werden könnten.

«Scheuet Euch nicht des Älterwerdens, man urteilt zwar vorwiegend nach der äusseren Erscheinung und vergisst oft, dass ältere Menschen wie Museen sind, bei denen es weniger auf die äussere Fassade, als vielmehr auf die kostbaren Schätze wie Reife, Güte und Weisheit im Innern ankommt!»

Bethli Gloor-Lüthi

Quellennachweis

Informationen, die anlässlich des 15-jährigen Jubiläums gesammelt wurden
Protokolle

Vereine im Bereich Musik und Kultur

Gemischter Chor

Gegründet wurde der Chor 1928. Interessierte Männer und Frauen im Dorf wollten einen Chor zum Singen von Heimatliedern. Natürlich musste zuerst ein Dirigent gefunden werden. Der damalige junge Lehrer, der noch nicht lange in unserem Dorf Schulunterricht gab, war gerade recht – oder in unserem Dialekt: «Dä chunnt ys wie gschliffe». Es war in vielen kleinen und grösseren Gemeinden noch Brauch, dass «der Herr Lehrer» solche Arbeiten in der Freizeit übernahm. So wurde der erst 23-jährige Emil Weitnauer erster Dirigent des neu gegründeten Chores. Laut Kassabuch haben 48 Personen ihr Eintrittsgeld von Fr. 1.– an den Kassier abgeliefert. Von da an wurden jeden Monat 5 Batzen eingezogen. Die ersten Ausgaben im Kassabuch waren für Notenmaterial verbucht. Leider ist das Protokollbuch im Laufe der Jahre irgendwo verschwunden und somit auch wichtige Dokumente aus den Anfängen des Chores.

Abb. 1: Gemischter Chor, 2005

KULTUR UND FREIZEIT

Schon 1932 wurde das erste Theater einstudiert, mit dem Titel «Vor hundert Joor». Geschrieben hatte es unser Dorfdichter Hans Gysin (Metzgerhans). Laut Kassabuch hat er dafür 20 Franken als Tantiemen erhalten. Im selben Jahr wurde die erste Vereinsreise organisiert; sie führte via Mürren aufs Schilthorn. Fortan waren die Reisen des Gemischten Chors immer etwas Besonderes, da es für viele Leute im Dorf die einzige Gelegenheit war, wenigstens einmal im Jahr eine grössere Reise zu machen. Die Mitgliederzahl pendelte sich bei etwa 50 Aktiven ein. Während der Kriegsjahre hat der Chor seine erste Bewährungsprobe bestehen müssen, waren doch viele männliche Mitglieder im Aktivdienst.

Im Jahre 1952 erlebte der Verein seine erste richtige Krise. Laut Protokoll war man nahe daran, den Verein aufzulösen. Der langjährige Dirigent Emil Weitnauer überreichte den Taktstock seinem Kollegen, dem Oberstufenlehrer Paul Zuberbühler. Jetzt war also der neue Dirigent für die musikalische Leitung verantwortlich, und er war ausserdem Reiseleiter und Theaterregisseur. Neben der wöchentlichen Singstunde nahm der Chor auch an diversen Gesangsfesten teil. Die alljährlichen Reisen, ein-, zwei- oder sogar dreitägige, waren immer sehr begehrt. Theateraufführungen fanden regelmässig im prall gefüllten Gemeindesaal statt. An den 1.-August-Feiern wirkte der Chor jeweils mit Liedervorträgen mit. Und immer wieder wirkte der Chor auch bei Gottesdiensten in der Kirche mit. Zu 90. Geburtstagen (und ab 95 jedes Jahr) gratulierte die Sängerschar mit einem «Ständeli». In den letzten Jahren erfreute der Chor ab und zu die Bewohnerinnen und Bewohner in den umliegenden Altersheimen.

Im Jahre 1975 trat Paul Zuberbühler als Dirigent zurück und der Verein fand nach einigem Suchen den in Sissach wohnhaften Lehrer Jakob Pulver. Pulver hatte in der Auswahl des Liedgutes etwa die gleiche Stilrichtung wie seine Vorgänger. Leider musste er 1978 aus gesundheitlichen Gründen den Dirigentenstab abgeben. Glücklicherweise haben die Verantwortlichen in Tabitha Schuler eine junge Dirigentin mit neuen Ideen und frischem Schwung gefunden. Am Anfang hatten einige Männer im Chor ein wenig Mühe, nach dem Taktstock einer jungen Frau zu singen. Nach einigen Singstunden war die Angewöhnungszeit jedoch vorüber und alle freuten sich, mit neuem Schwung auch neue Chorliteratur zu erlernen. Die neue Mehrzweckhalle war mittlerweile einge-

Abb. 2: Chorkonzert in der Kirche, 31.10.2004

weiht, und nach einer längeren Pause ging man wieder ans Einstudieren von Theaterstücken. Mit schöner Regelmässigkeit werden jetzt alle zwei Jahre Theater aufgeführt. Der Chor hat sich auch immer mit Konzerten klassischer oder volkstümlicher Art in der Öffentlichkeit präsentiert.

Heute kämpfen wir, wie so viele andere Chöre in der Region, mit Nachwuchsproblemen. Wir würden uns freuen, neue Stimmen, vor allem jüngere, in einer unserer Singstunden im neuen Probelokal, der Florianstube, willkommen zu heissen. Am 17. Mai 2003 feierte der Verein sein 75-jähriges Bestehen mit einem Fest in der Mehrzweckhalle. Die umliegenden Chöre und auch alle unsere Dorfvereine sind gekommen, um zu gratulieren. Unser finanziell gesunder Verein wird bemüht sein, auch in Zukunft kulturell aktiv am Dorfgeschehen teilzunehmen und weiterhin klassische sowie volkstümliche Lieder einzustudieren und der Öffentlichkeit an diversen Anlässen zu präsentieren.

Ruedi Waldmeier

Quellennachweis

Protokolle

Kassabücher

KULTUR UND FREIZEIT

Heimatmuseum Oltingen-Wenslingen-Anwil

Der Museumsverein wurde 1985 gegründet. Die Idee für ein Museum geht auf Dr. h. c. Emil Weitnauer, Oltingen, zurück, der schon in den 1930er-Jahren diesen Vorschlag gemacht, dafür aber nur Spott und Hohn geerntet hatte. «Es Museum z Oltige, dänk men au!» mögen die Leute gesagt haben. Als dann Anfang der 1980er-Jahre der Umbau der Pfarrscheune ins Auge gefasst wurde, schlug endlich die Stunde des Heimatmuseums. Da die drei politischen Gemeinden des Kirchspiels das Museum nicht selber betreiben wollten, suchte die Baukommission interessierte Leute zur Gründung eines Trägervereins, mit der Zusicherung finanzieller Unterstützung durch die drei Gemeinden.

Zur Zeit der Gründungsversammlung waren bereits 60 Mitglieder eingeschrieben, mittlerweile sind es 231 geworden. Die Geschäfte, das heisst das Museum, werden von einer zwölfköpfigen Kommission geführt, vier aus jeder Gemeinde. «Der Zweck dieses Vereins besteht darin, das Verständnis für die Heimatkunde unserer Region und das kulturelle Brauchtum unserer drei Gemeinden zu fördern.» So wurden die Aufgaben für den neuen Verein im Protokoll der Gründungsversammlung umschrieben.

Unverrückbarer Bestandteil des Museums ist der Webstuhl, ein Zwanziggänger, auf dem Lina Gysin-Weitnauer, «S Wägmacherlyni», als letzte Oltinger Heimposamenterin bis Anfang der 1970er-Jahre Bändel gewoben hat. Auch im Museum läuft der Webstuhl weiter, allerdings nur mit fünf Gängen. Kurse für Weblehrtöchter sorgen dafür, dass das «Basimänterhamperch» nicht ausstirbt. Ihren festen Platz haben auch die Exponate, die an die beiden Dichter Hans Gysin, «Metzgerhans», von Oltingen und Traugott Meyer, «S Bottebrächts Miggel», von Wenslingen erinnern. Sonst aber wird das Museum immer wieder neu gestaltet. Bis 2007 konnten die Museumsbesucher fünfzehn Wechselausstellungen und fünf kleinere Ausstellungen bewundern.

Der Bogen der Themen spannte sich in dieser Zeit vom Handwerk, Posamenten, Traugott Meyer über die Feuersbrunst von Wenslingen (1688), Kuhglocken und Giessereien, Baselbieter Chuchi, «Us eusem Bode» (Gesteine, Versteinerungen, Steinwerkzeuge), Mode und Handarbeiten um die Jahrhundertwende, Vögel der Region, «Dr Dorflade», «Euse Läbeswäg, «Bäbi, Bäre, Balle» … Spielzeug, Landwirtschaft 1700 – 2001, «Wasser, eusi Läbesquelle» bis zur im April 2006 eröffneten Ausstellung über die Schule im Wandel der Zeit.

Eine andere Art von Tätigkeit sind die Veranstaltungen, die vorwiegend im Winterhalbjahr durchgeführt werden: Autorenabende, Konzerte, Referate und Exkursionen wechseln sich ab.

Die Museumsarbeit ist anspruchsvoll, vielseitig und anregend. Sie schafft eine Verbindung zu nicht alltäglichen Menschen und erfordert immer wieder ein Einarbeiten in Sachgebiete, die man sonst kaum kennt oder wahrnimmt. Das Museum wird das ganze Jahr über gut besucht, und die «Kommissiönler» freuen sich immer wie die Schneekönige, wenn sie von Museumsfachleuten Lob für eine Ausstellung erhalten. Auch konnte bei den Leuten die Wertschätzung für «olte Plunder» gefördert werden.

Die alten Gegenstände werden entweder als Schmuckstücke zu Hause aufgestellt, oder sie werden dem Museum geschenkt.

Abb. 1: Ausstellung «Wasser, eusi Läbesquelle» April 2004 – Januar 2006

Unsere Sammeltätigkeit muss sich in Zukunft auch auf alltägliche Dinge ausweiten, denn ein heute noch gebräuchlicher Röhrenradio zum Beispiel wird bald einmal ein Museumsstück sein. So geht uns die Arbeit nie aus!

Jürg Lüthy

Quellennachweis

Protokolle

Abb. 1: Sujet «Feldschlösschen»

Abb. 2: Sujet «0,5 Promille»

Fasnachtsgesellschaft

«Schluckspächte Oltige»

Im Jahre 1998 fassten acht angefressene Fasnächtler am Sissacher Umzug den Entschluss, eine Fasnachtsgesellschaft zu gründen. Ein Name war schnell gefunden, da doch alle gerne gemütlich zusammensitzen und einen trinken (schlucken). Am 15. Oktober 1998 wurden die «Schluckspächte Oltige» gegründet.

Für die Fasnacht 2000 wurde erstmals ein Fasnachtswagen mit allem möglichen Komfort gebaut. Etliche Stunden Arbeit wurden in den Bau des Wagens gesteckt. An der Fasnacht 2000 fuhren die «Schluckspächte Oltige» erstmals durch das Dorf, die Wagentaufe wurde vollzogen. Das erste Sujet hiess «Post», in den folgenden Jahren wurden nacheinander «Feldschlösschen», «Mc Donald's», «0,5 Promille», «Jubiläum», «Mir fliege us» und 2006 «Vierspänner» als Motto gewählt. Die jeweiligen Fasnachtsmalereien, die den Wagen schmücken, werden von Rita Weitnauer entworfen und gemalt und sind wahre Kunstwerke. Nebst den beiden Fasnachtsumzügen in Sissach und Gelterkinden ist die Oltinger Fasnachtsgesellschaft auch jedes Jahr um den Silvesterball im Dorf besorgt.

Die Gründungsmitglieder:

Mathias Lüthy
Roger Beugger
Martin Waldmeier
Silvan Spiess

Thomas Rickenbacher
Roman Bachmair
Roman Beugger
Tobias Gysin

Später kamen dann noch Andreas Gysin, Stefan Eschbach und Martin Eschbach dazu.

Martin Eschbach

Quellennachweis

Interviews mit Gründungsmitgliedern

Abb. 3: «D Schluckspächte», 2001

Zig Open-Air Verein

Am Samstag, den 14. August 1993, wurde zum ersten Mal in Oltingen ein Fahrzeug mit technischem Material und Getränken für ein Kino-Open-Air beladen und auf die Zigfluh gefahren. Diese lauschige Waldlichtung östlich der Zigfluh-Aussichtsbank an der Gemeindegrenze von Zeglingen und Oltingen wurde von den Organisatoren ins Auge gefasst, um einen Anlass zu veranstalten, den es in dieser Form noch nie gegeben hatte. Es sollte eine private Kinonacht in freier Natur, an einem warmen Sommerabend, mit Wurst vom Grill und frisch gezapftem Bier werden. Der Landbesitzer Heinz Gerber wurde im Vorfeld angefragt, und er hat sein Land ohne Vorbehalte zur Verfügung gestellt.

Zuerst musste eine gute Position für die Leinwand gesucht werden. Mit zwei stattlichen Buchen am östlichen Waldrand hatte man auch gleich die richtigen Träger dafür gefunden. Die Leinwand aus Leintüchern wurde daraufhin zwischen die beiden Bäume gespannt und mit Bostitch- und Sicherheitsklammern zusammengeheftet. Etwas tiefer im Wald wurde ein kleiner Notstromgenerator und vor der Leinwand der Projektor aufgestellt. Auf dem Dach eines VW-Busses wurden die Boxen der Musikanlage und im Innern der Bierkühler angeschlossen.

Die Information über den Anlass wurde mit Mund-zu-Mund-Propaganda im Freundeskreis schnell über Oltingen und Zeglingen verbreitet, sodass sich ca. 30 Personen zum ersten Kinoabend auf der Zigfluh einfanden. Für ein kleines Entgelt in einem Getränkebecher konnte man sich einen Chlöpfer zum Selberbraten und Mineral oder Bier kaufen.

Das gute Wetter an diesem Abend, aber vor allem auch die schönen Erinnerungen hatten massgeblich dazu beigetragen, dass es nicht bei dieser ersten Auflage blieb. Im Jahr darauf wurde schon früh über eine Wiederholung des Anlasses diskutiert. Man wollte ihn einem breiteren Publikum öffnen. Für die Organisation einer öffentlichen Veranstaltung musste aber auch viel mehr Zeit in die Vorbereitungen gesteckt werden.

Schliesslich wollte man auch etwas professioneller daherkommen. Für die Plakate wurden Sponsoren gesucht, und auch die Leinwand wurde von vier auf acht Leintücher erweitert. Für die grössere Leinwand reichten die zwei stattlichen Buchen nicht mehr, und man benötigte ein Baugerüst, das vom Baugeschäft Gysin und Lüthy in Oltingen spontan mit allem weiteren notwendigen Baumaterial unentgeltlich zur Verfügung gestellt wurde. Die Initianten, Organisatoren und Helfer investierten drei Tage ihrer Ferien, um die gesamte Infrastruktur rechtzeitig zum Kinostart aufzustellen. Die Kinoabende wurden für den Freitagabend (nur für Freunde und Kollegen) und Samstagabend für alle anderen Interessierten geplant.

Neben einer grösseren Leinwand am Baugerüst wurde auch eine professionelle Beschallungsanlage mit leistungsstarken Boxen auf dem Gelände aufgestellt.

Abb. 1: Leinwand mit Helfern, 2006

KULTUR UND FREIZEIT

Abb. 2: Zuschauer am Zig Open-Air 2006

Der bisherige kleine Notstromgenerator reichte nun nicht mehr aus, und es wurde für eine genügende Energieversorgung ein ca. 400 m langes Kabel vom Challhof unterhalb der Zigfluh verlegt. Die gesamte Technik, vom Verstärker bis zum Videoabspielgerät, wurde in einem ausgedienten Wohnwagen installiert.

Das Konzept der Initianten sah von Anfang an vor, kostenlosen Eintritt für alle zu gewähren und sämtliche Auslagen für das Kino durch Getränke- und Esswarenverkauf zu decken. Daher wurde hinter den Zuschauerreihen eine überdachte Ausschank-Theke aufgebaut.

Diese Vorbereitungen waren sehr intensiv und forderten von allen Beteiligten ein sehr grosses Engagement, um am Freitagabend starten zu können.

Mit dem ersten Zuschauerstrom kündigte sich jedoch leider auch ein Sommergewitter an. Die Leinwand wurde innert kürzester Zeit zerfetzt und die technischen Einrichtungen stark beschädigt. Der Anlass musste daraufhin sogar abgebrochen werden. Trotz grosser Frustration und Enttäuschung im Organisationsteam und dazu noch einem Defizit in der Kasse war man entschlossen, die Idee eines Open-Air-Kinos weiterzuführen, jedoch mit dem Ziel, die Infrastruktur zukünftig wetterfest zu konzipieren.

Für das Jahr 1995 wurden mit einer Haushaltnähmaschine in der Turnhalle Zeglingen zwei Bahnen Bauvlies zusammengenäht. Damit ergab sich eine Leinwand von ca. 9 x 5 m. Die ersten Tests zeigten aber, dass sie zu lichtdurchlässig war. Als Lösung wurde sie mit einer weissen Dispersionsfarbe bestrichen, um die Lichtdurchlässigkeit zu verringern und damit die Reflektion zu verbessern. Die gestrichene Leinwand erwies sich als geeignete Lösung, und das Open-Air-Kino war ein grosser Erfolg. Zu diesem Erfolg trug unter anderem auch der Film «Schindlers Liste» bei. Der Nebel strich nämlich nicht nur über einzelne Szenen im Film, sondern auch live über das Open-Air-Gelände. Das anwesende Publikum erlebte damit eine unvergessliche Stimmung.

Der Aufbau der Infrastruktur und die Installation der Technik wurden von Jahr zu Jahr aufwändiger und professioneller. Damit wurde auch der finanzielle Aufwand fast um das 100fache grösser. Schlechte Witterung erhöhte das Risiko von geringeren Einnahmen im Wirtschaftsbetrieb. Im Jahr 1996 wurde deshalb ein Werbekonzept für interessierte Inserenten entworfen, um die stetig ansteigenden Auslagen sowie das mit der Witterung zusammenhängende Einnahmenrisiko wenigstens mittels Werbeeinnahmen auffangen zu können. Im Vorspann sowie in den Filmpausen wurde den Inserenten Gelegenheit geboten, mit ihren Dias für ihre Firma zu werben.

Neben dem neuen Werbekonzept wurde auch der Komfort für das Publikum erhöht, es wurde das erste Mal ein WC und fliessendes Wasser installiert.

Am 29. Mai 1997 wurde offiziell der Verein Zig Open-Air gegründet. Der Vorstand setzte sich wie folgt zusammen: Vereinspräsident: Reto Rickenbacher, Kassier: Peter Waldmeier, Aktuarin: Anita Scherrer.

In den Jahren 1997 – 2001 wurden das Konzept und die Infrastruktur beibehalten. 1999 wurde Andreas Buess ins OK aufgenommen. Im selben Jahr stiegen die Anforderungen an die Stromversorgung durch

KULTUR UND FREIZEIT

den bisherigen Ausbau der Infrastruktur derartig an, dass neben der Versorgungsleitung vom Challhof auch noch ein leistungsfähigeres Notstromaggregat in das Versorgungsnetz eingebunden werden musste. Zum üblichen Wirtschaftsbetrieb wurde ausserdem im Jahr 2001 zusätzlich eine Bar angegliedert. Um dem von Jahr zu Jahr wachsenden, mehrheitlich motorisierten Zuschauerstrom gerecht zu werden, mussten genügend Parkplätze vorhanden sein.

Dank dem Entgegenkommen verschiedener Landbesitzer und Pächter konnten bisher genügend geeignete Parkplätze in der Nähe des Geländes bereitgestellt werden.

Im Jahr 2001 wurde die Vereinsleitung von Reto Rickenbacher an Remo Flück übertragen. Markus Baltermi löste die bisherige Aktuarin Anita Scherrer im Vorstand ab. Neben dem Verein wurde ein Organisationskomitee zur Koordination und Durchführung des Kinoanlasses unter der Leitung von Peter Waldmeier gegründet. In dieser Konstellation wurde das Kino vier Jahre lang weitergeführt und erfolgreich betrieben.

Neben dem Kinoanlass wurde am «Oltiger Määrt» in den Jahren 2004 und 2005 ein Stand mit Verpflegung und ein kleines Kino sowie an den Banntagen ein Getränkestand im Raum Zigfluh durch den Verein Zig Open-Air betrieben.

Im Jahr 2005 wurde die Leitung des Vereins sowie die Organisation erneut in die Hände von Reto Rickenbacher gelegt.

In den nächsten Jahren wird das Kino im gleichen Rahmen weitergeführt werden. Es werden dabei auch grosse Anstrengungen unternommen, den Anlass so umweltverträglich wie möglich zu betreiben. Das Gelände wird nach jedem Anlass grossräumig von Unrat gereinigt und möglichst alle Spuren der Veranstaltung beseitigt.

Das Kino-Open-Air lässt sich aber nur durchführen, weil sich jedes Jahr genügend Helferinnen und Helfer sowie Gönner finden, die diesen Anlass tatkräftig und ohne Entgelt unterstützen. In den letzten Jahren konnten alle Helferinnen und Helfer als kleines Dankeschön jeweils zu einem Nachtessen oder einem kleinen Ausflug eingeladen werden. Das Open-Air soll auch in Zukunft in dieser Art und Weise bestehen und damit zum kulturellen und gesellschaftlichen Dorfleben von Oltingen und Umgebung beitragen.

Reto Rickenbacher

Quellennachweis

Protokolle der Generalversammlungen und Vorstandssitzungen 1997 – 2005
Informationen der Gründungsmitglieder

Der Vorstand und das OK des Zig Open-Air 2005 konstituierten sich wie folgt:

Reto Rickenbacher	Präsident
Peter Waldmeier	Kassier
Markus Baltermi	Aktuar
Andreas Buess	Wirtschaftsbetrieb/Werbung

www.zigopenair.ch

KULTUR UND FREIZEIT

Jagd- und Schiessvereine

Feldschützengesellschaft

Rückblick

Die Feldschützengesellschaft Oltingen wurde im Jahre 1881 gegründet und ist somit der älteste Verein des Dorfes. Doch bereits im Jahre 1762 haben Dorfbewohner aus Anwil und Oltingen gemeinsam einen Schiessplatz betrieben (Staatsarchiv, D. Bruckner).

Gemäss den Vereinsstatuten aus dem Jahre 1961 bezweckt der Verein die Erhaltung und Förderung seiner Mitglieder im Interesse der Landesverteidigung sowie die Pflege guter Kameradschaft und vaterländischer Gesinnung.

Im Jahre 1910 wurde das erste Schützenhaus eingeweiht, welches aber 1957 durch das heutige Schützenhaus ersetzt wurde. Ende 1989 wurde beschlossen, das bestehende ehemalige Schützenhaus zum Vereinslokal umzubauen und dieses unter anderem auch für Privatanlässe gegen eine Mietgebühr zur Verfügung zu stellen.

Im Jahre 1991 wurde für rund Fr. 90000.– eine elektronische Trefferanzeige installiert. Es wurden vorerst 4 der insgesamt 8 Scheiben mit dieser elektronischen Anlage ausgerüstet. An grösseren Schiessanlässen hat dies zur Folge, dass von Hand und elektronisch gezeigt wird.

Die Anzahl der Mitglieder ist während den letzten 10 Jahren stabil geblieben und beträgt rund 80 Schützinnen und Schützen. Mit der Einführung der Lizenzen durch den Schweizerischen Schiesssportverband (SSV) sowie durch die Herabsetzung des Wehrpflichtalters ist jedoch die Zahl der aktiven Schützen gesunken.

Entgegen dieser Entwicklung stiegen erfreulicherweise die Schiessresultate kontinuierlich an, welches auch die mehrmalige Teilnahme unserer Jungschützen am Final der Schweizer-Meisterschaft bestätigt.

Aktivitäten

Die vereinsinterne Meisterschaft besteht aus 8 bis 9 jährlich festgelegten Schiessanlässen.

Der Feldcup wurde eingeführt, um das Training für das Feldschiessen zu erhöhen. Er besteht aus der Vorübung Feldschiessen, Schafmattkreisschiessen, Feldschiessen und dem obligatorischen Programm und wird mit der Ordonanzwaffe geschossen.

Die Teilnahme an den kantonalen oder eidgenössischen Schützenfesten gehört ebenso zu unseren Aktivitäten wie die Durchführung des traditionellen Schützenausmarschs.

Abb. 1: Schützenausmarsch nach Rothenfluh, 1968

KULTUR UND FREIZEIT

Abb. 2: Eidgenössisches Schützenfest, 1995

Zu dem beliebtesten Anlass darf sicherlich unser «Sauschiessen» gezählt werden, an welchem auch Nichtvereinsmitglieder mitmachen dürfen. Dieses Schiessen findet alle 2 Jahre statt.

Neben dem eigentlichen Schiesswesen beteiligen sich die Oltinger Schützen auch am regen Dorfleben. So verpflegen sie beispielsweise die Oltinger Bevölkerung am 1. August oder am Banntag und nehmen auch am «Oltiger Määrt» teil.

Unser Verein feierte im Jahr 2006 sein 125-jähriges Bestehen mit einem Jubiläumsschiessen. Da das Schafmattkreis- und Feldschiessen im gleichen Jahre von unserem Verein durchgeführt wurde, statteten wir unsere restlichen 4 Scheiben mit elektronischer Trefferanzeige aus.

Wir sind überzeugt, in der Zukunft unseren Vereinsmitgliedern weiterhin den interessanten Schiesssport im eigenen Stand zu ermöglichen.

Patrick Gysin
Men Schmidt-Gysin

Ausblick

Für unsere Jungmannschaft steht neu ein «Schnuppertag» auf dem Programm, der erstmals im Sommer 2005 durchgeführt wurde. Mit diesem Anlass soll das Interesse am Schiesssport geweckt werden.

Im Jahre 2006 führten wir ein weiteres Schiessen für die Dorfbevölkerung im Wechsel mit dem «Sauschiessen» ein. Wir erhoffen uns, durch eine grosse Beteiligung unsere Anzahl an aktiven Schützen zu erhöhen.

Quellennachweis

Staatsarchiv, D. Bruckner

Protokolle

Unterlagen der Einwohnergemeinde

Jagdgesellschaft

Die Jagd von ca. 1920 – 1970

Die Jagd wurde lange Zeit nur von Einheimischen (Glasers, Schmitts, Zimberkarlis, Wirze und dr Gerber vom Rumpel, dr Hirzefritz, Schmittsbaschi) betrieben. Das Revier wurde alle 6 Jahre im Gemeindesaal durch den Gemeindepräsidenten versteigert und dem Höchstbietenden zugeschlagen. Dies waren jeweils bange Stunden für die einheimischen Jäger. Die Angst war gross, es könnten auswärtige finanzstarke Jäger an unserem schönen Revier Interesse zeigen.

Abb. 1: Aufnahme vor dem Ochsen, ca. 1928
Von links nach rechts: Hans Gysin (Schmitts), Fritz Guldimann, Lostorf, Heinrich Rickenbacher (Glaserheini), Heinrich Wirz (Rumpelheini), Karl Gysin (Schmittskarli), Fritz Rickenbacher (Hirzefritz), Karl Weitnauer (Zimberkarli), Heinrich Gerber (Rumpelheini), im Hintergrund: Arnold Rickenbacher und Erika Rickenbacher (Ochsenwirte)

1964 wurde dann die Pacht tatsächlich von auswärtigen Jägern von Fr. 2800.– auf die stolze Summe von Fr. 8400.– gesteigert. Die Oltinger machten nun trotz hoher Pacht das Zugrecht geltend und konnten so das Revier zu einem hohen Preis weiter bejagen. Ab 1970 wurden diesen Ungerechtigkeiten Einhalt geboten, in dem jedes Revier im Kanton von einer neutralen Kommission geschätzt wurde. Unsere Jagd kostete von da an noch Fr. 6620.– und wird seither der hiesigen Jagdgesellschaft zu diesem Preis überlassen.

Das Wild

Nach kantonalem Recht werden in unserem Revier folgende Wildarten bejagt: Wildschwein, Reh, Hase, Fuchs, Dachs, Marder, Rabenkrähe, Eichelhäher, Elster, Stockente. Im Frühling erfolgen 2 nächtliche Wildzählungen. Nach diesen Auswertungen wird durch den Jagdleiter eine Abschussplanung erstellt. Diese muss vom Revierförster sowie von der kantonalen Jagdverwaltung bestätigt werden.

> «Dr Zimberkarli» (Karl Weitnauer-Gass) war nicht nur Jäger, sondern auch Gemeindepräsident. Er hatte die Jagdsteigerung auf 14.00 Uhr im Gemeindesaal angesagt, stellte jedoch die Kirchenuhr eine Stunde vor. Er und seine Jagdkollegen hatten nun genügend Zeit, das Jagdrecht für weitere 6 Jahre für sich zu beanspruchen. Als dann zur Kirchenuhrzeit noch andere Interessierte erschienen, war die Jagd längst schon wieder in der Hand der bisherigen Pächter.

KULTUR UND FREIZEIT

Abb. 2: Aufnahme von ca. 1960
Oltinger Jäger und auswärtige Jäger:
1 Hans Gysin (Schmitts), 2 Walter Beugger,
3 Karl Gysin (Schmittskarli)

Schmittskarli (Karl Gysin-Gysin) schoss auf der Geissfluh verbotenerweise einen Rehbock, dabei beobachtete ihn der Bitterli Sepp vom Saalhof in Kienberg. Da aber auch dieser verbotenerweise auf der Jagd war, teilten die beiden das Reh unter sich auf. So kam keiner zu Schaden.

Der Wenslinger Polizist machte eine Jagdpasskontrolle in der Winterhalde. Hans Rickenbacher-Schaub, Viehhändler von Wenslingen, war wegen eines Jagdfrevels nicht im Besitz eines Jagdpasses. Geistesgegenwärtig zeigte er dem Kontrollierenden seinen Fahrausweis, worauf dieser sagte: «S isch au e so rächt.»

Abb. 3: Jagdgruppe 2003

Bis ca. 1950 war der Wildbestand sehr gering und der Abschuss von Rehwild war sehr selten. Schwarzwild wechselte zu jener Zeit nur ganz vereinzelt vom Elsass oder Deutschland in die Nordwestschweiz. Als 1926 auf der Plattenrüti eine Wildsau erlegt wurde, galt dies in der Region als grosse Sensation. «Dr Stöffibaschi vom Hübel» (Sebastian Gysin) führte die erlegte Sau mit seinem Schlittengespann ins Dorf. Damals wurde der Fuchs- und Marderjagd sehr viel Beachtung geschenkt. Pelze waren in Mode, und es wurden sehr hohe Preise dafür bezahlt. 1928 erhielt man für einen Fuchspelz Fr. 70.–. Der damalige Stundenlohn betrug Fr. 1.– (man rechne!) Füchse und Marder wurden mit Tellereisen oder Schwanenhals gefangen.

Die Jagdgesellschaft Oltingen 2006

Die Jagdgesellschaft hat den Auftrag, einen unserem Revier entsprechend angepassten, gesunden Wildbestand zu erhalten. Dies erfolgt durch eine selektive Einzeljagd im Sommer und die Gesellschaftsjagden, an welchen auch Jagdgäste eingeladen werden, vom 1. Oktober bis 15. Dezember. Die Gesellschaft besteht zurzeit aus 10 Pächtern. Die Chargen sind wie folgt verteilt: Präsident, Aktuar, Kassier, Jagdleiter, Jagdaufseher, Hüttenwart. Zur Aufnahme in die Gesellschaft muss ein sogenannter Jungjäger im Besitz der kantonalen Jagdprüfung sein. Die Aufnahme muss von der bestehenden Gesellschaft einstimmig gutgeheissen werden. Nach kantonalem Jagdgesetz muss unsere Gesellschaft mindestens aus 6 Gesellschaftern bestehen, darf aber die Anzahl von 10 Pächtern nicht überschreiten. Die Jagdgesellschaft pachtet das Revier von der Einwohnergemeinde auf jeweils 8 Jahre. Der Vertrag wird im gegenseitigen Einverständnis des Gemeinderates und der Gesellschaft mit Unterschriften beider Parteien jeweils auf eine weitere Pachtperiode verlängert. Ein Jagdjahr dauert von 1. April bis 30. März. Der Pachtzins von Fr. 6620.– pro Jahr muss bis 1. April an die Gemeinde bezahlt werden.

Christian Lüthy

Wenn der Glaser Heini (Heinrich Rickenbacher-Gisi) aufs Feld oder in den Wald ging, so trug er stets einen Sack auf dem Rücken. Das gehörte zum Alltagsbild und niemand fragte ihn, was er darin habe. Trotzdem wusste man, dass so manches Häslein im Sack den Weg in Glasers Küche fand.

Quellennachweis

Statuten

mündliche Überlieferungen

KULTUR UND FREIZEIT

Gemeinnützige und übrige Vereine

Frauenverein

Ein Kassabuch aus dem Jahr 1911 ist das einzige Dokument aus der Anfangszeit des Frauenvereins. Wir nehmen an, dass der Verein in diesem Jahr oder kurz zuvor gegründet wurde. Das erste Protokollbuch wurde erst ab 1976 geführt.

Gespräche mit älteren Frauen im Dorf machen deutlich, wie wichtig der Frauenverein damals für viele Frauen war. Der Ausspruch «me isch zum Huus us cho» steht für den damaligen Wunsch nach etwas Frei-

Abb. 1: Auf dem Genfersee, 1946

Abb. 2: Tortenparadies am Frühlingsmarkt 1976

heit. Solidarität unter den Frauen wurde gross geschrieben. «Mir sy au öpper», hiess es. Beim Reisen kam man einmal im Jahr aus dem Dorf.

Mit Socken, Finken, Esswaren, Stoff, Leintüchern oder Geld wurden ärmere Leute im Dorf unterstützt. Da konnte es schon vorkommen, dass sich jemand dank dem Frauenverein ein neues Gebiss leisten konnte. 1963 wurde auf Initiative von aktiven Frauen eine Waschmaschine im Schulhaus installiert. Nach einem genauen Plan konnten alle Frauen dort ihren Waschtag abhalten. «Wenn du myni gruusigschte Überhose suuber bringsch, denn darfsch au dört go wäsche», soll ein Oltinger Mann zu seiner Frau gesagt haben.

Heute, im Jahr 2005, gehören bei rund 400 Einwohnern im Dorf 108 Frauen dem Frauenverein an. Die Pflege der Gemeinschaft mit Frauennachmittagen, Kursen, Mittagstisch, Adventsfeier, Jassen, Theater- und Musicalbesuchen steht im Vordergrund. Im Weiteren unterstehen die Mütterberatung und der SOS-Fahrdienst dem Frauenverein. Schon fast

KULTUR UND FREIZEIT

Obwohl wir in einer Umbruchphase leben, kann der Frauenverein vorläufig nicht über Mitgliederschwund klagen. Es mangelt jedoch zunehmend an Frauen, die uneigennützig einen Teil ihrer Freizeit für eine gute Sache zur Verfügung stellen.

Der Frauenverein möchte sich einerseits an die galoppierende Veränderung der Gesellschaft anpassen und neue Ideen entwickeln, andererseits aber Bewährtes bewahren. Solidarität unter Frauen soll weiterhin im Vordergrund stehen. Auch wollen wir verschiedene Generationen einander näher bringen. Besonders am Herzen liegen uns die älteren und alleinstehenden Menschen im Dorf. Wir wollen in verschiedener Form Freude bereiten und Kontakte pflegen. Nachbarschaftshilfe soll nicht zu einem Fremdwort werden. So hat der Frauenverein auch in Zukunft weiterhin seine Berechtigung.

Jacqueline Schaub-Dietschi

Abb. 3: 10 Jahre Mittagstisch, April 2000

legendär ist die Backkunst der Oltinger Frauen. Zu verschiedenen Anlässen wie zum Beispiel dem Dorffest, Sagifest, Kuchennachmittag, «Oltiger Määrt» wird gebacken, was das Zeug hält.

Zudem stammt das Brot für den Verkauf zugunsten von Terre des Hommes seit vielen Jahren aus Oltinger Backstuben. Ein schöner Brauch ist das Beschenken junger Familien mit handgestrickten Pulloverchen, wenn ein Kind zur Welt kommt. Der Frauenverein betätigt sich heute weniger karitativ innerhalb des Dorfs, sondern unterstützt wohltätige Institutionen mit Spenden.

Quellennachweis

Kassabuch Frauenverein 1911 – 1948

Protokollbuch Frauenverein ab 1976

Gespräche mit Elisabeth Hug, Anni Rickenbacher, Sophie Gloor, Hulda Zuberbühler und Sophie Weitnauer, aufgenommen auf CD im Mai 2003

Gespräch mit ehemaligen Präsidentinnen Annerös Gysin und Dagmar Gysin

Sparverein

Früher

Der Sparverein wurde 1889 gegründet. Präsident war damals Christian Gerber-Gysin (Schuelchrischtes). Fast alle Haushaltungen im Dorf waren Mitglied beim Sparverein. Die Beträge wurden jede Woche eingezogen und in ein Heft eingetragen. Die meisten Mitglieder zahlten Fr. 1.– oder Fr. 2.–. Die grosse Ausnahme waren Fr. 5.–. Nach dem Einzug zählte der Kassier und Verwalter, Jakob Gysin-Gass, das Geld und verglich es mit dem Hefteintrag. Das Heft wurde danach an die nächste Familie auf der Liste weitergereicht und diese war dann um das Geldeinziehen besorgt. Meistens wurden die Kinder auf die Sparvereintour geschickt. Alle 5 Jahre wurde der Sparbatzen an die Mitglieder ausbezahlt. Die Sparvereinsversammlung fand im Gemeindesaal statt. Nach einer kurzen Ansprache

Vor der Auszahlung des Sparvereingeldes holte der Kassier Jonathan Gass (Förschters) das Geld auf der Bank in Gelterkinden und trug es in einem Rucksack nach Hause. Für seinen Enkel (Ueli Gass) war das immer ein besonderer Tag, wenn sein Grossvater mit einem Rucksack voller Geld nach Hause kam.

durch einen Delegierten des Sparvereins Baselland, der den Mitgliedern zu ihrem Sparwillen gratulierte und sie zu weiterem Sparen anspornte, wurde das Geld ausbezahlt.

2005

Der Sparverein zählt 130 Mitglieder. Dem Verein steht Ueli Gass-Bürgin schon über 30 Jahre als Präsident vor. Die Kassierin Fränzi Gysin-Spiess zieht jeden Monat bei den Mitgliedern das Geld ein. Der jeweilige Betrag wird von jedem Mitglied am Anfang einer Sparperiode festgelegt. Alle 5 Jahre wird das Sparvereingeld an die Mitglieder ausbezahlt.

Verena Burri-Gysin

Quellennachweis

Interviews mit Ernst Rickenbacher und Ueli Gass-Bürgin

Eusem Buredichter

Hans Gysin
1882 – 1969

Me het für s Läbe mänge Name.
I danke mr: S isch es Äxame!
Blos glaube n i ds vo eus alle
ruet jedes mängisch durefalle.
As aber mir am Schlussäxame
doch chönne bstoh: Hilf, Herrgott
— Ame!

In dankbarem Gedenken
die Gemeinde Oltingen
1982

Schule und Kindergarten

Schule im Wandel

Die Anfänge der Schule von der Reformation bis ins 20. Jahrhundert

Der erste «gstudierte» Schulmeister in Oltingen war nach der Reformation Virgilius Schlamp von Memmingen, zwischen Bodensee und Ulm gelegen. Sein Vater war Jakobus Estampus Schlamp, Pfarrer in Wintersingen (1529 – 1563), der dort die Reformation einführte.

Virgilius Schlamp muss 1570 nach Oltingen gekommen sein. Er wurde der Schwiegersohn des oberen Müllers Gysin. Im Jahr 1593 zog er als Wirt und Schulmeister nach Gelterkinden.

Es wird behauptet, dass Oltingen vor anderen Dörfern eine Schule gehabt habe. Dies ist wahrscheinlich eine falsche Meinung. Erwähnt wird die Gründung einer Schule im Jahr 1621, bis zum Anfang des 18. Jahrhunderts finden sich aber keine Aufzeichnungen über Lehrpersonen.

Der nächste namentlich erwähnte Schulmeister in Oltingen war in den 20er-Jahren des 18. Jahrhunderts Ludwig Beugger. Er war gleichzeitig auch Vorsänger und Sigrist. Es gab noch kein Schullokal. Hatte der Lehrer eine eigene Wohnstube, nahm er die Kinder zu sich zum Unterrichten.

1756 wurde ein Baschi Gysin Lehrer, nach ihm sein Sohn Jakob und anschliessend dessen Sohn Georg.

In dieser ganzen Zeit konnte man noch nicht von eigentlichem Unterricht reden. Der Schreibunterricht bestand darin, dass man von irgendwo entlehnten oder gekauften Vorlagen einzelne Formen nachzeichnen musste.

Zum Beispiel:

«Die Künste findst du nicht im Bett, du musst mit jedem in die Wett, und selber dich befleissen.»

Vom Rechnen war gar keine Rede. Als ein Knabe im Jahr 1789 mit der Bitte zum Lehrer kam, er möge ihn doch rechnen lehren, war die Antwort: «Du hast ja nichts zu rechnen.» Zwei begabte Bürger verstanden sich ordentlich aufs Rechnen mit Kreuzen (Addition) und von diesen lernten es die strebsamen Knaben.

Über die Schule Oltingen im Jahr 1798 erfahren wir aus dem «Bericht über den Zustand der Landschulen 1798», verfasst von Pfarrer Ecklin, folgendes:

> Oltingen besitzt kein Schulhaus, nur eine Schulstube. Diese ist viel zu klein und schlecht eingerichtet.
>
> Für die Heizung gibt die Gemeinde ein Klafter Holz und hundert Wellen.
>
> Der 62-jährige Lehrer, ein Gemeindebürger, ist zugleich Sigrist.
>
> Er hat das Zutrauen der Gemeinde nicht. «Für den Unterricht im Lesen genugsame, im Schreiben geringe, im Rechnen keine, im Singen mittelmässige Tüchtigkeit.»
>
> Sein Wandel ist «wirklich unanstössig, gut und fromm», nur schade, dass er nicht «mehrere Tüchtigkeit besitzt.»
>
> *Staatsarchiv, Liestal*

SCHULE UND KINDERGARTEN

Das Einkommen des Lehrers betrug vom Deputatenamt (Aufsichtsbehörde über Kirche und Schule der Landschaft) ein Viernzel (zwei Säcke) Korn und von jedem Schüler nicht mehr als 1 Pfund und 10 Schilling im Jahr. Dazu erhielt er eine eigene freie Wohnung.

Während fünf Monaten im Sommer (Sommerschule) wurde wöchentlich an zwei Tagen unterrichtet, während des Winters (Winterschule) erteilte der Lehrer während sechs Monaten jeweils zwei Stunden vormittags und zwei Stunden nachmittags Unterricht. Zum Heuet und zur Erntezeit gab es zwei Wochen Ferien.

Laut Stundenplan wurde die erste Stunde buchstabiert und gelesen, die andere mitunter geschrieben. Auswendig gelernt wurden der Katechismus, Sprüche aus der Heiligen Schrift und Gebete. Rechnen und Singen wurden nicht erteilt, und es wurde nicht nach Diktat auswendig geschrieben.

Im Dorf gab es zu dieser Zeit 80 Kinder von sechs bis vierzehn Jahren, die Schule besuchten aber nur 49 Kinder. Vor allem die grösseren Kinder gingen nicht mehr zum Unterricht.

> «Sobald die Kinder zur Nothdurft lesen können, begehren ihre Aeltern, dass selbige der Schule entlassen werden. Die wenigen der jungen Leute, welche schon zum heiligen Abendmahle gegangen, können jetzt noch fertig lesen und schreiben.»
>
> *Zusammenfassung Eduard Strübin, 22.05.1981*

Wilhelm Schaffner, von 1810 – 1832 Lehrer in Oltingen

In den Jahren 1809/1810 wurde der Pfarrhausspeicher («Hansjoggis» Haus Nr. 43) zum ersten Schulhaus umgebaut. Im Erdgeschoss war die Lehrerwohnung und im ersten Stock die Schulstube. Die Kosten betrugen, laut allen Konten zusammen, 277 Franken und 9 Batzen.

In dieses Schulhaus trat nun der erste, wirklich zum Schulamt vorbereitete Lehrer, Wilhelm Schaffner von Anwil, ein. Er war ein seinem Beruf mit Liebe und Freude ergebener Mann, und seine Wirksamkeit war reich gesegnet. Da sich bald herausstellte, dass der Schulraum ungenügend war, wurde 1826 ein neues Haus an die Nr. 43 angebaut, das bis 1909 als Schulhaus diente und heute den Dorfladen beherbergt.

Weil W. Schaffner in politischer Hinsicht die Gesinnung der Bürger nicht teilte, musste er während der baslerischen Revolution aus dem Dorf wegziehen. Er zog nach Zeglingen, wo er als Lehrer weiterarbeitete.

Ulrich Grunholzer, Lehrer in Oltingen von 1832 – 1852 (*1782 – †1863)

Er stammte aus Appenzell, war ehemals Landschreiber und während der Kantonstrennung Lehrer in Oltingen.

Aus seinem Bericht «Erlebnisse eines ausgebrauchten Schulmeisters, einzig für seine Söhne niedergeschrieben im Winter 1857/58» entnehmen wir die folgenden Beschreibungen:

«Laut Weisungen der Erziehungsbehörde hatte ich den 9. Oktober 1832 die Schule in Oltingen anzutreten, wohin ich mich Tags vorher, am Sonntagmorgen dorthin verfügte. Der Zufall wollte, dass zur gleichen Stunde Pfarrer Koller von Aarau kommend, auch mit mir beim Ochsen in Oltingen eintraf, um daselbst eine Probepredigt zu halten. Wir beide wurden nun zur selben Zeit Pfarrer und Schulverweser in Oltingen. Herr Pfarrer Nüsperli, der in Rothenfluh funktionierte, wurde nebst dem Gemeinderath beauftragt, mich in die Schule einzuführen.

Es waren nicht alle schulpflichtigen Kinder zugegen. Diejenigen der Stadt anhangenden Bürger blieben die meisten weg. Mehrere Wochen dauerten diese politische Spannung und die Schulversäumnisse, so dass von diesen eigensinnigen Eltern einige mit Strenge angehalten werden mussten, ihre Kinder in die Schule zu schicken.

Erst als meine Familie nach Oltingen gekommen war und unsere eigenen Kinder es verstunden, sich bei jedermann beliebt zu machen und besonders ihre liebe Mutter bei andern Müttern gar bald sich Achtung und Credit erworben hatte, verschwand auch gegen uns so nach und nach der politische Kastengeist.

Mehrere Tage gingen vorüber, bis meine Schüler sich an mein Appenzellerdeutsch und ich an ihre Baslersprache gewöhnten und einander gut verstehen konnten.»

Das Motto, das über seinen Aufzeichnungen steht, lässt auf eine gewisse Resignation schliessen:

«Unser Leben ist dem Weine gleich, der bleibende Rest desselben wird gewöhnlich sauer.»

1852 gibt Grunholzer seine Entlassung ein. Als Abschiedsgeschenk erhält er von Pfarrer Stückelberger im Namen von Schulpflege und Gemeinderat eine Bibel. Der versteckte Wunsch des Pfarrers, er möge sich doch endlich zum Pietismus bekehren, kam darin zum Ausdruck.

Lehrer Grunholzer wurde durch eine junge, tüchtige Kraft ersetzt: Theodor Schaffner, Sohn des Wilhelm Schaffner. Doch wegen eines Missgriffs musste er 1860 die Schule verlassen.

Samuel Schilling, von 1860 – 1919 Lehrer in Oltingen

(*1838 – †1919)
Samuel Schilling stammte von Guntmadingen im Kanton Schaffhausen. Er besuchte das Lehrerseminar in Beuggen und kam danach am 1. Mai 1860 als Vikar an die Schule Oltingen. Am 15. Juli 1860 wurde er fast einstimmig zum Lehrer gewählt. Er unterrichtete (zu einem Anfangslohn von Fr. 243.55 im Jahr) eine Gesamtschule mit 86 Schülern und 40 Repetierschülern. Diese hatten an einzelnen Wochentagen Unterricht, von 17.00 bis 19.00 Uhr und später von 18.00 bis 20.00 Uhr.

1864 heiratete S. Schilling Anna Gass von Oltingen. Er kaufte 1891 die obere Mühle mit Landwirtschaftsbetrieb.

Im Jahr 1909 wurde die Schule mit dem Einzug ins neue Schulhaus in eine Unter- und Oberschule aufgeteilt. Lehrer Schilling gab noch zehn Jahre Unterricht für die Unterstufe, bis er am 4. April 1919 nach einem Schlaganfall aus der Schule entlassen wurde und im August desselben Jahres verstarb. Er prägte während 59 Jahren die Schule Oltingen und schrieb die erste Heimatkunde des Dorfes, die 1863 herauskam.

SCHULE UND KINDERGARTEN

Abb. 1: Schule Oltingen mit Lehrer Samuel Schilling, Aufnahme um 1910
Von links nach rechts, von unten nach oben

1. Reihe: Fritz Waldmeier, Jakob Weitnauer (Hansjoggis), Gotthilf Gysin (Wägmachers), Hans Rickenbacher (Müllerheirechs), Arnold Wirz, Anna Wirz, Emilie Gass, Sophie Gysin, Emilie Gass

2. Reihe: Ernst Waldmeier, Samuel Gysin, Hans Gysin (Wägmacherhans), Fritz Weitnauer (Hansjoggis), Fritz Gysin, Marie Gysin, Lina Rickenbacher (Müllerheirechs), Anna Gysin (Becke)

3. Reihe: Ernst Gysin (Schmideernst, Odemheinis), Arnold Gysin (Beckenoldi), Karl Gysin (Schmittskarli), Walter Börlin, Marie Weitnauer (Hansjoggis), Sophie Gysin, Marie Buess (Murerfritze), Elsa Gysin (Spilhof)

4. Reihe: Hermann Kaspar (Kostbub), Walter Gysin (Spilhof), Otto Moser (Kostbub), Heinrich Wirz, Otto Börlin, Anna Rickenbacher (Müllerheirechs), Lina Weitnauer (Hansjoggis), Bertha Rickenbacher (Glasers)

Schule im 20. Jahrhundert

Mit dem Einzug ins neue Schulhaus 1909 beginnt auch eine neuere Ära der Bildung. Die Gesamtschule wird aufgeteilt in eine Unterschule (1. – 4. Klasse) und eine Oberschule (5. – 8. Klasse), und es werden zwei Lehrer angestellt. Als Oberschullehrer wirkt *Jean Epple*, für die Unterschule bleibt *Samuel Schilling* verantwortlich.

Nach Erhalt eines Kreisschreibens der Erziehungsdirektion beschliesst die Schulpflege am 31. Oktober 1911 die provisorische Einführung der Fortbildungsschule für 17-Jährige. Als Schultage werden der Dienstag und der Donnerstag bestimmt. Der Unterricht findet auf Wunsch von Lehrer Epple von 4 – 6 Uhr nachmittags statt. An Tagen, an denen man ins Holz geht, wird der Unterricht ohne Rücksicht auf die Heimkehr auf 7 – 9 Uhr abends verschoben.

Im folgenden Jahr wird beschlossen, für die 7. und 8. Klasse im Sommer Halbtagesschule von 7 – 11 Uhr morgens und im Winter Ganztagesschule von 8 Uhr 30 bis 11 Uhr 30 und von 13 Uhr bis 15 Uhr einzuführen. Ein weiteres Zitat: «Dem Unterricht für Leibesübungen sollen in der Unterschule auch die Mädchen beiwohnen.» 1912 ist im Protokoll auch vermerkt, dass von vier Schülern Bussen von 50 bis 90 cts verlangt wurden, wegen Verspätung oder Versäumnis.

Beratungen gab es auch wegen der Ferienordnung, und dabei wurde festgestellt, dass sechs Wochen Ferien im Sommer und Herbst bei der Weitläufigkeit des hiesigen Bannes erfahrungsgemäss nicht ausreichen. Dabei wird klar, dass Schulferien damals (und noch lange Zeit) für die meisten Kinder auf dem Lande bedeuteten, dass sie schulfrei bekamen, um daheim und in der Landwirtschaft zu helfen.

Ausserdem werden die Väter (!) an der Gemeindeversammlung darauf aufmerksam gemacht, dass die noch nicht konfirmierten Kinder nach dem Betzeitläuten nicht mehr auf der Strasse bleiben dürfen.

Nach dem Rücktritt von Lehrer Schilling 1919 wird in der Schulpflege diskutiert, ob man als Nachfolge eine Frau oder einen Mann vorschlagen soll. Die Stimmung im Dorf ist eindeutig für einen Lehrer, mit der Begründung, es seien zu viele Schüler für eine Lehrerin!

SCHULE UND KINDERGARTEN

Im Februar 1919 wird Gottfried Dettwyler aus Waldenburg gewählt, und bei einem Essen mit dem Gemeinderat und der Schulpflege wird Lehrer Schilling nach dem Examen feierlich verabschiedet. Auch für die SchülerInnen wurde der Examenstag speziell gestaltet. Zitat aus dem Protokoll: «Den Schulkindern soll zur Hebung der Examensfreude eine Schokolade verabreicht werden.» Die berühmten „«Examenweggli», die es auch heute noch beim Schulabschluss für alle Kinder gibt, waren wohl bei der Schokolade noch zusätzlich dabei. Jedenfalls finden sie sich seit 1843 regelmässig in den Schulrechnungen aufgeführt.

Über Lehrer Dettwyler häufen sich die Klagen der Eltern, er schlage die Kinder, und so ist niemand traurig, als er nach nur einem Jahr von einem *August Müller* abgelöst wird, der «ein tüchtiger und anständiger Mensch sei.» In den Protokollen ist vermerkt, dass Lehrer Müller mit Klassen aus Maisprach und aus Basel korrespondiert hatte und sie mit der Schule diese Klassen auch besuchen gingen. Die nachfolgenden Lehrer übernehmen diese Tradition der Korrespondenz mit anderen Schulen. So wurde über lange Jahre mit den Schülern aus Bissen bei Gstaad ein reger Briefwechsel gepflegt, der zu vielen Freundschaften führte, bis in die heutige Zeit.

An der Oberschule tritt 1921 auch Lehrer Epple zurück, und sein Nachfolger, Ernst Grauwiller aus Bubendorf, übernimmt die Stelle bis 1926. Nach ihm wird Paul Zuberbühler gewählt. Mit ihm und dem zwei Jahre später an die Unterschule gewählten Emil Weitnauer kehrt die alte Beständigkeit zurück, bleiben doch beide während über 40 Jahren Lehrer an der Schule Oltingen.

Abb. 2: Unterschule Oltingen 1924, mit Lehrer Müller
Von links nach rechts, von unten nach oben

1. Reihe: Ernst Gerber (Rumpels), Gusti Gysin (Kostbub), Max Lüthy (Lüthynoldis), Emmi Rickenbacher (Sagers), Elsi Gysin (Steihauers), Marie Schaub, Anna Rickenbacher (Ochse), Frieda Rickenbacher (Sagers), Marie Gysin (Hermis), Annerös Buess (Murerfritze)

2. Reihe: Sophie Gysin (Heirechbaschis), Liseli Gysin (Postadems), Lini Rickenbacher (Ochse), Rösli Wirz, Sophie Gerber (Rumpels), Selma Pümpin (Räbes), Elsi Buess, Frieda Gysin (Heinis), Bertha Gerber (Rumpels), Margrit Buess (Murerfritze), Kläri Schaub, Marie Gerber (Gärberruedis)

3. Reihe: Paul Gysin (Müllerdölfis), Max Wirz, Hans Gysin (Martibaschis), Walter Gysin (Basimänters), Emil Gysin (Schryners), Alfred Gass, Lehrer August Müller, Hanna Lüthy (Lüthynoldis), Margrit Wirz, ??? (Kostmädchen), Sophie Rickenbacher (Sagers), Marie Gloor, Frieda Gysin (Matte)

4. Reihe: Hans Spiess, Fritz Straumann (Kostbub Zimbers), Noldi Rickenbacher (Ochse), Ernst Gysin (Postadems), Ruedi Lüthy (Lüthywerners), Arthur Wirz (Kostbub Martireiners), Bertha Lüthy (Lüthynoldis), Julia Lüthy (Lüthywerners), Martha Buess (Murerfritze), Mineli Gysin (Basimänters), Bethli ??? (Kostmädchen Hirze), Bethli Gloor

??? = Name unbekannt

SCHULE UND KINDERGARTEN

Die Ära Zuberbühler / Weitnauer beginnt

Paul Zuberbühler, Lehrer in Oltingen von 1926 – 1971
(*1905 – †1990)
Aus einem Interview mit seiner Frau Hulda Zuberbühler
(geb. 17. 01. 1915)

Paul Zuberbühler, geboren am 29. Mai 1905, wuchs im Rheintal auf. Er besuchte das Lehrerseminar in Schiers. Von seinem Cousin, der in Zeglingen Schule gab, erfuhr er von einer frei werdenden Stelle an der Schule Oltingen, da der damalige Oberschullehrer, Ernst Grauwiller, fortzog. Paul Zuberbühler bewarb sich um diese Stelle und wurde nach einer Probelektion und der Empfehlung des Schulpflegepräsidenten, Pfr. Steiger, an der Gemeindeversammlung gewählt.

1926, mit 21 Jahren, begann er diese erste Lehrerstelle, die auch – nach 46 Jahren Schuldienst – seine einzige Stelle blieb. Die Lehrer mussten zu seiner Zeit im Dorf wohnen, und er bezog eine der Lehrerwohnungen im Schulhaus.

Zwei Jahre später kündigte auch der Unterschullehrer, August Müller, und an seine Stelle trat Emil Weitnauer von Oltingen.

Paul Zuberbühler war mit Leib und Seele Lehrer, und es tat ihm richtig leid, bei seiner Pensionierung aufhören zu müssen. Er arbeitete bis 1972 an der Schule Oltingen und machte danach noch Aushilfen in Wenslingen. Noch nach mehr als vierzig Jahren bereitete er jeden Tag seine Lektionen vor. Ohne diese Vorbereitung, so fand er immer, könne er nicht richtig Schule geben. Es gab einen Unterschullehrer (1. – 4. Klasse), einen Oberschullehrer (5. – 8. Klasse) und eine Handarbeitslehrerin (nur für Mädchen) an der Schule.

P. Zuberbühler unterrichtete alle Fächer der Oberstufe: Sprache mündlich und schriftlich, Mathematik mündlich und schriftlich, Geographie, Geschichte, Naturkunde, Französisch, Zeichnen, Singen und Turnen. Benotet wurden auch Fleiss und Betragen. Wichtige erzieherische Anliegen waren ihm nebst der Wissensvermittlung ein gepflegter Umgang miteinander, sauberes, systematisches Arbeiten und die körperliche Ertüchtigung. Lehrer Zuberbühler hatte einen Kurs in Mädchenturnen

Abb. 3: Oberschule Oltingen mit Lehrer Zuberbühler, 1927
Von links nach rechts, von unten nach oben

1. Reihe: Hedy Schaub, Marie Gysin (Müllerdölfis), liegend Hans Gysin (Schrynerhans), Erika Rickenbacher (Ochse), Emmi Rickenbacher (Sagers), liegend Hans Gysin (Dölfihans, Müllerdölfis), Luise Pümpin (Räbes), Hanni Buess (Murerfritze), liegend Max Gysin (Heinis), Marie Gysin (Postadems), Anni Gysin (Hermis), liegend Arnold Gysin (Trübelnoldi, Postadems)

2. Reihe: sitzend Frieda Rickenbacher (Sagers), Klärly Schaub, Annarös Buess (Murerfritze), Alice Rickenbacher (Sagers), Marie Gerber (Gärberruedis), Marie Gloor, Liseli Gysin (Postadems), Anna Pümpin (Räbes), Marie Gysin (Hermis), Martha Gysin (Heinis), Marie Schaub, Paul Gysin (Dölfipaul, Müllerdölfis), Hans Rickenbacher (Sagerhans)

3. Reihe: sitzend Margrith Buess, Max Gerber (Rumpels), Elsy Buess, Ernst Gerber (Rumpels), Walter Gerber (Gärberruedis), Max Lüthy (Lüthynoldis), Max Wirz, Emil Gysin (Schryners), Alfred Gass (Gassschnyders)

4. Reihe: stehend Bethli Gloor, Thuri Wirz, Ruedi Gerber, Jakob Gysin (Hermis), Lina Rickenbacher (Ochse), Selma Pümpin (Räbes), Sophie Gerber (Rumpels), Sophie Rickenbacher (Sagers), Ernst Gysin (Postadems), ???, Arnold Rickenbacher (Ochse), Anna Rickenbacher (Ochse), Lehrer Paul Zuberbühler, Bertha Gerber (Rumpels)

??? = Name unbekannt

SCHULE UND KINDERGARTEN

Abb. 4: Unterschule Oltingen,
1. – 4. Klasse, 1931,
mit Lehrer Emil Weitnauer
Von links nach rechts,
von vorne nach hinten

Linke Bankreihe
1. Reihe: Max Bitterlin (Rumpels), Hans Gysin (Metzgers), Hans Dähler

2. Reihe: Elsa Gerber (Rumpels), Lina Gysin (Wägmachers), Anna Gysin (Robis), Walter Gysin (Martis)

3. Reihe: Hans Rickenbacher (Michelmännis), Marianne Gass (Hansuelis), Hans Gysin (Schmitts), Margrith Gysin (Heirechbaschis)

4. Reihe: Hanny Gysin (Postadems), Ernst Schaub (Kostbub Eschbachs), Margrit Gysin (Heinis), Tabitha Lüthy

5. Reihe: Fritz Gysin (Heirechbaschis), Ruth Gerber (Post), Ernst Gysin (Müllerdölfis), Honegger (Kostbub)

6. Reihe: Paul Gass (Hansuelis), Marianne Gysin (Steihauers), Hans Rickenbacher (Sagers), Erika Rickenbacher (Ochse), Bethli Buess

7. Reihe: Luise Pümpin (Räbes) Hulda Dähler, Frieda Gerber (Sennchrischtes), Margrit Gysin (Schmitts), Sophie Gysin (Wägmachers)

Rechte Bankreihe
1. Reihe: Paul Weitnauer (Zimbers), Emil Gerber (Rumpels)

2. Reihe: Gottlieb Weitnauer (Schnyderheinis), Hans Gloor

3. Reihe: Fritz Lüthy (Lüthynoldis), Ruedi Gysin (Hirzeruedis)

besucht, was dazu führte, dass ab Sommer 1935 auch für die Mädchen der Oberstufe das Turnen eingeführt wurde.

Nebst der Schule war Lehrer Zuberbühler lange Jahre Schreiber in der Armenpflege, und von 1953 bis 1975 leitete er den Gemischten Chor Oltingen und führte bei Theatern die Regie.

Im Jahr 1966 zog er mit seiner Familie aus dem Schulhaus weg in die Lehmatt, wo er ein Haus gebaut hatte. Dort konnte er nach seiner Pensionierung den aktiven Ruhestand geniessen, bis er im Januar 1990 im Alter von 85 Jahren verstarb.

SCHULE UND KINDERGARTEN

Erinnerungen, Erzählungen aus dem Schulhaus

Schulferien
Eine feste Ferienordnung gab es früher noch nicht. Im Sommer mussten die Kinder auf dem Feld helfen, beim Heuen und Ernten. Kam schlechtes Wetter, wurde am Morgen nach Absprache mit dem Schulpflegepräsidenten die Glocke geläutet, dies war das Zeichen für die Kinder, dass der Schulunterricht stattfand. Der Lehrer musste auf Abruf bereit sein und konnte mit keinen zusammenhängenden Ferientagen rechnen. Logischerweise war an seinen freien Tagen wenigstens immer schönes Wetter.

> Paul Zuberbühler unternahm einmal eine Velotour ins Wallis. Dort angekommen wechselte das Wetter, und nach einem Telefonat mit dem Schulpflegepräsidenten musste er schleunigst den langen Rückweg antreten, um daheim Schule geben zu können.

Mit der Zeit war die Regelung so, dass nur noch montags oder donnerstags die Glocke geläutet wurde. So gab es wenigstens drei zusammenhängende Tage frei. Erst in den 60er-Jahren beschlossen auch die Oltinger, eine feste Ferienordnung einzuführen, mit erst drei freien Wochen im Sommer und variablen Heu- und Erntewochen.

> Auf der ersten Schulreise wanderte Lehrer Zuberbühler mit seinen Schülern über die Schafmatt nach Aarau und bemerkte erst unterwegs, dass er das Geld für die Heimreise vergessen hatte. Möglichst unauffällig, damit der begleitende Schulpfleger nichts merkte, musste er sich in Aarau auf der Bank Geld beschaffen, damit sie nach Hause fahren konnten. So etwas sei aber nie mehr vorgekommen.

Abb. 5: Schulreise 1942 oder 1943 mit Lehrer Zuberbühler

Heizen im Winter
Im Winter musste die Schulstube natürlich zuerst eingeheizt werden, bevor der Unterricht stattfinden konnte. Manchmal beauftragte Lehrer Zuberbühler einen älteren Schüler mit dem Anheizen, aber häufig ging er einfach früher ins Schulzimmer und feuerte, damit die Kinder eine warme Stube antrafen, an. Dabei war je nach Wetter das Anfeuern im Schulhaus eine kleine Kunst, da die sechs Kamine auf dem Dach nicht alle gleich gut zogen. Das Holz wurde in «Spältern» von der Gemeinde auf den Schulplatz geliefert, inklusive dasjenige für die Lehrer. Diese mussten selbst für das Sägen und Spalten sorgen. Für das Zerkleinern des Holzes für die Schulzimmer, das Gemeinderatszimmer und den Gemeindesaal wurde zum «Gemeinwerk» aufgerufen. Die «Schittli» blieben in grossen Haufen einige Zeit auf dem Schulplatz liegen, bis sie dann von den Schülerinnen und Schülern nach der Pause und an Samstagen auf den Estrich befördert wurden.

SCHULE UND KINDERGARTEN

Der Schulabwart war nicht mehr der Jüngste, deshalb übertrug er diese Arbeit seinem Sohn. Dieser war von diesem Amt gar nicht begeistert. Er fand es viel kurzweiliger, mit dem Bauer, der gegenüber dem Schulhaus wohnte, zu plaudern.

Eines Samstags vergass er ob dem Schwatzen seine Pflicht vollständig. Am Sonntagvormittag wollte er das Versäumte nachholen, hatte aber nicht mit der Reaktion des Schulmeisters gerechnet. Dieser erzürnte sich so sehr über die Anmassung, am Sonntag zu putzen, dass er den säumigen Burschen mit hartem Griff und dem nötigen Kommentar vor die Türe stellte.

Am Montag trafen die Schüler ungewischte Zimmer an, sodass die Lehrer sich entschlossen, die Kinder heimzuschicken. Ausgerechnet an diesem Wochenanfang wollte der Inspektor Lehrer und Schüler unter die Lupe nehmen. Er staunte nicht schlecht, leere Schulzimmer vorzufinden – keine Lehrer, keine Kinder. Was hatte das zu bedeuten? Er wurde dann über das eigenmächtige Vorgehen der Lehrer unterrichtet.

Nach diesem Zwischenfall musste sich die Schulpflege auf Veranlassung des Inspektors nach einem zuverlässigeren Abwart umsehen. Der wurde auch bald gefunden.

Abb. 6: Unterschule Oltingen mit Lehrer Weitnauer, 1944
Von links nach rechts, von unten nach oben

1. Reihe: Hans Lüthy (Lüthyjoggis), Ernst Gysin (Martis), Hans Gysin (Spilhof), Ernst Eschbach, Hans Gysin (Wägmachers), Fritz Gass (oberi Mühli), Kurt Thommen (Räbes), Ueli Gass (Hanselijoggis), Christian Lüthy (Rumpels)

2. Reihe: Paul Gysin (Martis), Christian Gysin (Becke), Silvia Waldmeier (Broglis), Hans Weitnauer (Zimberkarlis), Ruth Weitnauer (Schnyderheinis), Vreni Burri, Rita Rickenbacher (Hirzejoggis)

3. Reihe: Kurt Meier (Hermis), Werner Gloor, Hans Gysin (Stöffibaschis), Max Rudin (Mohlers)

4. Reihe: Elsbeth Gysin (Wägmachers), Ruth Gass (oberi Mühli), Hildi Gysin (Stöffibaschis), Heidi Waldmeier, Fridi Burri, Heidi Gysin (Schmitts), Hanni Gerber (Sämis), Emilie Weitnauer (Hansjoggis), Ruth Rickenbacher (Hirzefritze)

5. Reihe: Lehrer Emil Weitnauer, Ueli Weitnauer (Lehrers), Willi Waldmeier, Peter Weitnauer (Schnyderheinis), Karl Weitnauer (Zimberkarlis)

SCHULE UND KINDERGARTEN

Abb. 7: Gesamtschule Oltingen, 1. – 8. Klasse, 1950, mit den beiden Lehrern Emil Weitnauer und Paul Zuberbühler, von links nach rechts, von unten nach oben

1. Reihe: Heinz und Hanspeter Spiess, Christian Gysin (Mattehof), Paul Waldmeier, Ernst Burri, René Rickenbacher (v. Glaserernst), Martin Beugger, Hans Rickenbacher (Glasers), Walter Gass (Hanselijoggis), Johannes Gysin (Becke), Hans Lüthy (Junkers), Ernst und André Rickenbacher (v. Glaserernst), Peter Lüthy (Lüthynoldis), Theo Rickenbacher (Hirzejoggis), Herbert Weitnauer (Zimberkarlis)

2. Reihe: Hanspeter Gysin (Stöffis), Elisabeth und Hildi Gysin (Schryners), Hanni Eschbach, Verena Thommen (Kostmädchen bei Hansuelis), Heidi Gysin (Stöffis), Elsi Gysin (Becke), Erika Bitterlin, Hanni Schaub, Annekäthy Gass (Förschters), Anni Gysin (Odemheinis), Susanne Rickenbacher (Sagereris), Ruth Waldmeier (Broglis), Rosmarie ??? (Kostmädchen in der Rebe), Ruth Burri, Hanni Gysin (Stöffibaschis), Irène Rickenbacher (v. Glaserernst), Kurt Gysin (Stöffibaschis)

3. Reihe: Lehrer Emil Weitnauer, Emilie Weitnauer (Hansjoggis), Vreni Burri, Erika Eschbach, Hanni Waldmeier, Rosmarie Gysin (Schryners), Ruedi Gysin (Becke), Hanspeter Thommen (Räbes), René Wisner (Kostbub bei Fam. Pfaff), Ernst Eschbach, Hans Gysin (Heirechbaschis), Christian Weitnauer (Lehrers), Ernst Gass (Hanselijoggis), Christian Gerber (Sennchrisktes), Paul Gysin (Mattehof)

4. Reihe: Hanni Gerber (Sämis), Ruth Weitnauer (Schnyderheinis), Ruth Rickenbacher (Hirzeernst), Ueli Gass (Försbhters), Hans Gysin (Stöffibaschis), Fritz Gass (Gassschnyders), Ueli Gass (Hanselijoggis), Paul Gysin (Martireiners), Hans Gysin (Spilhof), Ernst Gysin (Martireiners), Remo ??? (Kostbub auf der Post), Kurt Thommen (Räbes), Christian Lüthy (Rumpels), Lehrer Paul Zuberbühler, Hans Weitnauer (Zimberkarlis),

??? = Name unbekannt

SCHULE UND KINDERGARTEN

Die Aufgabe der Lehrersfrau
1946, nach 20-jähriger Lehrertätigkeit in Oltingen, entschloss sich Paul Zuberbühler, zu heiraten und eine Familie zu gründen. Hulda Zuberbühler zog nun in die Lehrerwohnung ein. Als Frau des Lehrers hatte sie die Aufgabe, die Mädchen beim Duschen zu überwachen. Alle vierzehn Tage nahmen die Mädchen im Duschraum des Schulhauses eine Dusche; während dieser Zeit hatten die Buben Turnstunde. Danach durften auch die Buben duschen. Beim Bau des Schulhauses war im Schulhauskeller ein Duschraum eingerichtet worden, mit Brausen und Fusswannen. Daneben lag der Ankleideraum mit dem grossen Badeofen, den es erst einzuheizen galt. Neben dem Duschraum gab es auch noch einen Raum mit Badewanne, in dem die Dorfbewohner auf Anmeldung ein Bad nehmen konnten.

Umgebung und Turnplatz
Die Umgebung des Schulhauses sah zur Zeit von Paul Zuberbühler ganz anders aus. Da, wo heute Zivilschutzanlage und Gemeindekanzlei sind, waren die Gärten zu den Lehrerwohnungen. Vor dem Schulhaus gab es einen ziemlich vernachlässigten Mergelplatz, auf dem vier Linden standen und ein Brunnen. Hier wurden auch die Turnstunden abgehalten, die früher hauptsächlich aus Freiübungen bestanden.

Paul Zuberbühler war Sport ein wichtiges Anliegen, und er plante zusammen mit den Turnern eine Sanierung des Schulhausplatzes. Um 1950 gab es neu das Sport-Toto, das seine Gewinne zur Unterstützung von Sportanlagen in den Gemeinden einsetzte. Paul Zuberbühler stellte beim Regierungsrat den Antrag, dass für den Schulhausplatz mit Hilfe des Sport-Totos Turngeräte angeschafft werden könnten, und er erhielt eine Zusage. So wurden ein Klettergerüst, ein Stemmbalken und ein Reck aufgestellt. Auf der unteren Seite des Schulhauses befand sich die Weitsprunganlage. Der Platz wurde von den Knaben der Oberschule ausgegraben, und das nicht benötigte Aushubmaterial wurde mit Pferd und Wagen weggeführt. Gewisse Arbeiten wurden von Männern im Gemeinwerk ausgeführt. Das Ganze wurde eine grosse Attraktion für die Kinder. Nicht nur in den Turnstunden, auch während der Pausen wurden Reck und Klettergerüst fleissig benutzt und genossen.

Hauswirtschaftliche Fortbildungsschule
Auf Grund des Gesetzes vom 5. Dezember 1925 soll eine hauswirtschaftliche Fortbildungsschule eingerichtet werden.

Die neue Schulordnung um 1950 schreibt vor, dass die Mädchen bis zum 18. Altersjahr 360 Stunden Hauswirtschaftskurse besucht haben müssen.

Die Schulpflege entschliesst sich, im Keller in der Nordwestecke eine Küche einzubauen. Da der Einbau aber bis zum Unterrichtsbeginn nicht fertig ist, stellt Lehrer Zuberbühler seine Küche für ein Jahr zur Verfügung. Hauswirtschaftslehrerin wird Doris Ammann aus Basel.

Am 23. Oktober 1950 wird beschlossen, dass die Mädchen in Zukunft die Hauswirtschaftsschule in Zeglingen besuchen sollen.

Ab 1972 besuchten die Oltinger Schülerinnen die Hauswirtschaft in Wenslingen. 1979 wurde verlangt, dass auch die Knaben im Fach Hauswirtschaft unterrichtet würden, und seit 1984 besuchen Mädchen und Knaben gemeinsam den Hauswirtschaftsunterricht.

SCHULE UND KINDERGARTEN

Emil Weitnauer, Lehrer in Oltingen von 1928 – 1970
(*1905 – †1989)

Emil Weitnauer wurde am 17. Februar 1905 in Oltingen geboren. Er absolvierte das Lehrerseminar in Schiers. 1924 wurde er an die Schule in Ormalingen gewählt. Auf den 1. Januar 1928 wechselte er nach Oltingen.

Er unterrichtete mit grosser Freude und begann die Arbeit jeden Morgen mit einem Choral. Auch sonst wurde viel gesungen, er erzählte auch gerne biblische und andere Geschichten, zu denen er an der Wandtafel schöne Bilder mit farbiger Kreide vorbereitete. Heimat- und Naturkunde fanden meistens im Freien statt. Seine besondere Aufmerksamkeit gehörte den Vögeln. Die Schüler wurden oft von ihm aufgefordert und angeleitet, im Frühling die Nistkästen zu putzen und konnten junge Waldkäuze beringen helfen.

Ansonsten hatte er sehr eigenwillige, patriarchalische und zum Teil sehr handgreifliche Erziehungsmethoden, und die Schulpflege musste mehrmals Klagen von Eltern behandeln.

Aus der Schule geplaudert, ein paar Müsterli aus dem Schulhaus

Nach einem Interview mit Sophie Weitnauer, Frau des langjährigen Lehrers Emil Weitnauer.

Mein Mann war ein sehr überzeugter Schulmeister, und eine umfassende Erziehung der Kinder war ihm wichtig. In seinen Beruf duldete er keine Einmischung von mir, das war seine eigene Welt. Es kam allerdings vor, dass er mir Kinder in die Wohnung hinaufschickte, die mit schmutzigen Händen zur Schule kamen. Reinlichkeit war ihm sehr wichtig, und die Kinder mussten erst bei mir die Hände sauber waschen, bevor sie wieder in den Unterricht zurück konnten.

Eine andere Begebenheit bezieht sich auf seine manchmal lautstarken und handgreiflichen Erziehungsmassnahmen. Als ich eines Morgens im Garten arbeitete, ging es ziemlich laut zu im Schulzimmer, und ich hörte, dass Ohrfeigen verteilt wurden. Da rief ich aus dem Garten ein paar Mal «Hallo». Der Lärm hörte zwar auf, aber diese Einmischung hatte mein Mann gar nicht gerne…

SCHULE UND KINDERGARTEN

Abb. 8: Gesamtschule Oltingen, 1. – 8. Klasse, 1956, mit den beiden Lehrern Emil Weitnauer und Paul Zuberbühler, von links nach rechts, von unten nach oben

1. Reihe: Dorli Schaub, Adele Gysin (Schryners), Ruth Gloor, Erika Gysin (Stöffis), Lisabeth Gass (Hansuelis), Vreni Pfaff, Hans Gysin (Hermis), Max Gysin (Stöffis), Annemarie Waldmeier (Broglis), Lüthy Paul (Lüthynoldis), Ruedi Gerber (Rumpels), Ruedi Waldmeier

2. Reihe: Marianne Weitnauer (Zimberkarlis), Ruth Gysin (Becke), Martha Eschbach, Elsbeth Schaub, Rosmarie Gysin (Stöffis), Margrit Gysin (Hermis), Lisabeth Burri, Marianne Lüthy (Lüthynoldis) Ernst Gloor, Paul Gerber (Rumpels), Max Gerber (eine Zeit lang im Rumpel), Ernst Gysin (Matte), Hans Rickenbacher (Glasers)

3. Reihe: Ruth Gysin (Matte), Annemarie Gass (Gassschnyders), Margrith Schaub, Fritz Gysin (Becke), Ruedi Jauslin, Hannes Beugger, Walter Gysin (Basimänters), Vreni Gerber (Rumpels), Erna Rickenbacher (v. Glaserernst), Margrit Gloor, Rene Gerber (eine Zeit lang im Rumpel)

4. Reihe: Lehrer Emil Weitnauer, Hans Gysin (Basimänters), Werner Meier (Sigerschte), Hildi Gysin (Schryners), Hanni Schaub, Susi Rickenbacher (Sagereris), Hans Lüthy (Junkers), Hanspeter Spiess, Kurt Gysin (Stöffibaschis), Heinz Schaer (Kostbub bei Fam. Pfaff), Theo Rickenbacher (Hirzejoggis), Fritz Gysin (Stöffis), Franz Waldmeier (Broglis), Lehrer Paul Zuberbühler, Fritz Burri, Bruno Jauslin

SCHULE UND KINDERGARTEN

Am Montagmorgen mussten die Schulkinder immer erzählen, was sie am Sonntag unternommen hatten. Emil war der Überzeugung, dass es für die Kinder besser sei, den Sonntag von den Eltern beaufsichtigt und sinnvoll, das heisst zum Beispiel mit einem Ausflug, zu verbringen. Er sah die Kinder nicht gerne alleine auf der Strasse.
Unsere Kinder mussten, solange sie in die Unterschule gingen, den Sonntag immer mit uns verbringen. Unsere Tochter Vreneli beklagte sich dann aber über das Montagmorgenritual ihres Vaters. Sie meinte, sie könne ja gar nichts erzählen, da der Vater ja sowieso alles schon wisse.

Abb. 9: Gesamtschule Oltingen, 1. – 8. Klasse, 1965, mit den beiden Lehrern Emil Weitnauer und Paul Zuberbühler

Die Aufgaben des Erziehers beschränkten sich nicht nur auf die Schulzeit. Eine Zeit lang gingen die beiden Lehrer gemeinsam durch das Dorf, wenn die Betzeitglocke läutete. Alle Kinder, die sich dann noch auf der Strasse oder vor dem Haus aufhielten, wurden von ihnen nach Hause geschickt. Nicht alle Eltern waren gleich begeistert von diesen Massnahmen, aber die Autorität des Lehrers galt zu diesen Zeiten noch sehr viel.

Mehr über E. Weitnauer im Unterkapitel «Bekannte Persönlichkeiten» in dieser Heimatkunde.

SCHULE UND KINDERGARTEN

Um die Entwicklung der Schule während dieser Zeit noch etwas aufzuzeigen, hier ein paar Ausschnitte aus den Schulpflegeprotokollen dieser Zeit.

Ab März 1933 findet nach der neuen Prüfungsverordnung kein öffentliches Examen mehr statt. Es gibt ein schriftliches Examen und einen öffentlichen Elternbesuchstag. Die Examenweggli werden am Besuchstag verteilt.

Erst im Jahr 1948 findet im Gemeindesaal ein erster Elternabend statt. Die Eltern werden schriftlich eingeladen, und die Einladung wird auch nach dem Gottesdienst vorgelesen.

Im selben Jahr wird auch die Einführung von Französisch in der 6.– 8. Klasse diskutiert, aber erst noch zugewartet, bis man von den Erfahrungen anderer Gemeinden hört.

Auch in dieselbe Zeit fällt ein Beschluss, dass das Fehlen der Schüler mit der Begründung des Helfens auf dem Hof nicht mehr geduldet wird. Wer unentschuldigt oder mit nicht stichhaltigen Entschuldigungen vom Unterricht fern bleibt, wird verwarnt, im Wiederholungsfall mit Fr. 1.– und bei nochmaligem Fehlen mit Fr. 1.50 gebüsst.

Immer wieder gibt es Probleme mit dem Heimgehen beim Betzeitläuten. Die Eltern werden nachdrücklich aufgefordert, ihre Kinder dann ins Haus zu holen. Es wird auch darüber geklagt, dass die Kinder zu viel fluchen. Die Schulpflege sieht sich ausserstande, hier etwas auszurichten, weil die Erwachsenen es vormachen.

Im Sommer 1963 werden zum ersten Mal vier Wochen Ferien am Stück gewährt!

Am 30. März 1966 werden die 40-jährigen Dienstjubiläen der beiden Lehrer P. Zuberbühler und E. Weitnauer gefeiert. Am Examenstag wurde den beiden Lehrern mit Reden, Gedichten und Liedern gedankt. Sie erhielten beide eine Glasscheibe mit der Oltinger Kirche als Motiv.

Am 24. März 1970 wird Lehrer Weitnauer an der Schlussfeier gebührend verabschiedet, am 2. April 1971 tritt auch Paul Zuberbühler nach seinem treuen Einsatz für die Schule Oltingen in den Ruhestand. Mit der Pensionierung dieser beiden Lehrer ging eine geschichtsträchtige Schulepoche zu Ende. Zwei Generationen des Dorfes wurden von denselben Lehrern geprägt, und die Erinnerungen an sie sind noch sehr lebendig.

Handarbeitslehrerinnen

1905 – 1951	Lina Gysin, (Hermilini), Oltingen Jahresbesoldung am Anfang Fr. 120.–
1951 – 1975	Hanna Buess, Wenslingen
1975 – 1982	Margrit Mangold-Brogli, Oltingen
1982 – 2005	Marie-Therese Hürbi
2005 –	Marby Mebold

Die Ära Bertschin / Bieder

Eine junge Lehrkraft – zum ersten Mal eine Frau – übernimmt die Unterstufe von E. Weitnauer. Elisabeth Rickenbacher heisst sie, und sie bleibt bis 1973 an der Schule.

In der Oberschule übernimmt ein junger Lehrer, Dieter Bertschin, das Zepter, und nach dem Rücktritt von Frau Rickenbacher wird für die Unterschule wieder ein Mann, nämlich Ueli Bieder, gewählt. Voller Tatendrang und neuer Ideen gehen die Lehrkräfte ans Schulwerk und entstauben die althergebrachten Methoden gründlich.

Abb. 10: Oberschule Oltingen, 5. – 8. Klasse, 1971, mit Lehrer Dieter Bertschin
Von links nach rechts, von unten nach oben

1. Reihe: Susanne Weitnauer (Zimberkarlis), Hans Gysin (Robis), Daniel Bitterlin (Rumpels), Verena Gysin (Metzgers), Christoph Gysin (Hirzeruedis)

2. Reihe: Elisabeth Broglin (Broglischange), Verena Gysin (Vogels), Annemarie Gass (Gassschnyders, o. Mühle), Maya Bitterlin (Rumpels), Franziska Gysin (Ochse), Manfred Gysin (Stöffibaschis), Bruno Thommen (Räbes), Hannes Gass (Hansuelis)

3. Reihe: Theres Gysin (Schmitts), Brigitte Lang, Lehrer Dieter Bertschin, Andreas Gass (Gassschnyders), Hans Weitnauer (Zimberkarlis), Marcel Gysin (Ochse), Ueli Gysin (Hirzeruedis), Rolf Gysin (Schmitts)

Wie die Kinder grüssen lernten
In einem Dorf wie Oltingen grüssen sich die Leute seit jeher, wenn sie sich begegnen. Zum Leidwesen vieler hielten sich manche Oberschüler anfangs der Siebzigerjahre immer weniger an diesen schönen Brauch; ja es schien, sie seien frecher als zu früheren Zeiten. Man konnte sich fragen, ob das mit dem Lehrerwechsel an der Oberschule zusammenhängen könnte.

Auch die Schulpflege fand, das müsse besser werden. Es gab da nun eine neue Methode, nach welcher in Amerika sogar die Tauben Walzer tanzen lernten, warum also nicht auch die Oltinger Schülerinnen und Schüler grüssen?

Im Schulzimmer gab es einen Wandkasten mit Glastüren. Da hinein wurde eine grosse Schachtel mit Pralinen offen und appetitlich ausgestellt. Jedes Kind, das morgens und nachmittags zur Schule kam und sagen konnte, welche erwachsene Person es laut und deutlich mit Namen gegrüsst hatte, hatte sich eine Praline verdient. Das Echo war positiv: rundum wurden freundliche Kinder konstatiert. Aus zahnhygienischen Gründen wurden neben den Pralinen auch Zahnbürsten im Unterricht eingeführt.

Der Hippie
Dienlich erwies sich der Schule ein VW-Bus, eigentlich ein Vorläufer der heutigen Wohnmobile. Er diente auch zur Fahrt in die Badi Gelterkinden, und da noch keine Gurtenpflicht bestand, fand die ganze Oberschule im Heck Platz. Reisen und Transporte in verschiedene Lager wurden durchgeführt. Liebevoll wurde er mit allerlei Bildern geschmückt, so dass seine ursprüngliche dunkelrote Farbe allmählich verschwand und der Fahrausweis nach einer Polizeikontrolle dementsprechend geändert werden musste. Da niemand die genaue Farbe bezeichnen konnte, wählte ein findiger Beamter den damals allgemein verständlichen treffendsten Namen: Hippie.

Dieser Hippie wurde auch zum ersten Oltinger Entsorgungsfahrzeug. Der Abfall sollte geordnet und nicht mehr wild in der Grube deponiert werden. Unter den verschiedenen Interessenten hatte auch die Oberschule der Gemeinde ein Angebot für diesen Dienst unterbreitet und erhielt den Zuschlag auch gleich.

Jeweils am Mittwochnachmittag stellte sich eine Viererrgruppe aus der Oberschule zur Verfügung, um mit dem Hippie den «Güsel» im Dorf einzusammeln und in die Grube zu führen. Mit dem verdienten Geld konnten die beliebten Skilager jeweils weitgehend finanziert werden. Natürlich transportierte der Hippie Gepäck und Skis an den Lagerort.

SCHULE UND KINDERGARTEN

Wie viel Erde braucht der Mensch?
Das erste Turnlokal befand sich im Dachgeschoss der Gemeindescheune. Dort wurde im Winter und bei Regen geturnt. Dort fanden auch die Theateraufführungen der Oberstufe statt. In den Siebzigerjahren blieb auch Oltingen nicht von den Diskussionen und dem Hader um die Landumlegungen (Felderregulierung 1961 – 1984) verschont. Im Grossen und Ganzen brachte dieses Verfahren viele Vorteile, aber manchem vermeintlichen Verlust, Neid und Feindschaft mit seinem Nachbarn. Betroffen von so viel Schicksal im eigenen Dorf wandte sich auch die Schule diesem Thema zu und fand ein geeignetes Stück in der russischen Literatur: Tolstois Tragödie eines Menschen, der sich mit dem Teufel einlässt, um ein möglichst grosses Stück Land zu ergattern. Er hatte einen Tag Zeit, sich soviel Land anzueignen, wie er vom Sonnenaufgang bis zu Sonnenuntergang umgehen konnte. Wacker schritt er am Morgen aus, nahm sich eine fette Wiese, einen schönen Acker und auch noch ein Waldstück mit hohen Bäumen dazu, dann noch eine Quelle mitsamt dem Bach und dem lauschigen Tälchen. Doch als er sich zur Umkehr wandte, sah er schon die Sonne sinken. Er begann zu laufen, näherte sich seinem Ziel, als die Sonne den Horizont berührte. Er rannte, so gut ihn seine müden Beine noch tragen konnten, sah schon den Teufel am Zielpunkt stehen, als der letzte Sonnenstrahl verschwand. Er hatte um seine Seele gewettet; ihm blieb genau das Stück Erde, das jeder von uns am Schluss seines Lebens braucht.

Schnecken in Paris
Dass die Oberschüler im Jahr 1974 zum Schulabschluss in den Osterferien nach Paris fuhren, war für Oltingen schon etwas ungewohnt. Was sie dort alles erlebt haben, war es noch mehr: Eines Abends beschlossen die beiden Lehrer, mit den Kindern in einem Bistro noch etwas zu trinken, bevor sie die mehr als einstündige Reise per Metro und zu Fuss zum Zeltplatz im Bois de Boulogne unternahmen. - Anstelle eines Aperitifgebäcks wurden in einem Körbli kleine Schnecken serviert. «Gruusig!», war eine der ersten Reaktionen der Kinder und Jugendlichen. Ob man die wohl einfach so essen könne, fragte man sich. In der folgenden Stunde drehte sich alles um diese Schnecken: Ob die wohl gekocht seien, wer sich traue, eine zu essen? Mit der Zeit wagten es immer mehr Kinder, eine Schnecke zu essen, begleitet von Gelächter, Geschrei und auch verzerrten Gesichtern. Am Schluss hatten alle mindestens eine Schnecke probiert (war ja Ehrensache!). Dementsprechend lustig war auch die «Heimreise» zum Zeltplatz durch die bereits dunkle Stadt mit Versteckspiel in Les Tuileries und mit «Nachrennis» durch die Strassenkaffees an der Champs-Élysées.

Abb. 11: Unterschule Oltingen, 1. – 4. Klasse, 1979/80, mit Lehrer Ueli Bieder
Von links nach rechts, von unten nach oben

1. Reihe: Thomas Gerber, Patrik Lüthy, Thomas Waldmeier, Jacqueline Spiess, Barbara Lüthy

2. Reihe: Patrik Borer, Felix Lüthy, Christoph Burri, Thomas Völlmin, Stephan Lüthy

3. Reihe: Daniel Lüthy, Hansueli Gass, Christoph Gerber, Tanja Borer, Cornelia Hirs, Lehrer Ueli Bieder

SCHULE UND KINDERGARTEN

VW-Bus-Skilift
Ob es noch keinen Skilift gab oder ob er einfach geschlossen war, lässt sich nicht mehr genau eruieren. Jedenfalls lag viel Schnee und Dieter (der Oberschullehrer) wusste vom Sonntag her, dass auf der alten Bergstrasse zur Schafmatt genügend Schnee lag zum Schlitteln oder gar zum Skifahren. – Am Montag in der Zehnuhr-Pause wurde abgemacht, dass alle Kinder der Ober- und der Unterschule am Nachmittag ihren Schlitten oder ihre Skis mitbringen sollten. Zu Fuss oder per VW-Bus (mit Schneeketten ausgerüstet) ging es dann zur «Risi». Dort begann der Shuttle-Dienst: Der eine Lehrer machte ein paar Fuhren über die neue Schafmattstrasse und brachte die Kinder ans obere Ende der alten Bergstrasse, dann übernahm der andere Lehrer das Steuer. Inzwischen fuhren alle mit Schlitten oder Skis die alte Strasse hinunter. Der tiefe Pulverschnee sorgte dafür, dass die Fahrten nicht allzu schnell wurden. Dass die alte Bergstrasse für eine Schlittenfahrt benutzt wurde, das gab es auch sonst ab und zu. Dass man dort jedoch während eines ganzen Nachmittags schlittelte und Ski fuhr, war einzigartig. Besonders war auch die Art der Fahrt nach oben.

Im Protokoll vom Januar 1975 erwähnt der Schulpflegepräsident als kritische Punkte zwei Dinge, die er den Lehrern ans Herz legt. Zitat: «Zum einen täte etwas mehr Ordnung im Schulhaus not. Zum andern ist es nicht richtig, dass die Schüler den Lehrern «Du» sagen. Damit ist den Kindern – im Blick auf das spätere Leben – ein schlechter Dienst getan.» Die Lehrer betonen, dass das «Du» ein Ausdruck des Vertrauens sei und dass kein Schüler zum «Du» gezwungen werde.

1971 wird im Keller des Schulhauses eine Werkstatt für Knabenhandarbeit eingerichtet.

1972 wird an der Schulpflegepräsidenten-Tagung für alle Gemeinden eine einheitliche Ferienregelung angestrebt. Im Sommer sechs Wochen, im Herbst und zur Fasnacht zwei Wochen und im Frühjahr eine Woche.

1969 und in den folgenden Jahren wird fast in jeder Schulpflegesitzung über die Schaffung einer Kreisschule in Wenslingen diskutiert. Am 11. Oktober 1974 beschliesst die Gemeindeversammlung den Anschluss Oltingens an die Kreisschule.

Im Frühjahr 1975 wird die Kreissekundarschule in Wenslingen eröffnet. Dort geht von nun an die 6. – 8. Klasse der beteiligten Dörfer (Anwil, Kilchberg, Oltingen, Tecknau, Wenslingen, Zeglingen) zur Schule. Zwei Mitglieder der Schulpflege Oltingen werden in die Kreisschulpflege gewählt.

Um eine höhere Schule (Realschule, Progymnasiumklasse) zu besuchen, mussten die Kinder früher nach Böckten und später nach Gelterkinden. Neben der Sekundarschule wird auch eine Sonderschule für die Unterstufe geschaffen: die Einführungsklasse und die Kleinklasse.

Eine Rochade folgt auf diese neue Entwicklung. Lehrer Dieter Bertschin verlässt auf Beginn des Schuljahres 1975/76 die Schule Oltingen. Er wurde zum Sonderklassenlehrer an die Kreisschule Wenslingen gewählt.

Die fünfte Klasse von Oltingen wird mit der fünften Klasse von Wenslingen zusammengelegt. Die erste bis vierte Klasse bleibt in Oltingen mit Ueli Bieder als Lehrer.

Ab Frühjahr 1982 ist das Fach Handarbeit/Werken, beginnend mit dem Unterricht in der 1. Klasse, obligatorisches Schulfach für Mädchen und Buben. Es findet nur noch koeduzierter Unterricht statt. Als Handarbeitslehrerin wird auf das Schuljahr 1982/83 Marie-Therese Hürbi gewählt.

Das Schuljahr 1988/89 wird als Langschuljahr geführt, weil der Schuljahresbeginn auf nach den Sommerferien verschoben wird. Das Langschuljahr dauert vom 18. April 1988 bis zum 13. August 1989. Die Schüler haben auf das Jahr verteilt drei Wochen mehr Ferien, die Lehrer besuchen während dieser Zeit eine Fortbildung.

Ab dem Schuljahr 1990/91 wird eine zweite Lehrkraft angestellt, da die Richtzahl von 22 Schülern überschritten wird. Die Zusatzlehrerin Ruth Keller aus Gelterkinden übernimmt neun Lektionen. Auf Ende dieses Schuljahres verlassen beide Lehrkräfte die Schule. Nachfolger von

SCHULE UND KINDERGARTEN

Ueli Bieder wird Fredy Schaub aus Ormalingen und Nachfolgerin von R. Keller wird Charlotte Christ aus Oltingen.

Ab dem Schuljahr 1995/96 wird erst versuchsweise und danach definitiv die Fünftagewoche an der Schule eingeführt. 1999/2000 kommt die fünfte Klasse wieder nach Oltingen in den Unterricht und der im Oberschulzimmer beheimatete Kindergarten zügelt in neue Räume.

Mit Claudia Pfister als Kindergärtnerin haben wir jetzt drei Hauptlehrpersonen und dazu noch vier Fachlehrpersonen (Handarbeiten, Musikgrundkurs, Förderunterricht, Vorschulheilpädagogik). Klassenaufteilung im Schuljahr 2005/06 Corinne Rigo 1. und 3. Primarklasse, Fredy Schaub 2./4. und 5. Primarklasse.

Mit der Einführung des neuen Bildungsgesetzes kommen auch neue Aufgaben auf die Lehrer zu. Sie erstellen ein Schulprogramm und eine Hausordnung, geben ein Infoheftli heraus für die Eltern, befassen sich mit den Fragen der Blockzeiten…. Noch sind all diese Neuerungen nicht gefestigt, aber auf dem Weg dazu, und in Aussicht steht schon eine weitere, bundesweite Schulreform. So bleibt auch weiterhin alles in Bewegung.

Magdalena Schaub-Reichert
Lydia Gysin Rumpf
Dieter Bertschin
Ueli Bieder

Quellennachweis

Heimatkunde Oltingen 1863, Samuel Schilling

Protokollbücher der Schulpflege 1905 – 1990

Protokolle der Schulpflege 1990 – 2005

Schulzeugnis von Max Gysin

Interviews mit Sophie Weitnauer und Hulda Zuberbühler

«Das Wichtigste in meinem Leben», bekannte Frauen und Männer erzählen, Hrsg. Hans Schaffner, Blaukreuz-Verlag Bern 1983

Sammlung Heimatmuseum Oltingen – Wenslingen – Anwil

Schule heute

Klassenaufteilung im Schuljahr 2005/06

Schulaktivitäten

Seit einigen Jahren führen die Lehrkräfte von Schule und Kindergarten gemeinsame themenbezogene Projekttage oder -wochen durch. Dabei werden die eigentlichen Klassen aufgelöst, und es entstehen für diese Zeit neue Gruppenzusammensetzungen.

Regelmässig werden die sogenannten Monatswanderungen in die nähere Umgebung durchgeführt. Je älter die Schüler und Schülerinnen sind, desto länger dauern die Wanderungen.

Zu den Höhepunkten des Schuljahres zählen natürlich die Schulreisen. Die Kinder der Unterstufe reisen üblicherweise in der Region. Bei den Kindern der Mittelstufe führen die Reisen weiter (z. B. auf die Rigi).

Abb. 1: 1. und 3. Primarklasse mit Lehrerin Corinne Rigo, 2005

SCHULE UND KINDERGARTEN

Abb. 2: 2./4. und 5. Primarklasse mit Lehrer Fredy Schaub, 2005

Abb. 3: Lagerfoto (Juni 2005)

Ein anderer erwähnenswerter Anlass ist die jährlich im November stattfindende Lesenacht. Schüler und Lehrer übernachten im Schulzimmer. Es wird vorgelesen, und jedes Kind darf individuell so lange lesen, wie es mag.

Der Höhepunkt im Schuljahr 2004/05 war das Schullager der 1. – 5. Klasse im Lagerhaus «Walten», Läufelfingen. Bei schönstem Sommerwetter durften Kinder, Lehrkräfte und Hilfspersonal sich intensiv und auf vielfältige Weise begegnen.

Ein Anlass, der unsere Primarschüler und Primarschülerinnen mit unsern Nachbarn zusammenbringt, ist der zur Tradition gewordene Sporttag. Hier wird durch Mischen der Gruppen – verschiedene Gemeinden, Schüler unterschiedlichen Alters – die Verständigung untereinander gefördert.

Abb. 4: Sporttag (2005) in Wenslingen mit über 100 Kindern von Anwil, Wenslingen, Hemmiken und Oltingen.

SCHULE UND KINDERGARTEN

Zugunsten der Allgemeinheit erfüllen die Schüler und Schülerinnen verschiedene Aufgaben: So führen sie z. B. die Altpapiersammlung durch und verkaufen Schoggitaler und Pro Juventute-Marken.

Im Weiteren gestalten sie mit Hilfe ihrer Lehrkräfte oder Sonntagsschulleiterinnen ein Weihnachtsspiel, das bis heute jeweils am Weihnachtsabend aufgeführt wird.

Abb. 5 – 9: Schüler und Schülerinnen der 1. – 3. Klasse beim Darstellen einiger Szenen aus der Weihnachtsgeschichte in der Umgebung und im Dorf Oltingen, 2005.

«Au z Nazareth het dr römisch Statthalter d Lüt ufgrüefe.»

«D Maria und dr Josef sy müed z Bethlehem achoo.»

«Plötzlig isch es hell worde und d Ängel häi gseit: Häit käi Angscht...»

SCHULE UND KINDERGARTEN

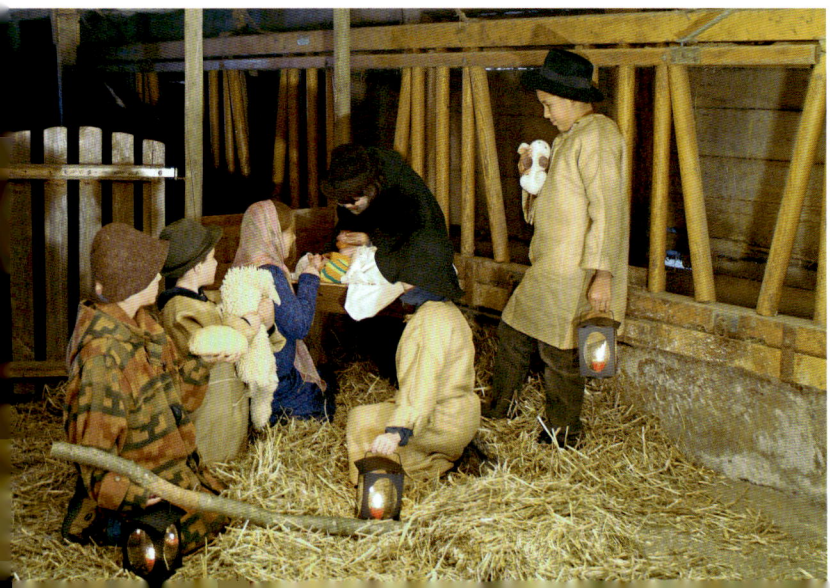

Dieses Weihnachtsspiel wurde unter tatkräftiger Mithilfe einiger Eltern als Fotoshow am Weihnachtsabend 2005 in der Kirche aufgeführt.

Die Tradition der Weihnachtsaufführungen am Weihnachtsabend in der Kirche geht bis in die Jahre 1936/37 oder sogar früher zurück.

Unter der Leitung der LehrerInnen führten die Schüler Krippenspiele auf, und um 1936 wurden die dafür benötigten Kleider in der «Strickschule» hergestellt.

Fredy Schaub

Quellennachweis

Angaben zur Tradition der Weihnachtsaufführungen von Anna Deuber-Lüthy

«I dr glyche Zyt sy vo wyt wyt här drei König unterwägs gsi.»

«D Hirte im Stall mit Maria und Josef und derzue s Chind i dr Chrippe.»

SCHULE UND KINDERGARTEN

Kindergarten

Die Entstehung

Im Herbst 1974 wird in Wenslingen ein Kindergarten eröffnet. Altersmässig können 5 Kinder aus Oltingen diesen ebenfalls besuchen. Die Eltern zahlen pro Kind und Monat Fr. 25.–. Der Gemeinderat Oltingen beschliesst einen «Zustupf» an den Kindergartenverein von
Fr. 2000.–, um die Transportkosten zu bezahlen. 1977 wird der Gemeindebeitrag auf Fr. 3500.– erhöht. Es sind 8 Kinder aus Oltingen und 7 Kinder aus Wenslingen.

Im Jahr 1978 möchte die Kindergärtnerin das Pensum der älteren Kindergartenschüler von 10 auf 14 Wochenstunden erhöhen. Das würde auch eine Erhöhung des Gemeindebeitrags bedingen. In Oltingen wird die Erhöhung des bisherigen Gemeindebeitrags an der Gemeindeversammlung vom 15.09.1978 abgelehnt. Der Grund ist nicht in erster Linie die Beitragserhöhung, sondern die Furcht der Eltern, ihre Kinder im Vorschulalter seien mit 14 Wochenstunden überfordert. Die Oltinger Kinder müssen für den Besuch des Kindergartens das Dorf verlassen, was auch eine Belastung ist.

Ab Schulbeginn 1980 wird in beiden Dörfern ein Kindergarten geführt. Die Schülerzahlen der kommenden Jahre sind zu hoch für den Kindergarten in bisheriger Form. Die Organisation wird analog der Kreisschulorganisation sein. Die Kosten für die Gemeinde Oltingen betragen Fr. 20000.– pro Jahr. Der Unterricht wird zu je einem halben Pensum von der gleichen Kindergärtnerin erteilt, in Wenslingen am Vormittag und in Oltingen am Nachmittag. Der Oltinger Kindergarten wird im ehemaligen Oberschulzimmer eingerichtet. Der Kindergartenverein wird aufgelöst. Das Vermögen wird in einem Fonds angelegt, ein Teil wird für Mobiliar und Material für Oltingen verwendet.

Der Kindergarten untersteht nun dem Kindergarten-Inspektorat. Die Gemeinden beauftragen eine 7-köpfige Kindergartenkommission (3 Wenslingen, 2 Oltingen, 2 Primarschulpflege).

Auf den 1. Januar 1981 tritt eine vertragliche Vereinbarung zwischen den Gemeinden Wenslingen und Oltingen über den Kindergarten in Kraft.

Im Schuljahr 1983/84 erhält die Kindergärtnerin Anne Schaffner einen einjährigen Urlaub. Ihre Stellvertreterin unterrichtet nach einem halben Jahr nur noch in Wenslingen. Für Oltingen wird eine zweite Kindergärtnerin angestellt. Im Februar 1984 werden beide Vertreterinnen für den Rest der Amtsperiode definitiv gewählt, Frau R. Stalder mit einem 70 %-Pensum in Wenslingen und Frau M. Bernhard mit einem 50 %-Pensum in Oltingen.

1994 wird die gemeinsame Kindergartenkommission aufgelöst. Ein Mitglied der Primarschulpflege kümmert sich ab sofort um die Anliegen des Kindergartens.

Kindergärtnerinnen in Oltingen:

1980 – 1984	Anne Schaffner
1984 – 1991	Madeleine Bernhard, später Grobet
1991 – 2001	Esther Rüegger
2001 –	Claudia Pfister

Der Kindergarten heute

Mit Einführung des neuen Bildungsgesetzes im Jahre 2003.

Angebot:
Der Kindergarten dauert in der Regel 2 Jahre, wovon das erste Kindergartenjahr freiwillig ist. Das 2. Jahr gehört bereits zur Schulpflicht. Der Kindergarten ist die erste Stufe der obligatorischen Schulpflicht. Er ergänzt die Erziehung in der Familie. Er fördert die Kinder in ihrer kreativen, seelischgeistigen und körperlichen Entfaltung sowie in ihrer Gemeinschaftsfähigkeit. Er hilft dem Kind, die Anforderungen des täglichen Lebens zu erfüllen und bereitet es auf die Primarschule vor.

SCHULE UND KINDERGARTEN

Seit August 1999 befindet sich der Kindergarten ob der Turnhalle. In einem grosszügigen, freundlichen, hellen Raum können sich die Kinder nicht nur wohlfühlen, sie werden auch ihrem Alter und ihren Fähigkeiten entsprechend gefördert.

Abb. 1: Kindergarten unter Claudia Pfister-Bianchi, 2006

Das Spiel ist die zentrale, stufengemässe Art des Lernens im Kindergarten. Verschiedene Themen geben den Rahmen eines Kindergartenalltags. So werden die Jahreszeiten und ihre Besonderheiten, Natur und Umwelt, Musik, Bewegung, mathematisches Tun und das Gestalterische immer ihren Platz haben.

Abb. 2: Natur erleben im Kindergarten, 2006

Am Ende eines jeden Kindergarten-Schuljahres werden die Bastelarbeiten ausgestellt. Jung und Alt haben die Möglichkeit, die Bastelarbeiten der Kinder zu bestaunen. Ebenso können verschiedene Anlässe stattfinden, an denen die Bevölkerung Gelegenheit hat, daran teilzunehmen. Auch die jüngsten Schüler – sprich Kindergärtler – tragen dazu bei, dass das Dorf belebt ist und bleibt.

Abb. 3: Fasnachtsumzug «tschinderättä....tschinderättä pum pum pum», 2006

Magdalena Schaub-Reichert
Claudia Pfister-Bianchi

Quellennachweis

Protokolle der Kindergartenkommission

Briefe Gemeinderat Oltingen und Wenslingen

SCHULE UND KINDERGARTEN

Jugendmusikschule

Die musikalische Ausbildung und die Musikschule

Die Musikschule Gelterkinden wurde 1964 gegründet. Der erste Leiter war Paul Jenni.

Oltingen fand den Anschluss erst 1975. Die Kinder hatten bis dahin im Dorf bei Elisabeth Hug, der Frau des damaligen Pfarrers, die Gelegenheit, Blockflötenunterricht zu nehmen. Die Familie Hug kam aus der Stadt aufs Land, und Frau Hug war es wichtig, den Kindern die Musik näher zu bringen. Diesen Unterricht gab sie mit «Lust und Laune». Die Lektionen fanden im Schulzimmer statt, denn da gab es auch ein Harmonium, das sie zum Begleiten benutzen konnte. Der Unterricht war unentgeltlich und wurde mehrheitlich von den Mädchen benutzt. Einzig für das Notenmaterial hat Frau Hug etwas verlangt.

Pures Entsetzen löste das erste Mal die Idee von Elisabeth Hug aus, beim Weihnachtsgottesdienst am 25. Dezember Lieder in der Kirche auf der Blockflöte vorzuspielen. Sie blieb jedoch eisern dabei, und es war von da an auch in anderen Jahren möglich, an der Weihnachtsfeier mitzuwirken.

Frau Hug wurde als Vertreterin der Nachbargemeinden 1972 in die Musikschulkommission gewählt und blieb bis 1992 dort als Kassierin tätig.

Nach dem Eintritt in die Jugendmusikschule Gelterkinden, JMSG, hat die Blockflötenlehrerin Frau Margrith Heiniger von 1976 an bis 1995 den Kindern von Oltingen Blockflötenunterricht erteilt. Sie fasste die Kinder meist in Gruppen zusammen, auch mit Kindern aus den anderen Dörfern. Der Instrumentalunterricht wurde im alten Gemeindesaal abgehalten. Dort stand auch ein Klavier des Gemischten Chores. Bei den nachfolgenden Blockflötenlehrerinnen fand der Unterricht in Wenslingen statt. Die Nachfrage nach Unterricht an der Musikschule war anfangs nicht sehr gross, denn die Eltern mussten einen rechten Beitrag zahlen. Es blieb bei Flötenunterricht, vereinzelt wurde Trompetenunterricht gewählt. Ausnahmsweise fand Klavierunterricht und später auch Handorgelunterricht im Saal statt.

Die Belegung von Instrumentalunterricht hielt sich in Grenzen, vor allem nachdem auch klar war, dass die Kinder den Unterricht ausserhalb (in Wenslingen oder Gelterkinden) besuchen mussten. Mit der steigenden Mobilität und den besseren Busverbindungen nahmen jedoch die Nachfrage und die Vielfalt des Instrumentalunterrichtes zu. Es wurde zur Tradition, dass die JMSG jedes Jahr eine Vorspielstunde in der Kirche organisiert.

Der musikalische Grundkurs

Mit dem Eintritt in die JMSG 1975 wurde auch in Oltingen der musikalische Grundkurs angeboten.

Dieser Gruppen-Unterricht soll den Kindern elementare musikalische Grunderfahrungen vermitteln, damit sie den Einstieg in den Instrumentalunterricht finden. Die Lehrerinnen für den Grundkurs haben eine spezielle Ausbildung, um diesen Unterricht zu erteilen.

Im ersten Jahr wurden zwei Kinder für den musikalischen Grundkurs angemeldet.

An beiden Schulorten (Wenslingen und Oltingen) war manchmal nur eine kleine Anzahl pro Jahrgang vorhanden. Frau Marianne Moll (1975 – 1982) nahm je nach Anzahl die Kinder von Wenslingen mit nach Oltingen und unterrichtete dann dort, denn der alte Gemeindesaal stand immer zur Verfügung. Unter der Leitung von Frau Tabitha Schuler (1982 – 1986) wurden die Kindergruppen wenn nötig auch weiterhin zusammengelegt und von der Lehrerin von einem Ort zum anderen chauffiert.

1986 bis 2006 hat Frau Regina Dunkel den Grundkurs erteilt. In dieser Zeit war es bereits üblich, dass immer alle Kinder der 1. Primarklasse für den MGK angemeldet wurden. Auf das Schuljahr 1999/2000 wurde der MGK in die Primarschule integriert und für alle Kinder obligatorisch und kostenlos. Die MGK-Lehrkraft blieb immer noch bei der JMS. Ab August

SCHULE UND KINDERGARTEN

Abb. 1: Weihnachtsspiel in der Kirche 1977 v.l.n.r. Regula Gysin (Hirzeruedis), Sonja Gass (Hanselijoggis), Renate Gerber (Sämis)

2003 trat das neue Bildungsgesetz in Kraft. Die MGK-Lehrpersonen des musikalischen Grundkurses wurden nun ganz den Primarschulen unterstellt.

Ab diesem Zeitpunkt war es nicht mehr möglich, die Kindergruppen von Wenslingen und Oltingen zusammenzuführen, da nun zwei verschiedene Arbeitgeber das Sagen haben.

Die jährlichen Grundkursaufführungen waren immer kleine Höhepunkte für die Kinder, auch dann, als der Gemeindesaal als Schulzimmer umfunktioniert wurde und nicht mehr so viel Platz vorhanden war.

Die Kinder in der Oltinger Schule erhielten von 2000 an die Gelegenheit, innerhalb des Stundenplans Musikunterricht bis in die 5. Klasse bei der Grundkurslehrerin zu besuchen, als Folge von Entlastungsstunden des Klassenlehrers. So hielten an Weihnachtsspielen die Xylophone als Begleitinstrumente Einzug in die Kirche.

Regina Dunkel

Quellennachweis

Protokolle der Jugendmusikschule

Auskünfte von Walter Gürber (Schulleiter bis 2003) und Elisabeth Hug

Kirche

KIRCHE

Kirchliche Bauten

Kirche

Die dem heiligen Nikolaus geweihte Pfarrkirche wird erstmals 1296 urkundlich erwähnt.

Es wird angenommen, dass die Kirche bereits Ende 1. Jahrtausend gebaut wurde, denn bereits im 9. Jahrhundert werden Güter des Klosters Säckingen erwähnt, und ausserdem lassen die Grabungen, die anlässlich der Kirchenrenovation 1956 gemacht wurden, darauf schliessen. Es bestand schon sehr früh eine Urpfarrei in Oltingen, zu der damals schon Anwil und Wenslingen gehört haben.

Abb. 1: Kirche Oltingen

Abb. 2: Pfarrhof

Diverse Erweiterungen und Anbauten im 14., 15., 17. Jahrhundert und schliesslich die letzte Erweiterung anno 1852 mit dem Seitenschiff führten zum heutigen Gebäudeumfang.

Abb. 3: Grundriss der Oltinger Kirche

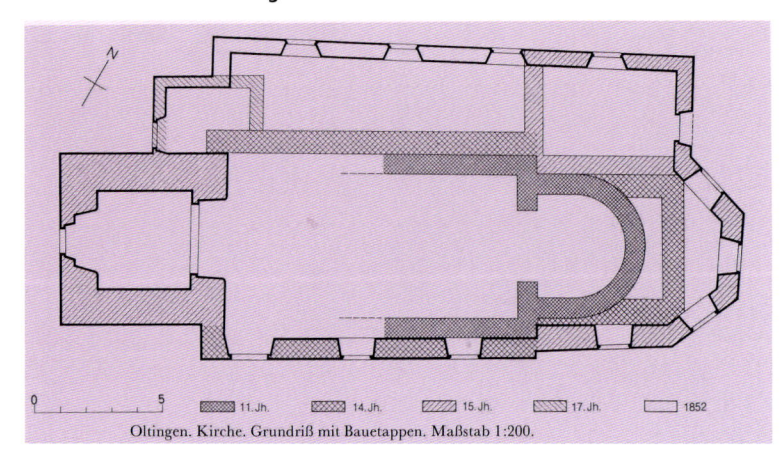

Oltingen. Kirche. Grundriß mit Bauetappen. Maßstab 1:200.

KIRCHE

Der Grundriss des Grabungsplanes zeigt die verschiedenen Bauetappen. 1529 wurde auch in Oltingen die Reformation eingeführt, und es wurden bald darauf die Wandbilder, die wir heute wieder sehen, übertüncht.

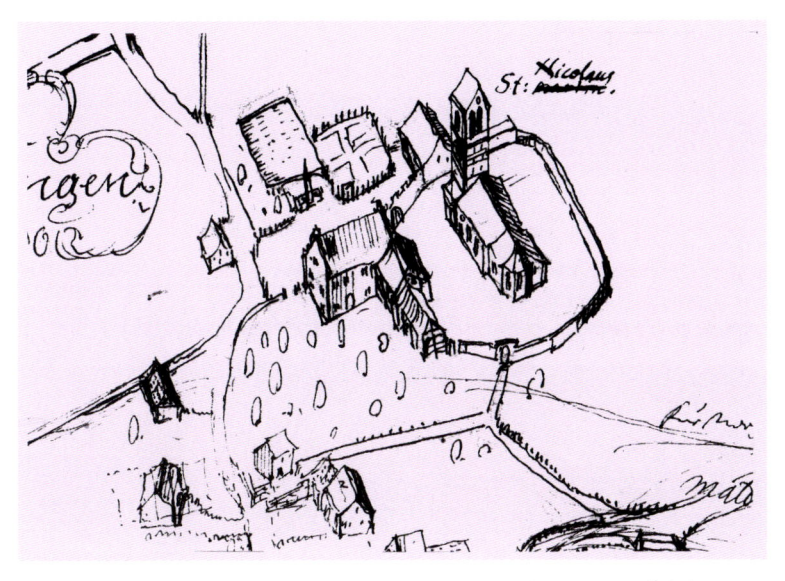

Abb. 4: Ausschnitt aus der Federzeichnung von G. Fr. Meier, um 1680 (Kirche, Pfarrhaus, Herrengasse)

Die beiden ältesten Glocken tragen die Jahrzahl 1440 und 1493 und wurden in den damals neu erstellten Turm mit dem Glockenstuhl gehängt. Die beiden kleinen Glocken wurden im Jahre 1921 gegossen und geweiht, sie ersetzten vorherige Glocken, die aus den Jahren 1763 und 1833 stammten.

Die Kanzel stammt aus dem Jahre 1667. Beim Anbau des Seitenschiffes mit der Empore und der Renovation 1851/52 dürften einige wertvolle Teile der Kirche verloren gegangen sein.

1901 wurde die erste Orgel im Chor erstellt, die bis 1956 in Betrieb war.

In den Jahren 1956/57 erfolgte eine Restaurierung unter der Leitung des kantonalen Hochbauamtes und der örtlichen Baukommission. Bei dieser Gelegenheit wurde die Fassade komplett renoviert. Im Inneren wurde die Westempore entfernt und die Seitenempore verkürzt und eine neue Orgel in diese Nische platziert. Beim Abschlagen des Wandverputzes kamen im Chor, auf der Südseite des Schiffes und an der Westwand spätgotische Wandbilder aus dem 15. Jahrhundert zum Vorschein.

An einer Kirchgemeindeversammlung gab die Frage, ob man die Fresken wieder hervorholen sollte, zu heftigen Diskussionen Anlass und war sehr umstritten. Viele fürchteten, die Kirchgänger könnten durch die Bilder abgelenkt werden. Da stand plötzlich der Oltinger Dichter Hans Gysin auf und erzählte den Anwesenden die Geschichte von einem «Summervogel» (Schmetterling), der während der Kinderlehre in der Kirche herumgeflattert sei. Ein Knabe habe den «kleinen Vogel» einfangen und nach draussen befördern wollen. Da habe der Pfarrer gemeint: «Loonen nume do inn, är prediget au!» Und diese Geschichte soll nun den Ausschlag gegeben haben, dass sich die Mehrheit für die Erhaltung der Fresken entschied.

Der Chor mit seinen Fenstern und Fresken wurde wieder freigelegt und ebenso die Wand zum Turm mit der Darstellung des Jüngsten Gerichts. Diese spätgotischen Wandbilder prägen heute stark das Innenleben der Kirche.

KIRCHE

Abb. 5: Fresken (Chor)

Abb. 6: Fresken (Westwand)

Man ersetzte die alte Gipsdecke, die vor gut hundert Jahren anstelle einer Holzdecke erstellt worden war, durch die heutige Holzdecke. Der Boden erhielt den heutigen Tonplattenbelag. Der Südeingang in den Chor wurde zugemauert, und die Laube mit dem Emporenaufgang an der Südseite des Turms wurde entfernt. Ein neuer Emporenaufgang wurde auf der Nordseite des Turmes gebaut. Das Dach des Emporenaufgangs und das Vordach zum Turmeingang wurden neu erstellt. Altartisch und Taufstein wurden neu aufgestellt und die Zwiebelhaube der Kanzel entfernt.

Die Fassade und das Dach wurden 1996 ein weiteres Mal einer nötigen Renovation unterzogen.

KIRCHE

Pfarrhaus

Bereits im 14. Jahrhundert dürfte das erste Pfarrhaus erstellt worden sein. Um 1560 befand sich davor ein grosser Fischweiher. Ende des 16. Jahrhunderts war das Gebäude so baufällig, dass man in den Jahren 1598–1600 einen Neubau errichtete. Am 16.02.1598 wurde das Fundament gesetzt und bereits am 18. Mai feierte man die Aufrichte mit 50 Bauleuten. Im Jahre 1600 war das Gebäude dann auch innen fertig ausgebaut. 1628 wurde das Pfarrhaus durch den Umbau und die Unterkellerung des Beinhauses erweitert, das in seiner 1. Form bereits 1517 erstellt wurde und damals noch für sich allein stand.

Der damalige Vikar Stöcklin beantragte den Bau einer Laube an den Südgiebel, dies wurde jedoch abgelehnt, dafür baute man 1692 eine Laube auf der Rückseite an Pfarrhaus und Beinhaus an.

1825 wurde der Fischweiher aufgefüllt, und auch der Pfarrhof mit dem Brunnen entstand zu dieser Zeit. Der Pfarrgarten mit der ursprünglich vollständigen Umfassungsmauer muss um 1770 bis 1830 eine prächtige Anlage in Form eines französischen Gartens mit dem Sommerhäuschen in der Südwestecke des Gartens gewesen sein, in dem eine Zeit lang auch das Bienenhaus des Pfarrers gestanden hat.

Abb. 7: Auf der andern Strassenseite wurde im Jahre 1639 der Pfarrspeicher gebaut, es handelt sich dabei um das heutige Haus Nr. 43.

Abb. 8: Zeichnung von Vikar Stöcklin mit Laube am Südgiebel und Fischweiher

KIRCHE

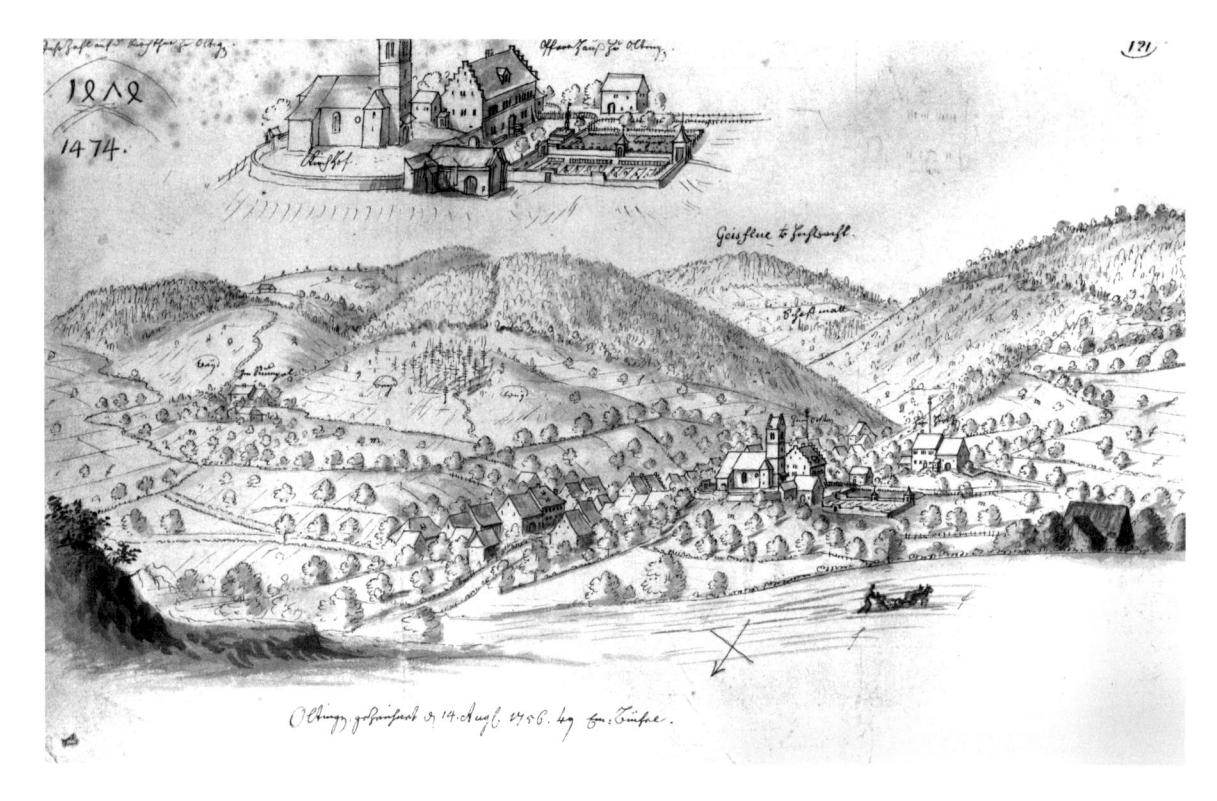

Abb. 9: Stich von Em. Büchel, 1756, Kirche und Pfarrgarten

In den Jahren 1857 bis 1877 war Karl August Rippas Pfarrer in Oltingen. Während seiner Wirkungszeit war das Pfarrhaus in sehr schlechtem Zustand, auch beim Laubenanbau drohte das Gebälk zusammenzubrechen. Da die neue Regierung sehr haushälterisch mit den Finanzen umgehen musste, fand man kein Gehör für die dringenden Renovationsarbeiten. Der handwerklich sehr geschickte Rippas beschaffte daraufhin selber Holz und führte die Renovationsarbeiten auf eigene Faust durch. Pfr. Rippas war wahrscheinlich auch der letzte Pfarrer, der nebenbei als Bauer tätig war und die Pfarrscheune benutzte.

Das Pfarrhaus wurde in den vergangenen Jahren immer wieder sanften Renovationen, innen und aussen, unterzogen. Dabei wurde immer sehr darauf geachtet, den einmaligen Charakter des Hauses und die Bausubstanz zu bewahren.

Abb. 10: Geöffneter Zehntenschrank (Aktenschrank) von 1647, Pfarrhaus

KIRCHE

Abb. 11: Umbau Pfarrscheune, Verputzarbeiten

Pfarrscheune

Die ebenfalls zum ganzen Komplex passende Pfarrscheune, die harmonisch mit der Kirchenmauer und den übrigen Gebäuden verbunden ist, wurde in ihrem heutigen Umfang 1710 anstelle einer bereits früher bestehenden Scheune neu aufgebaut. Nachdem sie über mehr als 100 Jahre nicht mehr genutzt wurde und der Zahn der Zeit langsam daran nagte, wurde sie 1984 zum heutigen Heimatmuseum im Erdgeschoss und dem Kirchgemeindesaal im oberen Geschoss umgebaut.

Die Kirche auf der leichten Anhöhe des Kirchenhübels, Pfarrhaus, Pfarrscheune und deren Umgebung bilden eine Anlage von selten harmonischer und noch unverdorbener Einheit. Die noch unüberbauten Wiesen an der Nordseite verstärken die Wirkung der Baugruppe.

Paul Lüthy-Schaffner

Wer mehr über die kirchlichen Gebäude erfahren möchte, dem sei der Schweizer Kunstführer «Kirche Oltingen BL» empfohlen. Er kann in der Kirche oder im Heimatmuseum bezogen werden.

Quellennachweis

Ein Stück Baugeschichte des Dorfes Oltingen, K. Gauss, 1931

Unterlagen und Entwürfe von E. Weitnauer

Schweizer Kunstführer, Kirche Oltingen BL, H.-R. Heyer, E. Weitnauer, Markus Christ 1974

Die Kunstdenkmäler des Kantons Basel-Landschaft. Band III, H.-R. Heyer

Heimatkunde Oltingen 1863, Samuel Schilling

Anekdote, Verena Burri-Gysin

Abb. 12: Kirchenhügel

Glocken

Abb. 1: Anblick der grossen Glocke von schräg unten: Die gut erkennbare ausgefeilte Form des Klöppels garantiert einen vollen, harmonischen Klang.

Grosse Glocke

Die grosse Glocke stammt aus dem Jahre 1493. Mit ihrer Höhe von 122 cm, Durchmesser 134.5 cm, und ihrem Gewicht von 1450 kg ist sie die grösste Glocke im Kanton, die aus dem 15. Jh. noch vorhanden ist. Ihr Schlagton ist ein ‹es›. Beim Zeitschlagwerk schlägt sie die Stunden. Sie wurde auf den Namen «Osana» getauft. Ein Hans Meiger aus Weissenburg im Elsass hat sie gegossen. Sie ist mit verschiedenen Reliefs und

Die grossi Glogge

Mir hai – dasch euch dänk nit bekannt –
Die gröschti Glogge wyt im Land!
Was aine sait, was aine macht,
Es syg am Tag, es syg by Nacht,
Er het drby nüt Bösis dänkt:
S wird a die grossi Glogge ghänkt!

S het ain es chlyners Unglück gha,
We s jedim jo passiere cha:
Am letschte Märt es Höiptli Veh
E halbe Näppi z billig gee,
Het sy Vrdruss im Wy ertränkt:
S wird a die grossi Glogge ghänkt!

En andere het Guetis to,
Het niemerim nüt gsait drvo,
S waiss nitemol die linggi Hand.
Sy nöime-n-Ohre a dr Wand?
Ohaje, was dä Ma het gschänkt:
S wird a die grossi Glogge ghänkt!

En armi Frau het gchüechlet gha,
Will grad Geburtstag het dr Ma,
I cha-n-ech säge, gwüs s isch wohr:
Es enzigs mol im ganze Johr
Und no am Sunndig! Chum hets gchlänkt
Wird s a die grossi Glogge ghänkt!

KIRCHE

Zwöi Lüttli sitze-n-uf aim Bank
Und sy echlai, vor Liebi, chrank.
Si hai enander Schmützli gmacht,
Es hets jo allwäg niemer gacht.
Und doch het aini s Aug druf glänkt:
S wird a die grossi Glogge ghänkt!

Und würklig: S het sy ain vrfehlt,
Es het in sälber grüsli queelt.
«Jetz lueg me-n-au! Jetz lueg me-n-au!»
Es rüefts e tugetsami Frau,
Si stoht und stoht, het d Arm vrschränkt:
S wird a die grossi Glogge ghänkt

E ryche Ma isch gschtorbe, z Nacht,
Do hai die Erbe haimlig glacht.
Und vor de Lütte hai si truurt
Mit schwarzem Chlaid und Huet und Gurt
Und hai die wysse Tüechli gschwänkt:
S wird a die grossi Glogge ghänkt!

Jetz säget mr: Wo will das hi?
Die Glogge mues jo grösser sy
As die im Münschter obe, z Bärn!
Säg, gsehsch se du nit ainisch gärn?
Du darfsch s nit säge, hesch s au dänkt:
S wird a die grossi Glogge ghänkt!

Hans Gysin

Abb. 2: Betzeitglocke

Schriften und sechs eingegossenen Münzen versehen. Zu ihr gibt es auch verschiedene Sagen und Überlieferungen. So soll sie auf freiem Feld gegossen worden sein. Verschiedene Sagen haben das eine gemeinsam, nämlich, dass eine Frau Münzen gespendet haben soll, die mit eingegossen wurden.

Inschrift: osana heis ich die gemeinne von oltinen macht mich meister hans meiger von wissen borg gos mich in er maria s niclause + anno domini mccccxxxxiii

Betzeitglocke

Die älteste Glocke ist die zweitgrösste, die Betzeitglocke. Sie wurde im Jahre 1440 gegossen, ist 92 cm hoch und mit einem Durchmesser von 111 cm 850 kg schwer, ihr Ton ist ein ‹g›. Die Betzeitglocke ist mit verschiedenen Symbolen und Inschriften versehen: einem Kreuzigungsrelief und den Symbolen der vier Evangelisten Engel, Löwe, Stier und Adler. Diese Glocke wird, wie der Name schon sagt, jeden Abend zur Betzeit geläutet. Beim Schlagwerk der Turmuhr schlägt sie den zweiten Ton des Viertelstundenschlages, das heisst, beim «Bimbam» das «bam».

Inschrift: o rex glorie Christe veni nobis cum pace anno domini milesimo mccccxxxx

Elfuhrglocke

Die Elfuhrglocke ist mit ihren 417 kg die drittgrösste, sie hat den Ton ‹b›. Sie wurde im Jahre 1921 in der Glockengiesserei Rüetschi in Aarau mit der Dreiuhrglocke zusammen gegossen. Glockenspeise war ihre Vorgängerin, die 1833 gegossen worden war. Die Elfuhrglocke war anlässlich der Beerdigung von Frau Pfarrer Theodora Steiger-Hackenschmidt gesprungen, und zwar schon zum zweiten Mal, denn laut Samuel Schillings Heimatkunde von 1863 erhielt sie «*zur Zeit der Revolution (1832) plötzlich einen Riss und wurde in Suhr, Kanton Aargau, umgegossen; allein der erste Guss fehlte, und beim zweiten veränderte sich ihre Tonhöhe etwas, wodurch eine Dissonanz entstanden ist in der Melodie.*»

Sie hat die Inschriften «Ostern 1921» und auf der andern Seite «Oltingen» und «Ehre sei Gott in der Höhe». Ihre Bezeichnung erhielt sie dadurch, dass sie täglich um elf Uhr geläutet wird. Beim Viertelstundenschlag schlägt sie das «Bim».

Dreiuhrglocke

Die Dreiuhrglocke wurde, wie schon erwähnt, mit der Elfuhrglocke zusammen gegossen. Sie ist 312 kg schwer und hat den Ton ‹c›. Auch sie hatte eine Vorgängerin, die alte «Kleine Glocke», die 1763 von Friedrich Weitnauer in Basel gegossen worden war. Sie hat nebst den gleichen Inschriften wie die Elfuhrglocke anstelle von «Ehre sei …» den weiterführenden Wortlaut «Friede auf Erden». Ihre Bezeichnung erhielt sie durch ihr tägliches Dreiuhrläuten am Nachmittag, was dann allerdings im Jahre 1979 abgeschafft wurde.

Alle Glocken sind im massiven Glockenstuhl aus Eichenholz aus dem 15. Jh. neben- und übereinander aufgehängt.

Paul Lüthy-Schaffner

Quellennachweis

Festschrift zum 500-jährigen Bestehen der ‹Es›-Glocke, 1493 bis 1993, Markus Christ, Jörg Ferkel, 1993

Heimatkunde Oltingen 1863, Samuel Schilling

Abb. 3: Glockenstuhl: Dreiuhrglocke (oben links), Elfuhrglocke (oben rechts), Betzeitglocke (unten)

KIRCHE

Kirchliches Leben

Die Kirchgemeinde

Oltingen bildet zusammen mit Wenslingen und Anwil seit frühester Zeit eine Kirchgemeinde; sie ist seit 1529 reformiert. Mit ganz wenigen Ausnahmen finden die Gottesdienste für alle drei Dörfer gemeinsam in ihrer Oltinger Kirche statt[1].

Die Dorfbewohner dürfen sich einer einzigartigen, historischen Kirche erfreuen. Die vier Glocken, noch immer von Hand geläutet, erschallen je nach Anlass anders; jede von ihnen erfüllt ihre spezielle Aufgabe. Es lohnt sich, Näheres über unser «Glütt» zu erfahren[2].

Mit der *grossen Glocke* – sie ist mehr als 500 Jahre alt – wird eine Stunde vor den Sonntagsgottesdiensten, an den Beerdigungen, an Hochzeiten von Einheimischen sowie beim Jahresübergang geläutet. Das Läuten vor dem Sonntagsgottesdienst nennt man auch «*s ander Lütte*». Diese Bezeichnung stammt noch aus der Zeit, als auch am Morgen um 6 Uhr geläutet wurde.

Die *Elfuhrglocke* hören wir von Montag bis Samstag zur genannten Zeit.

Das Läuten mit der *kleinen Glocke (Dreiuhrglocke)*, das sogenannte «*Chlänkche*», vernehmen wir an Sonntagen um 9 Uhr bzw. 15 Minuten vor anderen Gottesdiensten. Die Dreiuhrglocke wird auch am Ende des Gottesdienstes geläutet.

Die *Betzeitglocke* erklingt täglich (Sommer 20 Uhr, Winter um 19 Uhr) ausser an den Samstagen; dann erschallen um 19 Uhr alle vier Glocken zusammen, wie auch vor oder an einigen Feiertagen abends.

Man nennt dies: «*s gross Glütt*». Sonntags laden alle vier Glocken 10 Minuten vor Gottesdienstbeginn in die Kirche ein.

Abb. 1: «Lüttermäitli und -buebe» beim Läuten (m. Hanspeter Dähler), 2006

Wenn Sie aufmerksam gelesen haben, dann stellen Sie fest, dass vor den Sonntagsgottesdiensten drei Mal die Glocken ertönen. Das Handläuten ist eine alte Tradition, die nur dank bereitwilligen Kindern, Freiwilligen und der dafür verantwortlichen Sigristin möglich ist. Hoffen wir, diesen Brauch noch lange weiterführen zu können.

Gottesdienste

Die Zeit, als von jeder Familie mindestens ein Angehöriger den Gottesdienst an den Sonntagen besuchte, ist auch bei uns schon lange vorbei. Trotzdem dürfen wir feststellen, dass eine gewisse Verbundenheit und Nähe zur Kirche da ist. Zahlreiche Sonntags-, Feiertags- oder Familiengottesdienste sowie Kirchgemeindeanlässe sind geschätzt und gut besucht. Die Kirche als Ort der Besinnung und Begegnung möchten doch viele nicht missen und nehmen die Einladungen zu den verschiedenen Angeboten an. Besonders zu erwähnen sind: Gottesdienst zugunsten

«Brot für alle» mit anschliessendem Mittagessen, das Erntedankfest, die Weihnachtsfeier oder die Gestaltung des Weltgebetstagsgottesdienstes durch Frauen aus allen drei Dörfern sowie die Feier der Silbernen und Goldenen Konfirmation, ein neuerer Brauch, die vor 25 und vor 50 Jahren Konfirmierten zu einem Jubiläumsgottesdienst einzuladen.

Besondere musikalische Gestaltung der Gottesdienste unter Mitwirkung von Chören oder Instrumentalisten bereichern immer wieder die sonntäglichen Feiern.

In den Aussengemeinden Wenslingen und Anwil findet zweimal jährlich ein zusätzlicher Gottesdienst statt, zudem in den Wintermonaten einige Donnerstag-Abendandachten. Anwil besitzt eine Kapelle, in welcher auch Beerdigungen abgehalten werden.

Das Abendmahl, mit Brot und Wein als Sinnbild des christlichen Glaubens, wird an den meisten Feiertagen ausgeteilt. Wie mancherorts im Oberbaselbiet gilt auch der «Verenasonntag» (1. Sonntag im September) als Abendmahlssonntag. Bis vor wenigen Jahren durften die frisch Konfirmierten am Karfreitag erstmals das Abendmahl empfangen. Heute können bereits Kinder vom Brot kosten, sofern sie dies möchten.

Kinder- und Jugendarbeit

In der Sonntagsschule erfahren und hören die Jüngsten auf spielerische Art biblische Geschichten. In allen drei Dörfern wird diese sinnvolle christliche Kinderstunde von freiwilligen, gut ausgebildeten Helferinnen und zurzeit einem Helfer geleitet. Die Teilnehmerzahl ist von Jahr zu Jahr starken Schwankungen unterworfen. Zurzeit ist das Unterrichtszimmer fast zu klein, da bis zu 18 Kinder vom Angebot Gebrauch machen.

Für eine regelrechte Jugendarbeit mangelt es in unserer Gemeinde an den nötigen personellen Ressourcen. Eine Zusammenarbeit mit den benachbarten Kirchgemeinden wird angestrebt.

Die Taufe von Kindern in den Gottesdiensten ist ein spezieller Moment für Eltern und Paten, aber auch für die Gemeinde. Mit der Taufe wird der Grundstein für eine christliche Erziehung gelegt. Durch Sonntagsschule, Religionsunterricht, Familien- und Jugendgottesdienste werden die Heranwachsenden auf Glaubens- und Lebensfragen vorbereitet. Die Teilnahme an Religionsunterricht und Jugendgottesdiensten gehört zur Christenlehre und gilt als Grundlage zum Besuch des Konfirmandenunterrichts.

Ab der 4. – 7. Klasse besuchen die Kinder den Religionsunterricht in den Dörfern bzw. in den Sekundarschulen in Wenslingen und Gelterkinden. Im achten Schuljahr hingegen finden 3 Religionsnachmittage statt.

Der Konfirmandenunterricht beginnt im neunten Schuljahr mit dem Konfirmandenlager. Mit der Konfirmation, die bei uns noch immer am Palmsonntag stattfindet, bestätigt der junge Mensch seine Zugehörigkeit zur Kirche.

Abb. 2: Pfarrer R. Baumann mit seinen Konfirmanden 2006

KIRCHE

Hochzeitskirche

Unsere Oltinger Kirche ist durch ihre Fresken bekannt. Sie wird gerne als Hochzeitskirche auch von Auswärtigen benutzt. In den vergangenen Jahren sind die kirchlichen Trauungen eher rückläufig. Noch vor 25 Jahren heirateten durchschnittlich zwanzig Paare in unserer Kirche; in jüngerer Zeit hat sich die Zahl halbiert.

Altersarbeit

Die Kirchgemeinde lädt jeden Frühling zu einem gemeinsamen Seniorennachmittag ein. Gemeinsam heisst: Bewohner von Oltingen, Wenslingen und Anwil zusammen. Der Durchführungsort: die Mehrzweckhalle in einem unserer Dörfer. Ob ein Vortrag, ein Theater oder ein Erzählnachmittag auf dem Programm steht: bei allem soll das gemütliche Verweilen bei einem einfachen «Zoobe» und die Kontaktpflege nicht zu kurz kommen. Im Advent hingegen wird in jedem Dorf separat vorweihnächtlich gefeiert.

Die ersten Altersferien mit Pfarrer Markus Christ fanden im Jahr 1975 in Gwatt am Thunersee statt.

Seit damals führt die Kirchgemeinde im Zweijahresrhythmus die beliebten Altersferien durch. Der Pfarrer organisiert und plant zusammen mit einem eingespielten Team eine möglichst abwechslungsreiche und auf viele Bedürfnisse ausgerichtete Woche. Die Wahl des Hotels und die Verpflegung sind wichtige Aspekte, die berücksichtigt werden müssen, und auch die Umgebung sollte einladend sein und zahlreiche Ausflugsmöglichkeiten bieten.

Zu einem Ausflug mit Car lädt die Kirchenpflege alle zwei Jahre ein. Meistens kommen gegen neunzig Personen auf die ganztägige Reise mit.

Abb. 3: Erste Altersferien in Gwatt, 1975

Abb. 4: Altersferien, 1975 (hinten stehend: Martha Lüthy-Wirz, vorne sitzend: Emilie Rickenbacher-Müller, Sophie Gysin-Gysin, Liseli Gloor-Beugger, Marie Dähler-Buess)

KIRCHE

Die Altersarbeit beinhaltet auch die Besuche des Pfarrers bei runden und halbrunden Geburtstagen ab 70 Jahren; reicht es nicht am betreffenden Datum, dann werden die Glückwünsche zu einem späteren Zeitpunkt überbracht. Die Besuche ermöglichen ein besseres Sich-kennen-Lernen in privater Umgebung.

Bestattungen

Seit 1863 hat Wenslingen und seit 1864 Anwil einen eigenen Friedhof [3]. Vorher wurden die Toten auf dem Friedhof Oltingen bestattet. Die Toten werden bis zur Bestattung im Katafalkraum neben dem Heimatmuseum aufgebahrt. Während früher Erdbestattungen die Regel waren, sind es heute mehrheitlich Urnenbestattungen. Auch der früher übliche Trauerzug ab dem Leidhaus wird immer weniger gepflegt.

Für die Anlage und den Unterhalt des Friedhofs ist die Einwohnergemeinde verantwortlich.

Pfarrer in der Kirchgemeinde (seit 1917)

1917 – 1933	Walther Steiger
1933 – 1947	Paul Dieterle
1947 – 1961	Jakob Niedermann
1961 – 1972	Herbert Hug
1973 – 1999	Markus Christ
2000 –	Roland Baumann

Alle Pfarrer, ob ehemalige oder der amtierende, betreuten manche Jahre unsere Kirchgemeinde durch Gottesdienste, Seelsorge, Religionsunterricht und vieles mehr. Das Alleinpfarramt erfordert neben den beruflichen und menschlichen Voraussetzungen auch Vielseitigkeit und Organisationstalent, um den vielen Aufgaben gerecht zu werden.

Kirchenpflege / Synodale

Geschichtliches: Schon 1402 werden erstmals 4 Kirchenpfleger erwähnt.

Es gab im 17. Jh. eine Sittenpolizei, den sogenannten Kirchenbann. Dieser bestand aus dem Pfarrer, zwei Vertrauensmännern und dem Gemeinderat. Nach einer Verordnung von 1660 versammelten sie sich jeden Sonntag nach der Predigt in der Kirche, um über alles, was die Bannbrüder Unsittliches und Lasterhaftes vernommen hatten, zu Gericht zu sitzen. Die «Fehlbaren» wurden je nach dem von dem Genuss des heiligen Abendmahls ausgeschlossen. Die Bannbrüder hatten dafür zu sorgen, dass jeden Sonntag aus jedem Hause Leute zur Kirche kamen. (Es wurde eine sogenannte Hauskehr angeordnet [4].

Bis 1954 war der Gemeinderat der drei politischen Gemeinden Oltingen – Wenslingen – Anwil die kirchliche Behörde. Daneben gab es eine freiwillige Kirchenpflege, die sich nur mit kirchlichen Angelegenheiten befasste. Mitglieder des Gemeinderates zogen an den kirchlichen Feiertagen das Opfer ein. Erst nachdem die Landeskirche sich 1952 eine neue Verfassung gab, wurde anstelle des Gemeinderates eine Kirchenpflege gewählt. Diese setzt sich seither aus je vier Vertretern pro Gemeinde zusammen.

Die Aufgaben der Kirchenpflege sind in der Kirchenverfassung beschrieben. Sie ist mit dem Pfarrer zusammen verantwortlich für eine gute Betreuung der Kirchgemeinde und unterstützt den Pfarrer in seiner Tätigkeit. Einmal im Monat trifft sich die Kirchenpflege zu einer Sitzung. Dazu werden auch die Sigristin und die Synodalen eingeladen.

Die Kirchgemeinde stellt zwei Synodale in das kantonalkirchliche Parlament. Diese informieren die Kirchenpflege über Geschäfte der Kantonalkirche und nehmen Anregungen und Wünsche der Kirchenpflege zuhanden der Synode entgegen.

KIRCHE

Kirchenpflegepräsidenten seit 1946

1946 – 1975	Emil Weitnauer-Rüdin	Oltingen
1975 – 1988	Max Wirz-Schaffner	Wenslingen
1989 – 1996	Heini Schaffner-Lüthy	Anwil
1997 – 2001	Dora Pfaff-Hirsbrunner	Oltingen
2002 –	Yvonne Buess-Roppel	Wenslingen

Kirchliche Mitarbeiter

Nebst dem Pfarrer beschäftigt die Kirchgemeinde eine Sigristin und ein Organistenteam im Nebenamt.

Namen der amtierenden Sigristin und der langjährigen Vorgänger und Vorgängerinnen:

1903 – 1951	Johannes Beugger-Buess	Oltingen
1951 – 1974	Gottlieb Meier-Beugger	Oltingen
1974 – 1975	Sophie Meier-Beugger	Oltingen
1975 – 2002	Elsy Gysin-Gysin	Oltingen
2002 –	Iris Dähler-Buess	Oltingen

Namen der amtierenden Organistinnen und Organisten und der langjährigen Vorgänger:

1931 – 1984	Hans Gass-Lüthy	Oltingen (spielte 53 Jahre die Orgel!)
	Emil Weitnauer-Rüdin	Oltingen (als Ablösung, mehr als 50 Jahre)
1985 – 1996	Réjeanne Zbinden	Gelterkinden
1984 – 2004	Marianne Kocher	Wenslingen
1984 – 2007	Peter Lüthy	Itingen
1997 –	Mirjam Rüfenacht	Basel
2005 –	Nina Haugen	Basel

Unsere Kirchgemeinde in der Zeit des 2. Weltkrieges

Unsere Kirchgemeinde war im August 1942 die erste (abgesehen von Einzelpersonen), die bei Bundesrat von Steiger gegen die strenge Flüchtlingspolitik der Schweiz, insbesondere gegenüber den Juden, protestierte und einen Brief verfasste; nachfolgend ein gekürzter Auszug:

«Wir wissen, wovor die Flüchtlinge fliehen. Diese Menschen, die wir von unserem Land zurückweisen, werden schutzlos einer entwürdigenden Willkür preisgegeben. Wir wussten uns in der Schweiz von jeher den Opfern des Krieges und den politischen Flüchtlingen zur Hilfe und Asyl verpflichtet und wenn wir uns nicht für sie einsetzen, so machen wir uns an ihrem Elend mitschuldig. Wir machen uns damit vor Gott schuldig, dem wir unser eigenes Leben und die bisherige, unbegreifliche Bewahrung zu verdanken haben. Wir sind erschrocken, dass angesichts des offenbaren Unrechts und der nackten Not sogar noch überlegt und berechnet wird, ob und wie weit die Aufnahme und Hilfe politisch oder sonst wie «tragbar» sei und dass mit nationalen Nützlichkeitserwägungen die Stimme des Gewissens zum Schweigen gebracht werden soll durch die Behörde. Unsere dringende Bitte: Denken Sie an die Flüchtlinge, als ob Sie und wir nächstens schon selbst in ebensolche Not von dem Erbarmen derer abhängig würden, die jetzt bei uns Zuflucht suchen, und tun Sie sofort und entschlossen alles, um unsere Grenzen den Flüchtlingen zu öffnen.»

Oltingen, Wenslingen, Anwil, 24. August 1942
Abgedruckt in: Die Frau in Leben und Arbeit, Nr. 10/1942

KIRCHE

Glaubensüberzeugung

Auch nach der Reformation zogen die Pilger wie vorher über die Schafmatt nach Einsiedeln. Bei Durchzug einer solchen Gruppe durch Oltingen sass bei «Chilchmeiers» ein Mädchen auf der Treppe vor dem Haus. Das sahen zwei der frommen Katholiken und sagten zueinander: «Lueg das härzig Mäiteli; numme schad, ass das i d Höll chunnt!»

Quelle: Emil Weitnauer, Oltingen

S'goht au ohni Pfaarer...

Der damals amtierende Pfarrer konnte wegen einer am Samstag aufgetretenen Magen-Darmgrippe den Gottesdienst nicht abhalten und auch kurzfristig keine Stellvertretung organisieren. So schlug er der Kirchenpflege vor, den Gottesdienst selbst durchzuführen. Eine Kirchenpflegerin aus Anwil und je ein Kirchenpfleger aus Oltingen und Wenslingen führten den Gottesdienst durch. Der Pfarrer stellte eine Predigt zum Ablesen bereit. Die Besucherinnen und Besucher dankten den drei für ihren spontanen Einsatz.

Erzählt von Max Wirz, Wenslingen

Weitere Pfarreranekdoten finden sich im Buch «Müschterli us em Baselbiet» von E. Strübin und P. Suter.

Hätten Sie's gewusst?...

... dass die Kirche Oltingen sogar in den Uffizien in Florenz präsent ist?

Nach der Reformation lieferte Oltingen zwei goldene Messkelche und eine silberne Monstranz nach Basel zum Einschmelzen. Wie diese Monstranz einmal ausgesehen hat, geht aus einem Riss (Zirkelzeichnung), der im «Gabinetto Disegni e Stampe» unter der Inventarnummer 575 – orn. in den Uffizien aufbewahrt wird, hervor. Auf der Rückseite dieses Risses ist zu lesen: «Id(em) zu olttingen schoffmat wigt x». Zugeschrieben wurde der Riss wohl zu Unrecht Albrecht Dürer. Aber gleichwohl schade, existiert die Monstranz nicht mehr...

... dass die Kirche Oltingen erst seit 1901 eine Orgel besitzt?

In der BZ vom 24. Februar 1900 ist zu lesen: «Bei Anlass eines Kirchenbesuches hat ein Herr die grösste Verwunderung ausgedrückt darüber, dass in dieser Kirche weder Orgel noch Harmonium existiere. – In der That ist dies zum Verwundern, da doch zu dieser Kirchengemeinde drei Ortschaften: Oltingen, Wenslingen und Anwil gehören, die alle drei zu den wohlhabenden Gemeinden gezählt werden können. Dieser Herr führte noch weiter aus, dass es schade sei für die prächtigen Stimmen, die er bei dem Gesang gehört...» Wer dieser «Herr» war, ist leider nicht bekannt, aber die Kirchgemeinde liess sich bei ihrer Ehre nehmen, und ein Jahr später ertönte die erste Orgel in der Kirche.

Yvonne Buess-Roppel
Roland Baumann-von der Crone

Quellennachweis

[1] aus Heimatkunde Wenslingen, Seite 340: 1529 wird Kirchgemeinde reformiert
[2] Das Läuten der Glocken nach Befragung von Elsy Gysin, ehemalige Sigristin
[3] Friedhöfe Wenslingen u. Anwil seit 1863 und 1864 (nach Max Wirz)
[4] aus Heimatkunde Oltingen 1863, Samuel Schilling, Seite 20 (von Max Wirz transkribiert)

Politische Gemeinde

POLITISCHE GEMEINDE

Einwohnergemeinde

Die EWG Oltingen ist eine aufgrund von § 35 des Gemeindegesetzes vom 28.05.70 bestehende öffentlich-rechtliche Körperschaft des Kantons Baselland. Das Gemeindegesetz regelt die Aufgaben und Befugnisse der Gemeinden. Gemäss § 45 des Gemeindegesetzes haben die Gemeinden eine Gemeindeordnung zu erlassen. An der Gemeindeversammlung vom 26.03.71 wurde diese, mit Ausnahme des umstrittenen § 21 (siehe Unterkapitel «Gemeinderat»), gutgeheissen. Am 25.04.71 wurde sie auch an der Urne angenommen (Änderungen 1992, 1995 und 2000).

Das oberste Organ der Gemeinde ist die Gesamtheit der in einer Angelegenheit der Gemeinde Stimmberechtigten = Legislative. Die Stimmberechtigten entscheiden an der Gemeindeversammlung oder durch Abstimmung an der Urne. Da in Oltingen gemäss § 5 des Gemeindegesetzes eine ordentliche Gemeindeorganisation besteht, werden die Gemeindebeschlüsse in der Regel an der Gemeindeversammlung gefasst. Eine Urnenabstimmung findet nur in den vom Gesetz vorgesehenen Fällen statt (im Gegensatz zur ausserordentlichen Organisation, wo die Stimmberechtigten eine Vertretung, den Einwohnerrat, wählen).

Bevölkerungsstatistik Oltingen

	1850	1900	1950	1970	1975	1980	1990	2000	2007
Einwohner:	563	469	437	329	308	327	345	405	422
Haushalte:	94	95	87	89	89	110	130	154	180
Ausländer:	0	0	0	0	0	2	11	30	30

Gemeindeversammlung

Es werden in der Regel zwei Gemeindeversammlungen abgehalten (die Stimmberechtigten müssen die Einladung zur Versammlung 10 Tage vorher erhalten). Die «Rächnigsgmein» findet im Mai/Juni statt. Als Haupttraktandum wird den Einwohnern die Rechnung des Vorjahres zur Genehmigung vorgelegt. Die zweite Gemeindeversammlung, die «Budgetgmein», findet im Dezember statt. An dieser Versammlung werden die Stimmberechtigten über das Budget des kommenden Jahres orientiert und können sich dazu äussern. An dieser Versammlung wird auch jeweils über die Gebühren abgestimmt. Früher musste an dieser Gemeindeversammlung die Armensteuer beschlossen und genehmigt werden.

Im Dezember 1977 wurde das Budget für das kommende Jahr erstmals schon im alten Jahr der Gemeindeversammlung vorgelegt, dies im Zusammenhang mit dem neuen Kontenrahmen des Kantons, der dann ab 1979 obligatorisch war. Vorher fand die Budgetsitzung des Gemeinderates immer zwischen Weihnachten und Neujahr statt. Im Januar war dann die Budget-Gemeindeversammlung, im Juni/Juli wurde die Rechnung vorgelegt. Im September/Oktober fand eine weitere Gemeindeversammlung statt. Es gab aber auch Jahre, in denen noch weitere Gemeindeversammlungen durchgeführt wurden.

Am 29. Mai 1998 fand die Gemeindeversammlung das erste Mal in der Florianstube, Mehrzweckraum im Obergeschoss des Feuerwehrmagazins, statt. Zu diesem Anlass begrüsste Gemeindepräsident Hans Lüthy (Junkers) die Bevölkerung mit einem Apéro.

Bis ins Jahr 1937 wurden die Gemeindeversammlungen sehr oft an Sonntagen durchgeführt. Zwischen 1937 und 1953 fand die erste, manchmal auch die zweite Gemeindeversammlung des Jahres an einem Sonntag statt. Ab 1954 wurden die Versammlungen auf andere Tage gelegt. Die Gemeindeversammlung wird heute immer an einem andern Tag durchgeführt. Das gab und gibt immer wieder zu Diskussionen Anlass. Für einen wechselnden Wochentag spricht folgende Überlegung: Es soll nicht immer der gleiche Dorfverein darunter leiden, wenn eine Gemeindeversammlung angesagt ist (d. h., einmal fällt das Singen aus, einmal das Damenturnen, einmal der Turnverein).

POLITISCHE GEMEINDE

Einige wichtige, umfangreiche Entscheide der Gemeindeversammlung

- Kauf der Gallislochquelle und Landerwerb für Reservoir und Pumpstation, 1963.

- Beschlussfassung für die etappenweise Kanalisation im Dorf. Krediterteilung von Fr. 100 000.– für erstes Teilstück angenommen, 1969.

- Krediterteilung Bachkorrektion, 1972.

- Genehmigung des gerichtlichen Vergleichs im Quellenrechtsstreit, 1972. Dieses Traktandum zog sich im Übrigen über die Jahre 1963 bis 1972 hin. Als die Gallislochquelle im Jahre 1963 von Hans Rickenbacher (Säge) und Rudolf Gass (obere Mühle) zum Preis von Fr. 16 000.– an die Gemeinde überging, meldete ein Adolf Gysin-Erny auch Besitzrecht an der Gallislochquelle an. Paul Gass, frisch im Gemeinderat, musste sich mit diesem Geschäft auseinandersetzen. Er vertrat standhaft die Ansicht, dass kein Besitzrecht bestand und liess es auf eine Verhandlung vor dem Friedensrichter und sogar vor dem Bezirksgericht ankommen. An der Gemeindeversammlung vom 19.05.72, als dem Vergleich mit den Erben des Adolf Gysin zugestimmt wurde, bezeichnete er dieses Geschäft als eines seiner unangenehmsten. Wäre dieser Vergleich von den Stimmberechtigten abgelehnt worden, wäre die Geschichte ans Obergericht weitergezogen worden. So wurden auch an die Kläger Fr. 8000.– bezahlt und zusätzlich noch diverse Prozesskosten, insgesamt Fr. 13 338.30.

- Erschliessung Lehmatt:
Am 12.07.1974 wurde über die Projektierung für die Erschliessung des Baugebietes befunden. Dieses Traktandum sorgte für einige rote Köpfe. Zitat: «Ein Votant, unterstützt von weiteren Versammlungsmitgliedern, wobei teilweise harte und unzutreffende Worte fallen, beharrt auf seinem Rückweisungsantrag.» Grund der Opposition war, dass gewisse Bewohner des neuen Baugebietes fanden, man müsse ihnen zuerst Gelegenheit zur Meinungsäusserung geben. Von dieser Baulandumlegung habe man nur auf der Strasse etwas vernommen. Unter unsachlichen Zwischenrufen verteidigt Hans Gysin (Stöffibaschis) das Vorgehen des Gemeinderates, indem durch die Möglichkeit, Neubauten zu erstellen, der ständigen Entvölkerung des Dorfes entgegengesteuert werden könne.

Der Rückweisungsantrag wurde mit nur 5 Stimmen mehr abgelehnt und dem Gemeinderat wurde die Kompetenz erteilt, die Projektierung weiterzuverfolgen. Am 10.10.75 stimmte die Gemeindeversammlung der Krediterteilung für die Erschliessung des Baugebietes diskussionslos zu.

- Projektierungskredit Mehrzweckhalle:
An der Gemeindeversammlung vom 02.11.72 wurden erste Ergebnisse einer Kommission vorgelegt, die sich mit dem Bau einer Mehrzweckhalle auseinandersetzte. Auch über die Beschaffung eines Teils der Finanzen hatte man eine Vorstellung. Zitat: «Wenn man die Arbeit nicht scheuen will, sollte man auch ein Dorffest durchführen». Doch gab es an der Gemeindeversammlung vom 31.01.75 auch kritische Stimmen, es wurde gewissermassen der Sinn einer solchen Mehrzweckhalle an sich in Frage gestellt. Heute durchaus wieder aktuelle, aber auch für die heutige Zeit eher amüsant wirkende Argumente wurden dagegen angeführt: Ein Votant sprach sich vehement gegen die Bewilligung des Planungskredites aus, da zur Zeit überall vom Sparen geredet werde; er bezweifelte, dass die Gemeinde die entstehenden Kosten verkraften könne. Eine Votantin bezweifelte die Notwendigkeit einer Turnhalle, Zitat: «…da die Oberstufenschüler in die Nachbargemeinde Wenslingen wechseln und die Kinder sowieso lieber im Freien turnen».

1976: Genehmigung des Mehrzweckhallenprojektes und Genehmigung des entsprechenden Kredites. Ein erstes Projekt war vom Heimatschutz nicht akzeptiert worden, ein zweites, vom Heimatschutz ausgearbeitetes, wurde von der Baukommission und vom Gemeinderat nicht gutgeheissen.

1977: Aufhebung des Beschlusses bezüglich Mehrzweckhallenprojekt und Genehmigung eines Alternativprojektes. Zitat: «Den Wunsch der Oltinger Einwohner nach einer eigenen Mehrzweckhalle konnten die bisherigen Widerwärtigkeiten nicht schmälern», waren die einleitenden Worte des Gemeindepräsidenten an der Gemeindeversammlung vom 31.03.77, als der Entscheid vom 01.10.76 aufgehoben und ein Alternativprojekt genehmigt werden musste.

POLITISCHE GEMEINDE

- Genehmigung des Projektes Zivilschutzanlage, 1983.

- Umbau der Pfarrscheune, 1983/84.

- Projektgenehmigung Hofwasserversorgung, Krediterteilung von Fr. 300 000.–, 1985.

- Schnitzelheizung:
  Bereits an der Gemeindeversammlung vom 09.12.1987 teilten Präsident Hans Dähler und Waldchef Ueli Gass mit, dass sich der Gemeinderat über die Möglichkeit der Errichtung einer Schnitzelfeuerung zur Beheizung der öffentlichen Gebäude orientieren lassen wolle. Holz wäre in der Gemeinde genügend vorhanden, und es würde ein Beitrag zum Schutze der Umwelt geleistet. Erteilung eines entsprechenden Planungskredites von Fr. 3000.–, 1988.

  1990 wurde dann einem Planungskredit von Fr. 48 000.– für die Projektierung einer Grünschnitzelfeuerung zugestimmt. In der Zwischenzeit hatten auch Private Interesse bekundet, ihre Liegenschaft anzuschliessen.

  14.12.1990: Erste Gemeindeversammlung unter dem Präsidium von Hans Lüthy, Krediterteilung von Fr. 715 000.– für die Erstellung der Schnitzelfeuerung mit Wärmeverbund.

- Beitritt zur Stiftung regionales Alters- und Pflegeheim Ergolz in Ormalingen, Krediterteilung von Fr. 173 500.– als Stiftungsbeitrag, 1990.

- 1994/1995: Bau des Feuerwehrmagazins (siehe Unterkapitel «Feuerwehr»).

- Kindergarten, 1998
  Wegen der gestiegenen Schülerzahlen konnten nicht mehr vier Klassen vom gleichen Lehrer im selben Zimmer unterrichtet werden. Für den Kindergarten mussten somit neue Räumlichkeiten geschaffen werden. An der Gemeindeversammlung vom 16.12.1998 wurde einer Krediterteilung von Fr. 330 000.– zur Aufstockung der Mehrzweckhalle und damit zur Schaffung eines neuen Schulraumes zugestimmt.

- Krediterteilung von Fr. 95 000.– für die Sanierung des 35-jährigen Kanalisationsnetzes, 15.12.1999.
  Die Kanalisation war immer ein grosses Anliegen von Hans Gysin (Stöffibaschis) gewesen. Anhand eines Videos, das anlässlich der Schadenseruierung mit dem Kanalfernsehen gemacht wurde, wurde den Einwohnern aufgezeigt, wie wichtig eine Sanierung ist. Als Hans Gysin ein Jahr später sein Gemeinderatsamt abgab, konnte er seinem Nachfolger ein intaktes Kanalisationsnetz übergeben.

- Kreditgenehmigung für die Anschaffung einer UV-Anlage zur Entkeimung des Trinkwassers im Januar 2002.
  Nachdem bei den regelmässigen Trinkwasserkontrollen durch den Kanton immer wieder Kolibakterien festgestellt worden waren, musste die Gemeinde etwas unternehmen. Man entschied sich für eine UV-Anlage. (Alternativen: Bechlorung und Aktivkohlefilterung). Viele Wortmeldungen der Anwesenden zeigten, dass einige Einwohner Bedenken gegenüber einer Bestrahlung des Wassers hatten. Wasserchef Ewald Gysin zeigte auf, wie eine solche Anlage wirkt und dass das Wasser keinen Schaden nimmt. Dem Kredit wurde zugestimmt.

Die Steuern

Der Steuerfuss
An der Gemeindeversammlung vom 23.01.76 wurde der Vorschlag des Gemeinderates, den Steuerfuss bei 70 % (!) zu belassen, einstimmig angenommen.

4 Jahre später sah es dann schon anders aus. An der Gemeindeversammlung vom 12.12.1980 wurden die Steuerprozente auf Antrag des Gemeinderates auf 65 gesenkt. Gemäss Protokoll waren dieser Senkung hitzige Debatten im Gemeinderat vorausgegangen. Die Gemeindefinanzen zeigten sich jedoch trotz grösseren Aufwendungen in einem günstigen Licht, und so wagte man diesen Schritt. Ausserdem war Oltingen im Bezirk fast die einzige Gemeinde mit einem Steuerfuss von 70 %. Man erhoffte sich durch die Steuersenkung einen vermehrten Zuzug auswärtiger Steuerzahler.

POLITISCHE GEMEINDE

Eine weitere Steuerreduktion auf 62 % erfolgte an der «Budgetgmein» vom 14.12.1990, eine nur scheinbare Steuerreduktion, da eine separate Kirchensteuer eingeführt wurde.

Im Jahre 1994 wurden die Steuern wieder auf 65 % angehoben. Dies begründete der damalige Finanzchef mit den bereits bestehenden Schulden und grösseren Investitionen wie dem Feuerwehrmagazin. Ausserdem wurde aufgezeigt, dass eine 3 %ige Steuererhöhung den einzelnen nicht derart hart trifft, der Gemeinde aber viel bringt.

Müsterli aus den Gemeindeversammlungsprotokollen

Wie sparsam man auch schon früher war, zeigt der Beschluss an der Gemeindeversammlung vom 11.11.1963, als es um einen Beitrag der Gemeinde an die EXPO ging. Vom Bund waren die Gemeinden angehalten worden, pro Einwohner Fr. 1.– beizutragen. Der Gemeindepräsident äusserte sich dazu, Zitat: «Der Gemeinderat ist der Ansicht, für unsere Verhältnisse würde ein Beitrag von 50 Rp. pro Einwohner genügen, auch wenn wir uns deshalb mit einem weniger grossen Dankesschreiben abfinden müssten». Ein Votant meinte, man könne ja auch eine diesem Betrag entsprechende Anzahl «Wägwarten» schicken (Buch von Hans Gysin, Metzgerhans).

Dass für oder gegen gewisse Entscheide hart gekämpft wurde, zeigt folgender Vorfall:

Gemeindeversammlung 27.05.77: Krediterteilung für Sanierung Gallislochquelle. Zitat Protokoll: «Die Abstimmung ergibt mit den 3 Stimmen des Gemeinderates 14 befürwortende, denen 14 ablehnende gegenüberstehen. Mangels genügender Orientierung herrscht einige Unklarheit über die Deutung dieses Ergebnisses. Nachträgliche Erkundigungen zeigen, dass der Gemeindepräsident in einer solchen Situation zusätzlich zu seiner Stimmabgabe einen Stichentscheid zu fällen hat.» So wurde zu guter Letzt der Kredit von Fr. 35 000.– bewilligt.

Schon früher gab es Bestrebungen, die Gemeindeversammlungen möglichst kurz zu halten. So schlug ein Votant an der Gemeindeversammlung vom 06.05.65 vor, die Rechnung verkürzt zu lesen. Zitat: Die Versammlung wisse, dass sie einen gewissenhaften Kassier habe und dass der Gemeinderat gut haushalte; auch die Rechnungsprüfungskommission sei sicher bestrebt, die Rechnungsführung gewissenhaft zu überprüfen.

Auch Themen, die gesamtpolitisch als unwichtig abgetan werden könnten, führten an Gemeindeversammlungen zu – so heisst es im Protokoll – hitzigen Diskussionen. Ein Beispiel war das 3-Uhr-Läuten der Kirchenglocken. Die Sigristin hatte den Auftrag, die Glocken um 11 Uhr, zur Betzeit und um 15.00 Uhr zu läuten und musste für diese Arbeit natürlich auch entschädigt werden. Das 3-Uhr-Läuten war früher, als noch nicht alle Leute Armbanduhren hatten, wichtig gewesen für die Bauern auf dem Feld. Die wussten dann nämlich, wann es Zeit für ein «Zoobe» war. Die Gemeinde wurde von der Kirchgemeinde angefragt, ob sie die Entschädigung der Sigristin übernehmen könnte, da dies eigentlich Sache der politischen Gemeinde Oltingen sei. Die Sigristin vertrat in diesem Zusammenhang die Ansicht, dass auf das 3-Uhr-Läuten verzichtet werden könne, und ihr Ehegatte unterstützte diesen Vorschlag mit den Worten: «Das 3-Uhr-Läuten bedeutet für meine Frau eine grosse Belastung, weil sie dadurch ihre Arbeit mitten im Nachmittag unterbrechen muss». Andere Votanten hingegen fanden es schade, diesen Brauch abzuschaffen. Es wurde dann mit 24:12 Stimmen beschlossen, auf das 3-Uhr-Läuten zu verzichten, und die Gemeinde übernahm die Kosten für das Läuten der Glocken um 11 Uhr und zur Betzeit.

Ursi Meili

Quellennachweis

Protokolle der Gemeindeversammlungen und der Gemeinderatssitzungen

Gespräche mit Paul Gass, Hans Dähler, Hans Lüthy

POLITISCHE GEMEINDE

Bürgergemeinde

Die Bürgergemeinde

Unter dem Begriff «Gemeinde» verstand man bis zum Untergang der alten Eidgenossenschaft im Jahre 1798 ausschliesslich die «Bürgergemeinde». Stimm- und wahlberechtigt waren nur die Bürger. In der Helvetik (1798 – 1803) wurden nach französischem Vorbild nicht nur die bisherigen Bürger einer Gemeinde zu Schweizer Bürgern, sondern auch die Niedergelassenen. Mit der Bundesverfassung von 1848 und nach deren Revision im Jahre 1874 erhielten die Schweizer Bürger wesentlich mehr politische und wirtschaftliche Rechte und Möglichkeiten der Mitbestimmung.

Die einsetzende Industrialisierung löste eine in diesem Ausmass vorher nie beobachtete Wanderbewegung aus. In unserem kleinen Dorf trat diese Entwicklung erst später ein. In deren Folge wurden aufgrund gesetzlicher Grundlagen wichtige Aufgaben von der Bürgergemeinde an die Einwohnergemeinde übertragen, nämlich das Vormundschaftswesen im Jahre 1911 und das Fürsorgewesen oder heute Sozialhilfe (früher Armenwesen genannt) im Jahre 1969.

Im 19. Jahrhundert war auch in Oltingen gängige Praxis, die Armen (heute würde man sagen Sozialhilfebezüger) loszuwerden, indem man ihnen eine Überfahrt nach Amerika bezahlte und sie im Gegenzug dafür unterschreiben liess, auf ihren Bürgernutzen und damit auch auf die Unterstützung durch die Gemeinde zu verzichten.

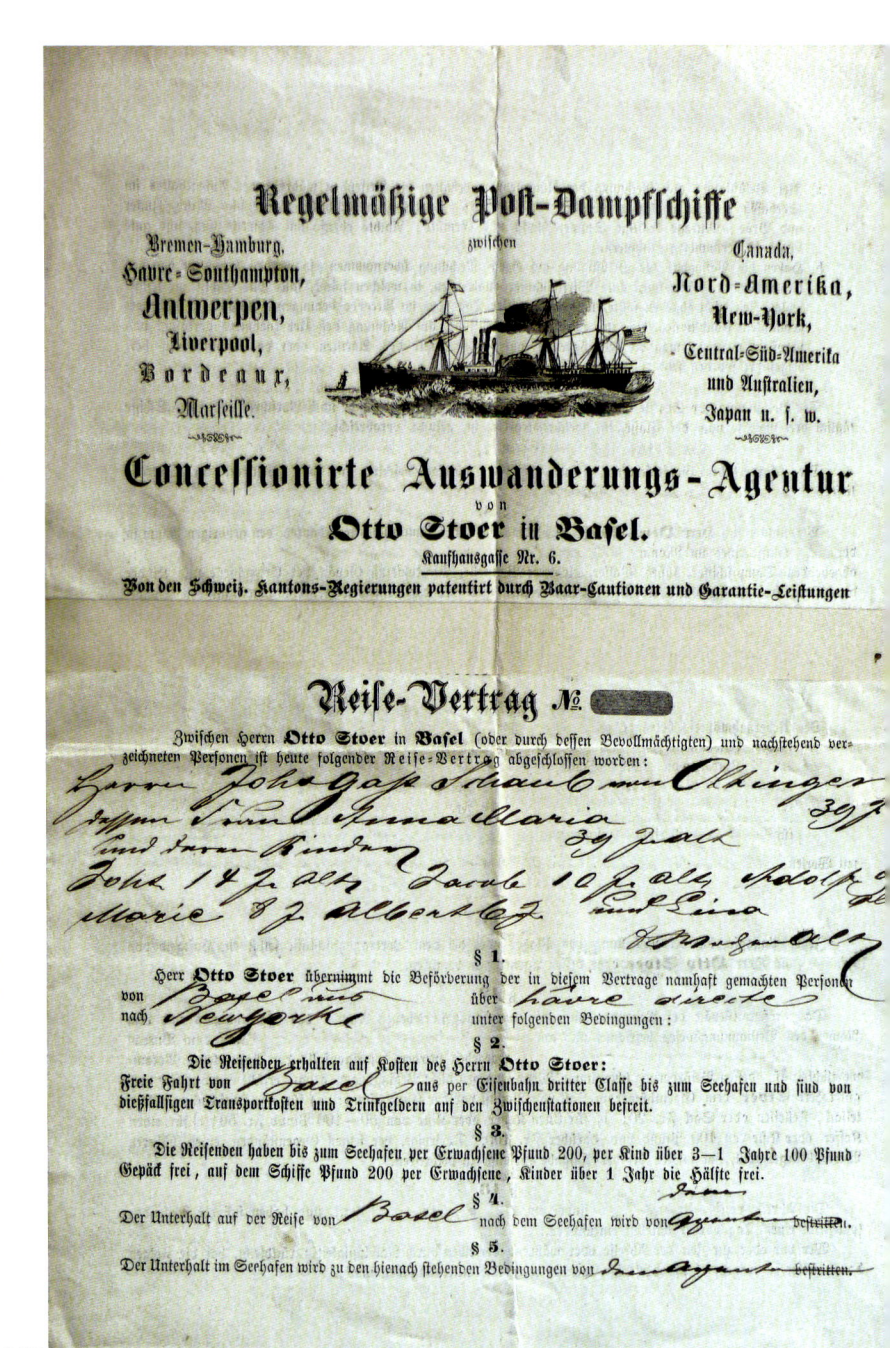

POLITISCHE GEMEINDE

Heute ergibt sich aus Verfassung und Gesetzgebung des Kantons Basel-Landschaft folgende, durch den Ortsgebrauch ergänzte Ordnung über Bestand, Organisation und Aufgaben unserer Bürgergemeinde:

1. Gemeindebürgerrecht
Das Gemeindebürgerrecht wird durch Vererbung bei der Geburt, durch Heirat oder durch Einbürgerung erworben. Die Erteilung des Gemeindebürgerrechts ist zweifellos eine heikle Aufgabe und erfordert von den Bürgerräten und Bürgerrätinnen sowie der Bürgerversammlung viel Fingerspitzengefühl. Die Einbürgerung von Ausländerinnen/Ausländern setzt eine eidgenössische Einbürgerungsbewilligung voraus.

Jede/r Schweizer/in hat einen Bürgerort. Dieser führt das Heimatregister, in welchem die Bürger/innen der Gemeinde eingetragen sind. Wer Bürger/in einer schweizerischen Gemeinde ist, ist gleichzeitig auch Bürger/in des betreffenden Kantons und des Bundes, mit allen damit verbundenen Rechten und Pflichten.

2. Organisation
Unsere Bürgergemeinde hat keinen Bürgerrat. Deshalb ist der Einwohnergemeinderat gleichzeitig Bürgerrat. Oberstes Organ ist die Bürgergemeindeversammlung. Sie tagt zweimal jährlich, jeweils im Anschluss an die Einwohnergemeindeversammlung. Eingeladen sind nur die ortsansässigen Bürger/innen. Das Protokoll wird von unserer Einwohnergemeindeschreiberin geführt. Die Bürgergemeinde Oltingen hat aber einen eigenen Kassier und führt eine eigene Rechnung. Sie ist dem Forstrevier «Ergolzquelle» angeschlossen.

3. Bewirtschaftung und Pflege des Waldes
Der Bewirtschaftung und Pflege des Waldes kommt angesichts ihrer finanziellen Bedeutung erste Priorität zu. Sie stellt unsere kleine Bürgergemeinde immer wieder vor grosse Herausforderungen. (Näheres dazu im Kapitel «Natur».)

Als Höhepunkt darf man sicher die alljährlich stattfindende Brennholzgant bezeichnen. An diesem Anlass wird das Brennholz an den/die meistbietenden Käufer/in versteigert. Aufgabe des Gantmeisters bzw. der Gantmeisterin (Gemeindepräsident/in) ist es, für den wertvollen Brennstoff Holz einen möglichst guten Versteigerungserlös zu erzielen.

Eine weitere Besonderheit ist die Verlosung des Gabholzes (2 Ster Brennholz). Bezugsberechtigt sind nur Oltinger Bürger/innen mit Wohnort im Kanton Basel-Landschaft und eigenem Haushalt. Sie können das Brennholz zu einem reduzierten Preis beziehen. Das Gabholz darf durchaus als Überbleibsel des Bürgernutzens bezeichnet werden.

Abb. 1: Holzgant, 2004

4. Unterstützung kultureller Anlässe
– Jedes Jahr liefert die Bürgergemeinde die Tännchen für die Maibäume.
– Alle 3 Jahre wird ein Banntag durchgeführt.
  (Mehr über diese Bräuche im Kapitel «Kultur und Freizeit».)

Wie sieht die Zukunft unserer Bürgergemeinde aus?

Der Erfolg unserer Bürgergemeinde hängt direkt von der Preisentwicklung des Holzes ab. Nach dem grossen Sturm «Lothar» 1999 sind die Preise massiv gesunken, haben sich aber im Jahre 2007 wieder erfreulich

POLITISCHE GEMEINDE

entwickelt. Die Rohstoffe, insbesondere das Erdöl, sind weltweit knapp geworden. Auch der Klimawandel macht CO_2-neutrale Rohstoffe wie Holz immer beliebter und steigert die Nachfrage. Daher tut der Bürgerrat gut daran, die Waldungen nachhaltig zu bewirtschaften, damit auch zukünftige Generationen sich an unserem schönen Wald erfreuen und Nutzen daraus ziehen können.

Gemeindepräsidium

Der Gemeindepräsident bzw. die Gemeindepräsidentin ist Vorsteher bzw. Vorsteherin der Gemeinde.

Aufgaben:

1. Leiten der Gemeindeversammlungen, sofern nicht das Amt eines separaten Gemeindeversammlungspräsidiums eingeführt ist, sowie Leiten der Gemeinderatssitzungen

2. Sicherstellen, dass die Zuschriften an die Gemeinde unverzüglich an das zuständige Gemeindeorgan weitergeleitet werden

3. Überwachen des Vollzugs der Beschlüsse der Gemeindeversammlung und des Gemeinderates

4. Wahrnehmen der obersten Vorgesetztenfunktion gegenüber den Gemeindeangestellten und Überwachen ihrer Amtsführung, soweit die Gemeindeangestellten nicht einem einzelnen Gemeinderatsmitglied oder einer Spezialbehörde unterstellt sind.

> Eine besondere Einbürgerung fand anlässlich der GV vom 08.06.84 statt:
> Dem langjährigen Gemeinde- und Bürgergemeindepräsidenten Hans Dähler wird als Dank für seine langjährigen Verdienste das Oltinger Bürgerrecht verliehen. Ein besonderes Geburtstagsgeschenk zu seinem 60. Geburtstag, den er am Tag darauf feiern konnte.

Christoph Gerber

Abb. 1: Die Gemeindepräsidenten Paul Gass-Gerber, Hans Lüthy-Schaub, Hans Dähler-Gerber

Quellennachweis

Internet-Lexikon

BL-Bürgergemeinden

POLITISCHE GEMEINDE

Die Gemeindepräsidenten von Oltingen

1892 – 1905 Emil Rickenbacher	1945 – 1953 Fritz Lüthy-Weitnauer (Junkers)
1905 – 1918 Johann Gass	1954 – 1963 Fritz Gysin-Rüdin (Becke)
1919 – 1921 Samuel Gisin	1964 – 1975 Paul Gass-Gerber (Hansuelis)
1921 – 1929 Karl Weitnauer (Zimberkarlis)	1976 – 1990 Hans Dähler-Gerber
1930 – 1944 Johann Gass (Hansuelis)	1990 – 2001 Hans Lüthy-Schaub (Junkers)
	2002 – Christoph Gerber (Gärberruedis)

Was bedeutet es eigentlich, Gemeindepräsident von Oltingen zu sein?

Gemeindepräsident (oder auch Gemeinderat) in unserem Dorf zu sein, ist eine grosse Herausforderung und Ehre. Es bedeutet, dass man seine eigene Person in den Hintergrund stellt und sich jederzeit zum Wohl der Gemeinde einsetzt.

Ich trage diese Verantwortung gerne, weil ich auf die volle Unterstützung des Gemeinderates zählen darf.

Die Zugehörigkeit zu einer politischen Partei spielt bei uns nur eine untergeordnete Rolle. Unsere Einwohnerinnen und Einwohner haben keine Berührungsängste mit den Gemeindebehörden. So werden Sorgen und Nöte, aber auch Anregungen und Wünsche persönlich an den Gemeindepräsidenten herangetragen, sei es beim Einkaufen im Volg-Lädeli, auf der Strasse oder sonst wo. Dadurch lassen sich Probleme gegebenenfalls rasch und unbürokratisch lösen. Der Gemeindepräsident ist sozusagen immer und überall Repräsentant seiner Gemeinde, was diese Aufgabe so faszinierend macht.

Christoph Gerber
Gemeindepräsident

Abb. 2: Christoph Gerber

POLITISCHE GEMEINDE

Interviews mit drei ehemaligen Gemeindepräsidenten

Paul Gass-Gerber war von 1964 – 1975 Gemeinderat und Präsident. Einige Geschäfte sind ihm besonders gut in Erinnerung geblieben: Der Prozess um den Kauf der Gallislochquelle war eine verzwickte Sache. Die Landumlegung Lehmatt spaltete zeitweise das Dorf. Es ging um die Erschliessung des Baugebietes und um Anwenderbeiträge. Als Landrat (1967 – 1979) konnte er durch persönliche Kontakte mit der kantonalen Verwaltung manchmal Abläufe beschleunigen oder günstige Lösungen für die Gemeinde erzielen.

Hans Dähler-Gerber war ab 1972 Gemeinderat und von 1976 bis 1990 Präsident. Eine strube Zeit war für ihn die Bauzeit der Turnhalle, als ein Hangrutsch Kantonsstrasse und Baugrube in Mitleidenschaft zog. Doch Regierungsrat Nyffeler bemühte sich persönlich nach Oltingen und stand der Gemeinde bei. Gerne erinnert er sich an das Dorffest von 1976, welches das Dorf zusammenschweisste. Bei allen Geschäften und Entscheiden war für Hans Dähler am wichtigsten, dass die Leute damit zufrieden waren. Eine grosse Genugtuung bereitete ihm die Verleihung des Oltinger Bürgerrechts als Dank für seine Verdienste.

Hans Lüthy-Schaub war von 1990 – 2001 Gemeinderat und Präsident. Seine ersten grossen Geschäfte waren der Einbau einer Grünschnitzelfeuerung im Schulhaus und die Fernwärmeversorgung für das Hinterdorf, den Hübel und die Herrengasse. Neben der Gemeindescheune wurde 1992 ein neues Feuerwehrmagazin mit Gemeindesaal erbaut. 1996 wurde die Mehrzweckhalle erweitert, um Platz für den Kindergarten und die Gemeindeverwaltung zu gewinnen. Hans Lüthy blickt mit guten Erinnerungen zurück. Die Zusammenarbeit innerhalb des Gemeinderates war sehr gut. Man kann als Gemeinderat etwas bewegen, wenn Bedarf besteht. Es läuft nicht so harzig wie in der kantonalen und eidgenössischen Politik. Sorgen machten ihm die zunehmende Anzahl der Sozialfälle. Am Anfang seiner Amtszeit gab es praktisch keine. Die Asylanten hingegen bereiteten nie Probleme. Vor einigen Jahren wurde der Sohn einer Asylantenfamilie ins Bürgerrecht aufgenommen. Das zeigt, dass Oltingen etwas anders tickt, als manche Nachbargemeinde.

POLITISCHE GEMEINDE

Abb. 3: 1951: Festumzug zum Gedenken an «450 Jahre Beitritt zur Eidgenossenschaft»: Der Harst der Baselbieter Gemeindepräsidenten

Ursi Meili

Am 12.06.1951 fanden Feierlichkeiten zum Gedenken an «450 Jahre Beitritt zur Eidgenossenschaft» statt. Als Repräsentant der Gemeinde Oltingen marschierte Preesi Fritz Lüthy (Junkers) im Umzug mit. Der 9-jährige Sohn Hans war begeistert und prophezeite: «Wenn denn s 500-Johr-Fescht stattfindet, mach ich denn mit am Umzug als Preesi.» Und so war's ja dann auch.

Quellennachweis

Protokolle der Gemeindeversammlungen und der Gemeinderatssitzungen
Gespräche mit Paul Gass, Hans Dähler, Hans Lüthy
Interviews mit drei ehemaligen Gemeindepräsidenten v. Peter Lüthy

POLITISCHE GEMEINDE

Gemeinderat

Der Gemeinderat stellt die Exekutive dar. Dem Rat gehören 5 Mitglieder an. Dies ist allerdings erst seit 1980 so. Im Zusammenhang mit der Verfassung der Gemeindeordnung im Jahr 1971 wollte man die Anzahl Gemeinderäte von 3 auf 5 erhöhen. Der damalige Gemeindepräsident Paul Gass machte sich stark für eine Erhöhung. An der Gemeindeversammlung vom 26.03.71 wurde die Gemeindeordnung genehmigt, jedoch der § 21, wonach eben die Anzahl der Gemeinderäte erhöht werden sollte, wurde abgelehnt. Argument: Die Gemeinde werde ja immer kleiner und die Kosten würden auch höher.

An der Gemeindeversammlung vom 15.12.78 wurde dieses Traktandum nochmals vorgelegt. Die befürwortenden Stimmen waren diesmal in der Mehrzahl. Folgende Argumente überzeugten: Die Arbeit ist auch in kleinen Gemeinden erheblich – man findet eher Leute für ein Amt, wenn die Belastung für den einzelnen nicht zu gross ist – auch in den Vereinen besteht der Vorstand aus mindestens 5 Mitgliedern, obwohl die Arbeit eines Gemeinderates sicher zeitintensiver ist. Der Erhöhung des Gemeinderates wurde auch an der Urne am 18. Februar 1979 zugestimmt. Am 11. November 1979 wurden 2 zusätzliche Gemeinderäte gewählt. 1980 waren erstmals 5 Gemeinderäte im Amt.

Die Gemeinderatssitzung

Am 21. September 1979 fand die erste Sitzung des Gemeinderates im neuen Sitzungszimmer der Mehrzweckhalle statt. Zitat Protokoll: «Gemeindepräsident Hans Dähler kann seine Ratskollegen zur ersten Sitzung im neuen Gemeinderatszimmer begrüssen. Er gibt seiner Freude darüber Ausdruck, dass die Behörde nun über einen Raum verfügt, zu dem sonst niemand Zutritt hat.»

Die zu behandelnden Geschäfte wurden den Gemeinderäten an der Sitzung vom Präsidenten bekannt gegeben und danach beraten. Nach dem Amtsantritt von Hans Lüthy wurden die jeweiligen Unterlagen den Gemeinderäten in Zirkulationsmappen zum Studium übergeben. Kurze Zeit nach dieser Änderung wurde beschlossen, die Akten im Gemeinderatszimmer zu belassen. Sie können dort von den Gemeinderäten zu beliebiger Zeit gelesen werden.

Bis ins Jahr 2001 (Gemeindepräsident Hans Lüthy) war es üblich, dass sich der Gemeinderat einmal pro Woche zu einer Sitzung zusammenfand. Gemeindepräsident Christoph Gerber wagte den Versuch, die Sitzungen nur alle 14 Tage abzuhalten. Dies erfordert sehr gute Vorbereitung und ein konzentriertes und gestrafftes Vorgehen beim Behandeln der Geschäfte. Selbstverständlich können bei Bedarf zusätzliche Gemeinderatssitzungen einberufen werden, wenn ein Geschäft längere Diskussionen erfordert oder der Pendenzenberg zu gross wird.

Eine besondere Sitzung ist die Budgetsitzung. Hans Dähler führte die ganztägige Budgetsitzung ein, zu der auch der Kassier beigezogen wurde. Vorher waren nur Gemeinderat und Gemeindeschreiber zugegen.

Abb. 1: Gemeindebehörde (von links nach rechts)
Hinten: Ewald Gysin, Christoph Gerber (Präsident), Stephan Eschbach
Vorne: Annemarie Spiess, Delia Sanvito (Gemeindeschreiberin), Lydia Gysin

POLITISCHE GEMEINDE

Ressorts

Die Aufgaben des Gemeinderates werden in Form von Ressorts verteilt. Die gegenwärtigen Amtsinhaber und ihre Ressorts sind:

Christoph Gerber, Präsident	Finanzen, Verwaltung, Waldchef, Bürgergemeinde
Ewald Gysin, Vizepräsident	Wasser, Abwasser, Strassen, Wärmeverbund
Stefan Eschbach	Bauwesen, Abfallwesen, Umweltschutz
Lydia Gysin	Schule, Schulgebäude, Sportanlage, Kultur
Annemarie Spiess	Feuerwehr, Zivilschutz, Sozialhilfebehörde, Gesundheit, Vormundschaft

Im Jahre 1995 wurde Theres Catto-Gysin die erste Gemeinderätin in Oltingen. Sie übernahm das Ressort Schule. 1996 wurde mit Ursi Meili die zweite Frau in den Gemeinderat gewählt; ihr Departement umfasste öffentliche Sicherheit (FW, ZS) Sozialhilfebehörde, Gesundheit, Vormundschaft. Das Verhältnis 3 Männer zu 2 Frauen konnte bis jetzt mit erfreulicher Konstanz beibehalten werden.

In Oltingen spielen die Parteien bei der Wahl in den Gemeinderat eine untergeordnete Rolle. Das betont auch Hans Dähler, alt Gemeindepräsident: «Ich wurde von allen gewählt». Man kennt sich im Dorf, man wählt Personen, von denen man annimmt, dass sie ein solches Amt gewissenhaft ausüben. Die Erfahrung zeigt, dass Kandidaten vielfach von den Dorfvereinen portiert werden.

Ein besonderer Anlass, an welchen Hans Dähler gerne zurückdenkt und von welchem er einen Zeitungsausschnitt aufbewahrt hat, war ein hoher Besuch aus Bern: Anlässlich eines Fraktionsausflugs der eidgenössischen Räte der SVP im Juni 1989 beehrten uns Bundesrat Adolf Ogi und alt Bundesrat Leon Schlumpf mit einer Visite. Vom «Poschtchrigel» wurden sie von Anwil nach Oltingen kutschiert, wo sie dann bei schönstem Wetter im Pfarrhof bewirtet wurden.

Abb. 2 + 3: Fraktionsausflug der eidgenössischen Räte der SVP (1989)

POLITISCHE GEMEINDE

Gemeindeverwaltung

Einmal im Jahr unternehmen auch die Gemeinderäte ein «Reisli». Man vergisst für einmal alle Geschäfte und Traktandenlisten, geniesst den Tag unbeschwert und erlebt Interessantes und Amüsantes. Auf einer Gemeinderatsreise, selbstverständlich mit dem Zug, dürfen der obligate «Kaffi» und das Gipfeli nicht fehlen. Nur eben – das ersehnte Wägeli kam und kam nicht. Beim Aussteigen erkannten die frustrierten und hungrigen Reiselustigen den Grund: Zwischen dem «Oltiger Wagen» und dem Rest des Zuges war eine Lokomotive dazwischengekoppelt worden.

Verwaltung

Unsere Gemeindeverwaltung durchlebte in den vergangenen Jahren turbulente Zeiten mit mehreren personellen Wechseln. Im Jahre 2005 hat der Gemeinderat die Verwaltung grundlegend neu und zukunftsorientiert strukturiert. Als grossen Schritt kann man die Auslagerung des gesamten Finanzbereiches an die Gemeinde Rothenfluh bezeichnen. Diese Zusammenarbeit bringt beiden Gemeinden erhebliche Vorteile: Einerseits können Kosten eingespart werden, andererseits wird eine grössere Fachkompetenz aufgebaut. Dies ist sehr wichtig, weil die anstehenden Probleme immer komplexer werden.

Auf einem Gemeinderatsausflug war die schöne Stadt Neuchâtel Ziel der Reise. Nach einer spannenden Führung durch die Altstadt freuten sich die hohen Oltinger Damen und Herren auf ein feines und reichhaltiges «Zmittag». Also: Fein war's ja wirklich, sozusagen «haute cuisine», aufgetragen von Bediensteten in Weiss, auf riesengrossen Tellern mit silbernem Deckel. Nur hatte man nach dem Genuss des herrlichen Menus das eigenartige Gefühl, dass der Magen unbeirrt weiter knurrte.

Der/die Gemeindeschreiber/in

Die Gemeindeschreiberin trägt die Verantwortung für alle administrativen Verwaltungsbelange, mit Ausnahme der Finanzen (Finanzmandat Gemeinde Rothenfluh). Als Partnerin des Gemeinderates übernimmt sie vorbereitende, beratende und ausführende Aufgaben. Sie nimmt an den Gemeinderatssitzungen teil und sorgt für die fach- und zeitgerechte Umsetzung der Beschlüsse.

Wichtigste Aufgaben:

- Gemeindeschreiber/in der Einwohner- und der Bürgergemeinde Oltingen
- Protokollführung an der Gemeindeversammlung, den Gemeinderatssitzungen und den Sitzungen der Vormundschaftsbehörde
- Führung des Sekretariates und der Korrespondenz des Gemeinderates, Protokollieren von Besprechungen und Sitzungen
- Schalterdienst

Ursi Meili

Quellennachweis

Protokolle der Gemeindeversammlungen und der Gemeinderatssitzungen
Gespräche mit Paul Gass, Hans Dähler, Hans Lüthy

POLITISCHE GEMEINDE

- Führen der Einwohnerkontrolle, der AHV-Zweigstelle, des Katasterwesens sowie Betreuen und Nachführen aller Daten der Gemeinde (mit Ausnahme der Finanzen)
- Vorbereiten von Wahlen und Abstimmungen, Mithilfe beim Bearbeiten von Vorlagen, Reglementen, Berichten und Anträgen
- Bestattungswesen (Meldewesen)
- Archivierung der Akten und Führung des Archivs
- Nachführen des Gemeindeinventars
- Redaktion des Mitteilungsblattes der Gemeinde Oltingen
- Administrative Belange der Kinder- und Jugendzahnpflege, soweit sie nicht dem Gemeinderat übertragen sind, wie z.B. Zusammenarbeit mit den Eltern, den Zahnärztinnen und Zahnärzten und dem kantonsärztlichen Dienst
- Übermittlung aller von der Steuerverwaltung des Kantons Basel-Landschaft benötigten Unterlagen für die Veranlagung, Fakturierung und das Inkasso der Steuern
- Führung des Gemeindearbeitsamtes

Abb. 1: Gemeindeschreiberin Delia Sanvito Lüthy

Gemeindearbeiter

Die Hauptbeschäftigung des Gemeindearbeiters – früher wurde diese Stelle auch als «Wägmacher» bezeichnet – ist der Unterhalt des ganzen Wegnetzes der Gemeinde.

Im Verlaufe der Zeit sind weitere Aufgaben dazugekommen, wie z.B.
- Unterhalt der Schnitzelheizung des Wärmeverbundes
- Arbeiten für die Bürgergemeinde
- Tätigkeit als Totengräber
- Abwart der Mehrzweckhalle
- Sauberhaltung der Abfallanlagen
- von Fall zu Fall weitere Arbeiten, wie z.B. Mithilfe beim «Oltiger Määrt»

Abb. 2: Gemeindearbeiter Hansueli Gass

Abb. 3: Schulhausabwartin Bethli Gloor-Lüthi

Schulhausabwartin

Unsere Schulhausabwartin besorgt folgende Arbeiten:
- Aufsicht, Wartung und Reinigung der Schulanlage und des Kindergartens
- Abwartin für die beiden Wohnungen im Schulhaus

POLITISCHE GEMEINDE

Und wie sieht die Zukunft für unsere Gemeindeverwaltung aus?

Mit den Reformen der letzten Jahre haben wir schon sehr viel Neues und Fortschrittliches geschaffen. Wir werden diese konsequent weiterentwickeln. So werden wir mit Sicherheit inskünftig in Teilbereichen noch enger mit anderen Gemeinden zusammenarbeiten.

Christoph Gerber

Quellennachweis

Pflichtenhefte der Stelleninhaber/innen

Feuerwehr

Feuerwehrverbund Oltingen - Wenslingen

Seit 1997 ist die FW Oltingen mit der FW Wenslingen in einem Verbund zusammengeschlossen.

Bestand 2006: 37 AdF (Angehöriger der Feuerwehr)
Feuerwehrverbundkommission: 7 AdF, 2 Löschchefs

Abb. 1: Mannschaft, 2006

POLITISCHE GEMEINDE

An der GV vom 13.12.95 wurde der Bildung eines Verbundes durch die Einwohnergemeinde zugestimmt. Die Basellandschaftliche Gebäudeversicherung – als eigentliche Oberinstanz der Feuerwehren – hatte es sich zum Ziel gesetzt, die Bildung von Feuerwehrverbünden zu fördern und diese mit höheren Subventionen bei Anschaffungen zu honorieren. Ausserdem setzte sie Minimalanforderungen fest, denen die Feuerwehren genügen mussten, z. B. Bildung von Atemschutztrupps und Beteiligung an einem Tanklöschfahrzeug (TLF).

Interessant ist, dass Alt-Kommandant Christian Lüthy schon lange vor dieser Gemeindeversammlung über die Zusammenschliessung von Ortsfeuerwehren nachgedacht und diese befürwortet hatte. Doch die Idee eines Verbundes war damals auf taube Ohren gestossen und man betitelte ihn als «Totengräber der Ortsfeuerwehr».

Vorerst blieben jedoch beide Feuerwehren noch selbständig, beide hatten ein eigenes Kommando und veranstalteten nebst den gemeinsamen auch eigene Übungen.

Im Jahre 2000 stellte der Kanton das Projekt «Unita» vor. Die Ortsfeuerwehren sollten zu 22 Feuerwehrverbünden zusammengefasst werden.

Die beiden Löschchefs wehrten sich jedoch mit stichhaltigen Argumenten vehement gegen die Bildung eines grossen Verbundes, denn der Zusammenschluss Wenslingen - Oltingen hatte sich sehr gut bewährt. 2001 wurde das Projekt zurückgezogen.

Ab 2002 führte der Feuerwehrverbund Oltingen - Wenslingen nur noch gemeinsame Übungen durch. 2004 drängte sich die Bildung eines gemeinsamen Kommandos auf, insbesondere da die Besetzung von Kaderstellen immer schwieriger wurde.

Heute (2006) wird grosser Wert auf eine fundierte Grundausbildung und eine breit gefächerte Weiterbildung gelegt. Seit 2000 finden die Kurse im IFA (Interkantonales Feuerwehrausbildungszentrum) in Balsthal statt, wo Einsätze wirklichkeitsnah geübt werden können. Es ist vertraglich festgehalten, dass die Ausbildungszeit für alle FW-Angehörigen 15 Std. betragen soll; diese haben sich auf mindestens 6 Übungen zu verteilen. Zusätzlich findet eine Alarmübung statt.

Jedes zweite Jahr sind die Löschchefs beauftragt, die Alarmübung vorzubereiten. Alex Gloor (Wenslingen) und Ursi Meili (Oltingen) machten sich an die Arbeit, vorgesehenes Brandobjekt war ein nicht sehr gut zugängliches Haus an der Hauptstrasse in Oltingen. A. Gloor freute sich auf den Einsatz der vor kurzem günstig erstandenen Rauchmaschine, welche einen beeindruckenden Qualm hätte abgeben sollen. Das Gerät wurde entzündet, es wurde versucht, geprobt, getüftelt, doch es half alles nichts: Das einzige, was letztendlich rauchte, war die Tabakpfeife des Wenslinger Löschchefs!

Die Hauptübung bedeutet das Ende des Feuerwehrjahres, meist wird ein ganz spezielles Programm durchgeführt. Am Ende wird der Sold ausbezahlt, Abtretende werden verabschiedet und Beförderungen werden bekanntgegeben. Als krönender Abschluss gibt's ein «Zoobe» (seit einigen Jahren wieder von der Gemeinde gestiftet!).

Heutzutage kommt es ja schon mal vor, dass die Feuerwehr für Rettungseinsätze der spezielleren Art eingesetzt wird: z. B. Katzen von Bäumen holen. «Also so öppis hätt me früener nit gmacht, do hätt me d Flinte gnoo», meint dazu Altkommandant Chr. Lüthy schmunzelnd.

POLITISCHE GEMEINDE

Rekrutierung/Besoldung

Die Rekrutierung von genügend Feuerwehrmännern war in den 50er- und 60er-Jahren kein Problem. Fast jedermann leistete Feuerwehrdienst. Einzig Lehrer und Pfarrer waren vom aktiven Dienst ausgenommen, zahlten aber eine Ersatzsteuer (eine Ausnahme bildete der Oltinger Lehrer Emil Weitnauer). Der Andrang war so gross, dass an der Generalversammlung vom 01.05.1959 beschlossen wurde, das Dienstalter von 42 auf 40 Jahre herabzusetzen. Zu Anfang wurde der Feuerwehrdienst ohne Sold geleistet. Nur das Kader erhielt ein paar Franken.

1980 wurde das Dienstalter wieder auf 42 angehoben.

1981 erhöhte man die Ersatzsteuer, und es wurde ein Mannschaftssold von Fr. 4.– eingeführt. Die Dienstleistenden sollten gegenüber den Ersatzdienstleistenden besser gestellt werden. Im Gegenzug wurde das von der Gemeinde offerierte «Zoobe» abgeschafft.

1995 wurde die Dienstpflicht von 18 auf 22 Jahre angehoben.

1995 Einführung der Feuerwehrpflicht für Frauen.

Ausbildung/Uniformen

Die Ausbildung eines Feuerwehrmannes in früheren Zeiten wich in vielem von der heutigen ab. Den «Allrounder» gab es früher nicht. Man gehörte der Schlauch-, Spritzen-, Rettungsmannschaft oder den Elektrikern an. Kurse besuchten nur Gerät- und Rohrführer. Es wurden je 4 Übungen für Kader und Mannschaft durchgeführt.

Uniformen (schwarze) wurden zuerst nur für die Kaderleute angeschafft, die Mannschaft bekam vorerst nur einen Helm. 1958 erstand man für die Mannschaft ausgediente, eingefärbte Militärkleider vom Zivilschutz.

In den 80er-Jahren wurden graue Kombis, Stiefel, Brandjacken und Rettungsgurte gekauft.

Die erste Mannschaftsbekleidung der Oltinger Feuerwehr sah etwas komisch aus. Das Datum der Kaderübung im Frühling wurde nun immer so gelegt, dass es mit der Fricktaler Fasnacht zusammenfiel. Die eingefärbten Militärgewänder waren als Fasnachtskostüme nämlich wie geschaffen.

Auch an die damaligen Atemschutzmasken, die von den Feuerwehrleuten «Rauchschwümm» genannt wurden, erinnert sich Alt-Kommandant Christian Lüthy nur mit Schaudern.

Seit 2000 ist für Feuerwehrangehörige eine IFA-taugliche Brandschutzbekleidung obligatorisch.

Feuerschau

Die Feuerschau gehört zu den Obliegenheiten eines Feuerwehrmannes. Ziel ist es, potentielle Brandherde zu erkennen und die Bewohner darauf aufmerksam zu machen. Früher hatte diese Funktion sicher einen höheren Stellenwert. Es gab da «Öfeli», Brenngeschirre, Kartoffeldämpfer, bei welchen oft gefeuert wurde, was das Zeug hielt.

Eine Aufgabe des Kaders sei es früher gewesen – so erinnert sich Altkommandant Ueli Gass – im Sommer die Heustocktemperaturen zu messen.

Heute besuchen die Feuerschauer nur Objekte mit grosser Personenbelegung (z.B. Schulhäuser, Behindertenheime), holzverarbeitende Betriebe und landwirtschaftliche Betriebe. Es wird kontrolliert, ob Feuerlöscher gewartet werden, Feuerlöschposten funktionstüchtig sind, Ordnung im Heizraum herrscht etc.

POLITISCHE GEMEINDE

Die letzte Feuerschau von Altkommandant Chr. Lüthy verlief nicht ganz nach Plan. Nach der Schau machten sich der Kommandant und sein Stv. Toni Gass mit Ross und Wagen auf den Weg. Es war der Neujahrsmorgen, man hatte noch gefeiert, und es ging ziemlich lustig zu und her. Auf jeden Fall kippte der Wagen, und die Mappe mit den ausgefüllten Formularen fiel in den Schnee. – Sie kam erst im Frühling wieder zum Vorschein.

Fahrzeuge und Geräte

In den Anfängen wurden die Motorspritze (MS) und die Leiter mit einem Traktor gezogen und transportiert. Die Motorspritze war noch bis 1968 in Gebrauch. Oltingen war eine der wenigen Gemeinden, die eine solche besass. Als sie den Dienst versagte, konnte vom Kanton eine Zivilschutzspritze günstig erworben werden. Diese Spritze ist auch heute noch in Gebrauch.

An der Hauptübung vom 10.10.1995 konnte Gemeindepräsident Hans Lüthy der Feuerwehr sowohl das neu erstellte FW-Magazin übergeben, als auch ein neues Feuerwehrfahrzeug, einen Ford Transit, bestückt mit Atemschutzgeräten.

An der GV vom 13.12.95 wurde einem Kredit zugestimmt für die Anschaffung eines Tanklöschfahrzeuges durch den FW-Verbund Oltingen - Wenslingen. Das Fahrzeug wurde am 12. April 1997 dem Feuerwehrverbund übergeben und auf den Namen «dr rot Salamander» getauft. Das TLF steht in Wenslingen.

2003 wurden die alten Atemschutzbusse nach langer Evaluation durch 2 Mercedes-Sprinter ersetzt. Das Fahrzeug der Oltinger Feuerwehr wurde mit einer Kleinlöschanlage ausgerüstet, damit eine möglichst

Abb. 2: Die alte Motorspritze wurde für Fr. 1000.– an den Kanton, der ein Feuerwehrmuseum errichten wollte, verkauft. Denkwürdiger Transport nach Liestal, 1974

Abb. 3: Tanklöschfahrzeug «dr rot Salamander», 1997

schnelle und wirkungsvolle Intervention bei kleineren Bränden von hier aus möglich ist. Das andere Fahrzeug für Personaltransport und Atemschutz steht in Wenslingen.

Abb. 4: Am 23. August 2003 wurden die Fahrzeuge an einem grossen Fest in Wenslingen auf die Namen «die rote Zora» (Oltingen) und «dr rot Gecko» getauft.

Magazine

Im Protokoll der GV vom 30.12.65 ist zu lesen, dass die Feuerwehr ihr neues Magazin in der Gemeindescheune bezogen habe. Den engen Platzverhältnissen im sogenannten «Spritzenhäuschen» (Abbildung im Kapitel «Siedlung und Haus») auf der Wacht sei dadurch abgeholfen worden. Die FW sei nun mit geringem finanziellem Aufwand zu einem geräumigen Magazin gekommen, wo man sogar eine Schlauchtrocknungsanlage einbauen könne.

Bereits 1988 dachte man jedoch laut über den Bau eines eigentlichen Feuerwehrmagazins nach. An der GV vom 08.12.88 wurde dem beantragten Kauf einer Parzelle im Anger zugestimmt, wobei die Nutzung damals noch nicht feststand: Werkhof, FW-Magazin, Wohnungen waren die Optionen. (Weiteres zur Baugeschichte des neuen Feuerwehrmagazins im Kapitel «Siedlung und Haus».)

Alarmierung

Früher wurde mittels Sturmläuten (ein hässliches Geläut) und Feuerhorn alarmiert. 1982 wurde das Feuerhorn durch eine mobile Sirene abgelöst, und 1983 ersetzte die auf dem Schulhaus installierte Sirene das Sturmläuten. Die Feuerwehrleute wurden telephonisch von der Alarmzentrale alarmiert. Diese Möglichkeit wäre im Übrigen heute noch anwendbar, falls das Pagersystem versagen würde.

Anfangs der 90er-Jahre wurden die ersten Pager angeschafft. Heute sind alle Feuerwehrangehörigen mit einem Pager ausgerüstet. Es gibt 2 Pagergruppen, wobei die zweite Gruppe bei einem grösseren Ereignis und bei Bedarf einer grösseren Anzahl Feuerwehrleute alarmiert wird.

Abb. 5: Rettungsübung, 2005

POLITISCHE GEMEINDE

Brände und Einsätze

30.12.1939, Sandgrube: Der Besitzer Hans Gysin (Metzgerhans) wollte mit einem brennenden Strohbüschel im Stall eine gefrorene Leitung auftauen. Das oben gelagerte Heu fing Feuer. Altkommandant Paul Gass kann sich noch sehr gut an dieses Unglück erinnern, wohnt er doch genau vis-à-vis. Zu dieser Zeit waren praktisch alle Feuerwehrmänner im Aktivdienst. Aus diesem Grund half das in Oltingen einquartierte Militär bei der Brandbekämpfung mit. Durch unsachgemässe Handhabung der Motorspritze, mit der man Wasser aus dem Bach pumpte, gefror das Wasser und die Spritze ging kaputt. Die Gelterkinder FW kam zu Hilfe, doch die Scheune brannte nieder.

November 1964, Hauptstrasse (Ernst Burri): Der Besitzer wollte den Stall mit einem Petrolofen etwas wärmen, da er Ferkel einzustallen gedachte. Dadurch wurden Stall und Scheune in Brand gesetzt. Die Feuerwehr Oltingen konnte den Brand allein löschen.

Ca. 1980, Rebenhof: Strohballen fingen Feuer, weil Knaben ein Töffli flickten. Der Brand konnte durch den Besitzer in Schach gehalten und durch die FW gelöscht werden. Es wurde eine Leitung vom «Breusch» aus erstellt und das Wasser aus der Ergolz heraufgepumpt.

13.03.1983, Hirschen: Dies war laut Altkommandant Hans Lüthy ein wichtiger Grosseinsatz. Die Anwiler FW leistete Nachbarschaftshilfe, und auch die Stützpunktfeuerwehr Sissach beteiligte sich an den Löscharbeiten. Viele der jungen, aktiven Feuerwehrleute und auch die Bewohner der Liegenschaft waren an diesem Sonntag am Match in Basel, erinnert sich Ernst Burri. Er, der schon lange nicht mehr feuerwehrpflichtig war, weiss noch «als wers geschter gsi», wie er mithalf, den Bach zu stauen. Nach diesem Brand war der Gemeinderat um einiges grosszügiger, wenn es um Anschaffungen für die Feuerwehr ging! Der Anbau mit dem Saal brannte nieder, das Wohnhaus konnte gerettet werden.

Abb. 6 u. 7: Im Basler Volksblatt war über den Brand des Hirschens folgendes zu lesen: Der Feuerwehrinspektor erklärte: «Der Ortsfeuerwehr-Kommandant hat die Taktik der Gebäudesicherung einwandfrei beherrscht. Von der gesamten Mannschaft wurde ausgezeichnete Arbeit geleistet.»

POLITISCHE GEMEINDE

1991, Hofbrand Zeglingen: Oltinger FW leistete Nachbarschaftshilfe.

07.11.2001, obere Mühle: In der im Umbau begriffenen Scheune der oberen Mühle brach Feuer aus. Die Feuerwehr Oltingen - Wenslingen brachte das Feuer zum Erlöschen. Es musste jedoch längere Zeit Brandwache geleistet werden, da unter den Ziegeln immer wieder Brandherde entstanden.

1980, Hochwasser: Die Schächte schluckten kein Wasser mehr. Von der «Vogelholde» und vom «Brockhübel» her flossen Bäche durchs Dorf. Im Anger war kein Durchkommen mehr, es mussten Keller ausgepumpt werden.

1999, Hochwasser: Auch damals war das untere Dorf ein einziger Bach. Die Kraft des Wassers wurde einem so richtig klar, wenn man sich durch die Fluten bewegte.

Abb. 8: 1995, Einweihungsfeier des Feuerwehrmagazins
Kommandanten: Paul Gass, Christian Gerber, Ueli Gass, Hans Lüthy, Fredi Ruckstuhl, Christian Lüthy, Toni Gass

Kommandanten

1948 – 1964	Paul Gass
1964 – 1968	Christian Gerber
1969 – 1979	Ueli Gass
1980 – 1984	Hans Lüthy
1985	Fredi Ruckstuhl
1986 – 1993	Christian Lüthy
1994 – 2003	Toni Gass
2004 –	Andi Gass Wenslingen (Vizekommandant, Christian Gerber)

Löschchefs

1980 – 1996	Ernst Gysin
1996 – 2005	Ursi Meili
2005 –	Annemarie Spiess

Ursi Meili

Quellennachweis

Gespräche mit den Altkommandanten Paul Gass, Ueli Gass, Hans Lüthy, Christian Lüthy

Gespräche mit dem Kommandanten A. Gass und dem Vizekommandanten Christian Gerber

Gespräche mit Ernst Burri, Willi Thommen, Hans Dähler und dem früheren Löschchef Ernst Gysin

Protokolle der Gemeindeversammlungen

Zeitungsausschnitte und Fotos von Hans Lüthy

POLITISCHE GEMEINDE

Zivilschutz

Im Jahre 1962 verpflichtete das Bundesgesetz über den Zivilschutz kleinere Gemeinden dazu, Kriegsfeuerwehren zu bilden, welche bei einer Mobilmachung die Pflichten der Feuerwehr im Dorf hätten übernehmen müssen. Eingeteilt waren militäruntaugliche und vom Militär entlassene Männer zwischen 52 und 60 Jahren. Die Aktivitäten dieser Organisation beschränkten sich auf das Ein- und Austragen der Eingeteilten in die Mannschaftslisten, das Melden an den Kanton und den Besuch der jährlichen kantonalen Rapporte. Es gab weder ein ausgebildetes Kader noch eine spezielle Ausrüstung, und Übungen wurden auch nicht durchgeführt.

Die (VW-)Zivilschutz-Motorspritze wurde einmal kurz nach einer Feuerwehrübung gratis und franko an die Gemeinde geliefert, weil ein rechthaberischer Instruktor mit der alten Motorpumpe eine Trockensaugprobe durchgeführt hatte und sie dabei massiv beschädigt wurde. Das dazugehörende, vom Bund für die Löschgruppe zugeteilte Löschmaterial, bestehend aus Transport- und Löschschläuchen, wurde sofort von der Feuerwehr übernommen und eingesetzt. Die Feuerwehr ersetzte sogar ihre alten Schraubkupplungen durch die selben Bajonettverschlüsse, wie sie an den Bundesschläuchen montiert waren.

In den späten 70er-Jahren wurde Peter Langendorff in Oltingen Ortschef (OC) der Bevölkerungsschutz-Organisation (BSO). Er organisierte die erste Mannschaftsübung, bei welcher eine Bestandesaufnahme aller Keller im Dorf gemacht wurde.

Nach und nach lernten die Leute in sogenannten «Nagelseminaren», wie sie aus Latten Betten machen konnten. Latten und Nägel wurden am Abend jeweils wieder fein säuberlich für das nächste Seminar versorgt.

Bei der ersten Zivilschutzübung wurden die Keller erfasst, die als behelfsmässige Schutzräume hätten eingerichtet werden können. Ebenso wurden die Lättli der Abteile und Gestelle im Keller gezählt und daraus das Mehrmaterial errechnet, das benötigt worden wäre, um im Keller genügend Betten zu bauen. Dabei mussten in den diversen Kellern offenbar so viele Wein- und sonstige Flaschen «umgeräumt» werden, dass die meisten Zivilschützer danach nicht mehr zählen konnten oder den ursprünglichen Grund des Kellerbesuches vergessen hatten und so nur grobe Schätzungen über die Anzahl behelfsmässiger Schutzplätze entstanden.

Mitte der 80er-Jahre wurde Christian Fiechter zum OC ernannt. In seine Zeit fällt der Bau der Zivilschutzanlage, die 1986 eingeweiht wurde. Die Anlage hat einen grossen und 4 kleinere Räume, 300 Liegeplätze, einen Notwassertank, eine sehr einfache Kochgelegenheit und einen

POLITISCHE GEMEINDE

Kommandoraum. Dank dieser Anlage und den 80 privaten Schutzplätzen war von diesem Zeitpunkt an im Katastrophenfall für die Sicherheit der Oltinger Bevölkerung mehr oder weniger gesorgt.

Die Kleidung der Zivilschützer war lange Zeit nicht einheitlich. Von der Betriebsschutzorganisation einer chemischen Fabrik konnte ein Posten Überkleider mit Mützen und Gürteln übernommen werden. Diejenigen, die in diese Kleider passten, hatten nun jeweils ein ZS-Überkleid für die Übung.

Die Zivilschützer wurden alle 2 Jahre zu einer Übung aufgeboten. Die vom Bund vorgegebenen Übungsanlagen waren auf einen Atom- oder chemischen Krieg ausgerichtet. Im Katastrophenfall sollte die Mannschaft fähig sein, Brände zu löschen, Verschüttete zu retten und die Bevölkerung sicher unterzubringen. Allerdings war noch nicht viel mehr an Material vorhanden: 1 Funkgerät, 2 Telefone, 2 Kabelrollen und ein paar Seile. In Anwil und Rothenfluh lagerten weitere Funkgeräte und anderes Material.

Aus Brandschutzpionieren werden Rettungspioniere

Später wurde in der Schweiz das Sicherheitsdispositiv umgestellt: Aus Brandschutzpionieren wurden Rettungspioniere. Das Löschwesen wurde ganz der Feuerwehr übergeben. Allerdings interessierte sich diese nicht besonders für unsere schönen Pläne mit den provisorischen Löschbecken, die an verschiedenen Stellen für den Notfall vorgesehen waren.

Die Mannschaftsübungen dienten meistens mehr dem Gemeinwohl: Es wurden Wanderwege gebaut, Tannen gepflanzt etc. Die Kadermitglieder planten während der Übungen andere Details. Die Schutzraumverantwortlichen führten periodische Kontrollen in privaten Schutzräumen durch und arbeiteten Listen mit Schutzraumzuweisungen aus. Hauptmotivation, den Zivilschutz in Oltingen zu leisten, war wohl für viele die Tatsache, dass unser Koch, Hans Gysin (Robihans jun.), uns jedes Mal eine super Verpflegung zusammenstellte.

1993 wurde Ueli Weitnauer neuer Chef der Zivilschutz-Organisation (C ZSO), so hiess jetzt der Ortschef. Christian Fiechter musste sich als Offizier ganz auf das Militär konzentrieren. Gleich zu Beginn wurde zusammen mit dem Zivilschutz Anwil eine richtige Zivilschutzübung mit den erst kürzlich an Rothenfluh ausgelieferten Geräten der neuen Generation durchgeführt. Ein kantonaler Instruktor begleitete diese Übung, die nicht zuletzt auch deshalb für alle sehr interessant und lehrreich war. Von drei Köchen wurden wir in der Turnhalle Anwil auch wieder herrlich verpflegt.

Abb. 1: ZS-Übung: Hebewerkzeug, 1994

POLITISCHE GEMEINDE

Abb. 2: ZS-Übung: Abbruchhammer, 1994

Abb. 3: Köche im Einsatz, 1994

Abb. 4: ZS-Übung Schneidbrenner, 1994

Kurze Zeit später wurde die ZS-Dienstpflicht auf 52 Jahre heruntergesetzt, und einige langjährige Zivilschützer konnten in den Ruhestand treten.

1997 bildeten wir, wie vom Amt für Bevölkerungsschutz gewünscht, einen Gemeindeführungsstab (GFS), welcher einmal für eine zweitägige Übung zusammenkam.

Der Kanton drängte nun immer mehr darauf, dass grössere Zivilschutzverbünde geschaffen würden. Uns behagte die vorgeschlagene Lösung mit allen Plateau-Gemeinden nicht, und wir initiierten Fusionsgespräche mit Anwil und Wenslingen. Diese Gespräche wurden jedoch nicht weiterverfolgt.

Jedes 2. Jahr fand eine grössere Gemeindeübung statt, bei welcher unter anderem Bäche geräumt, Staustufen saniert, Waldräumungen nach einem Sturm durchgeführt oder Arbeiten an der Kirchentreppe ausgeführt wurden. Ausserdem kamen von da an auch Kulturgüter-schutz-Beauftragte zum Einsatz. Einen speziellen Einsatz leisteten wir, als wir den Bach bei der unteren Mühle in der Röhre von Schwemmgut befreien mussten und dabei fast alles Bachwasser in Feuerwehrschläuchen nach weiter unten leiteten.

Abb. 5: ZS-Übung Trennsäge, 1994

POLITISCHE GEMEINDE

Vom Kanton bekamen wir später die Empfehlung, die älteren Zivilschützer in die Mannschafts-Reserven einzuweisen. Wir teilten vor allem entlassene Soldaten, die über 45 Jahre alt waren, gleich in die Reserven ein.

Der ZS Rothenfluh fusionierte 1999 mit Hemmiken, sodass wir keine Leitgemeinde und keinen Zugriff mehr auf ZS-Geräte hatten.

Im Jahr 2000 wurde unsere offizielle Mannschafts-Sollstärke vom Kanton auf 13 Mann festgelegt. Wir waren aber 26 aktive Zivilschützer, und 20 Mann waren der Reserve zugeteilt.

2001 trafen sich die C ZSO der oberen Gemeinden in Wenslingen, um eine Regionalisierung im kleineren Rahmen voranzutreiben. Der Kanton wünschte mittlerweile grössere Verbünde mit mehreren Gemeinden (bei 20 000 Einwohnern ca. 120 Mann im Zivilschutz).

Bei der periodischen Abnahme der Zivilschutzanlage wurde festgestellt, dass seit 10 Jahren immer noch Feuerlöscher fehlten und etwas Wasser in die Anlage träufelte. Nach der Behebung der Mängel und der Erstellung verschiedener Dokumente wurde sie abgenommen.

Der Verbund Schafmatt

In Tecknau fanden nun viele Sitzungen für eine Gründung des Zivilschutzverbundes Schafmatt mit den Gemeinden Anwil, Kilchberg, Oltingen, Rünenberg, Tecknau, Wenslingen und Zeglingen statt.

Am 01.11.2002 wurde das Kapitel ZSO Oltingen mit einer kleinen, stilvollen Entlassungsfeier für viele vom Kader, Chef Zivilschutz-Organisation (Ueli Weitnauer), Chef Stellvertreter (Hans Rudin), Küchenchef (Hans Gysin), Chef Übermittlungspioniere (Ewald Gysin), und der Mannschaft im Restaurant Ochsen beendet. Offiziell gab es den Zivilschutz in Oltingen noch, doch wurde kein C ZSO mehr bestimmt, und man hoffte auf das baldige Starten des Sicherheitsverbundes Schafmatt.

2004 war es endlich soweit: Der Zivilschutzverbund Schafmatt wurde gegründet und wird heute von der Leitgemeinde Tecknau angeführt. Die Mannschaftsstärke beträgt etwas über 60 Mann. Mit Verfügung vom 05.02.2004 genehmigt die Justiz-, Polizei- und Militärdirektion den Vertrag der Gemeinden Anwil, Kilchberg, Oltingen, Rünenberg, Tecknau, Wenslingen und Zeglingen über die Bildung der gemeinsamen Zivilschutzkompanie Schafmatt. Der Regierungsrat stimmte dem Sicherheitsverbund Schafmatt nach zähen Verhandlungen zu.

Zivilschutz-Verbund Schafmatt
(Anwil, Kilchberg, Oltingen, Rünenberg, Tecknau, Wenslingen, Zeglingen)

Kommandant (Kdt) Zivilschutz-Verbund	Beat Binggeli, Tecknau
Zugführer (Zfhr) Betreuung/Planung	Roberto Foselli, Wenslingen
Zugführer (Zfhr) Führungsunterstützung/Lage/ Telematik/Kulturgüterschutz	Stefan Dätwyler, Tecknau
Zugführer (Zfhr) Unterstützung	Adrian Hohler, Tecknau
Zugführer (Zfhr) Logistik	Christian Müller, Tecknau
Zivilschutzstellenleiter (ZSStL)	Christoph Buser, Gemeindeverwaltung Tecknau

POLITISCHE GEMEINDE

Erste Übung des Zivilschutzverbundes Schafmatt am 24.09.2004

Mehrere Verletzte in einer Schreinerei in Tecknau: Das war die Ausgangslage zur ersten Einsatzübung der noch jungen Zivilschutzkompanie Schafmatt. Beobachtet wurde der Einsatz auch von der Sicherheitskommission der sieben Verbundgemeinden.

Am Freitagmorgen um 6 Uhr erschütterte ein heftiges Erdbeben die Nordwestschweiz.

In Tecknau stürzte das Gebäude eines Gewerbebetriebes teilweise ein. Mehrere Arbeiter wurden dabei verschüttet und schwer verletzt. Sie konnten durch die Zivilschutzkompanie Schafmatt geborgen und ins Spital eingeliefert werden.

Eine halbe Stunde nach den heftigen Erdstössen, die Gebäudeschäden zur Folge hatten, alarmierte der Gemeindepräsident nebst der Feuerwehr die Zivilschutzkompanie Schafmatt.

Um 7.15 Uhr standen Hauptmann Beat Binggeli 60 Mann aus den Gemeinden Anwil, Kilchberg, Oltingen, Rünenberg, Tecknau, Wenslingen und Zeglingen einsatzbereit zur Verfügung.

Seitens der Sicherheitskommission der ZS-Kp Schafmatt wohnten deren Präsident Walter Sommer, Tecknau, Peter Grieder, Rünenberg, Ursula Meili, Oltingen, und Hansruedi Meyer, Zeglingen, der Übung zum Abschluss des dreitägigen Kurses in Tecknau bei.

Einsatz 2005

Eine Kompanie des Sicherheitsverbundes Schafmatt hat in der Zeit vom 12.09. – 16.09.05 im Kanton Nidwalden im Zuge der interkantonalen Hilfeleistung des Baselbieter Zivilschutzes einen Einsatz geleistet.

Ueli Weitnauer

Quellennachweis

Protokolle

Gespräche mit Hans Lüthy (viele Jahre in verschiedenen zivilschützerischen Funktionen)

Volksstimme, 09.2004

Bildernachweis

Fotoseiten:
Weber Urs, Herzog Ruth, Lüthy Peter, Engel Willy, Weitnauer Emil, Lüthy Hans, Degen Lorenz,
Seiten 2, 3, 5, 8, 9, 12, 13, 16, 17, 21, 24, 25, 26, 90, 180, 218, 219

Archiv Denkmalpflege, Liestal
Seiten 39, 155 (Abb. 2 u. 3), 161 (Abb. 2), 162 (Abb. 5), 163 (Abb. 6), 182, 183, 184, 185, 186 (Abb. 7), 189, 190, 192, 198 (Abb. 10), 322 (Abb. 3), 323, 325 (Abb. 8), 326

Bentolila B.
Seite 278

Beugger Hannes
Seite 151

Bieder Ueli
Seite 320

Bitterlin Daniel
Seite 285

Bitterli Werner
Seite 279

Burri Ernst
Seite 66 (Abb. 7)

Burri Verena
Seiten 19, 23, 80 (Abb. 1), 210, 211, 213, 309

Christ Charlotte
Seiten 199, 327 (Abb. 11), 333

Degen Lorenz
Seiten 208, 234, 235, 240

Dieterle Paul (Staatsarchiv)
Seite 64 (Abb. 3)

Domeniconi Eneas
Seiten 47, 51

Engel Willy
Seite 246

Eschbach Ruedi
Seite 175

Fasnachtsgesellschaft Oltingen
Seite 280

Frauenturnverein Oltingen
Seiten 271, 272

Frauenverein Oltingen
Seiten 289 (Abb. 1), 290

Gass Dorli
Seiten 227, 228 (Abb. 5)

Gass Hannes
Seite 244 (Abb. 4)

Gass Stefanie
Seiten 244 (Abb. 5), 255 (Abb. 3 u. 4), 281

Gerber Christoph
Seiten 80 (Abb. 2), 85, 311, 351

Gerber Heinz
Seite 81

Gisi Käthy
Seite 154

Gloor Bethli
Seite 276

Gloor Sophie
Seiten 214, 226

Gysin Andreas
Seiten 360, 361 (Abb. 2 u. 4)

Gysin Ernst (Vogels)
Seite 197 (Abb. 7)

Gysin Ernst (Martireiners)
Seite 355 (Abb. 2)

Gysin Hans (Stöffibaschis)
Seiten 71, 161 (Abb. 3)

Gysin Jürg
Seite 76

Gysin Lydia
Seiten 304, 305, 307, 308

Gysin Rolf
Seite 129

Gysin Simon
Seiten 254, 255 (Abb. 2)

Gysin Sophie
Seiten 225, 263, 264

Gysin Ueli
Seite 173

Heimatmuseum Oltingen-Wenslingen-Anwil
Seiten 150, 155 (Abb. 4), 156 (Abb. 5), 157 (Abb. 8), 166, 167, 168, 194 (Abb. 2), 228 (Abb. 4), 242, 297, 299, 300, 301, 325 (Abb. 7)

Herzog Franz
Seiten 118, 156 (Abb. 6)

Herzog Ruth
Seiten 131, 256, 257, 331

Hufschmid Marion
Seiten 269, 318

Imbeck Paul (Amt für Raumplanung)
Seiten 143, 144, 146, 147

Jagdgesellschaft Oltingen
Seiten 286, 287

Jauslin Christine
Seite 344

Käfer Kersten
Seiten 174, 258

BILDERNACHWEIS

Lang Peter
Seiten 204, 206 (Abb. 3), 207

Lüdin Markus
Seiten 134, 136, 137, 138, 139

Lüthy Christian
Seiten 10 (Foto unten), 288

Lüthy Hans
Seiten 29, 31, 32, 66 (Abb. 8), 82, 251, 252, 303, 306, 347, 357, 358

Lüthy Paul
Seiten 155 (Abb. 1), 157 (Abb. 7), 159 (Abb. 1), 163 (Abb. 7), 164, 171, 186 (Abb. 8), 197 (Abb. 8), 200, 206 (Abb. 5)

Lüthy Peter
Seiten 4, 34, 36, 88, 247 (Abb. 9 u. 10), 261, 322 (Abb. 1 u. 2), 327 (Abb. 12)

Lüthy Ruth
Seite 298

Mangold Heinz
Seite 10 (Fotos oben)

Männerriege Oltingen
Seite 270

Marti Elisabeth, Volksstimme
Seite 349

Meier Dora
Seite 68 (Abb. 11)

Meili Ursi
Seiten 355 (Abb. 3), 356 (Abb. 5)

Reber Foto, Sissach
Seiten 328, 329, 330

Rickenbacher André
Seite 247 (Abb. 8)

Rickenbacher Reto
Seite 282

Rickenbacher Rita
Seite 248

Rickenbacher Thomas
Seite 178 (Störmetzgerei)

Rohner Daniel
Seite 84

Roth Christian, Basellandschaftliche Zeitung
Seite 346 (H. Lüthy)

Rumpf Hermann
Seite 170

Schaffner Beat
Seiten 141, 142

Schaub Fredy
Seiten 313, 314, 315, 316

Spiess Paul
Seiten 273, 274, 332, 356 (Abb. 4)

Volksstimme
Seite 289 (Abb. 2)

Waldmeier Willi
Seite 284

Weber Toni
Seite 174

Weber Urs
Seiten III, 53 (Abb. 2), 54, 55, 72, 73, 89, 100, 101, 103, 105, 106 (Abb. 13 u. 15), 107, 110, 111, 113, 114, 116, 117, 120, 121, 122, 123, 124, 125, 158, 159 (Abb. 10), 162 (Abb. 4), 169, 172, 175 (Schmiede), 178 (Kühlvitrine), 179 (Restaurant Traube), 194 (Abb. 3), 196, 198 (Abb. 9), 237, 243, 259, 260, 265, 266, 268, 277, 292, 324, 343, 345, 348, 352

Weitnauer Bethli
Seiten 64 (Abb. 5), 67, 176

Weitnauer Emil (Staatsarchiv)
Seiten 53 (Abb. 1), 60, 62, 63, 64 (Abb. 4), 65, 68 (Abb. 10), 69, 70, 106 (Abb. 14), 188, 220, 221, 222, 223, 224

Weitnauer Hans
Seiten 245, 302

Weitnauer Ueli
Seite 361 (Abb. 3 u. 5)

Zum richtigen Deutsch

Seit Jahren schwelt ein Kleinkrieg der Germanisten um Sinn und Unsinn der Rechtschreibreform. Dennoch wurde die Reform – trotz heftigen Widerstands und «roter Köpfe» – eingeführt. Während der Entstehung dieses Buches beseitigte man mit der «Reform der Reform» zahlreiche Mängel der ersten Reform – die Gelehrten streiten heute jedoch immer noch, ein Ende der Reformen ist nicht in Sicht. Die Korrektur der Heimatkunde erfolgte deshalb pragmatisch. Ich folge den Empfehlungen des allerneusten Dudens zur deutschen Rechtschreibung (24. erweiterte Auflage), entscheide mich aber in Zweifelsfällen für herkömmliche, bewährte Varianten (wie dies zum Beispiel auch die baz und andere tun).

Ruth Herzog